# 福州市第十一届
# 社会科学优秀成果选粹

福州市社会科学界联合会　编

海峡出版发行集团｜海峡文艺出版社

图书在版编目(CIP)数据

福州市第十一届社会科学优秀成果选粹/ 福州市社会科学界联合会编. — 福州:海峡文艺出版社，2024.12

ISBN 978-7-5550-3852-8

Ⅰ.C125.73

中国国家版本馆 CIP 数据核字第 2024VQ1692 号

**福州市第十一届社会科学优秀成果选粹**

福州市社会科学界联合会　编

**出 版 人**　林　滨
**责任编辑**　林可莘
**出版发行**　海峡文艺出版社
**经　　销**　福建新华发行(集团)有限责任公司
**社　　址**　福州市东水路 76 号 14 层
**发 行 部**　0591－87536797
**印　　刷**　福州约瑟弗文化发展有限公司
**厂　　址**　福州市仓山区浦上工业区 B 区 47 号楼二层
**开　　本**　720 毫米×1010 毫米　1/16
**字　　数**　450 千字
**印　　张**　26.25
**版　　次**　2024 年 12 月第 1 版
**印　　次**　2024 年 12 月第 1 次印刷
**书　　号**　ISBN 978-7-5550-3852-8
**定　　价**　60.00 元

如发现印装质量问题,请寄承印厂调换

# 目　录

## 哲学与政治学研究

## 生态文明与可持续发展研究

## 经济与金融研究

## 法律与社会治理研究

## 历史与文化研究

## 教育与心理学研究

## 决策咨询研究报告

# 哲学与政治学研究

# 畅通国民经济循环：基于政治经济学的分析

文／鲁保林　王朝科

---

以畅通国民经济循环为主构建新发展格局，就是要建立一个有张力、有弹性、开放包容、自主可控的循环体系：纵向上，生产、分配、流通、消费相互促进、有机统一；横向上，各产业、各部门、各地区之间建立起分工有序、彼此支撑的技术经济联系和空间联系，总体上使国民经济循环体系成为一个纵向通畅、横向协调、纵横匹配的立体结构。当前，要围绕国民经济重大比例关系和生产力空间布局，采取有针对性的措施疏通国民经济各环节、各行业、各产业、各部门、各地区之间的堵点淤点，使社会生产和再生产的循环更多依托国内市场，从而加快形成以国内大循环为主体、国内国际双循环相互促进的新发展格局。

## 一、主要章节

本文由引言、现实逻辑、理论框架的构建、政策建议与结论五部分组成。引言部分简要阐述论文的写作背景，对相关文献进行回顾，引出本文的写作目的和创新。第二部分从"筑牢中国经济安全防线的必然选择、加快中国经济发展动能转换的内在要求、推动中国经济高质量发展的主动选择"三个方面，阐述双循环新发展格局的现实逻辑。第三部分在对经典文本进行解读的基础上，构建一个分析"畅通国民经济循环"的政治经济学理论框架。第四部分通过比较畅通国民经济循环的目标与初始状态之间的差距，提出相应的政策建议。第五部分为简要的小结。

---

第一作者简介：鲁保林（1982— ），男，福建师范大学经济学院教授、博士生导师。

## 二、内容简述

新发展格局战略构想的提出，不仅是对党的十八大以来的经济发展理念、政策构想和发展战略的递进深化和整合提升，而且是改革开放四十多年来中国经济总体发展战略的一次重大调整和完善。以畅通国民经济循环为主构建新发展格局，就是要建立一个有张力、有弹性、开放包容、自主可控的循环体系：纵向上，生产、分配、流通、消费相互促进、有机统一；横向上，各产业、各部门、各地区之间建立起分工有序、彼此支撑的技术经济联系和空间联系，总体上使国民经济循环体系成为一个纵向通畅、横向协调、纵横匹配的立体结构。当前，要围绕国民经济重大比例关系和生产力空间布局，采取有针对性的措施疏通国民经济各环节、各行业、各产业、各部门、各地区之间的堵点淤点，使社会生产和再生产的循环更多依托国内市场，从而加快形成以国内大循环为主体、国内国际双循环相互促进的新发展格局。

## 三、重要观点

在经济运行上，判断国民经济循环畅通与否至少应当包括三个维度：微观维度——单个企业的资本循环能否保持连续，宏观维度——社会总产品的价值补偿和实物补偿能否顺利实现，国际维度——全球价值链体系能否保持良性循环和周转。其中，社会总产品的价值补偿和实物补偿能够顺利实现，是畅通国民经济循环的总体目标，单个企业资本循环保持连续以及全球价值链体系保持良性循环和周转为具体目标。

以畅通国民经济循环为主构建新发展格局，就是要建立一个有张力、有弹性、开放包容、自主可控的国民经济循环系统。纵向看，生产、分配、流通、消费相互促进、有机统一。横向看，国民经济各个产业、各个部门、各个地区之间建立起分工有序、彼此支撑的技术经济联系和空间联系。总体来看，要使国民经济循环体系成为一个纵向通畅、横向协调、纵横匹配的立体结构。

当前要围绕国民经济重大比例关系和生产力空间布局，采取有针对性的措施疏通国民经济各环节、各行业、各产业、各部门、各地区之间的堵点淤点，使社会生产和再生产的循环更多依托国内市场，加快形成以国内大循环为主体、国内国际双循环相互促进的新发展格局。第一，保护和激发市场主体活力，畅通微观经济循环；第二，打通生产、分配、流通和消费存在的堵点瘀点，畅通宏观经济的纵向循环；第三，优化产业、地区、"实—虚"、城乡间的经济联系，畅通宏观经济的横向循环；第四，构建高水平对外开放新格局，畅通"内—外"经济循环。

## 四、理论创新

双循环新发展格局概念一提出，随之成为一个高频热词。已有研究主要聚焦三个问题：一是构建双循环新发展格局的现实背景。主要观点包括全球化面临重构，世界经济衰退和贸易保护主义上升，美国竭力打压中国高科技企业，国内经济基础已有巨大提升。二是构建双循环新发展格局的战略意义。主要观点包括保障中国经济安全、谋划增长新空间，进一步提升发展质量，进一步提升中国的国际竞争力。三是加快形成新发展格局的政策设计。有代表性的观点包括：维护全球化和多边贸易体制，构建完整的内需体系，全面扩大高水平开放，高质量建设双循环平台载体。加快收入分配结构调整，发展战略性新兴产业和未来产业。改善国内市场环境为目标的"内部改善"和国内经济一体化。

可见，现有文献大多聚焦新发展格局的背景、意义和政策方案，较少深入到新发展格局的理论层面。与之相联系，学界关于新发展格局的政策设计大多基于主流经济学的供给—需求框架展开，缺乏马克思主义政治经济学的理论和方法支撑，所以不足以满足加快形成新发展格局的实践要求。习近平总书记指出，要以畅通国民经济循环为主构建新发展格局。马克思主义政治经济学认为，每一个社会生产过程同时也是再生产过程。国民经济循环畅通与否，总体上取决于社会生产和再生产的各个环节、各个产业、各个部门、各个地区之间是否建立了动态稳定、分工有序的技术经济联系和空间联系。本文把《资本论》及其手稿所蕴含的思想转化为一个分析"国民经济循环"的理论框架，以发掘新发展格局所蕴藏的政治经济学内涵，从而厘清"以畅通国民经济循环为主构建新发展格局"的理论逻辑。

第一，《资本论》及其手稿揭示了资本循环周转和社会再生产的机理和实现条件，本文在文本解读的基础上提炼了四个学术命题，并配以巧妙的图示。

第二，从宏观、微观、国际三个维度解析了畅通国民经济循环的目标与条件。即微观维度看单个企业的资本循环能否保持连续；宏观维度看社会总产品的价值补偿和实物补偿能否顺利实现；国际维度看全球价值链体系能否保持良性循环和周转。

第三，剖析畅通国民经济循环的目标与初始状态之间的差距，并从畅通微观循环、宏观循环和"内—外"循环三个方面提出政策建议。即保护和激发市场主体活力，畅通微观经济循环；打通生产、分配、流通和消费存在的堵点瘀点，畅通宏观经济的纵向循环；优化产业、地区、"实—虚"、城乡间的经济联系，畅通宏观经济的横向循环；构建高水平对外开放新格局，畅通"内—外"经济循环。

## 五、学术和应用价值

在《资本论》及其手稿中，马克思建立了资本循环周转的基本理论模型，揭示了经济循环的具体过程和实现条件，为把握新发展格局这个重大理论和实践课题提供了有用的分析工具，深入挖掘其中所蕴含的思想智慧，有利于把握"畅通国民经济循环"的内在逻辑，有利于为构建新发展格局探索更为系统的政策方案。

## 六、发表情况

本文于2021年1月在《经济学家》发表。

# 习近平在福州工作期间重视学校立德树人的论述和实践

文 / 郑崇玲　陈晓风

---

党的十八大以来，党中央高度重视、进一步加强学校立德树人工作，习近平总书记发表了一系列重要讲话，强调"要坚持把立德树人作为中心环节，把思想政治工作贯穿教育教学全过程"。习近平在1990年至1996年任中共福州市委书记期间，亲自抓学校办学方向和立德树人工作，对于我们学习贯彻习近平总书记关于教育重要论述，落实立德树人根本任务具有重要的现实意义。

## 一、把加强党对教育工作的全面领导作为重要职责

教育是党之大计、国之大计，培养什么人、怎样培养人以及为谁培养人直接关系到党和国家事业的兴衰成败。在这个战略问题上，习近平旗帜鲜明地指出："培养接班人的问题，是教育工作的根本问题。"党对教育事业的全面领导，从根本上说就是要紧紧抓住立德树人这个根本任务。

### 1. 加强党的领导是坚定正确办学方向的根本保证

1990年5月，习近平刚到任福州市委书记不久，就主持召开了全市学校党的建设和教育工作会议，对进一步加强思想政治工作进行部署。为了落实党对学校立德树人工作的领导，他要求"各级党政领导要与当地所在的大中专院校、中小学建立经常联系点、挂钩点"。从1990年6月开始，习近平亲自兼任闽江职业大学（闽江学院前身之一）校长，同时还联系福建师范大学，

---

第一作者简介：郑崇玲（1972—　），女，闽江学院马克思主义学院教授。

多次到福建师范大学等高校调研。习近平十分关心学校的办学方向,反复叮嘱要加强党的领导,"坚持社会主义方向,以培养'四有'新人为目标","以四项基本原则为主导思想,以爱国主义教育为中心","把闽江大学办成名副其实的社会主义大学"。

2. 教育体制改革必须坚定不移地加强和改进思想政治工作

20世纪90年代以来,教育体制改革遇到许多崭新的问题,哪些能改、哪些不能改,事关改革方向问题,必须头脑清醒不能含糊。1992年3月31日,习近平在市委、市政府教育体制改革调研座谈会上强调,教育体制改革要"发挥学校党组织的政治核心作用"。立德树人是学校的根本任务,1994年4月21日他在福州师专现场办公时强调,学校内部管理体制改革要"有利于全面贯彻党的教育方针,提高教育质量和办学效益,培养德、智、体全面发展的社会主义事业建设者和接班人"。

3. 强化师德师风把好教师队伍建设方向

教师是塑造灵魂、塑造生命、塑造新人的高尚职业,习近平明确提出"高尚的职业要有高尚情操的人来从事"。习近平对党委如何提升教师队伍思想政治素质提出明确的方向性要求:一是强调教师的神圣职责就是以德育人,指出:"广大教师要珍视'人民教师'这一光荣崇高的称号,忠实地履行自己的神圣职责。"二是要求教师要有坚定的政治立场,明确提出要"加强学习马克思主义理论,坚定共产主义理想和社会主义信念"。1993年3月3日,中国教育工会福州市委员会等单位还专门向全市青年教师发出倡议书,号召青年教师"以自己的模范行为在政治思想、品德修养、治学精神等方面成为学生的表率"。

4. 要求各级党政一把手亲自抓立德树人工作

习近平重视学校立德树人工作,明确要求"各级党政一把手要亲自抓,分管领导要具体抓,要把教育工作摆上党委和政府的重要议事日程,定期研究,建立和完善制度,切实加强领导"。他担任福州市委书记期间,多次主持召开市委常委会议进行专题研究。1991年7月,习近平主持召开市委常委会议专题研究市中小学德育工作,提出学校德育工作的主要内容要以思想政治教育为核心,以爱国主义教育为主线,以行为规范训练和养成教育为基础。他还多次深入闽江职业大学等学校现场办公,同师生座谈,以及亲自上讲台做形势与政策报告，真正做到一把手关心、熟悉和研究立德树人工作。

## 二、推动领导干部上讲台讲思政课

党的十八大以来，习近平多次强调各级领导干部要重视思政课建设，要亲自上讲台为学生做报告，指出："各地区各部门负责同志要积极到学校去讲思政课。"习近平带头多次到闽江职业大学等学校作形势与政策报告、开设专题讲座、召开座谈会等，帮助青年学生正确领会党和国家的大政方针。

1. 亲自上讲台为学生作形势与政策报告

习近平经常结合纪念建党、五四青年节等重要活动为闽江职业大学等高校师生作报告。在1991年五四青年节前夕，习近平为全市学生代表、优秀团干部等作了题为《青年与九十年代》的报告，勉励青年学生"做马列主义的信仰者，社会主义的坚定派，改革开放的先锋，经济建设的骨干和努力学习的典范"。5月15日，习近平前往福建师范大学作形势报告，指出："社会最需要、最欢迎有实干精神、能解决实际问题的人，而最不欢迎夸夸其谈、眼高手低的'客里空'。"6月26日，在建党70周年即将来临之际，习近平到闽江职业大学为全体师生作报告，勉励大家"坚定不移地走与工农相结合的道路，为改革开放和现代化建设事业贡献自己全部聪明才智"。习近平的多场形势政策报告紧密结合国内外形势，运用翔实的数据、丰富的事例，坚定了广大师生的理想信念。

2. 针对师生共同关心的问题进行面对面座谈

20世纪90年代以来，我国逐步建立社会主义市场经济体制。习近平经常深入师生之中，围绕他们共同关注的话题进行讨论。1993年5月15日，习近平来闽江职业大学与师生座谈，勉励"大学生要有紧迫感，树立竞争意识，发扬创业精神"；同时，他提醒同学们"在校期间第一位任务是搞好学习，学好本领，提高自身素质"。10月5日，习近平再次来到闽江职业大学，着重围绕闽江大学建设和发展要"坚持党的教育方针"等问题，与大家深入交换意见。座谈会上大家畅所欲言、气氛活跃，在深入讨论和观点碰撞中师生们的思想困惑解开了。

3. 把价值引导有机融入毕业典礼的讲话

毕业典礼是学校为一届在校生在完成全部学业任务后举行的庄重仪式，

特别是毕业典礼上校长的精彩演讲对于即将走上社会的学生来说，是一堂特殊的思政课。习近平兼任闽江职业大学校长期间十分重视对即将毕业学生的讲话教育。1992年6月27日，习近平来到闽江职业大学，为即将走上工作岗位的应届毕业生作题为《福州改革开放形势和发展战略》的报告，勉励他们要以实际行动回报社会和人民的养育之恩。习近平在毕业典礼上的演讲旗帜鲜明地体现了党的教育方针，深深地镌刻在每位毕业生的心里。

## 三、探索建立社会化育人机制

立德树人不仅仅是学校的职责，同时也需要整合社会各方面的力量和资源优势形成协同育人的合力。习近平要求在各级地方政府领导下，形成共建共管青少年教育的社会网络。

1. 挖掘地方特色资源建立德育基地

近代以来，福州人民在反帝反封建的革命斗争中书写了可歌可泣的红色历史，习近平指出："福州的革命斗争、革命遗址、革命人物、值得纪念的史迹很多。"他十分重视福州近代先贤、革命烈士故居的修复，并把它们建设成为学校开展立德树人的德育基地。为了更好地发挥德育基地在育人中的优势和作用，在习近平的重视下，福州市设立了两批共15个各具特色的青少年德育基地，并以市委名义授匾挂牌，提高基地的权威性。

2. 建立学校与社会协同育人的体制

课堂教学与社会实践相结合、教育与生产劳动相结合，是立德树人的基本途径。1992年3月底，福州市委、市政府决定在市首批德育基地的基础上，开辟市、县（区）、校三级爱国主义、革命传统、改革开放德育基地，兴建劳动基地、社会实践基地、军训基地、青少年活动基地。为了提高德育效果，培养学生对劳动人民的感情，1994年11月，习近平在福州市教育工作会议上进一步强调："要重视学生参加社会主义实践，参加生产劳动，让学生了解工人、农民，培养对劳动人民的感情。"

## 结语：对新时代落实立德树人根本任务的思考

习近平在福州整整工作了6年，重温他关于学校立德树人工作的重要论述和实践探索，有助于我们进一步旗帜鲜明地把立德树人作为教育的根本任务，牢记为党育人的初心，坚定为国育才的立场。

**1. 在办学方向上必须擦亮社会主义的底色**

一是着力纠正弱化党的领导核心作用的危险倾向，加强党的政治领导，确保党的教育方针在学校不折不扣地得到贯彻落实，使学校的办学领导权牢牢掌握在忠诚于马克思主义的人手里。二是着力纠正马克思主义被丑化、边缘化、空泛化、标签化等错误倾向，加强党的思想领导，守好学校意识形态阵地。三是着力纠正党建工作力度和党组织功能发挥层层递减的不良倾向，加强党的组织领导。四是着力纠正重智育轻德育、重学术轻思想政治工作的片面倾向，把思想政治工作作为学校各项工作的生命线。五是着力纠正工作抓而不实的飘浮倾向，党委一把手要亲自抓思想政治工作、抓思想政治理论课建设。

**2. 在培养目标上必须坚持以社会主义建设者和接班人为根本目标**

思政课是帮助学生坚定理想信念、厚植爱国主义情怀、增强品德修养、培养奋斗精神的课程，直接关系到为谁培养人、培养什么人、怎样培养人这一根本问题。其中，我们培养出来的人才，首先必须具有共产主义远大理想和中国特色社会主义共同理想。长期以来，各种敌对势力并没有改变同我们争取青少年一代这个战略重点，对此我们必须引起足够的重视，纠正忽视、轻视、蔑视甚至敌视思政课等各种错误倾向，真正把思政课作为落实立德树人根本任务的关键课程和党的建设、意识形态工作的标志性工程。

**3. 在实践路径上必须推进构建"三全育人"新格局**

立德树人是一个系统的工程，需要各方力量协同配合、同向同行。"三全育人"把立德树人工作贯穿学校教育管理的全方位、全过程，在教学、科研、实践、管理、服务、文化、网络、心理、资助和组织等方面形成各有侧重又相互配合的十大育人工作体系。当前，"三全育人"新格局的综合改革试点工作已经开展，但是新格局的深度推进，需要在体制机制上建立健全以立德树人为根本标准的评价导向，破除"五唯"顽瘴痼疾，必须扭转不科学的教育评价导向，把立德树人成效作为检验学校一切工作的根本标准。

总之，习近平在福州工作期间对学校立德树人工作的重要论述和实践创新，体现了他对中国特色社会主义教育基本规律的深刻把握，对于新时代深入学习贯彻习近平总书记关于教育的重要论述具有积极的理论价值和实践意义。

# 《在延安文艺座谈会上的讲话》理论溯源

文 / 田韶峻

## 一、内容简述

《在延安文艺座谈会上的讲话》（以下称《讲话》）不仅集中体现了毛泽东文艺思想，更是马克思主义文论"中国化"的典范，同时也是20世纪以来我国最重要的理论文本之一。《讲话》所涉及的理论内容十分丰富，如文艺与人民、文艺与政治、文艺与生活、普及与提高等，并针对文艺理论的创作主体、接受主体、文艺批评及其标准等问题展开了集中论述。在《讲话》的指导下，解放区作家进行了大量的文学实践，创造了新的文学样式，并创造性地创制了"工农兵文艺"这一崭新的文艺创作体式，自此奠定了《讲话》至高无上的权威性地位，并继而在之后对整个中国文学产生了全面而深刻的影响，在这个意义上，《讲话》成为我国文艺史上具有划时代意义的重要文献。

本成果结合文献史料，对《讲话》进行整体谱系性探源，重返其发生的历史现场。成果以核心术语为考察重心，以其涉及的"工农兵""文艺工作者""武器""形式""改造与结合""普及与提高""歌颂与暴露""政治标准和艺术标准"八个关键词、核心范畴结构《讲话》理论，在此基础上考察每个关键词、核心范畴提出、深化的变迁过程。通过溯源性考察，揭示《讲话》生成的历史语境和变形图景，进而呈现它们整体流变的发展脉络，

作者简介：田韶峻（1973— ），女，文学博士，福建师范大学外国语学院助理研究员。

探究其在整个中国文艺发展链条中的一脉相承关系，进而探讨马克思主义文论"中国化"的历程，并借此考察中国文艺观念的嬗变及转换间的内在机制。

二、主要章节

成果主体由八章构成。第一至四章分别围绕《讲话》涉及的四个关键词"工农兵""文艺工作者""武器""形式"展开溯源，这四个关键词体现了《讲话》的核心理论。

"工农兵"作为接受主体被隆重推出，《讲话》之后，"工农兵"这一群体形象正式进入文艺领域，名副其实充当了文艺的"主人"，这从解放区之后形成声势浩大的"工农兵文艺"潮流中可以看出，《讲话》可谓是"工农兵文艺"这一独特文艺体式的核心及纲领性理论。"文艺工作者"作为文艺的创作主体被论及，从事文学艺术工作包括文字工作的都可称为文艺工作者，在《讲话》中，文艺工作者被定性为"小资产阶级知识分子"。《讲话》中对其的阐发和价值判断对之后知识分子的思想观念、创作倾向都产生了极其深刻的影响。"武器"在毛泽东笔下是文艺的功能，也是文艺的载体，《讲话》中对文艺功能的著名论断，即文艺是"武器"、是整个革命机器中的"齿轮和螺丝钉"，在毛泽东的文艺体系中穿针引线，作用举足轻重。一方面，体现着《讲话》的功利主义文艺观，另一方面，文艺批评的"政治批评标准第一""文艺为政治服务"等核心观念，无不和文艺的"武器"论有着千丝万缕的联系。"形式"是通达文艺目的的中介，在毛泽东新文化构想蓝图里，"形式"占有很大的比重。可以说，这四个关键词关涉了文艺理论的四大要素，但毛泽东并没有停留在对这几大要素的论述上，《讲话》更深刻的地方在于注意到了各要素之间的关系。

成果第五至八章集中探讨了《讲话》中的四对核心范畴：改造与结合、普及与提高、歌颂与暴露、政治标准和艺术标准。

创作主体和接受主体对应的是"改造与结合"的理论问题。"工农兵"这一被毛泽东重新建构的文艺主体新形象，包含了对接受主体、文本内容主体还有创作主体的希冀，而原有的创作主体即"小资产阶级知识分子"则属于被改造的对象，他们要努力实现与工农兵的结合，才能达到《讲话》所论及的文化新构想，即文艺工作者与工农兵结合后，这一群体构成了新的创作主体。"改造与结合"就是连接"小资产阶级知识分子"和"工农兵"的纽带，"小资产阶级知识分子"只有经过改造，才能转变为"工农兵"。"改造与结合"解决的是《讲话》中提及的"如何"服务的问题，《讲话》通篇谈的是知识分子问题，而解决知识分子问题的关键就是对这个过于自由的群体进行改造，而改造的核心和落脚点是结合。"武器"和"形式"涉及文艺的文本本身，就实现的途径而言，关涉到"普及与提高"问题，就内容和态度而言，则关涉到"歌颂与暴露"。"普及与提高"的提出是为了解决"如何为"的问题，事实上谈的是"大众化"的问题，现代文学史上有关于"大众化"的三次论争，尽管如此，也没能让文学真正"走向大众"，而《讲话》中的"普及与提高"提供了关于"大众化"的新路径，这个极具普泛性的问题，应该说时至今日都有它的现实意义。"歌颂与暴露"谈的是创作手法和面对创作客体时的态度，毛泽东对该问题的讨论不是随性而发，而是和我们古代的传统以及"五四"以来文论的发展一脉相承，对解放区文艺以及十七年文艺产生了极为深刻的影响。在论述文艺和政治的关系之后，毛泽东在《讲话》中又着重谈了"政治标准和艺术标准"问题，明确提出"总是以政治标准放在第一位，以艺术标准放在第二位的"，这一结论不仅根本上变更了文艺创作者与生活、世界的关系，而且对创作方法和审美趋向都产生了深刻的影响，甚至也影响到了文体的演变，根本改变了解放区时期乃至新时期的文艺生态。

## 三、重要观点

成果以核心术语为考察中心，从《讲话》与其他文化形态的相互作用入手，以其涉及的四个关键词、四对核心范畴结构《讲话》理论。指出各关键词和核心范畴都与中国古代以来的文艺传统一脉相承，在它们衍变背后都含蕴着时代变迁及各种话语之间的内在冲突，从中国古代传统、"五四"新文学、左翼文艺观念，到马克思主义文论和政治话语，正是诸种复杂、多元元素，构成了《讲话》诞生的话语背景。《讲话》是对中国现代自有革命文学运动以来文艺思潮的最高概括，它凝聚了一代共产党人李大钊、陈独秀、瞿秋白、冯雪峰、周扬等理论家的集体智慧，吸纳了鲁迅、茅盾等进步作家的理论智慧，并进行了创造性的改造与整合；《讲话》是历史生成的文本，在承续中国古代文艺思想的基础上，对左翼文艺理论进行了创造性的补充与发展，同时它凝聚了一代共产党人集体智慧的结晶、充分体现了马克思主义思想精神内核。《讲话》对马克思主义理论精神内核的准确把握和精彩运用使其成为马克思主义文论"中国化"的典范。

## 四、学术创新

成果认为《讲话》的发生，有其历史发展的必然性，考究其诞生过程，表明《讲话》是历史生成的文本，其理论所涵括的每个关键词和核心范畴都能在文艺发展的链条中寻绎出痕迹和线索。

在对"工农兵"的溯源中，发现这一群体性概念指称背后的意识形态含义。"工""农""兵"最初的含义是职业概念，社会地位普遍不高，所指涉对象的共同特征是没有知识、缺少文化。在引进马克思主义思想之后，才被赋予了阶级和革命的含义，也蒙上了意识形态色彩。《讲话》正式将其纳入文艺理论系统，并在接受主体、文本内容主体以及创作主体三方面建构这一新的文艺主体之构成，而这根本改变了中国当代文艺理论系统的构成。

在溯源"文艺工作者"过程中，发现这一称呼的一系列变化，反映出知识人文化身份体认的演变历程。对于创作"工农兵"文艺的主体，毛泽东统称为"文艺工作者"。这一群体称呼的衍变反映了一代知识分子的身份认同：即知识分子和文人都是普通工作者的一员，与其他行业劳动者相比，不存在区别。《讲话》中，毛泽东进一步把这一群体定性为"小资产阶级知识分子"。"小资产阶级"和"知识分子"的同质性建构所形成的对知识分子的规定性叙述，影响了相当长时期人们对这一群体的基本认识，并直接影响了中国当代文学的整体创作走向和审美特质。

《讲话》的核心部分是对"小资产阶级知识分子"进行改造和规训，从思想、情感、语言三方面实现改造的目标，改造的途径是"结合"，让"知识分子"成为"工农兵"的一员，从而完成其自身革命化、无产阶级化的身份再塑过程。这并不是毛泽东的首创，从"五四"启蒙者提倡精神改造以来，这一理论从来都被左翼和马克思主义理论家所关注。而对于通达艺术目的、实现毛泽东新文化设想蓝图的途径——"形式"和"武器"而言，更是历来被文艺家们所论及。《讲话》中的这一理论与中国传统、左翼文艺观念一脉相承。其中所涉及的"普及与提高""歌颂与暴露""政治标准与艺术标准"等问题也都可从古代传统文论以来的文艺观念中梳理出源头。尤其是《讲话》所呈现出鲜明的实用主义功利观,更是传统文艺思想以来的延续。毛泽东承续了这种观念并进一步强化,在历经"启蒙工具""宣传武器"和"阶级武器"的衍变之后,《讲话》中将其提到了一个前所未有的高度。"武器论"自《讲话》后,已经成为党的一项文艺政策,成为主流话语对文艺功能的界定,不仅解放区文艺创作践行着这一观念,中华人民共和国成立后"十七年"文学的发展走向也深受影响。

这些发现,从学理上为更公允和理性认识《讲话》提供了路径。

## 五、学术价值

以往的《讲话》研究忽略了对其理论的整体谱系性探源,对其所反映的文学观念在整个中国文学发展中的一脉相承关系也较少涉及。本成果从发生学的角度对《讲话》涉及的八个关键词、核心范畴与中外文化形态的关系展开探源性研究,探寻《讲话》的发生,对之进行理论溯源,努力从各个关键词及核心范畴的衍变中,还原《讲话》诞生的历史语境,力图系统完整勾勒《讲话》的理论发生地图。探索过程中,极力探寻关键词意义流失、变迁背后的意识形态力量,从而解密《讲话》真正的发生,描述其理论形成的建构历史进程,揭示它与当时各种观念、理论契合或疏离的真实面貌,进而探讨《讲话》的历史贡献、价值和局限,可以说打开了《讲话》研究的新入口,对研究中国当代文学的发生、当代文艺理论的发展有着十分重要的意义。

同时,《讲话》是马克思主义基本原理和中国具体文艺实践相结合的产物,本成果通过理论溯源,研究在二者交融、碰撞的过程中,中国古代文艺传统、"五四"新文学以及左翼文艺思想在这一历史链条中所起的作用,探讨它们之间的整合、延续关系,借此考察中国文艺观念的嬗变及转换间的内在机制,深化了马克思主义中国化研究。

## 六、出版情况

本书由社会科学文献出版社于2020年9月出版,总字数为201000。

# 突破与超越：中国脱贫攻坚的逻辑思路及发展前瞻

文/张赛玉　张琦

脱贫攻坚战的全面胜利不仅为全面推进乡村振兴和顺利实施十四五规划奠定了坚实的基础，而且为携手共建没有贫困共同发展的人类命运共同体贡献了智慧和力量。回望八年脱贫攻坚历程，探寻取得脱贫成就背后的原因，其中坚持开拓创新是攻克脱贫难关、实现脱贫突破的重要因素。本文在吸收既有学术成果的基础上，系统梳理中共十八大以来我国以创新为导向的脱贫攻坚发展逻辑，并对2020年后的贫困治理走向作出展望，以期更好地拓展贫困治理与现代化发展的新思路。

## 一、理论逻辑：以马克思主义反贫困理论及中国化成果为理论遵循

### （一）以马克思主义反贫困理论为指导

其一，以马克思主义制度性反贫困理论为指导。贫困往往与社会制度密切相关。马克思、恩格斯既从制度性层面剖析无产阶级贫困化的因素，又从该角度寻找反贫困的出路。在马克思、恩格斯看来，只有消灭了资本主义私有制，才能从根本上解决无产阶级贫困问题，这一反贫困思路为我国强化脱贫顶层设计提供了重要理论指引。其二，继承了马克思主义以实现共同富裕为反贫困导向的理论。马克思、恩格斯通过客观分析无产阶级贫困状况，科学预测未来社会发展趋势，指明了无产阶级反贫困、逐步实现

---

**第一作者简介**：张赛玉（1981— ），女，闽江学院马克思主义学院副教授，博士。

共同富裕的具体路径，这些思路奠定了中国共产党全心全意为民谋福祉的性质与使命。中国共产党牢记使命，回应人民关切，精准发力消除绝对贫困，生动演绎了马克思主义以实现共同富裕为反贫困导向的运行逻辑。

**（二）对中国共产党主要领导人反贫困理论的承接与开拓**

一是毛泽东反贫困理论。毛泽东带领人民着手土地改革，进行三大改造，开展大规模的社会主义建设，建立国民经济体系，探索以"五保制度"和特困群体救济为主体的农村初级社会保障体系。二是邓小平反贫困理论。邓小平主张通过改革开放推动发展，从国家层面实施有计划的扶贫开发，同时提出了"发展才是硬道理"、先富带动后富、逐步实现共同富裕的重要理念。三是江泽民反贫困理论。江泽民深入调整反贫困策略，变革传统救济式扶贫模式，推行以政府为主导、重点解决温饱问题的开发式扶贫。四是胡锦涛反贫困理论。以胡锦涛为核心的党中央拓展反贫困思路，树立以人为本的理念，关注贫困人口的多元化需求，并将反贫困融入新农村建设中。五是中共十八大以来，以习近平同志为核心的党中央在继承既有反贫困理论的基础上，协同推进生产力发展与反贫困，严格落实精准扶贫方略，坚持扶贫与扶智相结合，开拓了中国共产党反贫困理论与实践的新境界。

## 二、精神逻辑：以弘扬伟大脱贫攻坚精神为不竭动力

**（一）弘扬上下同心、尽锐出战精神，汇聚脱贫攻坚磅礴伟力**

脱贫攻坚是艰巨复杂的系统工程，必须形成脱贫攻坚的共同意志。为此，中国共产党依托严密组织体系和高效运行体制，强化东西部扶贫协作和定点扶贫，上下同心、举国合力，构建了专项扶贫、行业扶贫、社会扶贫互为补充的脱贫攻坚大格局。党中央选派最优的"精兵"打最实的"硬仗"，这种尽锐出战的冲刺精神是打赢脱贫攻坚战的行动保障。基层党组织是脱贫攻坚的战斗堡垒，必须抓党建促脱贫，强化党组织规范化建设。同时，按照因村派人、精准选派的原则，健全向脱贫主战场选派驻村第一书记和工作队制度，无数扶贫干部锚定脱贫目标，以实干苦干与贫困作战，在扶贫一线流汗流血流芳。

**（二）弘扬精准务实、开拓创新精神，开辟中国特色减贫道路**

在脱贫攻坚战中，我国坚持以创新为导向，将精准务实贯穿于脱贫攻

坚全过程。我国积极借鉴国际脱贫经验,调整传统扶贫模式,实施精准扶贫方略。同时,完善建档立卡制度,强化脱贫主体责任,坚持因类施策,健全退出机制,完善监测系统,坚持求真务实,坚持真扶贫、真脱贫。我国能创造脱贫奇迹的原因就在于中国共产党人以史无前例的改革魄力坚决破除体制机制障碍,创新性地开辟出一条中国特色减贫道路。从脱贫政策的具体调整上看,中共十八大之后,党中央提出精准扶贫方略,实施"五个一批工程"等,这些具有创新性的标志性成果将脱贫攻坚推向了深入和具体化。

**(三)弘扬攻坚克难、不负人民精神,增强人民获得感幸福感**

攻坚克难,体现了中国共产党人为实现脱贫目标顽强拼搏的坚定信念。由于脱贫攻坚难度大、挑战多,只能靠苦干实干。从扶贫主体上看,必须汇聚众力攻坚。从脱贫攻坚历程上看,必须接续攻坚拔寨。不负人民,坚持以人民的根本利益为出发点和落脚点。中国共产党的最大政治优势是密切联系群众,我们强化五级书记抓脱贫,将工作重心下沉,集中力量解决人民最关心、受益最直接、需求最急迫的问题。在协调推进五位一体建设的前提下,优先保障扶贫投入,统筹整合涉农资金,使发展成果更公平地惠及全体人民。在脱贫攻坚战场上,广大干部积劳带病为群众脱贫奔波,用实际行动诠释了以人民为中心的理念。

## 三、实践逻辑:以强化"四性"构建脱贫攻坚体系

### (一)坚持党的全面领导和社会主义制度强化政治性

一方面,坚持党的全面领导是脱贫攻坚的根本立场。我国强化四大意识,严格运行脱贫攻坚责任管理体系,充分发挥各级党委的统筹协调功能,着力推进省市县乡村五级书记协同抓脱贫,使脱贫攻坚落实到位、监管有力、成效显著。另一方面,坚持社会主义制度是脱贫攻坚的根本保证,使脱贫攻坚保持正确的方向。我国创建了一系列中国特色脱贫制度体系,建立了中央统筹、省负总责、市县抓落实的管理体制,还建立了精准脱贫的工作体系,上下联动的政策体系,保障资金与人力的投入体系,因类施策的帮扶体系,全方位的监督体系,以及最严格的考核评估体系,这些制度体系为打赢脱贫攻坚战提供了必要条件。

### （二）把脱贫攻坚摆到突出位置彰显战略性

中共十八大以来，党中央把脱贫攻坚摆在治国理政突出位置，吹响了脱贫攻坚的号角；中共十九大之后，党中央又把脱贫攻坚战作为全面建成小康社会的三大攻坚战之一，作出全面部署；在2020年遭遇疫情的非常时期，仍统筹推进疫情防控和脱贫攻坚。脱贫攻坚进入最后的关键时刻，狠抓突出问题和薄弱环节，坚决完胜脱贫攻坚。我国坚持以脱贫攻坚为主线，抓党建促脱贫是党建工作服务脱贫任务的具体体现，也是贫困地区脱贫致富的重要经验。着力整顿涣散党组织，选优配强领导班子，对标贫困村实际需求，精准选派作风正、能力强的驻村干部。此外，探索党组织发展的多元化结对共建模式，以增强党组织的战斗能力。

### （三）密切党群联系坚守脱贫攻坚人民性

首先，紧扣贫困群众需求开展工作。各级干部将工作重心下移，真正走进群众家门，打开群众心门，倾听群众心声，解开群众心结。其次，及时了解贫困人口状况。逐村逐户开展贫困识别，建立精细化管理台账，搭建扶贫信息平台，健全大数据监测管理机制。再次，坚持以贫困群众为主体，增强自我"造血"功能。一方面，坚持志智双扶，引导其靠自身努力创造美好生活；同时，对标劳动力市场，开展精准化职业技能培训。另一方面，创新各类帮扶模式，通过劳务补贴、生产补助等途径，提高帮扶成效。此外，夯实农村公共基础教育，加强思想引导与示范引领。

### （四）坚持问题导向增强脱贫攻坚创新性

众所周知，党中央施行的精准扶贫方略是具有原创性的脱贫思路，是脱贫攻坚有效推进的高端决策。从人群看，聚焦老弱病残等特殊贫困群体，通过综合运用各项保障措施，把社会保障兜底兜实；从区域看，重点靶向革命老区、连片特困地区等，通过灵活运用各类帮扶政策，优化扶贫资源供给；从领域看，聚焦贫困地区的产业、生态、教育等问题，重点攻克"三保障"最后堡垒。除了聚焦脱贫攻坚的突出问题，做到"准"与"实"：领导工作做到实，任务责任做到实，资金保障做到实，督查验收做到实，贫困识别、建档立卡做到实，帮扶措施做到实，因人因户施策，帮扶成效明显。

## 四、深远意义：为新时代反贫困事业提供重要遵循

### （一）谱写马克思主义反贫困理论中国化新篇章

首先，深化了对新时期反贫困发展规律的认识。我国坚持了马克思主义经典作家与党中央主要领导人关于反贫困立场、主体以及发展方向等重要规律，并总结了脱贫攻坚的新规律新认识。这些新认识包括：加强党的领导是脱贫攻坚的根本，深化改革是脱贫攻坚的动力，把握精准是脱贫攻坚的要义，从严从实是脱贫攻坚的要领，增强群众内生动力是脱贫攻坚的关键，等等。这些经验与认识是对新时代反贫困发展规律的深入揭示。其次，拓展了中国特色社会主义反贫困理论的蕴含。脱贫攻坚着眼于改革与创新，致力于苦干与实干，阐述了脱贫攻坚的新理念新路径，丰富了中国特色社会主义反贫困理论体系。2013年，党中央打破了传统扶贫模式的路径依赖，创造性地提出精准扶贫方略。伴随着脱贫攻坚的发展，多元挑战也接踵而至。党中央在统筹推进脱贫攻坚中，通过发挥社会主义制度优势，强化各级党委的"总指挥"作用以及完善脱贫攻坚大格局，有力地回答了"如何强化组织保证与脱贫合力"的问题。

### （二）为世界反贫困注入中国力量

第一，丰富发展了国际反贫困理论。我国不仅加强与联合国发展系统在反贫困领域的合作，学习借鉴国际减贫理念与方法，而且拓展了全球反贫困思路，丰富了国际反贫困理论。关于这一点，主要体现在两大层面：其一，坚持以人民为中心的发展理念。贫困问题本质上是对人民的根本态度问题，让人民过上好日子是中国共产党对待贫困的根本态度，也是其奋斗目标。其二，建构新型脱贫增长模式，坚持多主体协同攻坚。我国融合了"益贫式增长"和比较优势发展战略的优长，建构了新型脱贫增长模式。第二，提供了世界反贫困的中国方案。中国给全球反贫困提供了宝贵经验：一是坚持党的领导。在党中央的坚强领导下，中国把消除绝对贫困明确为全面建成小康社会的底线任务，实施了脱贫中长期规划。二是构建以制度减贫与精准扶贫为特征的国家减贫框架。三是凝聚脱贫攻坚强大合力。党中央将社会主义制度优势转化为脱贫攻坚强大效能，激活了全社会的能量，大大增强了脱贫攻坚的协同性与实效性。

## 五、展望未来：2020年后中国贫困治理的逻辑走向

**（一）坚持马克思主义反贫困理论及中国化成果的指导地位不动摇，将贫困治理的理论根基再夯实**

脱贫攻坚具有深刻的历史逻辑和理论逻辑。在未来的贫困治理中，一要继续坚持把马克思主义反贫困理论同中国实际相结合，不断把马克思主义反贫困中国化推向前进。二要始终坚守人民性立场不动摇，在促进全体人民共同富裕上取得更为明显的实质性进展。三要始终坚持与完善中国特色社会主义制度，发挥制度减贫的更大优势，深度推进贫困治理体系和治理能力现代化。四要坚持经济发展与贫困治理协同推进，既要夯实贫困治理的物质基础，又充分发挥脱贫成果的溢出效应，进而续写反贫困新篇章。

**（二）坚持伟大脱贫攻坚精神再弘扬，为新发展阶段贫困治理注入新的精神内涵**

在新征程中，要继续弘扬上下同心的团结精神，健全大扶贫格局；继续弘扬尽锐出战的冲刺精神，在新阶段的贫困治理中勇立新功；继续弘扬精准务实的科学精神，扎实推进脱贫攻坚与乡村振兴有效衔接；继续弘扬开拓创新精神，继续完善相对贫困治理长效机制。继续弘扬攻坚克难的斗争精神，树立坚如磐石的斗争信念不断攻克相对贫困难题；继续弘扬不负人民的为民精神，进一步满足人民对美好生活的期待。

**（三）坚持脱贫攻坚实践体系再完善，使其在新发展阶段发挥更大的溢出效应**

一要强化党的全面领导，持续健全中国特色社会主义制度体系，使新阶段的贫困治理拥有更强有力的保障。二要坚持把贫困治理摆在治国理政的重要位置，加强中央统筹力度，健全责任体系，完善新型脱贫增长模式。三要坚持以人民为中心，动态地掌握脱贫群众状况，继续夯实党在农村的执政基础。四要继续发扬改革创新精神，更好地推进脱贫地区绿色可持续发展。五要持续优化防贫致贫动态监测与帮扶机制，尤其要防止出现系统性、区域性的大规模返贫现象。六要继续强化脱贫地区支撑体系，加大政策倾斜，着力补短板、强弱项。

### （四）继续共建没有贫困共同发展的人类命运共同体

中国将一如既往地推动全球贫困治理：首先，将继续支持发展中国家减贫发展，积极落实联合国《2030年可持续发展议程》，同时深化区域经济社会发展合作，推动对外援助向国际发展合作转型升级。其次，将继续实施惠及民生的国际反贫困合作项目。最后，将继续分享减贫经验，通过搭建平台、组织培训、智库交流等途径，助力提升发展中国家的反贫困能力。

# 从传统到现代：中西哲学的当代叙事

文/朱光亚  黄 蕾

一百多年前的新文化运动，中国人找到了"德先生"（democracy）和"赛先生"（science），终于发现了西方富强的秘密。新文化运动以后，马克思主义传入中国，马克思主义中国化的过程，就是科学与民主内化于中国人思想血液的过程。今天，促进中国传统文化的伟大复兴已经成为我们的共识。然而，传统文化如何复兴，毫无疑问，它不是要回到中国传统伦理道德中去，而是要实现传统文化的现代化，而传统文化的现代化离不开马克思主义的中国化。马克思主义中国化解决的是中西问题，传统文化的现代化解决的是古今问题，马克思主义中国化视域中的传统文化现代化，既能够解决中西问题，也能够解决古今问题，是传统文化伟大复兴的根本问题。

本书从中西文化比较入手，分上下两编，上编着重阐明西方思想文化中民主与科学的起源，下编主要阐明中国思想文化中民主与科学缺失的原因及其当代问题，提出解决问题的思路是中西文化的合璧，而马克思主义中国化则代表着这种合璧，马克思主义中国化视域中的传统文化现代化正是中西文化合璧的典型形式。

本书第一章《一般与个别的视域》致力于阐明：一般与个别的关系问题是西方哲学最核心的问题。古希腊哲学一开始冲撞于"一""多"之间，对"本原"的寻找时而摇摆向"多"，时而摇摆向"一"。正是在"一""多"之间的摇摆使古希腊哲学从宇宙论中分离出了本体论，本体"Being"作为"共相"成为最终的"一"。到了基督教，"Being"就是上帝，上帝是最高的"一"，基督教的

第一作者简介：朱光亚（1982—  ），男，阳光学院副教授。

信仰就是最高的真理。然而，基督教的信仰离开了理性，缺乏说服力。比如，上帝代表着圣父、圣子、圣灵，如果说圣父、圣子、圣灵是"三位一体"，那么圣父、圣子、圣灵自身是什么？它们究竟是"多"还是"一"？如果是"多"，这与基督教只有最高的"一"相矛盾；如果是"一"，就会有上帝存在于三个位格的嫌疑，蕴含着三神论的危险。于是，他们开始引进哲学，试图以哲学的理性为基督教建立一个理论体系。然而，基督教对亚里士多德一般与个别关系学说的引进犹如引进了"特洛伊木马"，引发了唯名论和唯实论的争论，最终导致了基督教哲学的崩溃，使西方哲学进入认识论阶段。

在认识论哲学中，休谟站在经验论的立场上摧毁了真理，使科学失去了根基，从而引发了康德的"哥白尼革命"。"哥白尼革命"是康德站在唯理论的立场上对经验论的调和，实际上，他再次恢复了"一"的荣耀，在形而上学的范围内使"真理符合论"走向"真理建构论"，理性获得了新生，"真理"获得了一种新的意义。到后来，无论是黑格尔的"绝对精神"还是马克思的"物质"，他们实际上都在康德的意义上主张最终的原始性的"一"。

本书第二章《科学与民主的起源》致力于阐明：在一般与个别的关系问题中，一般代表着普遍必然性，个别代表着特殊偶然性。这一问题在本体论中的争论集中于：世界的本原到底是一般必然性还是特殊偶然性？在本体论向认识论转向以后，认识论中一般与个别的意义也进行了转换，一般常常指向"天赋观念"，被认为是先验的；而个别常常指感官现象，被认为是经验的。

西方哲学中对"一"的追寻一直具有发现"真理"的意义，宇宙论中的"本原"即是最早意义上的真理，而在本体论中，真理就是本体。到了基督教哲学，本体就是上帝，当然上帝就代表着不容怀疑的真理。启蒙理性的曙光催生了认识论，其理论根源仍然在基督教哲学唯名论和唯实论的斗争中，认识论中的唯理论坚持"天赋观念"，"天赋观念"就是真理。到后来，对"真理"的研究催生了科学。当然，这并不是说，唯理论对"天赋观念"的研究催生了科学，而是在唯理论和经验论的反复辩难中，作为一种对"确定性"的寻找与放弃，立论与解释包含了科学精神、孕育了科学因素，才催生出诸如解析几何、微积分、时空、运动、静止等纯粹自然科学的理论。

相对于"一"，"多"向来就蕴含"自由"的意义，在本体论中，本原既然指向了"多"，那么就必然会产生"同"与"异"的关系，"同"代表着真理意义上的整齐划一，而"异"则天然具有多元性的意义，多元性自然走向了"自由"。这在基督教哲学中表现得最为明显，当上帝代表着最根本性的"一"，那么作为上帝对立面的欧洲各国君主，他们占据了"多"的意义，代表着摆脱上帝的束缚，从基督教枷锁中解脱出来的努力。所以，代表"多"的唯名论者奥康就能对路德维希说："你用剑来保护我，我用笔来保护你。"认识论哲学中，"多"的主体指向人，试图通过契约的方式来调和"一"和"多"的关系，契约论的精神影响深远，到后来，存在主义者海德格尔凸显出人的主体性以后，萨特沿着海德格尔的思路，提出"存在先于本质"，得出了"人是自由的"这个结论，而民主则是自由的外在形式。

本书第三章《哲学与科学的同一》致力于阐明：在一般与个别作为科学与民主的起源这个意义上，胡塞尔的现象学承载了科学与民主的全部意义，这也是胡塞尔"哲学作为严格科学"的理想之所以重要的原因。

胡塞尔说："自最初的开端起，哲学便要求成为严格的科学，而且是这样的一门科学，它可以满足最高的理论需要，并且在伦理——宗教方面可以使一种受纯粹理性规范支配的生活成为可能。"胡塞尔对"哲学作为严格科学"的建构是从《逻辑研究》开始的，尽管《逻辑研究》并不是他的第一部著作，他的第一部著作是《算术哲学》，然而，《算术哲学》出版以后，遭到了弗雷格的批评。弗雷格说："当我读到这部著作，我开始认识到由于心理学侵入逻辑而带来的灭顶之灾，我认为我的任务就是彻底地揭示这种灾难。"弗雷格的态度引起了胡塞尔的反思。因此在《逻辑研究》中，胡塞尔一反《算术哲学》中的做法，开始批判心理主义，提出了纯粹逻辑学的任务，使其重返形而上学，为形式化的演进进行了完全奠基。形式化是胡塞尔的一个目的，也是其将哲学建立为严格科学的基础。形式化问题自古希腊时代就已经开始了，对它的关注一直持续到今天。西方哲学中形式化的发展史，就是一部将哲学建构为一门严格科学的形而上学史。

本书第四章《德性与知识的分野》致力于阐明：相对于西方，中国最早是没有哲学这个名词的，中国人第一次接触到哲学这个名词是在日本。日本在"黑船来航"之后开始引入西方文化，日本人发现，西方的文化特质与中国根本不同，所以有日本人就给中国的学问起名叫儒学，给西方的学问起名叫哲学，以与中国的儒学相区分。近现代史上的中国哲学界出于民族自尊心与民族自豪感，反复论证中国有没有哲学。不过，在论证中国有没有哲学这个问题的时候，论证者心中已经有了一个前提，即西方有哲学。那么，我们也可能提出一个相伴而生的问题：西方有没有儒学？如果在狭义上讲哲学，将哲学定义为西方"哲学为科学奠基"的学问，中国当然没有哲学，就像西方没有儒学一样。但是如果从广义上讲哲学，把哲学当作"爱智慧"的学说，那么中国当然有哲学，谁能否认我们对伦理道德的研究也是一种智慧呢？因此，中国有中国的哲学，西方有西方的哲学，中西哲学有不同的特质。然而在中国思想文化中，并不存在在西方思想文化中明确存在的一般与个别的传统、科学与民主的特质，这成为近现代中国落后的总根源。

承认自己的文化或者文明落后是需要勇气的，因为即便这种文化或者文明已经衰落了，它也很难阻止我们每个个体对自己文化的一种无条件的、无原则的爱，甚至会爱到死，跳到昆明湖中殉葬。很少有人会像柏杨那样，具有直面惨淡现实而进行彻底反思的勇气。其实，唯有智者面对文化竞争时会保持着清醒，清醒的背后是一种深深的责任感，甚至对文化落后的恐惧感。这份恐惧感常人是体会不到的，它只能由智者去体会。我们在《特洛伊战争》这部影片中看到特洛伊的先知，他看到希腊的军队在未来入城了，这份恐惧感，特洛伊的居民是难以体会的，但是智者能体会。

本书第五章《本体与科学的机遇》致力于阐明：在文化的轴心时代，人类实现精神突破的形式是宇宙论，面对自然的挑战和文化的建构，人类的经验思维和先验思维同时迸发，在哲学形态上的表现即为宇宙论。中西哲学中都有宇宙论，所谓宇宙论，无非是人们对宇宙自然的总体看法和根本观点，虽然中西方对宇宙的关注不同，看法有异，但是哲学观察的基本对象和思维方式还是有类似之处的。然而宇宙论的转向我们就没有了，因为西方进行宇宙论向本体论转向的时候，他们抽象出一个本体Being。按照亚里士多德的说法，Being是既独立存在又永不变动的东西。我们中国的学问里面是找不出这样一个东西的，先秦诸子的本体论和宇宙论结合在一起，以宇宙本体论的形态存在，致使整个哲学以人本学的面目出现，未能抽象出一个纯粹哲学意义上的本体。本体论从宇宙论的分离使西方哲学单独分离出了"人与自然的关系"，而中国哲学一直停留在宇宙本体论阶段，所以专注于"人与人的关系"和"人与自己的关系"。直到三国两晋南北朝，社会的动荡、生命的卑微使思想家无法合理地解释"人与人的关系",从而也无法调和"人与自己的关系",致使魏晋玄学开始拯救本体。

魏晋玄学是宋明理学的先声,正是魏晋玄学对本体的拯救促使宋明理学建构了"理",这是中国哲学中唯一一次导向认识论的本体。只可惜,朱熹的理本论遭到了王阳明"心"本论的扼杀,"格物致知"也演变成"格物即格心",中国丧失了一次创生知识论的机遇。胡适说:"以积蓄学问而开始引导至豁然贯通的最后阶段的方法,在明代王阳明加以反对以前,一直是新儒学的逻辑方法。"朱熹理学是中国哲学本体论从宇宙论的分离,这是一种哲学理性的回归,它的产生是历史的必然,是印度佛教文化与中国儒家文化互动的结果。但是,充满诗性智慧的中国哲学,天然地排斥理性,朱熹尝试为中国传统文化构建理性,而这种理性本身也不得不以"修身、齐家、治国、平天下"之外表出现,这就使中国传统文化的固有特征与朱熹哲学发展指向之间充满了张力,必然会导致危机。这种危机有两种拯救的方法,一是理论理性催生科学理性,向知识论方向发展,将"理"发展为一般,这是改革之路;一是重新解释"理",给它以另外的含义,这是保守之路。王阳明走的是第二条路线,他将"理"解释为"心即理",使本体论和认识论、伦理学统一起来了,这样的统一是宇宙论和本体论的同一,是将独立的本体论倒退到宇宙论的阶段。王阳明伦理性的哲学扼杀了独立的本体论,又使先验论的哲学背离了科技理性的轨道。朱熹哲学从宇宙论中分离出本体论的努力,被王阳明的"良知"本体论扼杀了。所以中国哲学在宋明理学以后,仍然没有本体论,如果说有的话,只能说是宇宙本体论。

本书第六章《传统与现代的转换》致力于阐明:1840年以后,中西文化发生了剧烈冲突,中国传统文化从此开始了新的向异质文化学习的历程,再次迎来了一次"旧邦新命"。"旧邦新命"是中国传统文化的自身特质,这种特质来自"苟日新、日日新、又日新"的文化传统。在每一个历史变革的关口,中国传统文化总是能够吸纳异质文化中对自己有用的东西从而凤凰涅槃、浴火重生,并在重生中迸发出更为先进的文化形态成为中国人的精神背靠。可以说,中国传统文化的发生发展过程,就是不断融合异质文化从而产生新的文化形态的进程。

这个进程迄今为止并没有结束,马克思主义中国化就是这个进程的最典型表现。今天，我们呼唤传统中国文化的伟大复兴，而这个复兴是在马克思主义中国化意义上的复兴。应该说，马克思主义中国化是中西问题，而传统文化的伟大复兴是古今问题，马克思主义中国化视域中的传统文化现代化融合了古今中西问题，它代表了当代中国文化的根本走向，能够真正解决中国当今面临的根本问题。

# 生态文明与可持续发展研究

# 当代中国公民生态文明价值观培育研究

文 / 罗贤宇

## 一、主要章节

本书的框架由六个部分组成，即分为六章。第一章探讨生态文明价值观培育研究产生的背景，生态文明价值观培育研究的时代意义、思路与方法、重点、难点及创新点，为本书介绍了研究背景与意义。第二章界定了相关概念，提出公民生态文明价值观培育的学理依据，确立论题在思想政治教育学科范畴的研究体系，建立起本书的分析框架，奠定了全文的研究理论基础。第三章，系统梳理了中华人民共和国成立以来我国公民生态文明价值观培育的历史演进。第四章，对当代中国公民生态文明价值观培育的现状与困境进行了深入解读。第五章，阐述了当代中国公民生态文明价值观培育的体系构建。第六章，针对当前公民生态文明价值观培育面临的困境，从生态文明价值观培育分析框架组成要素的五个方面，提出了当代中国公民生态文明价值观培育的创新路径。

## 二、内容简述

本书遵循"问题提出——理论分析——现状梳理——问题剖析——体系构建——路径探讨"相结合的逻辑思路展开，并将思想政治教育与生态文明价值观培育的研究相结合，发挥思想政治教育在人们观念塑造方面的独特优势，将一般理论研究与实证研究相

作者简介：罗贤宇（1989— ），男，福建农林大学副教授。

结合，从内容、原则、目标、方法、机制和路径等层面探讨公民生态文明价值观的培育问题，以期使生态文明价值观成为人们的广泛共识，让广泛的"生态共识"转化为积极的"生态行动"，从而为构建我国生态文明理论体系，实现美丽中国目标提供建议和参考。

## 三、重要观点

本书构建了生态文明价值观培育的理论基础与分析框架。本书首先界定生态文明、价值观、生态文明价值观等核心概念，通过系统梳理马克思主义生态观、中国传统文化中的生态思想、西方绿色运动中的生态思想、习近平生态文明思想为研究理论基础，提出公民生态文明价值观培育的学理依据，确立论题在思想政治教育学科范畴的研究体系，奠定了全文的研究理论基础。同时从思想政治教育的学科视野出发，充分发挥思想政治教育在人们观念塑造方面的独特优势，将思想政治教育与生态文明价值观培育的研究相结合，借鉴了思想政治教育系统的基本要素，来构建系统的生态文明价值观培育研究的分析框架，包括生态文明价值观培育的主体、客体、内容、载体和环境，从而获得思想政治教育关于培育公民生态文明价值观问题的把握与理解，建立起本文的分析框架，这在现有的研究成果中尚不多见。

本书系统梳理中华人民共和国成立以来我国公民生态文明价值观培育的历史演进。本书运用历史分析法的角度，系统梳理了从中华人民共和国成立以来我国生态文明价值观培育的发展历程。中华人民共和国成立以来中国的公民生态文明价值观培育逻辑思路，沿循毛泽东时期的"绿化祖国的生态觉醒"、邓小平时期的"确立环境保护的基本国策"到江泽民时期的"可持续发展意识的培育"，再到胡锦涛时期的"科学发展观的培育"，最后到习近平时期的"生态文明价值观的培育"演进。它体现着中华人民共和国成立以来中国对生态文明规律性解读之日益深化，并揭示了生态文明价值观培育逻辑思路的符合国情演进之必然性。

本书深入分析当代中国公民生态文明价值观培育的现状与困境分析。本书以问题为导向，首先，对当前我国公民生态文明价值观培育的现状进行分析，其次，分别从公民生态文明价值观培育的主体、客体、内容、载体、环境五大要素方面提出当前存在的现实困境，包括培育主体生态责任的缺位，培育客体的认识不够到位，培育的内容尚不清晰统一，培育的实践载体相对单一，培育的环境亟待优化改善，并针对困境进行了原因剖析。从尚未明确各主体责任的划分，生态文明教育缺乏系统性，传统生态价值观的冲击，重理论、轻实践的培育方式，培育的体制机制不够健全等五个方面来深入剖析问题产生的原因，有效提炼出研究的核心问题。

本书构建了当代中国公民生态文明价值观培育体系。本书从生态文明价值观培育的重要理念、基本原则、具体目标、主要方法等四个方面入手来构建当代公民生态文明价值观培育的体系，提出和谐、公正、绿色、可持续的重要理念；坚持以人为本、人与自然和谐相处、知行合一的基本原则；以培育思维方式绿色化、生产方式绿色化、生活方式绿色化为具体目标；以及生态文明价值观培育的基本方法包括理论教育与实践养成相结合、榜样示范与自我塑造相结合，系统构建了当代中国公民生态文明价值观培育体系。

本书提出当代中国公民生态文明价值观培育的创新路径。本书针对当前公民生态文明价值观培育面临的困境，从生态文明价值观培育分析框架组成要素的五个方面：培育的主体、客体、内容、活动、载体入手，提出了公民生态文明价值观培育的路径选择包括明确职责定位，落实主体责任；加强对公民生态文明价值观的引领与规约；厘定公民生态文明价值观培育的内容；搭建公民生态文明价值观培育的载体；构建良好的培育制度环境等五个方面，通过以上对策路径来系统培育当代中国公民生态文明价值观。

## 四、理论创新

本书研究内容前沿。公民是生态文明建设的主体，公民的生态行为根本上源于自身的生态文明价值观，充分发挥思想政治教育在公民价值观念引导、塑造方面的独特优势，不仅能够促使公民在心理上生成积极正面的生态认识和生态行为意向，还有利于形成生态自觉并付之于自觉的生态文明建设实践行动。本书以问题为导向，逻辑严密，创新性地系统探讨当代中国公民生态文明价值观培育的历史演进、困境分析、体系构建与路径探讨等，将一般理论研究与实证研究相结合，从生态文明价值观培育的五个组成要素来讨论培育中的现实问题与解决思路，从而构建起系统的分析框架。

本书研究视角独特。本书从思想政治教育的学科视野出发，从内容、原则、目标、方法、机制和路径等层面探讨公民生态文明价值观的培育问题，为构建我国生态文明理论体系、走向社会主义生态文明新时代提供建议和参考。本书在探讨思想政治教育视域下公民生态文明价值观培育研究方面具有独特的贡献，一是通过结合思想政治教育主体、客体、内容、载体、环境等基本要素，以思想政治教育学科视野分析当代中国公民生态文明价值观培育面临的现实困境；二是在思想政治教育学科视域下提出当代中国公民生态文明价值观的培育路径，以期使公民的生态文明价值观内化于心、外化于行并形成生态自觉行动。

本书研究方法创新。本书采用文献研究、案例分析、历史分析等研究方法，系统归纳了马克思主义经典著作中的生态思想、中国传统文化中的生态思想、西方绿色运动中的生态思想以及习近平生态文明思想的研究成果与观点。本书以思想政治教育视角关注人与自然的冲突，从对当前公民生态文明价值观培育的现状分析、现实困境、原因剖析、体系构建、培育路径等方面进行全面系统的理论分析。以历史分析法来论述中华人民共和国成立以来中国公民生态文明价值观培育的逻辑思路，体现了中国共产党对生态文明规律性的认识日益深化。

## 五、学术与应用价值

本书为我国全面加强新时代生态文明教育、走人与自然和谐共生的现代化道路提供理论依据和决策参考，具有一定的原创性和开拓性。本书从公民生态文明价值观培育的视角所做的系统研究，既能体现生态文明价值观的时代精神，又能构建一整套关于公民生态文明价值观培育的理论体系，不仅有利于拓宽思想政治教育的学科视野、推动思想政治教育的学科建设和理论发展，还有利于深入践行习近平生态文明思想，推动全社会树立起良好的生态文明价值新风尚，为建设生态文明形成强大的合力。

本书基于思想政治教育视角研究当代中国公民生态文明价值观培育问题，并提出了切实可行的对策，这为我国把生态文明纳入社会主义核心价值体系、大力开展生态文明观念宣传教育提供了重要的理论参考。

## 六、出版情况

本书由中央编译出版社于2021年12月出版，总字数为187000。

# 人口和能源价格如何影响中国环境污染

---

环境问题是我国经济发展过程中最紧迫的挑战之一，在过去几十年中，我国经济快速发展的同时也伴随着严重的环境污染，环境的破坏对我国经济高质量发展和国民健康构成了威胁，系统研究我国环境污染的成因不仅有助于拓展环境经济理论，还有利于为我国和世界经济可持续增长提供有价值的见解。本文首先构建了一个基于新古典增长模型的统一理论框架，通过考虑导致工业和居民污染的渠道，从理论上分析人口因素和能源价格对环境污染的多方面影响，结果表明，工资刚性、劳动供给弹性、人口规模和人口结构都会影响环境污染的强度，本文还通过工业和居民渠道揭示了能源价格和价格扭曲对环境污染的影响；其次使用我国省级面板数据对上述理论结果进行检验，结果表明，污染水平与人口规模、城镇化率和名义工资呈正向关系，能源价格上涨减轻了环境污染，而能源价格扭曲程度则加剧了环境污染。

## 一、主要章节

本文的框架由引言、文献综述、理论框架、实证数据与方法、实证结果、结论与政策含义六个部分构成。引言部分阐述了中国人口、能源市场改革和中国环境面临的主要问题以及现有研究中存在的主要不足，引出本文的研究问题；文献综述全面回顾和概述了现有文献中针对人口和能源市场因素对中国环境的影响所做的主要工作；理论框架部分基于新古典增长理论，将人口因素、能源市场因素和劳动力市场因素同时纳入理论模型中，构建了

---

**第一作者简介：** 李坤明（1983—　），男，福建农林大学经济与管理学院副院长、副教授、硕士生导师。

一个统一的理论分析框架，解释人口因素和能源价格扭曲对环境污染的影响机制，并据此提出几个理论假说；实证数据与方法部分主要介绍了本文所使用的变量数据和变系数面板模型等实证分析方法；实证结果部分利用中国省级面板数据，采用固定系数和时变系数面板数据模型对前文得到的理论假说进行实证检验；在结论与政策含义部分结合我国现实情况对本文所得到的理论和实证结果进行深度讨论，并就如何借助人口和能源市场政策工具推动我国经济绿色高质量发展提出政策建议。

## 二、内容简述

环境问题是我国经济发展过程中最紧迫的挑战之一，在过去几十年中，我国经济快速发展的同时也伴随着严重的环境污染，环境的破坏对我国经济高质量发展和国民健康构成了威胁，系统研究我国环境污染的成因不仅有助于拓展环境经济理论，还有利于为我国和世界经济可持续增长提供有价值的见解。本文首先构建了一个基于新古典增长模型的统一理论框架，通过考虑导致工业和居民污染的渠道，从理论上分析人口因素和能源价格对环境污染的多方面影响，结果表明，工资刚性、劳动供给弹性、人口规模和人口结构都会影响环境污染的强度，本文还通过工业和居民渠道揭示了能源价格和价格扭曲对环境污染的影响；其次使用我国省级面板数据对上述理论结果进行检验，结果表明，污染水平与人口规模、城镇化率和名义工资呈正向关系，能源价格上涨减轻了环境污染，而能源价格扭曲程度则加剧了环境污染。

## 三、重要观点

1.本文首先基于新古典增长理论，将人口因素、能源市场因素和劳动力市场因素同时纳入理论模型中，构建了一个统一的理论分析框架，解释人口因素和能源价格扭曲对环境污染的影响机制，得到如下理论结果：（1）人口总规模不变时，在黏性名义工资条件下，倾向于增加劳动力规模的人口结构变动会加剧环境污染，若名义工资非黏性，则当劳动需求工资弹性较小时，倾向于增加劳动力规模的人口结构变动会恶化环境污染，而当劳动需求工资弹性较大时，人口结构变动对环境污染的影响正好相反；（2）人口结构不变，人口规模变动主要通过以下两种途径影响环境污染：一是通过影响劳动力规模进而影响生产领域的环境污染：在粘性名义工资下，人口规模对环境污染具有正向影响，在非黏性名义工资下，当劳动需求工资弹性较小时，人口规模对环境污染具有正向作用，而当劳动需求工资弹性较大时，人口规模对环境污染具有反向影响；二是通过影响生活能源消费进而影响生活领域的环境污染：人口规模对生活环境污染程度具有正向作用；（3）能源价格扭曲对环境污染具有反向影响，能源价格向下扭曲倾向于加重环境污染，能源价格向上扭曲则有利于减轻环境污染。

2. 为了验证上述理论结果，本文接着利用中国省级面板数据，使用固定系数和时变系数面板数据模型进行实证检验，得到如下实证结果：（1）人口规模的增长、城镇化水平的提升、能源价格扭曲的加重都倾向于加剧环境污染，而人口老龄化则有利于环境污染的改善；（2）人口因素和能源价格扭曲对中国环境污染的影响机制具有明显的区域差异性和时变特征。

## 四、理论创新

本文的学术贡献及理论创新主要表现在：1. 新的理论框架。基于新古典增长理论，将人口因素、能源市场因素和劳动力市场因素同时纳入理论模型中，构建了一个统一的理论分析框架，解释人口因素和能源价格扭曲对环境污染的影响机制，创新了理论思路与方法。2. 新的实证方法。采用最新的面板数据变系数模型作为主要实证方法，允许变量系数随地区和时间而变，可以完美考察人口因素和能源价格扭曲对中国环境污染影响机制的区域异质性和动态时变特征，拓展了现有研究的实证分析方法。3. 新的研究发现。本文的研究结果发现，人口规模、人口城乡结构以及能源价格扭曲对环境污染均具有显著的正向影响，同时，人口因素和能源价格扭曲对环境污染的影响存在显著的地区差异和明显的时变特征，这些发现均是对现有研究的深化。

# 绿色田野呼唤科技特派员

文／黄安胜

习近平总书记近年在福建考察时指出："要深入推进科技特派员制度，让广大科技特派员把论文写在田野大地上。"2019年，习近平总书记对科技特派员制度推行20周年作出重要指示，强调要坚持把科技特派员制度作为科技创新人才服务乡村振兴的重要工作进一步抓实抓好。科技特派员制度这项制度创新从福建南平起步，逐渐走向全国，已经成为科技创新人才服务乡村振兴的重要制度安排。

20多年间，数十万科技特派员在山林奔波、在田野耕作，成为党的"三农"政策的宣传队、农业科技的传播者、乡村脱贫致富的带头人。脱贫攻坚取得全面胜利后，全面推进乡村振兴是"三农"工作重心的历史性转移。全面推进乡村振兴，需要进一步完善科技特派员制度，进一步发展壮大科技特派员队伍，让这一制度发挥更大作用。

思想是行动的先导。深入推进科技特派员制度，要求我们深刻认识科技在乡村振兴中的重要作用，深刻认识科技特派员制度的重大意义。20多年的实践证明，科技特派员队伍是一支懂农业、爱农村、爱农民的"三农"工作队伍，科技特派员制度是一项被实践证明了的管用有效的制度，有利于把科技创新形成的强大发展动能扩散到田间地头，助力农业农村现代化，帮助农民增收致富。进入新发展阶段，我们要用足用好这一制度，让科技特派员制度更好服务乡村振兴。

科技特派员队伍不断发展壮大，是科技特派员制度持续深入推进的重

作者简介：黄安胜（1980— ），男，福建农林大学公共管理学院副教授。

要保证。抓好科技特派员队伍建设，可以创新大学生科技特派员选任方式，抓住高校深化实践教学改革的契机，选任大学生专职科技特派员；从涉农企业、专业合作社等经营实体中选派科技特派员；探索建设乡贤科技特派员队伍，鼓励其为家乡振兴提供智力支持；充分调动符合条件的离退休人员的积极性，探索由离退休干部和高层次科技人员担任纯公益科技特派员；等等。

科技特派员制度能够实现人才下沉、科技下乡、服务乡村振兴，得益于相关配套制度和公共服务等的支撑。科技特派员制度的深入推进，需要继续建立健全相关配套制度，完善相关公共服务。比如，落实好科技特派员职位、岗位、津贴等方面的制度安排；以互联网、云计算、大数据等为支撑，建立科技特派员全过程信息化服务平台；建立农村科技需求库和科技特派员储备库。完善这些配套制度和公共服务，有助于更好发挥科技特派员的作用。

科技特派员专业不同，在各自工作中遇到的问题也不尽相同。推动科技特派员深度交流协作，有利于充分发挥科技特派员的团队作用和各自专业特长，使他们更好地服务乡村振兴。为此，可以加强科技特派员培训和交流，让科技特派员相互取长补短、丰富工作经验、获得新知识新技能；在农业特色产业集中连片区域，探索建立科技特派员服务协作示范区，实现区域内科技特派员服务"分村不分片"，共同推动区域产业集群发展和融合发展；根据主导产业和重点产业发展需求，组建跨部门、跨学科、跨区域的特色产业科技特派员服务团组，让广大科技特派员把论文写在田野大地上。

# 装配式建筑碳排放核算及减排策略研究

文 / 李晓娟

## 一、主要章节

本书的框架由上编、中编、下编和末编四个部分组成。其中上编为理论奠基部分，由三章组成，第一章在文献综述的基础上提出了本书的研究目的及意义，梳理了研究内容和方法，并建立了全生命周期概念模型，确定本书的研究主旨；第二、三章阐述了装配式建筑及其碳排放研究的相关理论和技术方法，为本书奠定理论基础。中编为核算及模型评价部分，由三章组成，第四章对装配式建筑全生命周期碳排放核算进行了分析，第五、六章则以装配式建筑碳足迹核算模型为主进行描述，明确了本书的碳足迹评价指标并建立了评价模型，界定了预制楼梯物化阶段的三个阶段，并分别建立了碳排放计算模型。下编为案例实证及技术分析部分，由三章组成，

第七章分析了五个案例项目的碳排放量，第八章根据第五章所建立的模型进行案例分析，第九章则是结合BIM及GIS进行模型化和空间化分析。末编为对策分析及总结展望部分，由两章组成，第十章基于各阶段的碳排放构成分析了装配式建筑全生命周期的碳排放规律，并提出各阶段对应的减排策略，第十一章则是对以上研究进行概括总结并提出局限性及对未来的发展进行展望。

作者简介：李晓娟（1979— ），女，福建农林大学交通与土木工程学院教授、硕士生导师。

## 二、内容简述

本书主要介绍国内外碳排放的现状、装配式建筑碳排放发展史、装配式建筑全生命周期碳排放核算、国内外装配式建筑成功案例分析、节能减碳的措施以及未来碳排放的发展方向。内容主要包括国外装配式建筑发展史、国内装配式建筑发展史、碳排放因子的选择、建材阶段碳排放、构建制备阶段碳排放、物流运输阶段碳排放、安装施工阶段碳排放、运营维护阶段碳排放、拆除回收阶段碳排放、美国及日本装配式建筑碳排放的研究实例。本书吸收国内外现有装配式建筑相关著作的优点，充分结合现阶段关于环境方面的要求与碳排放的相关规范，在注重基础知识梳理的同时，引入新的研究成果，为国内外学者的研究工作提供借鉴和参考。

## 三、重要观点

建筑业消耗的能源占能源总量的40%，产生的二氧化碳排放占全球碳排放总量的三分之一，如何做到建筑的减排尤为重要。传统的现浇方法已不能满足当代绿色建筑的要求。相比之下，装配式建筑具有减少资源使用和碳排放以及节能的环境效益，成为最受欢迎的建筑形式之一。预制构件的生产过程是一个体系完整而复杂的过程，在其全生命周期的不同阶段二氧化碳的排放有着不同的特征，如何针对不同时期的碳排放状况采取合理完善的计量方法是装配式建筑碳排放研究中十分重要的课题。因此，开展装配式建筑碳足迹研究，理论前提科学，基础可靠，有研究价值。以生命周期评价理论为出发点，构建装配式建筑不同阶段的碳足迹，研究方法科学适当。结合获取精确充实的案例资料，分析不同阶段碳排放趋势，成果价值可靠。本文具体观点如下：

1.开展装配式建筑全生命周期碳排放核算研究

在生命周期评估（LCA）理论框架下，深入探讨装配式建筑不同阶段的碳排放源，确定不同阶段碳足迹测算范围。构建碳排放因子数据库，结合BIM技术建立装配式建筑碳足迹测算及评价模型。根据碳足迹评价结果和分布规律制定有效的减碳措施，进而为我国制定的节能减排标准提供理论借鉴。

2.构建预制混凝土楼梯物化阶段碳排放核算体系

装配式混凝土楼梯具有资源循环利用、节约成本等优势，符合生态、绿色、可持续发展的理念。针对装配式混凝土楼梯物化阶段的碳足迹进行核算，明确各分部工程在建材生产运输、安装、运维三个阶段中碳排放的具体核算对象，包括各项碳源和碳汇。通过单位高度、单位立方米和单位成本计算碳强度。结果表明，与传统楼梯相比，装配式混凝土楼梯的减碳效果明显，具有一定的环境效益和社会效益。

3.运用BIM技术和LCA理论建立装配式建筑碳足迹评价

利用建筑信息化思想，开展碳足迹测算路径，从而得到真实可靠的碳排放数据，探索并量化全生命周期不同阶段的碳排放，评估其环境效益。运用单位面积碳排放量对各个阶段进行比较评估，得出装配式建筑和现浇建筑的单位面积碳足迹与碳排放效益的差异，提出有针对性的减排策略。通过引入 BIM 技术，快速提取各预制构件的参数和工程量，提高了碳排放计算的效率，同时，在施工前就能较为准确地预估碳排放量，为装配式建筑的设计提供参考。

4.装配式建筑减排策略研究

将全生命周期分为六个阶段，包括建材生产、构件制备、运输、安装施工、运营维护段及拆除回收阶段，分别提出减排策略与建议措施。综合分析各阶段碳源及其控制措施，从全生命周期、绿化、碳交易、政策体系等多方面入手，有效减少装配式建筑全生命周期碳排放。根据碳足迹评价模型，分析物化阶段内因素变化所导致的碳足迹分布规律，分析影响因素和影响水平，对物化阶段制定针对性的减排措施，能够为建筑企业进行节能减排和决策提供依据，帮助政府进行碳减排工作的宣传，从而加快实现现阶段我国提出的碳减排目标。

5.全面分析装配式建筑碳排放量核算问题

本书按照装配式建筑的碳排放来源将其全生命周期过程划分为六个阶段，基于BIM技术建立了六个阶段的碳排放核算模型，分析各阶段的碳排放来源并合理选取碳排放因子，对全生命周期的碳排放进行核算和分析，提高了装配式建筑碳排放核算的准确性和效率，有助于准确评价装配式建筑的环境影响。通过分析各阶段的碳排放特点及规律，分析装配式建筑的环境影响，便于全过程严格监控碳排放污染"重灾区"，分析原因并针对性地采取改善措施，最大限度地减少碳排放，为实现节能减排提供有效途径。

## 四、理论创新

环境危机日益凸显，"碳中和"势在必行。由于我国开展建筑碳足迹研究较迟，尚未研发出统一规范的数据库与核算模型，且较少涉及预制构件的碳排放研究。因此，预制构件成为节能减排关注重点。本书基于生命周期评价方法，根据政府间气候变化专门委员会（IPCC）和中国生命周期数据库（CLCD）的数据库，构建碳排放因子数据库。结合BIM技术，建立装配式建筑碳足迹计算模型。丰富和完善了建筑碳排放核算体系。与以往研究相比，本研究在装配式建筑碳足迹核算研究取得突破性进展，理论创新显著，为政府部门制定节能减排政策提供理论依据。具体创新之处如下。

1.基于生命周期评价理论展开装配式建筑碳足迹评估

本书根据ISO对生命周期评价的研究，将评价的过程可以分为四个步骤：目的与范围的确定、清单分析、影响评价和结果解释。针对建筑的全生命周期过程进行测算，将建筑碳排放量作为评价标准，对不同预制构件不同阶段的碳排放进行测算。通过系统分析预制混凝土建筑碳足迹，与现浇建筑进行比较，评估碳排放模式和趋势。可为量化碳足迹和实际应用提供理论参考，促进政府和开发商对装配式建筑的推广和实施。

2.构建预制混凝土楼梯物化阶段碳足迹核算模型

本书通过100年GWP值对温室气体进行换算，根据政府间气候变化专门委员会（IPCC）和中国生命周期数据库（CLCD）的数据库，构建碳排放因子数据库。结合现场调研获取的工程量清单，对预制混凝土楼梯物化阶段的碳排放进行核算。研究结果显示，预制混凝土楼梯的单位立方米碳足迹显著低于传统的混凝土楼梯。预制混凝土楼梯在物化阶段的碳排放主要来源于生产阶段的原材料消耗。建筑材料的碳排放量对其影响程度最大的是钢筋，其次是水泥。PC楼梯总碳排放量与建筑高度、预制楼梯造价、预制楼梯立方数量三个指标（自变量）呈强线性关系。通过回归分析建立线性回归方程，得到以建筑高度、预制楼梯造价、预制楼梯立方量为自变量，碳排放总量为因变量的关系式，有利于建设项目前期估算预制混凝土楼梯的碳排放量。

为计算其他预制构件（混凝土桩、柱、梁、楼板和隔墙）的碳排放量提供了参考方法和来源。

3.运用BIM+LCA核算装配式建筑碳足迹

针对环保型建筑设计制造的产业，其所面临的主要困难在于有关各建筑材料全生命周期中的环境影响数据资料数量巨大且纷繁复杂。当今建筑领域对建筑全生命周期进行评价的LCA技术，其所生成的评价数据恰恰存在这一缺陷，因此急需一种模型将其所得结论进行整合分类，以便于数据的直观显示与查找。鉴于此种问题考虑，本书集成BIM与LCA两种技术模型，提出构建一个结合二者特征优势的BIM+LCA模型。此模型以建筑信息模型的建立为基础，将BIM模型中导出的工程量清单数据导入LCA模型，利用BIM对建筑不同部分如墙体、阳台、楼道等不同材料属性及其占比的归类，直接显示出某一建筑内不同材料的环境影响程度，为建筑领域的科学规划提供了简明且具有极大参考意义的数据，大大提升了绿色建筑设计与管理的工作效率。总的来说，本书注重将装配式建筑碳排放与信息化的深度融合，积极运用BIM技术核算装配式建筑全生命周期的碳排放，提高核算碳排放的精度和效率。

## 五、学术与应用价值

本书针对装配式建筑不同阶段的活动特征，结合全生命周期评价方法，建立碳排放因子数据库，结合工程量清单，易于核算碳足迹，提高了装配式建筑碳排放核算的准确性和效率，有助于准确评价装配式建筑的环境影响。通过分析各阶段的碳排放特点及规律，分析装配式建筑的环境影响，便于全过程严格监控碳排放污染"重灾区"，分析原因并针对性地采取减碳措施，最大限度地减少碳排放，为实现节能减排提供有效途径。解决建筑碳排放重大理论问题，为类似项目量化碳足迹提供借鉴，学术价值显著。

本书提出装配式建筑碳足迹核算，能够为建筑企业进行节能减排和决策提供依据且被省住建厅及诸多建筑企业广泛采用，为加快实现现阶段我国提出的节能减排目标提供借鉴。

## 六、出版情况

本书由厦门大学出版社于2021年10月出版，总字数为185000。

# 赢得国际话语权：中国生态文明建设的全球视野与现实策略

文 / 杨 晶

国际话语权是全球化时代国家综合实力的新表征，在本质上是主权国家国际影响力的话语表现，对国家实力尤其是国际影响力具有反作用。当前，中国生态文明建设的理论与实践成效已形成特有的中国经验、中国智慧和中国力量，在国际生态环境保护和可持续发展的舞台上占据重要地位。在顺应世界文明转型发展之路上如何有深度、有广度地讲好中国生态文明建设故事；如何在世界语境中坚持中国立场，有的放矢地阐释中国特色的生态文明话语、掌握话语主动权，是研究生态文明建设不可或缺的重要内容。

## 一、中国生态文明国际话语权的生成逻辑

全球化时代，国际话语权已成为衡量主权国家综合国力的一个重要指标。国际话语权内在地包含了主权国家在国际话语权利方面的主张、权力方面的掌控以及能力方面的运用。因此，在中国生态文明建设已卓有成效的今天，如何积极融入国际生态话语场域，努力营建有利的国际话语关系是中国构建并赢得国际话语权的前提。中国生态文明国际话语权的生成过程主要体现为"生态话语的国际化转向""生态治理能力的国际化认同""生态命运共同体理念的国际化传播"等逻辑。

---

作者简介：杨晶（1986— ），女，福建师范大学马克思主义学院副教授、硕士生导师。

### （一）生态话语的国际化转向

近年来，生态话语在国际话语体系中的地位日益攀升。在建立国际政治经济新秩序的强烈呼声中，每一个国家或民族都希望能在国际社会中完整地表达出自己的意愿。但生态环境治理的国际话语权一直以来掌握在西方发达资本主义国家的手中，在他们看来，发展中国家不可能实现经济与生态环境的均衡发展，这些国家的环境保护举措无法真正达到可持续发展的要求。由此看来，中国的生态文明建设要获得国际社会的广泛认同，赢得国际话语权，就要将中国特色的生态话语置于国际场域中，向国际化转向，积极调整其"发声"的"音量"，以期达到最佳"音效"。

从"环境保护"到"可持续发展"，从"两型社会"再到"生态文明"，党和国家关于生态环境的理论在不断完善。尤其是党的十八大以来，我国把生态文明建设作为"五位一体"总体布局和"四个全面"战略布局的重要内容，不断推进生态文明建设的高速发展。中国正在尝试一条不同于西方的可持续发展的文明新路，并已逐步形成了新时代中国特色社会主义生态文明建设话语体系。2016年5月，联合国环境规划署发布了《绿水青山就是金山银山：中国生态文明战略与行动》报告，对习近平提出的绿色发展理念和中国的生态文明理念予以了高度评价，表明生态文明建设的中国方案在世界范围内已形成初步影响。在全球化语境中，中国生态文明建设所取得的成就，虽然突破了全球生态治理的西方话语陷阱，但仍有不少西方主流媒体或学界对中国所取得的成就持保留态度，中国的生态话语亟须向国际化持续转化。只有将中国生态话语转化为国际社会的共同话语，才能充分发挥出主体优势，更好地表达和实现我国的利益需求，即让世界各国看到并认同中国所走的生态文明建设之路，是一条让中国与世界双赢、系统解决世界生态问题的创新之路。因此，生态话语的国际化转向是中国生态文明国际话语权的首要生成逻辑。

### （二）生态治理能力的国际化认同

国际话语权离不开主权国家综合国力的支撑。生态治理能力是综合国力的一个重要体现，与国际社会的认同度和国际话语权的掌控息息相关。生态话语权需要生态治理能力的托举，生态治理能力的国际化认同又反过来作用于生态话语权。生态治理能力转化为生态话语权力，是从国际话语权的本质上体现出的重要生成逻辑。

随着中国生态文明建设的方案不断完善，国际社会对中国生态环境治理成效已给出不少正面评价。如美国库恩基金会主席库恩认为，今天的中国环境有了很大改善，"中国在环境治理方面的措施很有效果。举例来说，今天中国政府对污染企业拿出的经济惩罚措施，能真正起到实效"；联合国环境署经济学家德奥利维拉也表示，中国的森林覆盖率逐年提高，北京的蓝天越来越多，这些都是民众看得到、感受得到的，中国绿色发展政策取得了明显的成效。同时，我国与世界上其他国家的生态环境治理合作增多，取得了大量生态文明建设国际合作方面的成果，这也是生态治理能力被国际认同的一部分。但也有部分国外学者对中国活跃的经济表示焦虑，坚持认为中国经济高速增长使生态环境急剧恶化，中国生态方面的污染已成为另一种形式的威胁。更有甚者，认为中国借生态环境问题争夺国际话语权，终将出现"强国必霸"的局面。这表明中国生态治理能力并未得到国际社会的全面认同，进而导致中国生态话语在国际上处于弱势地位，更难以发出有效的辩驳之声。因此，不断谋取生态治理能力的国际化认同是中国生态文明建设赢得国际话语权的又一重要成因。

**（三）生态命运共同体理念的国际化传播**

中国的生态文明之路不仅是顺应发展趋势之路，更是与世界各国共谋、共建生态环境的治理之路，是人类命运共同体理念的重要体现。习近平提出的新时代推进生态文明建设必须坚持的六项原则中，有一项就是共谋全球生态文明建设。共谋全球生态文明建设、共建清洁美丽世界，是中国和世界各国人民的共同追求。2015年，首届国际生态系统治理论坛上，中方倡议树立生态命运共同体的发展理念，健全全球生态系统治理体系，着力搭建全球生态系统治理互动平台。2017年，"构建人类命运共同体"理念写入联合国社会发展委员会第五十五届会议成果文件。会议主席查沃斯表示，该理念"对于联合国推动世界各国实现可持续发展目标至关重要"。从"被动应对"到"积极参与"再到"发挥建设性作用"的历史性跨越，"东方生态智慧"逐渐受到西方学界的重视。生态命运共同体理念从提出到被国际社会接受，体现了中国生态文明话语已逐渐与国际话语接轨。如今，西方国家凭借先进的科学技术，对生态环境保护的研究依然处于国际领先地位，进而在生态国际话语传播中占据优势。就认同感和接受度而言，如何利用已有资源，提升传播技能，加大生态命运共同体理念的国际化传播力度、拓宽传播渠道，打开生态话语的国际局面、赢得主动权就显得尤为重要。包含着"民族愿景"与"世界表达"意愿的生态命运共同体理念的国际化传播成为中国生态国际话语权生成的必然逻辑。

## 二、中国生态文明国际话语权的当代格局

在全球化语境中，生态话语的国际话语权在其中占有的比重越来越大，生态话语的"话语空间"也在不断向外拓展。"生态文明建设"已成为具有中国特色的生态话语，也冲击着原有的生态国际话语格局和话语秩序。在这种背景和语境下，需要我们对中国生态文明国际话语权所面临的国内外局势有一个清醒的认识，了解中国要赢得生态国际话语权必须面对的现实矛盾。

### （一）中国生态文明建设的话语呈现出全面对外传播状态

党的十九大规划了生态文明及其建设的"三步走"路线图，在生态文明话语方面，尤其重视其内在结构的话语构建，进而不断完善对外传播的路径建设。因此，我们可以从生态文明的政治话语、学术话语、公众话语等方面的对外传播功效来阐释其国际话语权的当代格局。

政治话语方面，中国特色的社会主义生态文明建设话语体系的形成标志着中国生态文明建设的政治话语体系已趋完善。一般而言，政治话语是话语主体为实现某种利益或者建立某种秩序而进行的一种具有支配力的表达，体现了话语主体对各种势力的影响力和掌握度。"绿水青山就是金山银山""文明兴衰论""生态命运共同体""共建清洁美丽世界"等话语表达不仅在国内被广泛传播，也作为一种战略话语创新，并以政治高度定位生态文明话语，向世界广泛传播，成为西方主流社会认识中国生态文明建设的主渠道。这表明中国生态文明政治话语已具有一定的国际话语支配力。当前，中国政府更加注重这方面的对外宣传，以期将中国在生态文明建设方面的科学理论与政治成果向世界各国表达。

学术话语方面，中国生态文明的学术话语已迈入成熟阶段。随着生态文明理念的提出，国内学者对生态文明建设的研究内容更为丰富、研究类别更加多样，实现了从学理研究阶段向实践与理论结合阶段的转型。所谓

的学术话语权，即是"在学术领域中，说话权利和说话权力的统一，话语资格和话语权威的统一，也就是权力的主体方面与客体方面的统一"。如今，学者们更加注重学术话语权力的展现，更多地关注中国生态文明建设主体的责任培育、东方生态智慧的形成及对外传播路径、生态文明体制机制的建设与完善等方面的研究。这些研究成果在国内产生了广泛影响，并具有一定的国际影响力，既是中国生态文明建设的重要理论支撑，也是争取国际话语权的重要手段。我们应加强学术话语在国际社会的传播力度，及时将中国在生态文明建设中的理论创新和发展经验与国际学术界交流。

公众话语方面，民间非政府组织和公民个人在生态文明话语的对外传播力度和广度上还有待加强。公众话语的主体是广大人民群众，在政治话语的政治保障和学术话语的理论支撑下，公众话语是中国生态文明话语国际影响力的直接体现。中国在公众话语方面的表达尚处于发展阶段。近年来，国内的环境保护非政府组织有了较快发展，民众的生态文明素养也在不断提高，体现了中国在全社会建设生态文明的决心和信心。但不可否认，我国在这方面的建设和发展较晚，公众话语在国际社会发声的"音量"尚显不足。对此，我们应给予公众话语更多的重视，积极地将最广泛的群众环保实践经验和绿色智慧向世界各国传递。

**（二）西方国家对中国生态文明话语持非完全认同状态**

近年来，中国生态文明建设的理论与实践成效逐渐被国际社会所熟知。在"可持续发展"成为新时期全球性热门话题的背景下，"东方生态智慧"成为西方社会关注的焦点。当前，"绿色发展""生态文明"等理念和词汇已被纳入联合国文件，中国对全球生态环境治理的贡献已获得国际社会的官方认可。中国提出的"命运共同体"理念更向国际社会表达了一种新的世界秩序理念，吸引了各界的强烈关注。国外马克思主义学者认为，这一理念的提出，符合马克思对世界建立新秩序的需求，即"各个人在自己的联合中并通过这种联合获得自己的自由"的真正基础。作为"命运共同体"理念的重要组成部分，生态命运共同体理念的提出和推广也具有相当的国际影响力。在生态文明建设的实践成效和治理经验方面，不少学者特别是西方左翼学者认为生态文明的希望在中国，"在生态文明建设的很多方面，中国都可能成为领导者。其他国家可以学习中国的经验"。

不可回避的是，在当前国际格局下，中国生态文明建设的国际话语权仍受到许多限制，西方不同国家和媒体对中国生态文明话语的认同度有所差异，总体上呈现出"十分关注但非完全认同"的状态。涉及生态环境议题的国际舆论明显带有西方社会的刻板认知和偏见，国内的一些环境污染个案被西方媒体夸大报道，"中国环境威胁论""中国生态威胁论"等霸权话语从未停止，严重影响中国的国际形象。在中西方话语结构失衡的格局下，中国的生态环境问题一度被无限放大，而中国因缺乏强有力的国际话语权，在面对这些言论时往往陷入难以辩解的话语困境。因此，要扭转这种局面，必须不断完善生态文明建设话语体系的建构，赢得与大国相适应的国际话语权，在国际舞台上更有效地发声，讲好中国生态文明建设故事。

**（三）发展中国家参考借鉴中国生态文明建设的实践经验**

随着人类欲望和需求的不断增长，在资源有限的地球上，人类对自然资源的攫取也越来越快。近年来，国际社会不断呼吁要解决好工业文明带来的环境危机和矛盾，要实现人与自然的和谐、可持续发展。但与在工业社会中获得巨大利益的发达国家不同，发展中国家当前面临着经济发展与环境保护的双重压力，加之西方发达国家不断将生态废弃物转移至他国，发展中国家不得不开始重视生态环境保护、可持续发展等问题。显然，发达国家的治理政策无法解决发展中国家的环境危机，而在谋求经济发展与环境保护之间的平衡方面，中国的生态文明建设无疑给发展中国家的环境治理提供了新的选择路径，中国的治理模式、治理力度以及丰硕实践成果已成为发展中国家借鉴参考的重要范式。

秉持"人类命运共同体"的理念，发展中国家需要从治理模式、经济形态和社会发展等层面探索全球化时代下的新平衡，中国的生态文明建设不仅改变了我国的经济发展状况和环境现状，更得到不少国家特别是发展中国家的认可。如我国制定了大力度治理环境污染的法律法规，从"史上最严的环保法"到大气污染防治法、水污染防治法、土壤污染防治法。中国的做法值得发展中国家借鉴。2018 年 7 月，中国生态环境部与老挝自然资源与环境部在老挝首都万象签署了生态环境合作谅解备忘录。老挝自然资源与环境部部长宋玛表示："中国高度重视生态文明建设，并通过一系列务实举措治理和改善环境，使经济增长与生态环境保护相互协调，为中国可持续发展奠定良好基础。"生态文明建设方面的中国经验、中国话语给发展中国家带来了一场"新启蒙"，促使人们开始重新思考经济与环境、速度与稳定之间的关系。中国生态文明的国际话语得到了发展中国家的重视，同时也改变了他们的思维模式与发展思路，从顶层设计到实际行动参考和借鉴中国经验，努力探索绿色低碳的可持续发展之路，力求逆转未来可能发生的生态灾难。

## 三、中国生态文明建设赢得国际话语权的现实策略

在上述分析中国生态文明国际话语的生成逻辑和当代格局的基础上，中国如何在多元化的国际社会中寻求生态环境治理的全球共识，充分传达具有中国智慧的生态治理方案，是我们必须予以研究和探讨的问题。当前，我国的生态文明建设话语面临着强大压力，要提升话语权必须从坚持原则、提升实力、构建体系和增强国际认同等方面着手，不断探寻赢得国际生态话语权的有效策略。

### （一）坚持中国立场，积极打造中国特色的生态话语

在新时代的背景下，进入生态文明建设快车道的中国，与世界各国一道共同参与生态环境治理已成为必然。表面上看，生态文明的国际交流与合作同国家间的政治、经济和文化等方面的国际交流往来相比，意识形态色彩较淡，然而事实却并非如此。在以往的国际生态合作交流中，发达国家以推进人类社会可持续发展为由，对发展中国家以及不发达国家和地区进行生态侵略的事例屡见不鲜。如在《京都议定书》的签订过程中，围绕发达国家与发展中国家温室气体排放量等问题的争议一直存在，其关键就在于发达国家打着"要共同承担保护环境的责任"的旗号，对发展中国家在温室气体减排问题等方面提出了许多不公平的要求。在这样的话语情境中，只有具有高度的政治意识，彻底地坚持本国立场，维护国家利益，才能实现真正有效的国际传播。因此，去"政治化"只是生态环境问题在国际交流中出现的假象，我们要及时避免陷入这样的生态话语陷阱，在参与国际合作与交流的过程中，必须坚持中国立场，不断增强道路自信、理论自信和制度自信，这是中国生态文明建设赢得国际话语权的重要基石。

在全球化背景下，大数据、信息化的时代不仅要求我们在传播生态文明建设的过程中需要有国际视野，更要积极构建中国特色的生态话语，并将

其融入世界语境中。作为传播中国生态话语的主体，我们应充分了解"美丽中国""生态文明""生态命运共同体"等话语的释义与内涵，在对外传播中加大对这些词汇的解释力度。如对生态文明中"文明"一词的理解，由于受不同的文化背景影响，西方国家与中国在关于"文明"的阐释方面存在不同的理解。在中国，"生态文明"一词已不能单纯概括为生态环境保护，而是指一个新的文明阶段，包含了马克思主义生态思想、中华传统生态文化以及西方生态哲学思想中的合理成分。因此在对外传播中，我们要不断深入研究具有中国特色的生态话语，加强与西方主流社会的对话，将其丰富的内涵和广阔的外延充分地展现在国际舞台上，进而提升中国在生态文明建设领域的话语权。

**（二）提升内在实力，努力探寻有效的对外传播策略**

要转变国际生态话语权的弱势地位，赢得国际社会的认同与支持，以人类命运共同体的理念框架，不断提升内在实力，"用实力说话"，这是赢得生态国际话语权的基本策略。自 20 世纪 70 年代以来，西方发达国家凭借先进的科学技术，进行能源和环境治理已有半个多世纪，其生态话语权一度称霸世界。但到目前为止，全球的环境危机不仅没有得到遏制，反而仍在蔓延和加剧。究其根本原因，就是西方资本主义国家的固有矛盾和其治标不治本的治理模式。如今，已有不少学者质疑西方国家"治标不治本、头痛医头、脚痛医脚"的生态环境保护方式。中国政府和人民应积极把握机遇，在国际传播的过程中，充分利用已有优势，从经济、政治、文化等方面推动生态文明建设的不断深化发展，使之成为中国赢得生态国际话语权的坚实基础。

经济发展方面，在生态环境压力不断加剧的今天，我们要重视生态经济建设，把生态文明建设与经济社会建设统筹起来，破解发展与保护的矛盾；要意识到科学技术发展的关键性作用，大力发展科学技术，以科技创新推动生态文明建设；要注重人才培养，以科技为支点、人才为主力，推动生态文明建设不断转型升级发展；要提升我国的综合国力，特别要重视新能源经济、低碳经济、绿色消费经济、循环经济等经济业态的综合发展，打造绿色发展的生态经济，夯实生态文明建设的经济基础，并以此增强我国生态文明建设的国际话语地位，赢得话语权。

政治政策方面，通过一系列的奖惩措施，促进生态文明的理论创新与制度完善。要重视生态文明话语的表达方式，规范其政治话语、学术话语以及公众话语的话语形态，针对不同的受众群体采用不同的语言表达，以期在与国际话语顺利接轨的同时，向世界准确地表达出中国生态文明建设的重要意义。要发挥政策导向作用，运用媒体优势加强对外宣传，使得我国生态文明建设的最新成果能够及时与世界分享，用真实的事例说话；在政治保障下，利用媒体维护国家形象，回击"中国环境威胁论"等不实言论。

文化交流方面，要重视古今生态文化的继承与发扬，中国古代的先哲高瞻远瞩，透过当时的现实状况对人与自然之间的关系进行剖析，积淀了丰富的自然环境保护思想，并汇聚形成了绵延流长的中华传统生态文化的绿色底蕴，为当前的生态文明观奠定了深厚的文化底蕴，更容易被人们理解和认可。要促进中外文化交流，重视将中国的生态文化与世界上其他国家文化的融合，积极主动地吸收这些国家优秀的生态文化成果，在交融中共享成果，共建和谐世界。

**（三）构建话语体系，持续加强话语的国际传播能力**

2013 年 12 月，习近平在中共中央政治局第十二次集体学习时指出："提高国家文化软实力，要努力提高国际话语权。要加强国际传播能力建设，精心构建对外话语体系，发挥好新兴媒体作用，增强对外话语的创造力、感召力、公信力，讲好中国故事，传播好中国声音，阐释好中国特色。"因此，要构建具有中国特色的生态话语体系，提高中国生态文明建设的国际话语权，既需要加强政治话语、学术话语和公众话语的传播能力、扩大影响，也需要实现政治话语、学术话语和公众话语的有效统一，形成国际生态话语传播的合力，争取更多层面的国际认同。

第一，注重生态文明建设的政治话语在国际传播的辐射范围。当前，中国在生态文明建设方面已形成了系统的思想理论体系、建设纲要以及推动实践成果转化的一系列政策，所以我们拥有足够的自信在国际舞台上讲好中国生态文明建设的故事。但在国际话语体系仍旧被西方话语所主宰的大背景下，中国的政治话语在国际传播的辐射面仍需不断扩大。因此，要加强中国特色的生态话语体系的国际传播力，不仅要在国际政府论坛、国际学术研讨会上加大宣传力度，在民间组织交流中积极传播习近平生态文明思想及其实践成果；还要注重与世界话语体系的对接，吸收和借鉴西方国家在建构生态话语体系方面成功的经验，并以此为基础，根据中国实际加以转化运用和深入发展。

第二，提升生态文明建设的学术话语在国际社会的影响力。改革开放以来，中国社会所取得的辉煌成就及其发生的历史性巨变足以支撑中国的学术话语在国际社会的传播，国际学术领域将给中国的学术话语留有越来越多的空间。中国学者应充分把握这份优势，努力将中国生态文明建设中的实践经验转换为具有国际影响力的研究成果。如在国际社会普遍认可"可持续发展""向生态社会转型"等话语形势下，中国的学者要理论联系实际，结合中国特色，充分阐释"生态文明"与"可持续发展"的异同，尤其要注意纠正西方媒体和社会组织对中国话语的误判、误读和误译，强调中国提出的"生态文明"是一种超越了工业文明的新型文明形态，是向生态社会的可持续发展的转型，是在中国特色社会主义的生动实践基础上形成的。学术话语体系的建设必须依靠中国学者不断创新研究，努力提升国际影响力。

第三，强调生态文明建设的公众话语在国际传播中的重要作用。作为国际话语传播的重要渠道，公众话语凭借其发声主体的多层次和多元化，其话语内容更容易被认可，因此强调公众话语的传播方式和传播路径的有效性就显得尤为重要。在国内，生态文明的话语体系呈现出政治性、理论性相对突出，语言相对宏大等特点，而国外的受众则更能理解和接受较为平实的实践叙述。因此，在传播方式上，要注意结合国际上的受众需求和知识结构等特点，让生态文明建设的公众话语以一种更为平实、质朴、清晰的方式呈现，消除国际社会对中国生态文明建设的误解，促进其对中国生态文明建设的深入认识。在传播路径上，中国政府不仅要充分重视公众话语传播的重要性和影响，赢得国际话语权力，为社会组织、智库、企业等公众话语发声的主要群体提供法律保障，而且要鼓励在数字媒体、各类国际社交网络等平台进行传播，让其他国家的民众能够顺畅地将"生态文明""生态命运共同体"等中国的抽象话语与中国的社会组织和企业在中国的绿色实践联系起来，拓宽公众话语传播的有效路径。

第四，实现政治话语、学术话语和公众话语的有效统一。话语体系是一个整体，需要多元化、多方面、多层次的话语共同发力，才能实现体系的不断完善。在生态文明建设方面，不能割裂地看待政治话语、学术话语和公众话语的发展与传播，要在全球视野下，将其有机结合，发挥最大的作用。首先，政治话语是中国生态文明建设在国际社会进行有效传播的主渠道，习近平曾说："现在，国际上理性客观看待中国的人越来越多，为中国点赞的人也越来越多。我们走的是正路、行的是大道，这是主流媒体的历史机遇，必须增强底气、鼓起士气，坚持不懈讲好中国故事。"政治话语作为生态话语体系构建的基石，是国际传播中衡量话语有效性的重要标准，在此基础上形成的学术话语和公众话语才能充分体现中国特色。其次，学术话语为政治话语和公众话语提供了理论支撑和智力支持。作为知识传播的重要方式，学术话语具有的科学性和学理性为政治话语和公众话语提供知识滋养，让广大受众都能掌握"改变世界"的力量。最后，公众话语是生态文明建设在国际传播中最直接的传播、沟通渠道，可以说是一个重要的落脚点。在政治话语的环境保障、学术话语的知识支撑下，公众话语的表达将直接获得国际社会的认可。要将政治话语、学术话语和公众话语的有效统一落到实处，在三方面的生态话语互相作用下，合力发声，共同构建和发展中国生态话语体系。

**（四）利用外部驱动，不断提高生态话语的国际认同**

中国的生态文明建设理念，即"五位一体"的生态文明建设理念已得到世界认可，但生态国际话语权却未得到国际社会的全面认同。我们应当将这种片面否定看作是一种外部驱动，在纷繁复杂的国际语境中，强调生态平等，既注重承担起发展中大国的生态责任，也要呼吁国际社会注重公平，揭露部分国家逃避责任的行径。

一方面，作为世界上最大的发展中国家，我国应当积极担负起大国责任，以全新的大国形象倡导国际社会生态平等。"生态命运共同体"是中国特色社会主义生态文明观的重要组成部分。党的十九大报告强调要"为全球生态安全作出贡献""要积极参与全球环境治理，落实减排承诺"，表明我国推进国内生态文明建设既秉承了社会主义公平正义的基本原则，也遵循了可持续发展的国际公约。中国的生态文明建设已取得了令世界瞩目的成就，我们除了应主动将成功经验介绍给发展中国家外，还要积极承担相应的生态责任，加强"南南合作""南北对话"，共同应对国内外生态环境问题，共享生态文明的建设成果，不断提高国际认同度。

另一方面，作为一个负责任的大国，中国更应该呼吁世界各国共同承担起生态环境保护与治理的责任。在西方，一些发达的资本主义国家无视曾经对生态环境的污染和破坏，以邻为壑，实行生态帝国主义政策：为保证本国领土环境稳定，把高污染和高耗能产业转移到发展中国家，把垃圾转运到发展中国家，让一些经济落后国家种植有害土壤的连续利用的单一作物。美国为推卸生态环境保护的责任，不仅退出了《京都议定书》，而且退出了《巴黎协定》。然而，这些不负责任的发达国家却又要求广大发展中国家承担与发达国家同等的生态保护义务。为此，我们应当对这些逃避责任的国家进行强烈谴责，呼吁国际社会在生态环境保护的义务与责任方面建立监督体制；呼吁世界各国团结起来，共同应对生态环境问题，广泛对外传播"命运共同体"理念，提升中国生态话语的权威性。

# 农村环境污染整治：从政府担责到市场分责

文/刘 勇

## 一、主要章节

第一章，导论。在梳理我国政府担责整治农村环境污染历程、业绩与效果基础上，提出问题。第二章，分析公共经济学有关理论并探寻其指导意义。公共物品或服务理论、公共选择理论、外部性与信息不对称理论、公共规制与公共经济活动民主监督理论等，都对提高农村环境污染整治效率、实现污染整治目标具有重要而具体指导意义。第三章，问题的症结。在农业生产、村民生活污染治理中，政府同时承担污染治理公共服务的供给保障和生产责任，亦即政府承担双责，造成污农业生产、村民生活污染治理公共服务生产效率缺乏保障。第四章，市场主体分责机制及其现状、问题与对策提出。依据公共经济学有关理论，结合实践活动，剖析市场主体分担农业生产、村民生活污染整治责任机制，并针对该机制运行中存在的问题，提出将农业生产、村民生活污染整治由政府担责向市场主体分担责任推进对策。第五章，政府切实承担污染治理公共服务供给保障责任。依据公共经济活动民主监督理论、环境规制理论，分析政府切实承担提高环境质量责任、环境监管责任和使污染产生者配合实施环境治理措施责任之具体措施。第六章，政府充分激活市场主体并确保其落实约定责任。依据公共

作者简介：刘勇（1969— ），男，福建江夏学院公共事务学院教授、硕士生导师。

物品或服务供给方式理论、公共规制理论和外部性理论，分析政府充分激发市场主体担责积极性并确保市场主体落实约定责任之具体措施。第七章，政府充分消除绿色健康信息不对称。依据信息不对称理论，分析政府充分消除受认证农产品生产——消费链中的绿色健康信息不对称之具体措施。第八章，结论与展望。

## 二、内容简述

主要建树有三。第一，实证政府承担农业生产、村民生活污染整治责任机制及其失灵环节。认为政府在承担农业生产、村民生活污染治理公共服务责任中，同时承担污染治理公共服务提供和生产责任亦即承担双责，造成污染治理公共服务生产效率缺乏保障。第二，剖析市场主体分担农业生产、村民生活污染治理公共服务供给责任机制。认为该机制是，政府承担农业生产、村民生活污染治理公共服务提供责任，以此为前提、支撑和保障，以主导方式和提供服务两种方式，政府将污染治理公共服务生产责任让市场主体承担。第三，提出将农业生产、村民生活污染整治由政府担责向市场主体分担责任推进对策措施。认为要建立健全市场主体分担责任机制，将农业生产、村民生活污染整治由政府担责向市场主体分担责任推进，政府就要切实承担农业生产、村民生活污染治理公共服务提供责任，以主导方式充分调动市场主体担责积极性和确保市场主体落实约定责任，以提供服务方式充分消除受认证农产品生产——消费链中的信息不对称。

## 三、重要观点

要建立健全市场主体分担责任机制，将农业生产、村民生活污染整治由政府担责向市场主体分担责任推进，政府自身首先要承担好农业生产、村民生活污染治理公共服务提供责任。这其中，政府切实承担提高环境质量之具体措施是，健全以河长制为代表的环境问责制度；政府切实承担使污染产生者充分配合实施环境治理措施责任之具体措施是，完善污染产生者配合实施环境治理措施绩效考评政策；政府切实承担农村环境监管责任之具体措施是，就要健全农村环境质量监测社会化制度和建立农业生产、村民生活污染治理监理制度。

要建立健全市场主体分担责任机制，将农业生产、村民生活污染整治由政府担责向市场主体分担责任推进，政府就要以主导方式充分激发市场主体承担农业生产、村民生活污染治理公共服务生产责任积极性，并确保其落实约定责任。这其中，政府充分激发市场主体担责积极性之具体措施是，完善农业生产、村民生活污染治理公共服务市场化机制，完善农业生产、村民生活污染治理产业扶持政策设计和提高扶持政策执行能力；政府确保市场主体落实约定责任之具体措施是，健全农业生产、村民生活污染治理公共服务项目质量保障机制。

要建立健全市场主体分担责任机制，将农业生产、村民生活污染整治由政府担责向市场主体分担责任推进，政府还要以提供服务方式充分消除受认证农产品生产——消费链中的信息不对称，以使绿色健康农产品生产组织在更强消费需求拉动下、在更大生产规模上充分承担农业生产污染治理公共服务生产责任。政府充分消除受认证农产品生产——消费链中的信息不对称之具体措施是，完善对受认证农产品生产过程实施现场检查检测机制，同时完善绿色餐饮服务提供者评建机制和明厨亮灶制度。

## 四、创新与特色

研究观点创新。政府必须以合作网络治理理念统领环境治理，允许和鼓励市场主体分担农村环境公共服务责任——对于农业农村污染治理，政府同时承担服务的提供和生产责任是造成服务效率不足的根本原因。

理论应用创新。公共管理市场化工具理论在农村环境公共服务供给领域体现为，政府应切实承担服务的提供责任，以此为前提、支撑和保障，以主导和提供服务两种方式，政府让市场主体承担服务的生产责任。

让市场主体分担责任方式的认知创新。要建立农村环境公共服务市场分责机制，就要健全环境问责制度、优化环境政策工具使用、补齐农村环境监测短板，在此基础上政府以主导方式充分调动市场主体担责积极性、确保其落实约定责任，并以提供服务方式充分消除受认证农产品生产-消费链中的绿色健康信息不对称。

研究的突出特色是问题导向、逻辑严密、对策具体。模块一，在梳理农业生产、村民生活污染虽被政府担责整治，但污染程度却总体不见减轻这一事实的基础上，提出问题。模块二，文献综述，对现有研究的经验与不足进行综合分析，梳理出解决问题所依据的理论主要源自公共经济学有关理论。模块三，依据公共经济学有关理论，剖析政府承担农业生产、村民生活污染责任机制失灵之处，回答问题一。模块四，针对政府承担农业生产、村民生活污染责任机制失灵之处，依据公共经济学有关理论，结合实践活动，剖析市场主体分担农业生产、村民生活污染整治责任机制，并针对该机制运行中存在的问题，提出将农业生产、村民生活污染整治由政府担责向市场主体分担责任推进对策，回答问题二。模块五，依据公共经济学有关理论，结合实践活动，细化对策为具体措施。

## 五、学术与应用价值

研究的理论价值在于，第一，界定政府与市场在农村环境资源配置上的基本关系及其作用边界。政府与市场是配置资源和协调社会经济活动之两种主要机制或制度安排，各有其优缺点，必须从理论上厘清政府与市场之间的关系。由于将农业生产、村民生活污染整治由政府担责向市场主体分担责任推进的先决条件是，从理论上厘清政府与市场在农村环境资源配置上的各自作用尤其是作用边界，所以研究具有重要的政府与市场关系及其作用边界界定价值。第二，提供解决农村环境资源配置的政府失灵问题之基本理论方案。提出的解决农村环境资源配置的政府失灵问题之理论方案具有基础性，体现为该方案主要针对政府承担农业生产、村民生活污染整治责任机制所存在的失灵环节而设计。在解决农村环境资源配置的政府失灵问题之基本理论方案中，政府与市场的基本关系和各自基本作用边界的划分标准是，划分结果是否有利于环境质量提高。第三，有利于多学科知识在农村环境污染整治领域融合。研究对象是农村环境资源配置的市场与政府双失灵这一复杂系统，决定了在研究过程中必须充分吸收各相关学科知识，这就有利于多学科知识在农村环境污染整治领域融合。

研究的现实意义在于，第一，促进农业生产、村民生活污染整治目标实现。让市场主体分担农业生产、村民生活污染整治责任，有利于提高农业生产、村民生活污染整治效率，能够促进农业生产、村民生活污染整治目标实现。第二，纠正政府越位承担责任之做法。通过实证，指出政府在承担农业生产、村民生活污染整治责任时在哪个环节越位，又当如何纠正之。第三，提出将农业生产、村民生活污染整治由政府担责向市场主体分担责任推进对策措施。在公共经济学理论指导下，结合实践，对市场分担农业生产、村民生活污染整治责任机制及其运行现状、存在的问题进行深入分析，提出将农业生产、村民生活污染整治由政府担责向市场主体分担责任推进对策，之后进一步将对策细化至措施。

## 六、出版情况

本书由社会科学文献出版社于2021年5月出版，总字数为287000。

# 农村人居环境如何促进乡村旅游发展
## ——基于全国农业普查的村域数据

文/郑 义 陈秋华 杨 超 林恩惠

## 一、引言

"绿水青山就是金山银山"是生态文明建设的重要理念，是现代化建设新格局的重要标志。在乡村振兴的语境下，集中体现为实现乡村生态宜居与产业兴旺的良性互动（黄祖辉，2018），"产村景"一体化的融合发展模式成为未来乡村建设的重要方向（高春留等，2019）。针对当前的重点任务和现实短板，促进农村人居环境与乡村旅游的有机融合成为现阶段乡村振兴工作的重要抓手。2019年中央一号文件明确提出将农村人居环境整治与发展乡村休闲旅游等有机结合，2017年发布的《农村人居环境整治三年行动方案》和《促进乡村旅游发展提质升级行动方案（2018年—2020年）》强调要引导有条件的地区将农村环境基础设施建设与乡村旅游有机结合。全国各地也纷纷探索以农村人居环境促进乡村旅游高质量发展的有效路径，但在实践中不同地区的实施效果分化严重：一些地区实现了人居环境改善和乡村旅游的融合发展，总结了大量的成功经验（李莺莉等，2015），但另一些地区守着人居环境的"绿水青山"，却得不到"金山银山"（邓爱民等，2013），还有一些地区的乡村旅游发展受到了建设滞后的环境基础设施的制约（陈天富，2017）。因此，评估农村人居环境对乡村旅游发展的促进效果以及不同地区促进效果差异的根源具有重要的意义。

围绕以上现实问题，已有研究选取特定的乡村旅游示范点，应用案例研

---

**第一作者简介：** 郑义（1988— ），男，福建仙游人，福建农林大学管理学院副教授，博士，硕士生导师。

究等定性的方法分析乡村旅游发展中的农村人居环境因素（李创新，2016；胡鞍钢等，2017），总结了促进和阻碍人居环境优势转化为乡村旅游发展优势的关键因素，提供了丰富的典型事实和感性素材，但由于乡村旅游类型多样、特色鲜明，受限于样本的规模和代表性，其结论的外部效度有限，不足以全面评估全国范围内的真实状况。另一些文献基于不同空间尺度的数据，进行定量分析（郑石等，2017）。其中，以省、市等大尺度区域为主，研究结论概括性强。然而，乡村旅游发展具有复杂的内部地域空间结构，自然旅游资源、人文旅游资源、交通区位等影响乡村旅游发展的因素的空间异质性强，不同空间尺度的结论有显著差异（吴江国等，2014）。例如，大空间尺度会掩盖小空间尺度下可能存在和发生的乡村旅游特征和规律。一般而言，大空间尺度下的研究结论的空间广度更大，小空间尺度下的研究结论的空间粒度更精细。但目前基于村域小尺度的研究极少，导致已有研究结论的细粒度不够，无法区分更小尺度下人居环境促进乡村旅游发展效果的差异。

鉴于此，本文从理论上分析农村人居环境促进乡村旅游发展的作用机制及调节其作用的因素，并利用第三次全国农业普查的六万多个村域数据，评估全国行政村人居环境对其乡村旅游发展的促进作用大小，并检验公共交通、地表水、集中养殖区等旅游资源以及村级集体收入、村主干受教育程度、文化组织个数等目的地管理能力对农村人居环境与乡村旅游关系的调节作用，用分位数回归分析农村人居环境对不同分位数上的乡村旅游发展的异质影响。

本文可能的边际贡献在于：第一，理清了农村人居环境促进乡村旅游发展的作用机制及调节其作用的因素，丰富了人居环境与乡村旅游关系的理论研究成果。第二，利用全国村域的大样本数据，在细致探讨内生性问题和进行稳健性检验的基础上，比较全面、准确地评估了我国农村人居环境对乡村旅游的影响效果，为今后的研究提供了新的经验证据。第三，从旅游资源、目的地管理和旅游承载力三个角度，考察了农村人居环境对不同行政村乡村旅游发展的影响差异，并对差异的成因提供理论解释和经验证据，丰富了如何实现农村人居环境与乡村旅游融合发展的相关研究。

## 二、影响机制与研究假设

总体而言，农村人居环境通过增加乡村旅游需求和乡村旅游供给，进而促进乡村旅游发展，即需求效应和供给效应。一方面，改善农村人居环境通过需求创造和需求转移增加乡村旅游目的地的旅游需求。需求创造是指满足了潜在游客追求良好环境质量的旅游动机，吸引新的游客；而需求转移是指在旅游目的地竞争中，人居环境质量较高的旅游目的地捕获了人居环境质量相对差的旅游目的地的游客。另一方面，改善农村人居环境可以增加乡村旅游服务供给能力。农村人居环境对乡村旅游发展的促进作用取决于需求创造效应、需求转移效应、供给效应的总和。

### （一）农村人居环境与乡村旅游需求

农村人居环境对乡村旅游发展产生需求创造效应。旅游动机是形成旅游需求的主观条件，Dann（1977）提出的"推—拉"旅游动机理论认为，游客旅游的动机是在推力和拉力的共同作用下产生的。"推"是内在因素，是由于不平衡或紧张引起的内在需求促使旅游愿望的产生，促使个体做出"出门旅游"的决策，"拉"更倾向于目的地吸引物的拉力，取决于旅游者对目的地自身属性的认识，影响旅游者对目的地的选择。Iso-Ahola（1982）进一步将旅游动机提炼为"逃避"和"寻求"两个维度，提出"逃避–寻求"理论，认为逃避日常生活环境以及通过到其相对照的环境旅游，获得内在的心理回报是游客选择旅游的动机。现有的研究表明：环境污染是促使城市居民逃离自己所习惯环境而外出旅游的重要原因之一（陈哲等，2012），享受乡村地区优美的景观、呼吸新鲜空气是游客选择乡村旅游的最重要的因素（李玉新等，2016）。例如，Lewis和Alessandro（2019）认为寻求自然体验、保持健康是老年人进行乡村旅游很重要的动机之一。汪德根等（2008）基于苏州市的调查表明：回归自然，领略乡村田园风光是乡村旅游的最主要推力，乡村生态环境是市民选择乡村旅游最主要的拉力。张一等（2014）认为享受阳光、呼吸新鲜空气、观赏田园风光等乡村环境是乡村旅游的主要拉力动机之一。因此，良好的农村人居环境满足了旅游动机，把潜在需求变为现实需求。

农村人居环境对乡村旅游目的地产生需求转移效应。当多个旅游目的地在市场中相互竞争时，其需求之间就会发生相互关系。目前，作为需求端的游客对旅游目的地的环境保护、风景优美的期望值越来越高（马敬桂等，2010；张晶晶，2019），环境质量成为游客目的地选择的重要影响因素。越来越多的游客逐渐远离受污染的旅游目的地，花费更高的成本去体验清洁、无污染的旅游目的地（Esparon等，2015）。一方面，环境卫生质量阻碍了游客前往特定旅游目的地的意愿。例如，公共厕所等软环境和整体环境对旅游者的满意度有显著的影响（李瑛，2008；魏鸿雁等，2014），万绪才等（2011）的研究表明：乡村旅游地的卫生问题会导致游客重游率低、忠诚度下降。另一方面，环境卫生质量是构成旅游目的地竞争力和吸引力的重要因素（Mihalič，2013），而游客更可能选择和重游有更高吸引力的旅游目的地。经营者在乡村环境基础上进行的卫生整治会提高游客对乡村旅游的旅游质量感知（唐德荣等，2008），生态与旅游的结合提高了乡村旅游的产品附加值（邹芳芳等，2019）。例如，张春琳（2012）的研究表明：旅游者对食宿卫生条件等乡村旅游的接待能力越认可，越愿意到乡村旅游。因此，良好的农村人居环境通过提升游客的满意度、忠诚度、重游意愿等，把其他乡村旅游目的地的潜在游客吸引到本地。

**（二）农村人居环境与乡村旅游供给**

农村人居环境增强了乡村旅游的接待能力。由于旅游吸引物的强弱、游客的从众心理、节假日出游等，旅游需求具有很强的时间指向性和地域指向性，具体表现为大量游客在特定的时间集中在热点的旅游目的地，导致热点旅游目的地的资源需求和活动很容易超过地区的旅游承载力，造成环境质量恶化和不良的社会文化后果。例如，由于社区缺乏厕所、垃圾箱等设施，加纳Kokrobite海滩的居民排便严重影响了旅游业的发展（Mensah等，2014）。环境卫生问题减少了柬埔寨、印度尼西亚、菲律宾和越南的游客数量和酒店入住率，对其旅游业分别造成了7.37亿美元、21.5亿美元、4.01亿美元和6.86亿美元的经济损失（Hutton，2010）。因此，在一定时期内旅游地所能承受的旅游者人数是有限的。然而，我国农村地区环境卫生基础设施历史欠账多，随着乡村旅游的发展和游客的增加，一些乡村旅游目的地的生态承载力、水体承载力、固体垃圾的清理能力等受到了极大的挑战。一些学者认为我国农村地区环境卫生观念落后，污染处理、垃圾处理、厕所等环境卫生基础设施缺乏，存在"脏、乱、差"现象，制约了乡村旅游的发展

（周玲强等，2004；陈天富，2017）。以厕所革命、垃圾和污水治理为主要内容的农村人居环境整治可以减少旅游活动产生的粪便、垃圾渗滤液、生活污水等对农村环境的污染，提高乡村旅游的旅游承载力和游客接待能力，进而促进乡村旅游的发展。

**（三）命题提出**

综上所述，本文提出假设1：农村人居环境显著促进了乡村旅游目的地的发展。

与旅游目的地相关联的属性很多，但并非每个属性对游客目的地选择的影响都一样，一些属性可能比其他属性更重要。例如，Laws（1995）将旅游目的地的属性分为主要属性和次要属性，认为游客的主要目的是享受目的地的主要属性，但次要属性对于增强目的地的吸引力必不可少。主要属性是指目的地与生俱来的特征，包含气候、自然资源、文化和历史建筑等；次要属性是指特别为游客建设的要素，包含旅馆、餐饮、活动、娱乐、交通和卫生设施等。同样，Crouch和Rithcie（1999）认为目的地的核心资源是游客选择一个目的地的根本原因，而目的地的支持性资源为壮大旅游业发挥次要作用，其中卫生设施就是支持性资源之一。农村人居环境作为乡村旅游目的地的重要属性，是构成乡村旅游目的地吸引力的关键要素之一，但一般而言，以卫生设施为主的农村人居环境是乡村旅游目的地的次要属性和支持性资源，其作用体现在与其他属性和资源匹配之后，可以增强其他属性和资源的价值，所农村人居环境对乡村旅游发展的促进作用依赖于目的地的主要属性和核心资源。

综上所述，本文提出假设2：乡村旅游目的地的其他旅游资源越丰富，农村人居环境对其乡村旅游发展的促进作用越大。

旅游目的地竞争力不仅取决于目的地的现有旅游资源，还取决于使用和管理这些资源的能力（Dwyer等，2014）。在既定旅游资源约束的前提下，目的地的竞争力可通过旅游目的地管理者尤其是政府和旅游业管理人员改进目的地管理策略来提升。具体而言，目的地管理通过产品开发、营销推广、危机管理、团队建设、社区关系维护等，对目的地的所有旅游资源要素进行协调与整合，以达到增强目的地吸引力和旅游资源质量的目的。我国乡村旅游的旅游资源分散、产权制度模糊、以自主经营为主，目的地管理对增强乡村目的地的竞争力显得尤为重要。加之农村人居环境是缺乏独特性的乡村旅游资源，如何将其与其他乡村旅游资源进行有效地匹配和整合，很大程度上决定了其对乡村旅游促进作用的发挥。

综上所述，本文提出假设3：乡村旅游目的地的管理能力越强，农村人居环境对其乡村旅游发展的促进作用越大。

旅游承载力是乡村旅游供给能力的约束条件。当乡村旅游目的地的旅游需求超过旅游承载力，将触发约束条件，产生供不应求矛盾，乡村旅游的进一步发展就会受到制约；当乡村旅游目的地的旅游需求低于旅游承载力，旅游承载力存在冗余，约束不起作用。可见，当目的地的旅游承载力不能满足乡村旅游需求时，农村人居环境改善带来的供给能力提升，才会促进乡村旅游的发展，即供给效应。一般而言，越热门的乡村旅游目的地，旅游需求超过旅游承载力的可能性就越高。由此可以推论：越热门的乡村旅游目的地，农村人居环境的乡村旅游供给效应越强，对乡村旅游发展的促进作用越明显。

综上所述，本文提出假设4：越热门的乡村旅游目的地，农村人居环境对其乡村旅游发展的促进作用越大。

## 三、数据来源与变量选取

（内容略）

## 四、实证检验及结果分析

（内容略）

## 五、作用机制分析

（内容略）

## 六、结论与建议

在实施乡村振兴战略和生态文明建设的背景下，如何实现补齐农村人居环境短板与乡村旅游高质量发展的有机结合是中央到地方各级政府的关注重点，但不同地区的实施效果存在明显差异。本文从评估农村人居环境对乡村旅游发展的促进效果以及不同地区促进效果差异的根源这一现实问题出发，重点探讨和检验了农村人居环境影响乡村旅游发展的作用机制。理论上，分析了农村人居环境对乡村旅游的需求创造、需求转移和增强供给的作用机制，并探讨了农村人居环境与旅游资源、目的地管理、旅游承载力结合，对乡村旅游发展的不同促进作用。实证研究上，采用第三次全国农业普查的六万多个村域数据，评估了农村人居环境对乡村旅游发展促进作用的大小，探讨和缓解了遗漏变量、自选择、互为因果和测量误差等内生性问题对结论的影响，并利用计数数据模型进行稳健性检验。此外，从公共交通、地表水、集中养殖区三个指标检验旅游资源对农村人居环境与乡村旅游关系的调节效应，从村级集体收入、村主干受教育程度、文化组织个数三个指标检验目的地管理对农村人居环境与乡村旅游关系的调节效应，并用分位数回归分析农村人居环境对不同分位数上的乡村旅游发展的影响。

本文的研究结果表明：(1)虽然全国不同地区农村人居环境助推乡村旅游发展的效果分化严重，但总体而言取得了显著的成效，改善农村人居环境在提高乡村生态宜居水平的同时，还会带动乡村旅游产业兴旺。(2)通过与公共交通、地表水和集中养殖区等旅游资源的结合和匹配，农村人居环境增进了旅游资源的价值，进而促进了乡村旅游的发展。(3)以村集体统一管理旅游资源的能力、村干部领导协调旅游发展的能力和村民自发合作集体行动的能力为代表的乡村旅游目的地管理能力，能更好发挥农村人居环境对乡村旅游发展的促进作用。(4)农村人居环境对乡村旅游的促进作用具有明显的"马太效应"，即农村人居环境对乡村旅游发达行政村的促进作用更加明显，乡村旅游不发达的行政村从农村人居环境中获得的经济收益更低。以上研究结论为我国推进补齐农村人居环境短板与乡村旅游高质量发展的有机结合奠定了理论与事实基础。

根据以上结论，提出如下政策建议：

第一，深化农村人居环境与乡村旅游融合发展的思想认识。加强对农村人居环境经济价值的宣传学习，破除个别地区和领导干部认为改善农村人居环境只是简单地清淤、治污、只是"面子工程"的错误想法，树立将农村人居环境优势转变为乡村旅游发展优势的观念。健全农村人居环境与乡村旅游融合发展的激励和考核机制，将发展乡村旅游带来的环境净化成本、环境损害成本、资源开采成本以及当代人用了某项资源致使后代人使用的效益损失成本等计入乡村旅游统计监测指标和乡村旅游考核办法。学习交流先进行政村融合发展的建设成果，总结复制各类好经验好做法。

第二，加强农村人居环境与其他乡村旅游资源的有效整合。鼓励各地区将农村人居环境整治项目与乡村旅游项目统筹安排、统一规划。改变每个部门封闭式地制定和实施农村经济、社会、环境政策的模式，注重农村人居环境整治与"四好农村路"建设、农村畜禽养殖污染治理、打造高标准农田、农村非物质文化遗产保护等工作的协同性和关联性。挖掘和整合良好的农村人居环境辐射范围内的特色景观、丘陵、山地、地表水等自然和人文旅游资源，强化核心旅游资源的吸引力，形成丰满、协调的乡村旅游产品。

第三，提高乡村旅游目的地的管理效能。通过租赁、承包等方式，盘活集体资产，壮大集体经济，提高行政村的环境整治能力和解决"反公共地悲剧"的能力。围绕乡村旅游发展、农村环境保护、乡村管理等，加强对村干部的培训，提高村干部队伍的整体素质，增强乡村自主经营管理和治理的能力；多渠道挖掘、引进和培养乡村旅游经营者、大学生村官等专业化人才作为村干部的后备队伍，解决村干部人才断层的问题；精准选派驻村干部，使得驻村干部在成为政府相关政策和先进思想宣传者。扩大村民的参管力度，激发村民的责任感和生态保护意识，让村民在保护生态环境的前提下充分利用自己拥有的生态资源发展特色产业以增加经济收入。

第四，合理分配公共资源，适度向落后贫困地区倾斜。个别地方政府在推进农村人居环境整治和乡村旅游发展等工作中偏好"锦上添花"，一味强调样板示范，投入大量人力、物力和财力在样本村、示范村，造成了资源分配不均甚至不公，进一步加剧了落后地区的农村人居环境短板和乡村旅游发展短板。因此，要合理分配公共资源，根据不同的经济发展水平和乡村旅游发展情况制定分配标准。要"雪中送炭"，公共资源适度向农村人居环境和乡村旅游发展落后的地区倾斜。在有条件的地区，推进农村人居环境整治、乡村旅游发展和精准扶贫工作有机结合。要关注乡村旅游经营者和村民的偏好，避免有些环境基础设施处于闲置状态，提高利用率。

# 基于未来效率的兼顾公平与效率的资源分配DEA模型研究

## ——以各省碳排放额分配为例

文/王 莹　王应明

**本文摘要：** 根据需要实现的目标，评估各生产决策单元的投入产出效率及改进潜力，可以为资源分配提供重要参考。构建一个基于未来效率的兼顾公平与效率的资源分配DEA模型可以有效、灵活地解决该问题。该DEA模型首先根据历史数据计算每个生产决策单元过去各期的技术增长率，并预测各DMU未来的技术增长率，从而获得未来的生产前沿面。以此为基础，在九个硬性目标约束下，分三个步骤分别解决三个追求的软性目标：最大化期望总产出、最小化非期望总产出、最小化可变要素总投入。管理者不仅可以改变九个硬性目标的参数值，以及调整三个软性目标的优先顺序和软性目标参数值，进而形成各种兼顾效率与公平的资源分配方案。最后，运用该DEA模型评估了我国各省碳排放削减潜力，并形成了能够实现管理者期望目标的各省碳排放削减责任分配方案。

（文章略）

**第一作者简介：** 王莹（1980— ），男，福建江夏学院金融学院教授。

# 经济与金融研究

# 中国对"一带一路"国家直接投资效率研究
## ——基于时变随机前沿引力模型的实证检验

文/严佳佳　刘永福　何　怡

## 一、引言及文献评述

近年来，"一带一路"建设已成为促进世界经济发展的重要平台，我国对"一带一路"沿线国家和地区直接投资在流量和存量方面均呈现快速增长的长期趋势。如何针对沿线不同国家和地区的经济状况进行更具针对性的投资选择，进一步提升我国对"一带一路"沿线国家和地区直接投资效率成了我国对外开放面临的新课题。现有文献对我国在"一带一路"沿线国家和地区直接投资效率的研究还处于起步阶段，多采用固定效应模型、空间计量模型和贸易引力模型等方法选取部分代表性变量对历史数据进行分析，得出的结论也并不一致和全面。

通过对已有文献的梳理，笔者认为有三个方面值得注意。第一，在计量模型上，相比于传统模型等方法，引入时变因素的随机前沿模型得出的结论才更准确可靠。第二，在变量选取上，已有文献大多只单方面关注宏观经济因素或者微观制度因素，尚未综合考虑宏观政治因素和微观经营环境的交叉影响。"一带一路"沿线国家和地区经济、政治、宗教文化、法律体系等因素错综复杂，无疑会严重影响到我国对"一带一路"沿线国家和地区直接投资效率的稳定性和持续性。第三，我国对外直接投资早在2006年就呈

**第一作者简介：** 严佳佳（1982—　），女，福州大学经济与管理学院教授、博导。

现井喷式增长，故以2006年为样本时间起点能更全面地反映我国直接投资的长期变化趋势。因此，本文使用时变随机前沿引力模型分析我国对"一带一路"沿线国家和地区2006年至2016年对外直接投资的效率问题，全面考察了地理距离、劳动力结构、双边贸易额、东道国GDP、产业结构、经济增长速度、经济自由度、贸易自由度、汇率波动率、通货膨胀率等多个经济变量对我国对外直接投资效率的作用，并以全球治理指标和营商环境指标对不可直接观测的主要干扰因素进行量化，综合分析我国对"一带一路"沿线国家和地区的直接投资效率。

## 二、计量模型以及数据说明

本文以时变随机前沿引力模型为基础，构建计量模型分析我国对外直接投资情况如式（1）：

$$\ln FDI_{jt} = \beta_0 + \beta_1 \ln DISWC_{jt} + \beta_2 \ln POPS_{jt} + \beta_3 \ln BTV_{jt} + \beta_4 \ln GDP_{jt} + \beta_5 \ln GDG_{jt} + \beta_6 \ln PGDP_{jt} + \beta_7 \ln IDS_{jt} + \beta_8 \ln EFI_{jt} + \beta_9 \ln ERV_{jt} + \beta_{10} \ln TF_{jt} + \beta_{11} \ln INF_{jt} + V_{jt} - \mu_{jt} \tag{1}$$

如前文所述，"一带一路"沿线很多国家和地区存在地缘政治风险，影响我国直接投资效率的稳定性和持续性。因此本文综合选取了世界银行发布的用于衡量政治环境的六个宏观全F球治理指标和用于衡量营商便利度的九个微观营商环境指标建立技术无效率模型，如式（2）：

$$\mu_{jt} = \alpha_0 + \alpha_1 \ln VOL_{jt} + \alpha_2 \ln POL_{jt} + \alpha_3 \ln GOV_{jt} + \alpha_4 \ln REG_{jt} + \alpha_5 \ln LAW_{jt} + \alpha_6 \ln COR_{jt} + \alpha_7 \ln SAB_{jt} + \alpha_8 \ln DCP_{jt} + \alpha_9 \ln RP_{jt} + \alpha_{10} \ln GC_{jt} + \alpha_{11} \ln PMI_{jt} + \alpha_{12} \ln PT_{jt} + \alpha_{13} \ln TAB_{jt} + \alpha_{14} \ln EC_{jt} + \alpha_{15} \ln RI_{jt} + \varepsilon_{jt} \tag{2}$$

等式右侧前六个变量是全球治理指标，治理指标得分越高，代表政府效率和法律制度对经济发展越有利；后九个变量是营商环境指标，营商指标得分越高，证明该经济体距离前沿水平越近，营商环境便利度越高。由于技术无效率项是随机前沿引力模型的负扰动项，因此本文预测 $\alpha_i$ 全为负，即东道国在技术无效率指标上的糟糕表现是制约我国对"一带一路"沿线国家和地区直接投资效率提升的主要因素。本文对"一带一路"沿线75个国家2006年至2016年的各个变量数据进行筛选，采用插值法和趋势外推法补全个别缺失数据，剔除了对某一变量缺失数目在三个以上的国家，最终保留了33个数据完整的国家。（受限于篇幅，文中随机前沿引力模型推导、指标含义

及来源、实证结果未呈现）

## 三、实证分析

本文采用Frontier4.1软件，按以下步骤对样本分析。首先，对模型的适用性进行检验并判断引入时变因素和技术无效率因素的必要性；之后，在模型适用的前提下对相关国家进行时变随机前沿分析和技术无效率分析，分别得出影响我国对东道国直接投资流量的具体变量和相关影响因子、干扰我国对东道国直接投资效率的技术无效率因素及对其投资偏差的作用力度；最后，本文进行效率分析，得到我国对"一带一路"沿线国家和地区的效率水平及其表现特征，并且根据效率高低变化来判断时变模型中时变因素的变动方向和技术无效率模型中技术无效率因素阻碍下的潜力空间。

本文采用LR统计量检验随机前沿引力模型的适用性和具体函数形式，结果表明随机前沿引力模型的结果比最小二乘法更准确，且引入时变因素是合理的。时变随机前沿引力模型实证结果表明，GDP和通货膨胀率没有通过显著性检验，其余变量均通过显著性检验，按照影响力从高到低排列依次为经济自由度、双边贸易额、东道国劳动力结构、产业结构、东道国人均GDP、东道国GDP增长率，两国加权距离、汇率波动率、贸易自由度；其中经济自由度、双边贸易额、劳动力结构、产业结构、GDP增长率，两国加权距离的系数为正，表明上述因素的改善有助于提升我国对外直接投资效率，也佐证了相关学者的研究。人均GDP、汇率波动率、贸易自由度系数为负，在推动对外投资过程中应注意避免上述因素的负向影响。技术无效率模型大部分指标均通过检验，表明宏观治理指标和微观营商环境显著影响我国企业对外直接投资效率，此外 $\gamma$ 值为0.70919接近于1，也进一步说明技术无效率项因素对我国对外直接投资效率的干扰要远远超过随机误差的白噪声过程，进一步证实了在随机前沿引力模型中引入技术无效率模型的正确性。

本文测算了样本期内的直接投资效率，表明我国对"一带一路"沿线国家和地区的直接投资效率明显偏低，未来还有很大的提升潜力。此外，直接投资效率存在显著的国别差异和较大的波动性。为了比较"一带一路"相关国家直接投资效率的变化趋势，本文绘制了图1，从增长水平看，直接投资效率都在稳步提高，国别差异也在逐步缩小；从变化趋势看，我国在2016年对"一带一路"沿线国家和地区直接投资的效率总体接近或略高于之后11年间平均效率，而在数值的变动趋势上呈现出明显的趋同性，说明直接投资效率在时间上呈现出平滑增长的趋势，在国别上呈现出空间收敛的态势，证明了近年来我国对"一带一路"沿线国家和地区的直接投资均衡发展水平有所提高，投资潜力得到有效释放。

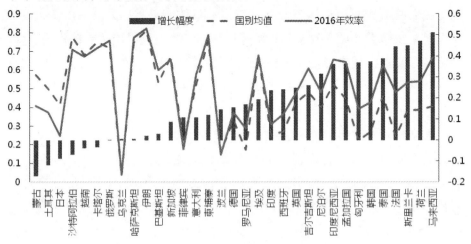

图1　我国直接投资效率趋势分析图（按国别划分）

本文绘制图2效率年度均值变化曲线，可以看出我国对"一带一路"沿线国家的直接投资平均效率呈稳步上升趋势，但直接投资潜力仍有进一步释放空间，克服技术无效率项是提高我国对外直接投资效率的主要突破点。直接投资效率在2008年和2016年有明显降低，2008年是受次贷危机的影响，我国暂时放缓了投资的脚步，减少了对外直接投资流量；而2016年在我国对外直接投资流量保持增长的前提下投资效率降低的原因则可能是"一带一路"沿线国家和地区的投资环境得到优化，进一步放大了我国对其投资的最大潜力。

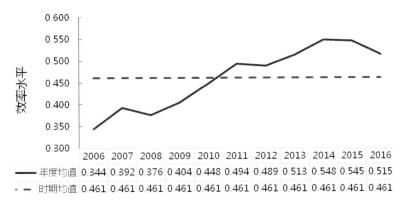

图 2 我国直接投资效率年度均值趋势图

为研究现有投资水平下我国对"一带一路"沿线国家和地区直接投资效率的空间特征，本文绘制图 3。从区域上看，投资效率高的东道国集中在阿拉伯地区（如西亚北非和中亚地区）和环太平洋地区（如东南亚、东北亚地区），表明我国对这些区域的投资呈现出明显的空间溢出效应，临近国家会相互影响。投资效率较低的东道国多集中在内陆地区（如独联体国家）和欧洲大陆，表明我国企业对这些区域的投资受到了技术无效率因素的抑制，未来应寻求突破口以提升投资效率。

从经济发展水平看，我国对发展中国家和资源富裕国家投资的效率明显高于对发达国家的投资，原因可能是发展中国家规模和市场受限，我国对其直接投资更容易饱和，此外，我国"走出去"的企业大多是"资源寻求型"，因此更倾向资源富裕的国家。

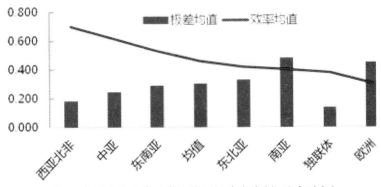

图 3 我国直接投资效率均值和极差均值（按区域划分）

本文将样本分为"21世纪海上丝绸之路"和"陆上丝绸之路"两类，考察二者的效率差异，如图4所示。我国对"21世纪海上丝绸之路"沿线国家的直接投资效率总体要高于对"丝绸之路经济带"沿线国家的投资效率，但是两者均呈现出正向增长的趋势，并且增长幅度保持相对一致，可能的原因是沿海国家和地区的发展水平总体高于内陆国家和地区，并且海运运输的成本相对而言要低于陆路运输。

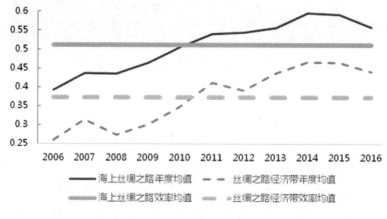

图4　我国直接投资效率年度均值趋势图（按路线划分）

## 四、结论和建议

本文综合运用引入时变因素的随机前沿引力模型和技术无效率模型，运用 Frontier4.1 软件对"一带一路"沿线33个国家和地区2006年至2016年间相关经济变量和宏观、微观技术无效率因素进行回归分析来研究我国对外直接投资的效率问题，研究发现：

第一，我国对"一带一路"沿线国家和地区直接投资效率绝对水平与东道国的经济自由度、双边贸易额、劳动力结构、产业结构、GDP增长率、两国的加权距离呈正相关关系，但是影响力度不断下降；东道国人均GDP、汇率波动率、贸易自由度与投资效率水平呈现负相关关系。在所有相关变量中，经济自由度对我国对外直接投资效率水平的影响最为显著，说明我国企业走出去时东道国政府对经济的干预越少，越有利于提升投资效率。

第二，在干扰我国对"一带一路"沿线国家和地区直接投资效率的六个宏观全球治理指标中，东道国的政府效率、法律制度、抑制腐败有助于提升我国直接投资效率，监管质量则起阻碍作用，这表明我国投资者更愿意去监管相对宽松的市场投资。在九个微观营商环境指标中，东道国办理施工许可、登记财产、保护少数投资者、纳税和执行合同能够提升我国直接投资效率，但是东道国企业获得信贷难度降低会阻碍投资效率。在技术无效率变量中，抑制腐败和获得信贷难度的影响最为显著，这说明我国企业在金融体系不完善但政治清明的东道国投资仍具备优势。

第三，我国对"一带一路"沿线国家和地区的直接投资效率水平明显偏低，效率均值仅为0.461，并且表现出明显的国别差异性和时间波动性，说明"走出去"投资效率提升空间大。不过，直接投资效率呈现出正的时变效应，效率水平在时间上呈现出平滑增长的趋势，在国别上呈现出空间收敛的态势，说明我国企业"走出去"的战略获得了较大进展，投资效率在发达国家、资源丰裕国家、新兴经济体均得到提升，我国企业走出去的类型日趋多样化。

第四，我国对"一带一路"沿线国家的直接投资具有明显的空间溢出效应，临近地区会相互促进、相互支撑。由于投资效率和投资潜力成反比，从区域上看，投资效率较高的东道国集中在阿拉伯地区和环太平洋地区，投资潜力较高的东道国多集中在内陆地区；从经济发展水平上看，我国对发达国家直接投资效率明显低于对发展中国家和资源富裕国家的投资；从地理战略上看，我国对"丝绸之路经济带"沿线国家的直接投资效率总体高于"海上丝绸之路"。

为此，我国企业未来在参与对"一带一路"沿线国家和地区的直接投资时应重视东道国基本经济状况特别是经济自由度等指标对投资的促进作用，在投资效率的干扰因素中应重视东道国抑制腐败力度和获得信贷便利度的影响。对于投资效率较低的国家，应重视以技术无效率因素为突破口深度释放我国对外直接投资的潜力，一方面可以重点向金融体系相对滞后的国家投资，另一方面可以由国家出面联合东道国政府部门建立一套以腐败抑制力度、监管质量、合同执行力度和政府效率等指标为主的风险测评和预警体系，并加快与东道国签订投资保障协议为我国投资者提供稳定的经营环境。针对国别差异问题，面向发达国家投资的企业应该加强自身研发创新能力，提高本企业的科技水平；面向资源丰裕国家投资的企业应加强与东道国的设施联通和贸易畅通机制确保稳定的能源资源供给；面向新兴经济体投资的企业应该积极发展政治与经贸联系进一步加大相关投资更好利用廉价劳动力。针对优化投资区域问题，应进一步促进"丝绸之路经济带"沿线国家和地区的基础设施建设和投资便利化体系建设，帮助东道国打造有利于降低投资成本，提高经营效率的物流交通网络，此外利用区域性金融机构、经济联盟进行战略互补和开展双边投资谈判，以期进一步加强我国对特定区域直接投资的集聚效应和反馈效应。

# 不完全信息下物流企业联盟的合作收益分配策略

文 / 刘家财　许钜秉　李登峰　戴永务

---

企业联盟合作收益分配问题是合作博弈理论中的重要问题，也是物流服务行业中经常出现的问题。然而，不完全信息在物流企业联盟中普遍存在，合作博弈的一些经典解，比如 Shapley 值、Banzhaf 值等均无法在这一领域发挥作用，因为它们只适用于所有联盟值都可以预估的合作博弈问题。本文研究了不完全信息下合作联盟的合作收益分配策略问题，提出了几种适用于解决物流企业联盟合作收益分配问题的新的合作博弈解。首先，基于参与合作的物流企业的单干收益和其对联盟的贡献，建立一个二次规划模型作为基础模型。然后，考虑物流企业权重对合作收益分配策略的影响，对基础模型进行拓展，创建若干新的加权合作博弈解，这些解满足有效性、存在性、对称性等重要性质。本文还给出了一种满足个体合理性的算法以适应不同的物流企业联盟合作情境。最后，通过三个数值案例和一个物流服务行业的真实案例，验证本文提出的合作博弈解的优越性。

## 一、主要章节

本文由引言、文献综述、预备知识、不完全信息下物流企业联盟的合作收益分配模型、物流企业联盟真实案例、其他数值案例和对比分析、结论和未来研究热点等 7 个章节组成。第 1 章为引言，阐述了物流企业联盟合作收益分配问题的现状以及亟待解决的问题；第 2 章回顾了相应的文献，包

---

**第一作者简介：** 刘家财（1983— ），男，福建农林大学交通与土木工程学院副教授、博士生导师。

括收益分配、剩余（超额）向量、最小二乘值等方面的现有研究成果；第3章介绍了不完全信息下物流企业联盟合作博弈的一些基本概念以及假设；第4章构建了若干不完全信息下物流企业联盟的合作收益分配模型，并提供了一种新颖的算法以确保提出的合作博弈解满足个体合理性；第5章列举了物流企业联盟的真实案例，并讨论了不同合作情境下的合作收益分配策略；第6章考虑了三种合作情境，并对利用不同的合作博弈解获得的合作收益分配策略进行对比分析；第7章总结了本文所提出的合作博弈解的特点、适用范围以及对未来研究的展望。

## 二、内容简述

受联盟自身及外部不确定性影响，物流企业联盟不可避免地存在信息的不完全性。该成果在合作博弈理论的基本框架下，摒弃不合理的条件或假设，重构可以真实反映物流企业联盟信息不完全性的数学模型，创建一类新的合作博弈解，给出其解析式并对其进行公理化刻画。首先，基于最小二乘法及合作博弈理论基本框架，构建同时考虑局中人单干收益及其贡献的合作博弈模型。然后，考虑局中人权重对合作收益分配策略的影响，在上述基础模型的基础上，将局中人权重这一重要因素融入模型。最后，加入局中人的单干收益及贡献这两个分配原则的重要性程度，进一步对合作博弈解进行优化，创建同时考虑分配公平性及效益性原则且关注其重要性程度的合作博弈解。整个设计过程逻辑缜密、层层递进。

## 三、重要观点

该成果在合作博弈理论的基本框架下开展研究，是对合作博弈理论与方法的深入研究和有效拓展，成功解决了不完全信息下当子联盟收益难以预估甚至是无法形成子联盟时的物流企业合作收益分配策略问题。

## 四、理论创新

该成果理论创新显著，主要体现在如下两个方面。① 研究视角独特。合作博弈的单值解，大多数都是基于单一的公平性原则或效益性原则提出的，例如Shapley值，主要是基于局中人的边际贡献（效益性原则）提出。同时考虑公平性原则及效益性原则的合作博弈单值解已经是鲜有报道，在此基础上再加入局中人权重这一重要影响因素，无疑是一个非常独特的研究视角；② 研究方法新颖。该成果遵循合作博弈理论基本框架，利用最小二乘法思想，提出的解均属于最小二乘解这一大类。该成果研究方法新颖、研究思路清晰、研究方案科学。

## 五、学术与应用价值

该成果创建的合作博弈解，具有较高的学术价值，适用于解决具有物流企业联盟类似情境的合作联盟收益分配问题。这类解满足合作博弈解的基本性质，同时体现了最小二乘法思想。在构建数学模型时，同时考虑了分配的公平性、效益性等原则，并且加入了局中人权重这一重要影响因素，所创建的合作博弈解更加科学有效且合乎逻辑，是对合作博弈理论的深入研究和有力拓展。该成果的学术价值与社会影响主要体现在如下3个方面。① 该成果被多篇Top期刊论文引用，不乏Top期刊《*Omega*》主编Benjamin Lev、Top期刊《*Transportation Research Part E*：*Logistics and Transportation Review*》原主编许钜秉等知名博弈论专家为合作者的论文；② 该成果获得中国工程院院士、俄罗斯自然科学院外籍院士、国家自然科学奖二等奖获得者、"复旦管理学杰出贡献奖"获得者、UT-Dallas 24期刊副主编、Top期刊（原）主编等权威专家的正面评价；③ 该成果还相继荣获2021年度福建农林大学科研成果与社会服务贡献奖（人文社科研究成果类）一等奖、福建省第十五届社会科学优秀成果奖三等奖等科研奖励，这些奖励的获得是对该成果学术价值的充分肯定。

该成果具有很好的应用价值，主要体现在如下3个方面。① 提出的合作博弈解，被物流、电商、互联网等行业的多家上市公司采纳，包括德邦物流、百世快递、圆通速递、永辉超市等，可为其合作联盟的合作收益分配问题提供很好的参考和借鉴；② 基于该成果的核心理论指导的学科竞赛作品获得多项国家级荣誉，包括第四届全国"互联网+"快递大学生创新创业大赛全国总决赛金奖等，该成果可以很好地落地和转化，为解决物流、快递等行业存在的问题提供有效的解决方案；③ 该成果受邀在2022年中国物流学会青年论坛上做分享，应用价值得到国内外学者的广泛关注和认可。

## 六、发表情况

该成果发表在国际管理学权威期刊《*Omega: The International Journal of Management Science*》上，该期刊为 Top、AJG（ABS）三星级、中科院 JCR 一区，影响因子为 8.673，SCI、SSCI 双收录。

# 定向降准政策对小微企业融资约束的影响研究

文/林朝颖　何乐融　杨广青

## 一、主要章节

该文的框架由引言、制度背景、理论分析与假说提出、实证检验、结论建议五个部分构成。引言部分阐述了小微企业的融资困境以及定向降准政策的政策意图，引出本文的研究问题。制度背景部分重点介绍了中国的存款准备金制度和定向降准政策，总结了量化宽松政策的弊端以及定向降准政策推出的必要性，并对相关文献进行简要回顾。理论分析与假说部分详细探讨了存款准备金率对银行信贷和实体经济的影响，提出了与定向降准政策相关的假说，包括缓解小微企业融资约束问题、不同类型定向降准政策对效果的影响、小微企业融资需求大小对政策效果的差异等。实证检验部分通过构建面板固定效应模型论证定向降准政策对小微企业融资约束的影响，比较不同类型的定向降准政策对小微企业的调控功效差异，以及定向降准政策对不同类型小微企业融资约束的缓解效应。在结论建议部分评价了定向降准政策对小微企业融资约束的影响，提出针对性建议以提高定向降准政策成效，并对未来的研究方向加以展望。

## 二、内容简述

小微企业对社会具有重要意义，但长期以来小微企业比大企业受到更严重的融资约束，难以获得足够的经营和增长资源。为促进小微企业的增

---

**第一作者简介：**林朝颖（1981— ），女，福州大学经济与管理学院教授、博士生导师。

长，中国人民银行实施了非常规货币政策——定向降准政策，在保持其他银行的存款准备金率不变的前提下，降低特定商业银行和小微企业贷款达标金融机构的存款准备金率。

有两种针对小微的定向降准政策，一种是"盯住银行"的定向降准政策，针对专门从事小微企业贷款的银行实施；另一种类型是"盯住贷款"的定向降准政策，允许小微贷款达标的银行享有比其他银行更低的存款准备金率。这种政策工具的目标是向特定金融机构提供更多的流动性，以鼓励其向小微企业放贷，支持小微企业的经营和发展。然而，该政策在实践中是否实现其预期目标尚待研究。本文以2003—2018年我国上市小微企业数据为样本，构建面板固定效应模型，实证结果表明，定向降准政策显著降低了小微企业的融资约束。此外，与"盯住贷款"的定向降准政策相比较，"盯住银行"的定向降准政策对缓解小微企业融资约束的效果更加显著。进一步研究发现，与融资需求不大的小微企业相比，融资需求较大的小微企业能从定向降准获得更多的政策福利。除此之外，定向降准政策对国有小微企业融资约束的缓解效应比私有小微企业更为显著。

## 三、重要观点

本文结合宏观、中观和微观层面的经济学和金融学理论，对定向降准政策的影响进行实证检验，考察宏观层面的定向降准政策是否会通过银行贷款渠道发挥作用，在中观层面克服金融机构的信贷配给，最终影响微观层面的企业现金流状况。

为实现上述目标，本文利用上市小微企业的纵向季度数据进行实证检验，研究结果表明：首先，定向降准政策通过降低现金——现金流敏感性显著降低了小微企业的融资约束，实现了预期的政策目标。说明定向降准政策可以为处于不利地位的小微企业部门提供资金，支持其运营和成长，从而有效地缓解融资困境。其次，进一步研究不同类型的定向降准政策对小微企业融资约束的影响，结果表明并非所有的定向降准政策设计在引导银行和企业行为方面都是同样成功的。"盯住贷款"的定向降准政策并不能像"盯住银行"的定向降准政策那样有效地降低小微企业的融资约束。再次，定向降准政策的影响因企业特征不同而存在差异，融资需求较大的企业受定向降准政策的影响更强。此外，银行规模也会影响定向降准政策的调控效果，较之大规模银行，规模较小的银行对支小定向降准政策的反应更强烈，能够更有效地从事小微企业贷款业务。因此从公共政策的角度来看，中央政府在试图向小微企业部门提供更多资金时必须促进这些小银行的经营和发展。最后，本文还揭示了不同类型小微企业对定向降准货币政策的反应差异。尽管定向降准政策为特定银行提供了更多的流动性，并增加了对小微企业部门的信贷供应，但小微企业对政策的反应因其融资需求和所有权性质的差异而有所不同。与国有小微企业相比，定向降准政策对私有小微企业融资约束的缓解作用较弱。这主要归因于银行倾向于为政府支持的国有企业提供资金，私有企业在金融市场上处于劣势地位。鉴于绝大多数小微企业是由私人控制而非国有的，因此，小微企业部门的成功最终取决于金融机构能否克服对私人部门贷款的惜贷情绪，政府能否为私有小微企业提供如担保贷款和直接补贴等额外支持，以补充银行融资的不足。

## 四、理论创新

小微企业通过创造就业和收入，在国民经济发展中发挥着至关重要的作用。在中国，小微企业提供了70%的新增就业机会，对GDP的贡献率达到58%。尽管小微企业对社会具有重要意义，但长期以来小微企业比大企业受到更严重的融资约束，难以获得足够的经营和增长资源（Beck和Demirguc-Kunt，2006；Kerr和Nanda，2011）。据Beck等（2006）进行的一项跨国调查显示，39%的小微企业将融资列为主要障碍，相比之下只有32%的大型企业存在严重的融资障碍。为缓解小微企业的融资约束，进一步发挥其作为经济增长引擎的作用，中国人民银行出台了定向降准政策，给予特定金融机构更低的存款准备金率，以便为小微企业部门注入大量资本的同时控制经济过热风险。由于小微企业的融资约束问题越来越受到重视，研究定向降准政策对小微企业融资约束的影响，不仅是政策制定者要考虑的问题，也逐渐成为学术讨论的热点。

学术界对货币政策的效果研究取得了诸多成果。首先，在中国定向宽松货币政策的功效研究方面，Guo和Masron（2016）考察了2008年汶川大地震后中国人民银行下调39个受灾县金融机构的存款准备金率对促进中国地震灾区县的经济复苏的效果。他们发现相对于省内其他县市，这些县市金融机构通过定向下调存款准备金率促进了目标地区GDP的复苏，因此差别存款准备金率对支持特定地区的灾区建设是有效的。但现有研究尚未考察定向下调存款准备金率对小微企业的影响。此外，与不符合定向降准条件的银行对照组相比，符合定向降准条件的中国上市银行在政策公告窗口周围有显著正向异常收益（Li，2018）。Li（2018）从股市反应推断定向降准政策效应，但没有给出具体证据说明该政策如何影响实体经济。与本文主题最相关的是Wei等（2019）的研究，他们发现，定向降准提高了对小微企业贷款的总比例，缓解了失业率的上升，也加剧了金融不稳定。但Wei等（2019）对总量宏观层面的研究无法揭示定向下调存款准备金率是否可能以及如何影响小微企业现金持有策略，也没有探究小微企业异质性对这种非常规货币政策有效性的影响。而本文研究同时考虑了这两个方面的内容。

其次，现有文献主要从政府直接贷款计划、财政补助角度考察银行贷款渠道的有效性（Banerjee和Duflo，2014；Mateut，2018）。本文通过论证定向降准货币政策如何帮助克服银行层面的信贷配给，从而放松小微企业的融资约束来解决这一问题。通过宏观、中观和微观层面理论的整合，本文的研究设计能够解释国家货币政策变化如何影响银行动机和行为，最终影响企业融资和现金持有策略的内在机制。这样的跨层次设计也使本文区别于以往单纯从企业层面探讨小微企业融资约束的实证研究（如Becchetti等，2010；Howell 2019；Vermoesen等，2013；Winker，1999的研究）。本文认为小微企业融资约束不仅受到前述企业层面特征变量的影响，而且还受到中观层面银行行为和宏观层面货币政策的影响。

最后，我们通过提供微观层面的证据来证明定向宽松货币政策影响实体经济的渠道，特别是对小企业部门的有效性，从而丰富了对货币传导机制和银行信贷渠道的研究。与之前大多数使用国家层面总体经济数据（例如，Chang et al. 2019; Chen et al. 2017; Hou and Wang 2013）或银行层面的贷款供应数据（Fungacova et al. 2016; Nguyen and Boateng 2013，2015; Federico et al. 2014; Park and Van Horn 2015）的实证研究不同，我们的分析将宏观货币政策数据与微观企业层面数据相结合，不仅对政策效果进行全面评估，同时探索不同特征的企业受不同政策的异质性影响。通过应用公司金融理论来解释公司特征导致对货币政策不同反应的原因，我们揭示了宏观经济政策的微观基础。此外，我们的研究明确考虑了国家所有权对银行行为和公司影响的结果。因此，我们的论文为货币政策如何影响新兴市场中的微观企业行为提供了额外的证据，并在有效市场治理前提下描绘了货币政策理论的边界条件。

## 五、学术与应用价值

本文的学术价值表现在：结合宏观、中观和微观层面的经济学和金融学理论，对定向降准政策的影响进行了实证检验。通过分析货币政策的银行信贷传导机制、中观层面的信贷配给问题以及公司金融理论，本文探讨了定向降准政策在不同层次的影响机制。这种综合理论分析不仅丰富了货币政策传导机制的研究，为定向降准政策如何影响微观企业行为提供有效证据，还为定向降准政策的制定和执行提供了理论支持。

本文的应用价值表现在：利用上市小微企业的数据研究了定向降准政策对小微企业融资约束的影响。研究发现，定向降准政策的实施降低了小微企业对现金流的依赖程度，有助于缓解其融资约束问题。特别是，"盯住银行"的定向降准政策对缓解小微企业融资约束效果更为显著，尤其对融资需求较大、国有性质的小微企业。这些研究结果对政策制定者提供了指导，帮助他们科学选择定向降准政策的实施时间、类型和范围，以确保资金流向需要的部门，促进经济结构的调整和实现经济增长目标。此外，本文的研究还揭示了不同类型小微企业对定向降准政策的反应差异，为政府在支持小微企业融资方面提供了重要参考，促进了金融机构对私人部门贷款的积极性。总体而言，本文的研究不仅在学术领域有重要意义，也对实践中的政策制定和执行具有重要的应用价值。

## 六、出版情况

本文由《*Small Business Economics*》于 2020 年 6 月刊发。

# 闽商发展报告（2019）

主编/苏文菁

## 一、主要章节

本书通过四大板块十篇报告，对2018年闽商动态进行了全方位的盘点。

总报告《2019年闽商发展报告》，回顾了改革开放以来闽商发展的总体态势，总结闽商产业创新的有益经验，并对本年度闽商在重点产业和热点领域的发展状况进行挖掘、整理和分析。

分报告下设三篇，分别从福建闽商、全国闽商、世界闽商三个层面对本年度闽商的发展状况进行梳理，研究闽商企业在发展中面临的重点、难点问题，就闽商在不同地域的发展趋势和特点进行归纳和探讨。

专题报告下设五篇，分析了闽商在大数据产业、电子信息产业、区域经济发展、慈善、商会等细分领域的发展情况，突出新兴领域，突出社会担当，突出区域特色。

附录为闽商大事记，记录了本年度闽商企业上市、收购、投资、转型升级等大事要事。

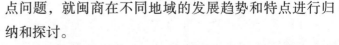

**作者简介：** 苏文菁（1962—　），女，福州大学教授，福州大学闽商文化研究院院长，福建省海洋文化中心首席专家。

## 二、内容简述

闽商是中国古老的商人群体，源自汉唐；闽商是属于世界的大商帮，足迹遍及全球。改革开放初期，境内外闽商戮力同心，勇担改革开放先行者的重任。今天，闽商依然是中国商界创造财富与分享财富的典范。

"闽商蓝皮书"系列于2019年由福州大学联合福建省闽商文化发展基金会、中国商业史学会共同启动，目前已连续出版4年。本书《闽商发展报告（2019）》为系列第一册。作为中国商帮研究领域的首本蓝皮书，"闽商蓝皮书"对当代闽商的发展历程和成长经验进行了记录、总结和分析，开创性地完成了当代闽商研究的基础资料积累，为社会各界从多方面了解闽商发展提供了详细的参考。

## 三、重要观点

改革开放40年来，作为闽商主体力量的民营经济迎来了飞速发展。实体经济与国际化已成为闽商基本特征，闽商在多个产业尤其是纺织鞋服、体育用品等传统领域优势明显；随着移动互联网时代的到来，闽商还在互联网领域涌现出具有影响力的企业。而就企业家群体而言，第二代闽商近些年也逐渐走向前台；作为有社会责任感的商帮，闽商在产业扶贫以及文化公益等方面做出了突出的贡献。

2018年，闽商发展有一些新的变化，出现一些新特点。首先，闽商规模继续壮大，这是历史沿袭。其次，2018年闽商跨国并购热潮涌动，包括紫金矿业、安踏体育、恒申控股等，都有大手笔、国际性影响的跨国并购项目出现。再次，闽商在传统产业集群影响进一步增大。还有，闽商在高科技投资领域步伐加大。同时，在2018年，优秀闽商受表彰、得到肯定。而逆境也在考验闽商可持续发展动能，包括好来屋、诚丰家具、苏菲尔等国内知名企业，在2018年都破产重整等。

同时，面对不确定的未来，闽商也在持续前进。福建已经从形成数十个产业集群，闽商与产业集群形成良好的共荣共成都局面；在创新上，闽商投入在增加，值得关注；而经过40年沉淀，闽商的自主品牌，逐渐进入国际市场，与跨国品牌面对面竞争；随着经济转型升级，以及消费习惯迭代，闽商逐渐从早期的制造业投资为主，逐渐转向服务业为闽商创业主要聚集地的新变化；而经过长期的发展，闽商中更加专注主业，在合纵连横方面有更大手笔。

闽商出省时间较早，但是在省外成长起来的大型、超大型企业集团少，闽商主体力量仍在省内；从产业分布上说，闽商行业集中度高，尤其是县域出身的闽商聚集在同一行业，形成了较多有代表性的群体，擅长传统产业，但是近年来互联网、高科技等领域也有不少闽商崛起；从地域上看，闽商总体分布仍然呈现"东多西少"的特征：沿海发达区域较多，也较为集中，西部地区则相对较少，不过，近几年来，随着"一带一路"建设的推进，闽商在西部地区的投资也越来越多，未来是否能够用好这些区域，作为走向"一带一路"沿线国家的跳板，是闽商今后几年的重头戏。

总结近年来境外闽商的成就如下：一是，在传统地域、传统行业，传统闽商仍保持着财富的持续增长，在行业的领先地位无法撼动。如东南亚的闽商，在造纸、烟草、银行、棕榈油等领域一直为行业翘楚，并长期占据福布斯富豪榜排名前列。二是，新移民、新闽商在新的地域不断拓展、深耕，依托国内的产业优势，创造了许多优势产业，如超市业、餐饮业、制鞋业、服装业等，成为新闽商崛起的重要基础。三是，在东欧、南部非洲等地，闽商开疆辟土，创新性地推进事业，既是闽商经济的新增长点，也为"一带一路"建设奠定了基础。四是，随着大量闽籍留学移民人数的增长，自身素质提高，新闽商利用自身的技术专长，在高端科技领域也开始崭露头角。如新加坡蓝伟光的膜技术、林玉程的环保技术，被誉为"新加坡的比尔·盖茨"的沈望傅，林润泮创办的加拿大基因国际有限公司等，皆是境外闽商发展的新亮点。

"数字福建"初步呈现出"处处相连、物物互通、事事网办、业业创新"的良好发展态势，成为福建经济快速发展的重要动力源。2000年，福建省做出发展数字福建的战略决策，经过18年的大发展，数字福建取得了巨大成果，并上升为数字中国的国家级战略部署。2018年，福建数字经济总产值超过1万亿元，占福建省GDP总量的1/3。数字经济是未来战略性新兴产业，也是推动福建经济再一次大跨越的重要经济形态。

福建重点产业在各地级市有不同的发展逻辑和产业优势，区域经济破局发展关键点在于如何更好地因地制宜。地方产业的繁荣汇成了福建经济发展的整体繁荣，2018年福建区域经济的发展特色纷呈，9个地级市都有着自身的产业发展支撑点。而在营造区域产业特色的过程中，闽商扮演着极其重要的角色，福建70%以上的税收是闽商创造的，其中泉州80%以上的税收是闽商创造的。2018年，福建九地市中人均地区生产总值最少的是南平市，约6.69万元人民币，略高于1万美元的整数关。也就是说全省九地市人均地区生产总值全部过1万美元，这样的均衡发展，目前来看应该是国内唯一的。作为中国民营经济的大省，福建各地市之间，也有不同的发展逻辑以及不同的产业优势。

闽商在电子信息产业发展屡屡突破，电子信息产业成为三大主导产业之一。2018年，福建在电子信息产业的三条主线——信息产品制造业、软件业及信息服务业上皆有长足进展，龙头企业表现上佳，产业发展屡现突破。福建一些企业加入行业尖端领域的发展，也是福建电子信息产业的硬实力的体现，这些企业未来的突破空间也许要超越我们的想象。电子信息产业步入云计算、人工智能、大数据等新时代，这也创造不少的商业奇迹。闽商中的互联网新锐，其发展态势超越了常规可能。在电子信息方面，闽籍创业所制造出的影响力，新锐之声更见清越。

闽商低调耕耘于慈善领域，逐渐形成系统、专业的慈善矩阵。"义"与"利"兼顾的闽商不仅仅在商界打拼出一番名声，更是在慈善领域低调耕耘，成为中国慈善事业中不可忽视的一个群体。近两年，闽商慈善阵容不断壮大，在慈善领域、慈善方式上呈现范围更广、力度更强的特征。就福建发展慈善事业而言，闽籍企业家在此过程中出了不少力，他们用自己的慈善方式助推中国慈善事业走向民间化、正规化、专业化、长期化、系统化、法治化阶段，使中国慈善事业获得快速成长。

百年福州商会在迎接前所未有发展机遇的同时也面临着诸多困难和挑战。面对福州坚持高质量发展落实赶超战略所蕴含的无限商机，以及从中央到地方密集推出支持民营企业发展带来的政策利好，百年福州商会在迎接前所未有发展机遇的同时也面临着诸多困难和挑战。近年来福州市不断优化营商环境，持续激发民间投资活力，民营经济占全市经济总量的65.4%，实现了"三分天下有其二"。在民营经济发展稳中向好的基本态势下，以民营经济为结构主体的闽商福州商会，需要全面提升商会组织服务民营企业的基本功，协助解决好民营经济发展中遇到的两大难点问题，即民营企业自主创新能力不足和政府政策措施落实"最后一公里"的问题。

## 四、理论创新

本书的推出，填补了闽商研究的空白，实现了时间上的全覆盖。闽商作为中国改革开放的急先锋，是中国当代商业发展与改革开放经验分析中不可忽视的重要部分。本书通过对当代闽商发展情况的记录和总结，完成了当代闽商研究领域最基础的积累与开创工作，为闽商研究补上了时序上的一环。

本书注重基础资料收集，完善闽商研究学术体系。与对传统闽商的研究相比，现有对当代闽商的研究大多停留在管理心得、成功经验、慈善报道甚至软性广告的层面，缺乏成熟研究。本书大量利用编纂团队成员通过实地访谈和采集方式所获得的相关资料，此外还有官方统计年鉴、各地政府公布的相关数据、规划文本、政策文件等，为当代闽商研究提供了可靠的基础资料，进一步完善了闽商研究的学术体系。

## 五、应用价值

当前，福建省正处在坚持高质量发展落实赶超、加快新时代新福建建设的关键时期，闽商呈现出海内外交相辉映的繁盛景象，也面临着国际环境恶劣、行业竞争加大、企业家换代等挑战。《闽商发展报告（2019）》的出版，有助于追踪与预测闽商的行业发展态势，树立闽商榜样与标杆，构筑闽商财智品牌，进一步凝聚汇集闽商智慧力量，促进全球闽商与福建共享成长、共创未来。

在2019年第六届世界闽商大会上，时任福建省省长唐登杰以视频方式推介《闽商发展报告（2019）》，宣告中国商帮研究的首部蓝皮书正式问世，引起社会各界广泛关注。本书的出版发行受到商务部、福建省人民政府等部门和人民网、新华网、中新网、东南网等媒体的关注和报道，起到了树立闽商品牌、凝聚闽商力量的社会作用。在2019年度皮书综合评价中，本书的媒体影响力评价指标高达84分。

## 六、出版情况

本书由社会科学文献出版社于2019年6月出版，总字数为239000。

# 高新技术企业社会责任投资问题研究

文 / 黄莲琴

## 一、主要章节

本书由八章组成。第一章介绍研究背景与意义、研究内容、框架与方法、研究贡献与创新之处；第二章界定企业社会责任投资和高新技术企业的相关概念，阐述高新技术企业社会责任投资的必要性和相关理论基础，并对国内外的相关研究文献进行梳理与评述，为本书的实证研究奠定基础；第三章比较分析了我国与福建省高新技术企业发展的现状与问题、企业社会责任报告披露的内容与质量及社会责任投资的现状；第四章从公司治理与公司特征视角考察了高新技术企业社会责任投资的影响因素；第五章阐释了高新技术企业进行社会责任投资的驱动机理，探究高新技术企业社会责任投资对创新绩效的影响效应；第六章考察不同产权视角下高新技术企业社会责任投资对财务价值的影响；第七章研究高新技术企业社会责任投资对社会价值、可持续发展的影响效应；第八章阐述了本书的研究结论，对于高新技术企业如何科学有效地进行社会责任投资提出相应的政策建议，并指出本书研究的局限性及未来研究方向。

作者简介：黄莲琴（1967— ），女，博士，福州大学经济与管理学院教授。

## 二、内容简述

高新技术企业是我国经济发展的关键驱动力，是我国经济稳增长、促转型和调结构的重要支柱，推动我国创新能力的稳步提升和经济的可持续发展。我国长期以来依靠规模速度型粗放式的增长方式已不再适应经济新常态的要求，高新技术企业必须兼顾企业、社会和环境的均衡发展，即将经济效益、社会效益和生态效益的实现纳入企业技术创新的目标中，进行有效的社会责任投资，从而实现技术创新生态化和社会与生态的和谐稳定发展。本书以中国 A 股高新技术上市公司为研究对象，从利益相关者和资源投入视角探究高新技术企业社会责任投资的内部影响因素，考察高新技术企业社会责任投资对创新绩效、财务价值、社会价值和可持续发展的影响。研究表明，高新技术企业实施社会责任投资能够兼顾创新、经济和社会效益，达到技术创新生态化，最终实现绿色可持续发展战略目标。

## 三、重要观点

本书的重要观点主要体现于以下几个方面：

1.高新技术企业创新生态化与企业社会责任投资殊途同归。高新技术企业技术创新生态化倡导绿色、协调、全面的可持续发展，主张将生态化和环保的理念贯穿企业技术创新活动的始终，对企业技术创新成果的考察标准应当结合生态效益与社会效益，这与企业社会责任投资的"三效合一"的最终目标是一脉相承的。

2.中国高新技术上市公司社会责任投资强度呈逐年持续增强的趋势，表明中国高新技术上市公司越来越重视对各利益相关者实施社会责任投资；相较而言，福建省高新技术上市公司社会责任投资强度略高于全国水平。

3.考察了高新技术企业社会责任投资的内部驱动因素。研究发现，公司治理、公司特征的不同因素对高新技术企业社会责任投资的影响具有异质性。

4.探究了高新技术企业社会责任投资的价值效应。研究发现，高新技术企业对各利益相关者的社会责任投资不仅能够提升企业的创新绩效、财务价值和社会价值，而且能够促进其可持续发展；而随着高新技术企业创新绩效与财务价值的提升，企业将逐渐积累更雄厚的实力满足相关利益者的需求，加大企业社会责任投资强度，从而进一步提升其社会价值和可持续发展水平，有利于高新技术企业实现创新、经济、社会和生态效益的统一，促进企业技术创新的生态化转向和绿色可持续发展战略的实施。

## 四、研究贡献与创新之处

1.剖析了中国高新技术企业发展的现状与问题。近年来中国高新技术企业数量与规模总体保持增长趋势，企业 R&D 人员投入、R&D 经费支出和新产品销售收入呈逐年递增。但是，还存在一些问题：高新技术企业认定标准单一，高新技术企业不同行业发展集中化、地区发展不平衡，创新投入资源行业分布趋向集中化，而地域差异较大，同时部分行业创新资源投入与产出比例失衡。

2.中国高新技术上市公司社会责任投资强度呈逐年持续增强的趋势，这表明我国高新技术上市公司越来越重视对各利益相关者进行社会责任投资。从相关利益者角度来看，高新技术企业对分维度的社会责任投资强度的变动趋势呈现差异性，具体表现为：高新技术上市公司对员工的社会责任投资呈上升趋势，对政府、消费者的社会责任投资强度的变化趋势比较平稳，而对投资者、社区的社会责任投资呈波动式下降趋势，对供应商的社会责任投资呈平稳下降趋势。

3.从公司内部较全面地考察了高新技术企业社会责任投资的影响因素。研究发现，公司治理、公司特征因素对高新技术企业社会责任投资产生影响，具体表现为：从公司治理因素来看，股权集中度、董事会规模能促进高新技术企业加大社会责任投资强度；而董事长与总经理两职合一、高管薪酬激励则与新技术企业社会责任投资呈显著负相关。从公司特征来看，国有控股、公司规模、经营年限、财务杠杆和研发投入均有利于提高高新技术企业的社会责任投资；而成长性、现金流量与企业社会责任投资强度呈显著负相关。

4.现有文献较少研究高新技术企业社会责任投资及其分维度的创新绩效，本书基于利益相关者和资源投入视角对其进行考察。研究发现，企业创新绩效随着社会责任投资的增强而提升。进一步研究发现，高新技术企业对不同利益相关者的社会责任投资的创新绩效影响效应不一，具体表现为：企业对员工和客户的社会责任投资有利于创新绩效的显著提升；而企业对于投资者、社区和政府的社会责任投资对创新绩效则呈现出显著的负面影响，这表明了高新技术企业分维度的社会责任投资的创新绩效具有异质性。

5.现有文献对一般企业社会责任投资与财务绩效之间关系的研究结论存在分歧，基于此，本书从不同产权视角考察了高新技术企业社会责任投资与财务价值之间的关系。研究结果表明，高新技术企业社会责任投资能够有效地提升企业当期及滞后一期的财务价值，且企业社会责任投资对滞后一期财务价值的提升效应较当期更大更显著；高新技术企业对投资者、员工、政府、社区、消费者和供应商等各利益相关者的社会责任投资均能显著提升当期和滞后期的财务价值；高新技术企业社会责任投资对财务价值的影响因产权性质的不同而存在异质性，即国有企业样本社会责任投资对财务价值的影响不显著，而非国有企业样本社会责任投资对当期、滞后期的财务价值均具有显著的正向影响。

6.现有文献对于企业社会责任投资与社会价值、可持续发展之间关系的研究较为缺乏，本书对此进行研究，结果发现，高新技术企业社会责任投资能够有效地提升企业的社会价值；但是国有样本与非国有样本社会责任投资的社会价值效应存在差异，国有样本企业社会责任投资与其社会价值呈显著正相关，而非国有样本却不显著。高新技术企业加大社会责任投资力度能够促进企业的可持续发展；同样，国有样本与非国有样本企业社会责任投资对可持续发展的影响效应存在差异，即国有样本企业社会责任投资对可持续发展的影响不显著，而非国有样本企业社会责任投资对可持续发展具有显著的正向影响。

总之，高新技术企业对各利益相关者的社会责任投资不仅能够提升企业的创新绩效、财务价值和社会价值，而且能够促进其可持续发展；而随着高新技术企业创新绩效与财务价值的提升，企业将逐渐积累更雄厚的实力满足相关利益者的需求，加大企业社会责任投资强度，从而进一步提升其社会价值，促进高新技术企业实现创新、经济、社会和生态效益的统一，推进高新技术企业的高质量发展。

## 五、学术与应用价值

1.学术价值

本书旨在厘清高新技术企业社会责任投资的影响因素，研究高新技术企业社会责任投资价值效应的作用机理，并进行实证检验，具有重要的学术价值。

（1）拓展了高新技术企业社会责任投资的相关研究。现有文献较多研究一般企业社会责任投资的财务绩效和社会价值，对于高新技术企业社会责任投资的界定和评价方面的研究相对较少，鲜有文献研究高新技术企业社会责任投资的价值效应。因此，本书在界定企业社会责任投资内涵的基础上，研究高新技术企业社会责任投资的价值效应的作用路径，检验高新技术企业社会责任投资对创新绩效、财务价值、社会价值和可持续发展的影响，明晰高新技术企业社会责任投资的表现，弥补了高新技术企业创新绩效影响因素研究的不足，丰富了高新技术企业社会责任投资价值效应方面的研究文献。

（2）为企业社会责任投资度量指标的构建提供参考。目前对企业社会责任的衡量方式多样，如以企业社会责任报告的披露情况或者以调查问卷的方式取得企业社会责任的信息，其可信度和客观性还存在一定的局限性。本书结合高新技术企业特征，利用财务报表数据，从相关利益者视角对高新技术企业社会责任投资的不同维度进行度量，充分考虑指标数据的可靠性和准确性，弥补了企业社会责任投资度量指标研究的不足。

2.应用价值

改革开放以来，我国经济蓬勃发展，技术创新能力逐渐提高，但是资源消耗速度过快，生态环境过度破坏，企业社会责任危机也日益突显。高新技术企业作为我国国民经济发展的重要支柱，其对各利益相关者的依赖程度更高，必须切实对相关利益者进行有效的社会责任投资，才能确保其发展的可持续性。研究高新技术企业社会责任投资的价值效应，探寻实现企业与社会共赢的途径，具有重要的应用价值。

（1）有利于提高高新技术企业的创新绩效水平。随着我国市场经济的不断完善和经济的全球化，高新技术企业面临的市场竞争也越发激烈。许多高新技术企业因为落后而被市场淘汰，可能原因是企业没有充分地考虑到哪些因素会对创新绩效产生影响。因此，对高新技术企业社会责任投资与创新绩效之间的关系进行研究，有利于完善高新技术企业创新绩效的影响因素体系，提升企业的技术创新能力和创新绩效水平。

（2）有利于高新技术企业社会责任投资理念的推广，促进其更有效地进行社会责任投资。高新技术企业是自主创新的最重要主体和基本单位，要建设创新型国家的关键是大量高新技术企业脱颖而出、不断涌现。因此，对高新技术企业社会责任投资的创新绩效、价值效应展开研究，阐释了高新技术企业社会责任投资产生价值效应的路径，促使高新技术企业树立与推广社会责任投资理念，为规范高新技术企业社会责任投资提供经验证据，以促进高新技术企业制定科学合理的社会责任投资战略决策。

（3）为政府规范高新技术企业社会责任投资提供参考。高新技术企业的发展关系到国家的综合国力，本书在分析中国和福建省高新技术企业发展现状的基础上，剖析了其存在的问题；同时指出高新技术企业社会责任报告披露存在的问题，剖析了高新技术企业社会责任投资的现状与尚存的不足之处，为政府相关部门针对性地规范企业社会责任投资的相关政策提供依据。

## 六、出版情况

本书由经济科学出版社于2019年10月出版，总字数为245000。

# 发展战略与福州经济发展研究

文 / 林善炜

发展战略是影响未来经济发展的重大战略问题。改革开放以来，我国经济发展取得了举世瞩目的成就，这与我国在不同时期和不同发展阶段所采取的不同发展战略紧密相关。本书以我国在不同发展阶段提出的不同的经济发展战略为统一的逻辑框架，围绕当前福州市经济发展的一系列关键性问题展开讨论。

## 一、内容简述

本书研究不同发展战略下福州的经济发展问题，对福州市经济发展重要领域和重要问题作出系统描述、分析和概括，总结出规律性认识，并分别提出相应的对策措施或建议，为福州市经济发展提供有益的决策参考。

本书主要内容包括：产业结构调整战略与福州经济发展、区域协调发展战略与福州经济发展、城乡协调发展战略与福州经济发展、发展方式转变与福州经济发展、改革开放与福州经济发展、产业集群与福州经济发展、新区建设与福州经济发展、城市建设与福州经济发展、"三个福州"建设与福州经济发展、"十四五"

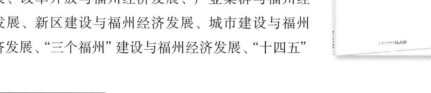

作者简介：林善炜（1969— ），男，中共福州市委党校副教授。

规划与福州经济发展等多个方面。

## 二、重要观点

1.关于区域产业结构失衡的深层原因。产业结构转换升级是经济增长的源泉。我们认为，解释产业结构同构化形成的深层原因必须从地区利益入手。地区利益的存在使地区产业结构出现同构化和低度化，这是区域产业结构失衡的深层原因。因为有了地区利益的存在，才会有地方政府与中央政府之间，以及地方政府与地方政府之间在产业结构形成和调整中的博弈关系，在没有对政府间利益关系做出制度上的合理安排之前，中央政府与地方政府二者的关系很容易陷入"公用地灾难"之中，使产业结构调整出现由于地区利益障碍而造成"公用地灾难"，即地区产业结构的同构化和低度化。

2.关于地区利益障碍的产生的原因。我们认为，地区利益障碍的产生，究其原因，并不是地区利益的存在不合理，而在于还存在制度上的缺陷。要消除地区利益对产业结构调整所形成的障碍，就必须通过制度创新，并在尽快完成体制创新和制度创新的基础上，建立新型有效的地区利益协调机制。

3.关于新常态下福州市制造业转型升级的对策建议。近年来，我国经济发展已进入新常态。我们认为，新常态下福州市制造业转型升级，要进一步完善体制机制，其中提出，要进一步完善考核机制。根据主体功能区规划以及产业空间布局方向，建议对永泰、闽清两县在不考核GDP指标的前提下，不再对其考核工业发展指标，使永泰、闽清两县更加专注生态建设和环境保护。

4.关于闽东北地区建立更加紧密的联动机制的建议。我们认为，闽东北地区经济发展很不平衡，协同发展合力较弱。基于此，推动闽东北地区产业协同发展，建立更加紧密的联动机制包括：区域产业协同发展机制、区域要素市场一体化机制、区域协同创新机制、区域公共服务共建共享机制、区域横向生态补偿机制等。

5.关于壮大闽东北协同发展区的建议。我们认为，要充分发挥省会福州在闽东北协同发展区中的引领辐射带动作用，必须从单个城市的扩张式发展转向培育区域整体优势的集聚式发展，走全方位、多层面、一体化推动的路子，才能赢得更广阔的发展空间。

6.关于发展县域经济的建议。我们认为，一是要调整领导任期。为了使县乡领导干部保持一定的稳定性，必须对其任期作出一些新的规定。可以考虑，在安排县长、乡长时，就要准备让其在原地接替书记，也就是说必须让县乡的主要领导在一个地方干上6—10年，这样情况熟、思路清，有利于一个地方的发展。二是要适当下放权力。现在，一些经济综合部门职权的上划（如银行、税务、技术监督等），造成县级政府"职能缺陷"或"不完全"，条块分割，相互掣肘，县里的一些发展经济的决策很难实施。应认真研究县域经济发展面临的体制机制问题，进一步强化县级政府职能，赋予县（市）更大的经济管理权限。

7.关于"一带一路"背景下加快福州与东盟发展合作的对策措施。我们认为，发挥海洋特色，要强化蓝色经济创新合作：一是重点推进远洋渔业合作；二是加强海洋战略性新兴产业合作；三是充分发挥海洋经济平台作用，区别对待，开展与东盟各国的差异化经贸合作。

8.关于企业品牌与区域品牌。我们认为，区域品牌的形成是产业集群发展的高级阶段，也是产业集群发展成功的标志。培育和发展产业集群，必须强调把打造企业品牌与区域品牌有机结合起来。

9.关于福州产业集群发展状况分析。我们认为，目前福州产业集群发展的层次仍比较低，还不能适应新型工业化发展的要求，集群的发展对提升福州区域竞争力的作用还不突出，产业集群总体竞争力不强。并主要从产业集群的规模竞争力、产业链和配套能力、分工协作与专业化程度、集群品牌效应、集群发展的成熟度、集群的创新能力等方面进行详细的分析。

10.关于福州市产业集群发展中区域品牌建设情况。通过进行调查，我们的基本结论是：随着产业集群的发展，福州市培育发展了一批市场影响力强的区域品牌，并逐渐成为带动福州经济增长的重要力量，如福州的显示器和汽车、长乐的纺织、闽清的电建陶、福清的鳗鱼、永泰的李干等。但是，福州市目前产业集群规模普遍较小，产业链不完整，很多经营者的品牌意识太薄弱，区域品牌培育与建设显得滞后；区域品牌缺乏应有的知名度与美誉度；不少产业集群生产的产品仍是以贴牌生产为主，自主品牌的产品少，各产业集群地区普遍开始遭遇发展瓶颈——缺少一批响亮的区域品牌。

11.关于福州新区管理体制改革面临的主要问题。我们认为，福州新区管委会缺乏相应的行政、经济职能；新区功能区管委会职能定位不清；新区范围内行政区与功能区之间的关系错综复杂；新区范围内各组团之间、各功能区之间关系错综复杂。

12.关于进一步推进福州新区管理体制改革与创新的路径选择。我们认为，要进一步强化福州新区管委会的行政职能；重新定位功能区管委会职能，赋予功能区管委会更大职权；进一步理顺行政区与功能区之间的关系；正确处理好各功能区之间的关系。

13.关于福州城市发展定位的历史审视。我们认为，改革开放特别是20世纪90年代以来，实际应用的福州城市发展定位主要有两类。第一类是经法定程序确定的，主要是城市总体规划的城市定位、国民经济和社会发展规划（计划）的奋斗目标；第二类是由地方党委和政府根据一个时期形势发展和中心工作的需要提出的发展定位、工作思路、工作要求等。前者是起到指导和规范规划期内国民经济社会发展，在规划期内是固定的；后者主要是发挥振奋精神、统一思想，推动和服务中心工作，属工作方针性质，常常随着中心工作、形势发展的变化而做相应调整。

14.关于优化提升福州城市功能的主要思路。我们认为，要进一步放大空间位势，提升城市空间能级；促进产业结构优化升级，提升城市产业能级；促进榕台产业深度对接，形成以闽江口区域为主的产业对接集中区；发挥对台独特优势，先行建设两岸先行先试综合实验区；注重省会中心城市的功能创新，突出政府在功能创新中的影响和作用。

15.关于福州城市品牌建设存在的问题。我们认为，福州城市品牌建设存在的问题主要有：城市定位不清，影响城市品牌的塑造与提升；重视城市品牌视觉要素等硬件投入，忽视城市品牌理念的提炼；城市品牌外表要素雷同，城市品牌个性塑造不足；重视"点"上的城市品牌宣传，忽视和缺少城市整合营销沟通战略规划；城市品牌创建以经验管理为主，城市品牌管理实践缺乏理论指导。

16.关于福州城市品牌的定位。福州作为我国东南沿海省会中心城市，素有"海滨邹鲁"之称，历史悠久，英才荟萃，名人辈出，地理位置优越，文化沉淀深厚，民间工艺久负盛名，饮食文化源远流长。根据福州城市品牌构成要素的特征，综合福州深厚的历史文化内涵、特殊的地缘政治与经济和城市核心营销战略，以及市民与外地游客对福州"有福"的感性认同，我们认为，将福州定位在"南方休闲之都"上，是福州最为理想的城市品牌定位选择。

17.关于"海上福州"建设与福州海洋经济发展。我们认为，海洋与人类的生存息息相关，与国家的兴衰紧密相连。习近平同志高度重视海洋事业发展，在担任福州市委书记时，根据福州经济社会发展的历史与现实，着眼于福州区域现代化建设，作出了建设"海上福州"的战略决策，强有力地推动了福州海洋经济的蓬勃兴起。承载着蓝色梦想，福州一路向前。历届市委市政府都十分重视发展海洋经济，相继出台了一系列政策措施，把建设"海上福州"作为核心理念予以坚持和贯彻。福州发展海洋经济的脉络，也越来越清晰。

18.关于福州平台经济发展的路径选择。我们认为，要树立"平台思维"。平台的核心是"整合资源"，建设"平台福州"，要树立"平台思维"。"平台思维"不同于点性思维，不是停留在做一些碎片化、点状化的工作，而是思考如何更加有效地连接多方资源，以一种共多方赢的方式，达到1＋1＞2的效果。"平台思维"也不同于线性思维，不是停留在点到点之间的线状工作，更重要的是思考如何把更多的资源聚集起来、整合起来，然后去深度挖掘，实现最大效益。建设"平台福州"，首先是要求政府要有创新治理的思维方式，要树立"开放包容、资源共享、合作共赢"的思维，打破各种制约新发展的制度壁垒和条条框框，拆掉各自为政的种种"堡垒"。要树立平台治理的思维，树立世界眼光、大局意识，跳出福州看福州，把福州的发展放在经济全球化和全国发展的大格局中去思考、去谋划。要形成网状思维模式，不断搭建更多创新创造创业的平台，打造多主体的互利共赢的优质生态圈，要充分发挥福州的各种平台资源优势，用"平台思维"做乘法，用"平台思维"整合资源。

19.关于科学编制福州市"十四五"规划的若干建议。我们认为，一是要全面把握"十四五"规划编制的背景和形势；二是要强化规划思路的统领和战略导向作用；三是要完善"十四五"各类规划内容统筹衔接；四是要加力"十四五"规划方法的集成创新；五是要加强"十四五"规划举措部门的协同；六是要把控"十四五"规划研究制定的编制重点；七是要体现"十四五"规划的全新思路和视野。

# 空间滞后分位数回归模型的贝叶斯估计

文 / 方丽婷　李坤明

　　**本文研究目标**：提出空间滞后分位数回归模型的贝叶斯估计方法。研究方法：根据贝叶斯分析思想，分别在模型参数的正态先验和双指数先验设定下，构建模型参数的贝叶斯估计方法，并分别利用数值模拟方法和应用实例考察估计方法的小样本表现和实际应用效果。研究发现：所提出的贝叶斯估计方法在小样本条件下具有良好的估计效果和稳健性，在两种先验设置下，不同分位点上的参数估计精度均较高，应用实例展示了理论方法的实际应用价值。研究创新：应用贝叶斯方法估计空间分位数回归模型，该方法综合考虑了先验信息和样本信息，具有更高的估计精度。研究价值：所构建的理论方法将为经常见之于经济、金融、环境等领域的具有厚尾和空间相依特征的数据提供有力的分析工具。

　　（文章略）

---

**第一作者简介**：方丽婷（1983— ），女，福州大学经济与管理学院副教授。

# 人民币国际化与国际形势对中国外汇市场的影响：美元与特别提款权兑人民币的动态联系

文/王阳照　蔡瑞容　陈星宇

## 引言

2016年10月1日，人民币作为第五大国际货币正式被纳入特别提款权（SDR）货币篮子，这对人民币未来最终成为主要国际储备货币至关重要。目前，人民币是一种受部分控制的货币，其汇率受到中国国家战略和政府政策的强烈影响。但随着近年来人民币国际化进程的推进，包括中国汇率市场化改革和资本市场国际化，人民币汇率受到美国、欧洲、英国、日本等主要货币国家的政治、经济形势及其货币升值、贬值等外部因素的影响越来越大。因此，近年来人民币汇率双向波动更加剧烈和迅速。2008年美国金融危机、2009年欧债危机、2012年底日本安倍经济学、2016年英国脱欧公投、2016年美国总统大选等国际形势的变化，都影响了这些国家的货币价值，进而影响了人民币兑美元以及人民币兑一篮子货币的汇率。

2008年的全球金融危机，作为全球事件如何影响人民币汇率的一个代表性事件，它开始于美国，并迅速蔓延到全世界。发达国家比发展中国家更容易受到危机的冲击，大多数发达国家都是中国出口的重要目标。因此，大多数国家都出台了货币发行、本币贬值、刺激出口等经济刺激计划，增加了人民币维持汇率稳定的压力。对于美国而言，QE的实施和退出、新的经济刺激计划、联邦基金利率的下降以及当前的加息周期，导致人民币汇

---

第一作者简介：王阳照（1976—　），男，闽江学院新华都商学院教授、高级经济师。

率出现了不同方向的波动。

目前，美国总统特朗普退出跨太平洋伙伴关系协定（TPP），倾向于给中国贴上汇率操纵国的标签，主张贸易保护主义，与中国政府就中国的核心利益进行谈判，这些都不利于中国的贸易顺差，间接影响人民币汇率。对于欧洲而言，欧债危机、欧洲量化宽松政策、英国脱欧事件及其后续经济和政治政策的调整、意大利公投以及即将举行的德法意三国选举等事件，不仅直接影响人民币、欧元、英镑的汇率，也增加了市场的不确定性，提高了投资者的风险厌恶情绪，导致资本流入美国，从而间接影响人民币兑美元的汇率。此外，欧洲的难民危机引发了欧盟成员国之间的争吵，欧盟内在的缺陷因外部冲击而被放大，欧洲几个主要国家可能重演英国脱欧事件。对日本而言，2012年以来，宽松的货币政策、扩张性的财政政策、大量发债、结构性改革、负利率等安倍经济学成为日本政府的核心经济政策。安倍经济学旨在制造通货膨胀，刺激消费和内需，吸引海外投资。它迫使日本央行发行大量货币，导致日元贬值，并向其他国家施加压力，使其货币贬值以保持竞争力。

国际形势的变化可能引发新一轮货币战争。然而，自2010年以来，中国已经成为世界第二大经济体，随着人民币成为第二大商业结算货币和特别提款权篮子中最重要的五种货币之一，中国的人民币国际化战略将日益影响国际形势。回顾2012年至2017年，中国国际贸易、资本市场和外汇储备的变化分别凸显了人民币国际化的紧迫、过程和战略。近年来，中国经济发展放缓（2016年中国贸易顺差较2015年下降9.1%），促进人民币国际贸易结算货币职能的政策持续实施（如"一带一路"、亚洲基础设施投资银行），以深化人民币国际化，进而实现国内过剩产能向周边国家转移的目标。再者，自2012年以来，资本市场国际化的一系列举措（如RQDII、RQFII）进一步表明人民币国际化亦已进入追求成为国际投资货币的阶段。此外，近年来，中国以美元计价的金融外汇储备稳步下降，2017年1月曾短暂下降到3万亿美元以下。这或许被认为是中国要通过自身综合国力而非以美元计价的金融外汇储备实现去美元化、支撑人民币国际价值的信号。

人民币与美元脱钩也是去美元化的信号。人民币最开始有一段时间盯住美元，其后改成参照美元，现在则是以参照一篮子货币为基础。中国人民银行的主要目标不再是稳定人民币兑美元汇率，而是一改以往的汇率制度稳步降低人民币紧盯美元的程度，推动人民币汇率市场化水平进一步提高。美元作为"锚定货币"，也因为国际上对美元失去信心而遭遇危机。2008年金融海啸之后，美国金融地位动摇，人民币国际化利用这个机会进一步发展。随后，中国政府采取了一系列措施推动人民币成为国际结算和投资货币，如扩大跨境贸易人民币结算试点、建立人民币离岸清算中心、人民币跨境银行间支付系统、上海自贸试验区和人民币离岸市场、双边货币互换、RQDII、RQFII、沪港通，以及在香港市场发行人民币"点心"债券。此外，如果特朗普加强贸易保护主义，设置贸易壁垒，美元作为国际货币的影响力将会减弱。相比之下，中国政府将全力推动人民币国际化进程。这些推动人民币国际化的措施将对人民币汇率的演变产生重大影响。

研究表明，人民币汇率受多种因素的影响。Gao（2006）认为人民币实际汇率会随着中国产业结构的不断升级、生产力的稳定增长以及相应的工资水平的提高而上升。Guo（2014）认为国内通货膨胀和国外利率是影响人民币汇率的主要短期因素，贸易条件、M2和外汇储备是影响人民币汇率的长期因素。Gao和Xu（2013）发现，在短期内，中美GDP和货物净出口的差异会导致人民币升值，而中美利率、M2和CPI的差异会导致人民币贬值。Wang and Qi（2009）发现外汇贷款与人民币汇率呈负相关，而外汇存款与人民币汇率呈正相关。跨境套利在人民币国际化发展中发挥着重要作用（Zhang and Zhang，2017）。Yu（2012）认为，如果离岸和在岸人民币市场存在套利交易，CNH汇率将高于CNY汇率。Whalley和Chen（2013）认为，如果离岸和在岸人民币完全可兑换，人民币有望升值。

综上所述，关于人民币汇率的研究大多集中在人民币国际化的传统因素或具体措施上。但是，由于中国的特殊性，人民币的升值和贬值受到中国国家政策的深刻影响，这与其他货币受到传统因素的影响有很大不同。此外，中国的对外开放政策，加上美国、欧盟、英国和日本的实质性影响（Aizenman et al.，2016），将导致人民币汇率受国际因素的影响更强（Batten and Szilagyi，2016）。然而，目前考虑人民币国际化测度和国际因素的研究仍较为稀缺。

为了解决这一差距，本文采用DCC-GARCH模型，研究人民币国际化和国际形势对人民币兑美元汇率和一篮子货币汇率的影响。我们的研究包括人民币国际化政策、主要货币国家(美国、欧盟、英国和日本)的重要政策变化以及2010年1月至2017年4月全球经济和政治形势的变化。通过分析和比较这些政策和形势对人民币兑美元汇率和人民币兑一篮子货币汇率走势和联动的影响。我们发现,尽管人民币相关汇率仍然受到国内政策的显著影响,但它们也受到国际政策和形势的影响。具体而言,美国和欧盟的政策对人民币汇率有重要影响,而英国和日本的政策对人民币汇率的影响逐渐减弱。

2016年10月1日,人民币加入SDR货币篮子。与美元相比,这一篮子货币的汇率波动要低得多(Dragoe and Oprean-Stan,2018)。以前,特别提款权更多的是作为一种记账单位,很少有机会研究美元与特别提款权之间联系的变化,以及在一种新货币进入特别提款权之前和之后相关变化对新兴国家外汇市场的影响。然而,人民币的加入为全面研究提供了一个很好的机会。USD/SDR的关系并不能直接解释中国国内和国际政策环境对中国外汇市场的影响,但它确实反映了包括美国在内的主要货币国家实现全球经济一体化的决心(Bordo and James,2012)。在引入人民币后,我们通过探究USD/CNY与SDR/CNY之间的动态联系,为"中国国内和国际政策环境对中国外汇市场的影响"研究方向提供了新的见解。

## 一、文献综述

以往的研究更多的是对主要货币(美元、欧元、英镑、日元)的汇率变化进行分析,对人民币汇率的研究相对较少。再者,大多数关于人民币汇率的研究都把重点放在了人民币兑美元汇率上。此外,大多数研究并没有同时从整体角度考虑人民币国际化政策的影响和国际因素对人民币汇率的影响。因此,解决上述问题是本研究的主要贡献。

(略)

## 二、数据与模型

关于政策措施的数据,本文收集了2010年1月至2017年4月期间由中国人民银行、美联储、欧洲央行、英国央行和日本央行正式发布的一系列政策。数据的主要来源是官方新闻稿和货币政策执行报告。对于中国外汇市场的交易数据，我们使用USD/CNY和SDR/CNY汇率来代表人民币相关汇率。样本时间为2010年1月4日至2017年4月28日。USD/CNY汇率和SDR/CNY汇率的日度数据分别通过Wind数据库和IMF官网收集。

（略）

## 三、实证分析

在本章中，本文区分了后全球危机的不同阶段，并根据图1、表4和表5解释了国内政策（中国）和国际形势（美国、欧盟、英国和日本）在每个阶段对人民币汇率的影响。我们将在以下小节中分析和解释USD/CNY和SDR/CNY汇率之间动态联系的不同领域。首先，我们分析不相关区域和负相关区域。其次，我们分析了极端正相关的区域。此外，本文还分析了USD/CNY和SDR/CNY汇率的总体趋势、升值和贬值渠道。

（略）

## 四、结论

在研究中，本文探究了2010年1月至2017年4月期间国内和国际政策对人民币相关汇率（USD/CNY和SDR/CNY汇率）的影响。我们关注的国内政策是中国人民币国际化的相关政策，国际政策是四大央行（美联储、欧洲央行、英国央行和日本央行）的相关货币政策。我们的研究结果表明，人民币汇率受到国内和国际政策的显著影响，这与中国实施的有管理的浮动汇率制度密不可分。与Lyratzakis（2014）和Germain and Schwartz（2017）的观点一致，国内改革、政治参与者和集团，以及国际经济和政治环境都是重要的决定因素。主要央行的货币政策、汇率政策、利率政策都是人民币汇率举足轻重的影响因素。

首先，在此期间，美国的货币政策（如量化宽松政策）仍对人民币汇率产生最大的影响。不仅对于中国而言，它们也影响其他国家的金融管制、货币政策和监管，从而直接或间接地影响人民币汇率。其次，随着中欧之间日益密不可分的政治和经济关系，欧洲央行的政策，包括常规和非常规货币政策，也对人民币汇率产生重大影响。再次，尽管英国央行和日本央行的政策仍对人民币汇率产生影响，但其影响程度正在减弱。虽然英国脱欧事件意义重大，但英国央行的货币政策对人民币汇率并没有产生重大的影响。日本安倍经济学的影响力也很弱。最后，中国国内有关人民币国际化的改革将继续影响人民币相关汇率。推动人民币成为国际结算货币、投资货币和储备货币的一系列政策持续影响着人民币相关汇率的走势。

虽然人民币已纳入SDR货币篮子，但人民币10.92%的比例设定主要归因于国际贸易结算，低于15%的预期比例。究其原因，主要是国内金融市场对外开放程度还不够高，人民币国际投资占比还很小。因此，当前推动人民币国际化的主要动力将来自于促进人民币成为国际投资货币的相关政策，包括深化利率和汇率市场化、资本市场国际化、资本项目可兑换以及放松外汇管制等。

我们的结果表明，适当的自由化和政府监管控制是人民币获得货币自治的途径，这与Chan（2017）的发现相呼应。政策执行与人民币汇率之间的高度相关性也解释了McNally（2015）提出的在中国特色社会主义背景下实现人民币国际化的逻辑。也就是从两个层面进行整合——在国内层面推动相关政策的制定并完善具体实施办法，在国际层面谋求全球地位。本文对人民币中间价形成机制政策含义的相关分析，也为Ren et al.（2018）提出的通过利率市场化和灵活的汇率形成机制促进人民币市场发展的建议提供了更多的见解。此外，我们的结果验证了Ito（2017）在对人民币国际化框架进行定量分析中提出的通过货币互换操作构建区域人民币集团的可行性。本文研究也扩展了McKinnon and Schnabl（2014）对30多年来日元国际化的理解——相对于简单地追求完全自由化，保持汇率稳定是更好的选择。因此，本研究不仅拓展了经济学和计量经济学相关文献的研究，其政策含义也对政策性工作具有重要的现实意义。

人民币国际化与其他主要货币最大的区别在于政府对市场的影响力。中国政府有权决定何时启动、何时加快、何时暂停、何时重启人民币国际化发展进程。在过去的几年中，中国政府出台了相关政策。考虑到这些政策效果的作用显著，我们建议中国政府进一步扩大人民币与外币互换的广度和深度，提振人民币期权市场，探索中外证券市场实现直接交易的路径，增加RQFII额度，实现人民币一篮子货币多元化，推动欧洲人民币清算银行发展。与此同时，中国政府要把防范金融风险放在首位。随着人民币国际化的深入，人民币相关汇率将更多地受到外部市场力量的影响。因此，在防范金融风险的同时深化金融改革，仍然是中国政府金融工作的核心任务。

# 循环经济实践的互补性：中国制造业的实证分析

文/杨 杨　陈露洁　贾 甫　许志端

近年来，循环经济在世界范围内受到越来越多的关注，其目的是以可持续的方式将经济活动与环境问题结合起来。在企业层面上，前端的环保设计与后端的回收环节是企业循环经济实践的关键环节。然而，已有文献中缺少这两种实践对企业社会责任绩效影响的协同效应的研究。本文基于系统理论，通过对我国制造型企业的相关数据进行分析，检验循环经济子系统间是否存在互补性，以及该互补性对企业社会责任绩效的影响。结果表明，环保设计与回收在提高企业社会责任绩效方面具有显著的互补性。此外，本文在系统理论的基础上还挖掘了三个促进子系统互补性的因素，包括企业社会责任愿景作为系统内部促进因素，环境管理体系作为一种系统监管，以及供应链合作作为系统外部促进因素。

## 一、主要章节

本文由引言、理论框架与假设提出、研究方法、研究结论、结果讨论和结论六个部分构成。引言部分阐述了企业层面循环经济的内涵，指出相关研究的不足，引出本文的研究目标，即探索循环实践之间的互补性；理论框架与假设提出部分在综述循环经济相关研究的基础上，提出了本文的四个研究假设；研究方法部分介绍了实证检验的样本选择、变量衡量，以及检验互补性的方法；研究结论部分分析了互补性和相关调节变量的检验结果；结果讨论部分开展了与已有文献的对比讨论，进一步对研究结论进行理论

---

**第一作者简介：**杨杨（1988— ），女，闽江学院新华都商学院副教授、硕士生导师。

探讨；最后的结论部分指出本文的理论贡献和实践意义，并提出进一步的研究方向。

## 二、内容简述

在企业层面上，前端的环保设计与后端的回收环节是企业循环经济实践的关键环节，但已有文献将两种实践相结合的研究较少。针对已有研究的不足，本文深入探讨了环保设计和回收环节对企业社会责任绩效的互补性效应是否存在、如何存在，以及影响这种互补性的一些关键因素。通过对中国制造业企业的数据进行严谨的实证分析，研究发现企业循环经济实践中，前端的环保设计与后端的回收环节对提高企业社会责任绩效具有互补性，即共同实施所带来的收益大于各自实施的收益之和。同时，企业树立社会责任愿景、获得环境管理体系认证，以及加强供应链合作会增强它们的互补性。

## 三、重要观点

从系统的角度看，循环经济是一个开放的系统，环保设计和回收是其中的主要子系统。协同是系统的特征之一，意味着整体的效用不仅仅是其部分效用简单的加总。环保设计是一种提高企业整体生态效率和帮助实现有效回收的重要实践，产品回收环节提供的有关产品生命周期有价值的信息是环保设计的重要组成部分。因此，本文通过理论分析和实证检验，发现与单独采用环保设计和回收实践相比，两者的结合将对企业社会责任绩效产生更大的协同效应。

根据系统理论，开放的系统将会受到外部环境的影响，环境的变化将改变系统的行为。在开放的系统中，系统内部因素、系统监管因素和外部环境因素通过促进子系统之间的协同，在实现系统的整体目标中发挥着重要作用。本研究提出企业社会责任愿景是内部推动因素，环境管理体系是系统监管因素，供应链合作是外部推动因素，这些因素能够促进循环经济子系统间的互补性。其中，企业社会责任愿景是组织文化或规范的一部分，是企业社会责任实践的主要驱动力，它可以提高员工参与社会责任和循环经济实践的积极性；环境管理体系包括一系列的内部政策、评估、计划和行动，获得环境管理体系认证可以提高企业内部环境活动的一致性和主动性，并增加员工对环境管理的参与；供应链合作指的是与供应链上下游合作伙伴通过制定长期战略协议和信息共享，推动共同开展社会责任实践。

## 四、理论创新

### （一）首次将系统理论应用于循环经济研究，发现了环保设计和回收之间的互补性

目前关于环境管理的文献强调了前端和后端实践行为在绩效改进中的重要性。然而，大多数研究都集中在单个实践与绩效的关系上，而不是考虑由于两者的结合而产生对绩效的影响。本文分析了两种循环经济实践是如何相互作用的，并利用我国制造型企业的相关数据进行实证检验。在实践中，环保设计可以影响回收的成本，如拆卸、再制造和翻新；回收可以为环保设计提供有价值的信息。从系统理论的角度来看，循环经济实践是通过实施诸如环保设计和回收等改进方案来整合的。这两个子系统之间相互作用带来的收益不仅仅是它们的简单加总，其影响大于从子系统单独获得的收益之和。

采用系统理论的观点探讨循环经济的研究较少。通过Scopus和Web of Science两个数据库搜索关键词"循环经济"和"系统理论"，在英文期刊上只找到了四篇相关文献。其中，三篇论文通过借鉴复杂自适应系统理论和系统动力学理论来研究行业层面的循环经济（Chertow and Ehrenfeld，2012; Hu and Zhang，2015; Kong et al.，2017）。另一篇论文 Huamao and Fengqi（2007）提出系统理论可以作为循环经济的理论基础，而循环经济与系统理论的结合可以促进循环经济的发展。基于已有研究，本文进一步考虑循环经济子系统如何相互作用以产生协同效应。

因此，本文的理论创新表现在：首次将系统理论应用于循环经济研究，将企业的循环经济视为一个开放的系统，将前端环保设计与后端回收环节视为两个主要的子系统，进而分析子系统之间的互补性。

### （二）从系统内部、系统监管和系统外部三个角度挖掘促进子系统间互补性的因素

已有研究较少关注影响互补性的调节因素。本文首次尝试从系统理论中识别影响循环经济实践前端和后端之间互补性的调节因素。

首先，从系统内部来看，企业社会责任愿景作为一种组织文化，可以

帮助企业实现内部整合和管理外部挑战（Schein，1983），是循环经济实践的起点。本文的研究表明，企业社会责任愿景是一个关键的内部促进因素，通过促进子系统的互补性，来提高企业社会责任绩效。

其次，从系统监管来看，环境管理体系（例如，ISO 14000认证）是一种重要的运营管理工具。已有研究在考察企业获得ISO 14000认证对绩效的直接影响上得出了不同结论。与这些研究不同，本文将环境管理体系作为调节因素，考察对循环经济实践互补性的影响。研究表明，环境管理体系是一个关键的系统监管因素，通过促进子系统的互补性，来提高企业社会责任绩效。

再次，从系统外部来看，与环境的相互作用是开放系统的一个重要特征（Boulding，1956）。与供应商合作可以为环保设计提供环保原材料的重要信息（Johansson，2002），与客户合作可以获得客户反馈，从而对环保产品进行纠正。已有研究认识到供应链合作在社会责任履行上具有重要作用。本文在此基础上做了进一步探讨，研究表明，供应链合作是一个关键的外部促进因素，通过促进子系统的互补性，来提高企业社会责任绩效。

因此，本文的理论创新还表现在：从系统内部、系统监管和系统外部三个角度挖掘促进子系统间互补性的因素，并发现了它们对提高企业社会责任绩效的重要作用。

## 五、学术与应用价值

本文的学术价值：第一，将系统理论应用于循环经济的研究，扩展了系统理论的应用领域。本研究将循环经济视为一个开放的系统，从理论和实证上揭示了循环经济中的两个主要子系统（环保设计和回收）之间的互补性。第二，在系统理论的框架下，本研究还进一步挖掘了促进循环经济实践之间协同效应的因素，即企业社会责任愿景、环境管理体系和供应链合作，丰富了循环经济实践的相关研究。第三，在方法上，将互补性检验的超模函数法和调节效应检验的回归分析相结合，大大提升了研究结果的稳健性和可靠性，体现了方法上的创新。

本文的应用价值：研究结论为企业管理者提高社会责任绩效提供了指导，并在三个方面指明了进一步提高绩效的方法。具体来说，第一，建议企业采用系统观点，同时关注环保设计或回收实践。通过组合策略产生互补效应，可以更好地满足可持续发展的需求。第二，建议企业树立社会责任愿景、获得环境管理体系认证、加强供应链合作等，从而促进循环经济发展。

## 六、发表情况

本文于2019年在《International Journal of Production Research》(《国际生产研究杂志》)发表。

# 林权抵押贷款信用风险识别与控制

文 / 张兰花

## 一、主要章节

本书按照"收集资料—提出问题—系统分析—理论和模型构建—验证分析—理论应用和对策建议"的基本逻辑展开研究，在识别林权抵押贷款信用风险的基础上，构建林权抵押贷款信用控制体系，共包含了十一章内容。第一章，林权抵押贷款信用风险研究的现实必要性。阐述研究背景，梳理国内外信用风险研究成果，明确研究目的意义，形成对研究问题的初步判断。第二章，林权抵押贷款信用风险研究的研究动态。检索收集相关文献，梳理国内外信用风险及林权抵押贷款风险相关问题的研究成果。明确研究思路，确定研究方法，形成研究方案总体设计。第三章，林权抵押贷款信用风险形成机理分析。分析林权抵押贷款信用风险形成机理，揭示林木资产作为

抵押物的经济价值，为从林木资产视角研究林权抵押贷款信用风险识别与控制的合理性提供理论依据。第四章，林权抵押贷款信用风险可能的影响因素。梳理贷款信用风险影响因素相关理论研究，并通过对林权抵押贷款相关数据分析，明确林权抵押贷款信用风险影响因素，为模型检验与政策建议提供依据。第五章，林权抵押贷款信用风险评估指标筛选。通过对林权抵押贷款信用风险评估指标筛选，找出对林权抵押贷款

**作者简介：**张兰花（1976— ），女，福建技术师范学院副教授。

信用风险有显著性影响的因素。分别从林木资产安全性、盈利性、流动性等不同视角定量研究这些因素对林权抵押贷款信用风险的影响程度。以此为基础，确定林权抵押贷款综合评价模型的指标体系。第六章，林权抵押贷款信用风险综合评估。依据前文理论与实证分析结果确定林权抵押贷款信用风险综合评估指标体系，建立林权抵押贷款信用风险评估模型，揭示林权抵押贷款信用风险显著性 影响因素。第七章，发挥政府在林权抵押贷款信用风险控制中的主体作用。本章对政府参与林权抵押贷款信用风险控制必要性进行阐释，进而提出政府在林权抵押贷款信用风险控制中的目标选择。第八章，完善林权登记管理制度。本章梳理林权登记制度内涵及其在林权抵押贷款风险控制中的作用，并以福建省为例，剖析林权登记管理制度现状、林权登记制度在林权抵押贷款风险控制中存在的瓶颈，进而提出林权登记制度创新思路。第九章，培育集体森林资源资产评估主体。本章基于资产评估基本原则构建了抵押林权评估主体培育研究理论框架，在剖析当前符合政策要求的两类集体林权评估主体局限性的基础上，提出"沙县模式"。第十章，构建政策性森林保险制度。第十一章，构建"政府信用＋林权"林业收储模式。以保险 "充分补偿"理论为基础，对此问题展开理论与实证论证进而提出政策建议。

## 二、内容简述

本书基于马克思信用理论来构建林权抵押贷款信用风险识别与控制分析理论框架，从理论与实证层面识别林权抵押贷款信用风险因素、建立林权抵押贷款信用风险评估模型、构建林权抵押贷款信用风险控制体系。

对林权、林权抵押贷款与林权抵押贷款信用风险等重要概念进行梳理，揭示林权抵押贷款及其信用风险的本质。综合马克思主义关于信用风险的解释与西方经济学关于信用风险概念的理解，解释林权抵押贷款信用风险内涵并揭示其产生的根源。建立林权抵押贷款违约的期权模型分析进一步验证了抵押林权对林权抵押贷款信用风险形成的决定性作用。基于抵押森林资源资产价值风险、金融生态、森林资源资产流动性风险视角分析林权抵押贷款违约表现及其形成机理。

梳理贷款信用风险影响因素相关理论研究，并通过对林权抵押贷款相关数据分析，明确林权抵押贷款信用风险影响因素。鉴于马克思科学的财产理论与劳动价值论启示，认为探寻抵押林权价值约束因素。围绕抵押林权的安全性、盈利性、流动性风险，探寻林权抵押贷款信用风险可能的影响因素，筛选出对林权抵押贷款信用风险有显著性影响的因素，据此建立林权抵押贷款信用风险评估指标体系，进而建立林权抵押贷款信用综合评估模型——高层类别双对数模型。

林权抵押贷款是社会主义市场经济的产物，其信用风险控制需要政府与市场共同发力。对政府参与林权抵押贷款信用风险控制必要性分析认为政府作为主体构建林权抵押贷款信用风险控制体系更具现实性与可行性。厘清林权抵押贷款信用风险控制的总目标、分目标与具体目标。围绕构建涵盖培育集体森林资源资产评估主体、完善林权登记管理制度、构建政策性森林保险制度、实施"政府信用＋林权"林业收储模式等四个模块的林权抵押贷款信用风险控制体系：1.以福建省为例，剖析林权登记管理制度现状、林权登记制度在林权抵押贷款风险控制中存在的瓶颈。2.构建了林权评估主体培育理论框架，明确了抵押林权评估主体培育目标，剖析政策层面上合格的两类集体森林资源资产评估主体局限性的基础上提出"沙县模式"，并剖析了"沙县模式"典型特征。提出林权评估主体的培育的基本原则与要点。3.以保险"充分补偿学说"为理论基础，梳理森林保险在林权抵押贷款中功能定位，明确森林保险缓释林权抵押贷款风险目标，从发挥政府在森林保险中的作用、保额标准与保费设计、补贴比例确定以及保险公司查勘定损水平等方面提出建议。4.构建相对完整林业收储担效应研究的理论框架，选择邵武市富源林业收储中心为案例，对其担保效应展开实证分析。梳理"政府信用＋林权"的林业收储模式的优势与不足，并据此提出相关政策建议。

## 三、重要观点

本书的主要结论如下：

1.认为林农的违约收益高于履约收益，林农就会理性违约。金融生态不完备引发借款人故意违约。价值补偿机制缺失会引发借款人理性违约。森林资源资产流动性风险会影响林权抵押贷款违约损失率。因此，林权是林权抵押贷款的物质基础，是借贷双方间信任的保证，基于抵押林权的视角研究林权抵押贷款信用风险识别与控制可以使研究更具特色、更富针对性。

2.借鉴马克思科学的财产理论与劳动价值论，明确林权抵押贷款信用风险识别与控制的路径。结合林权抵押贷款相关数据与文献材料，围绕抵押林权的安全性、盈利性及流动性风险，列出林权抵押贷款信用风险20个可能的影响因素：即森林火灾、森林病虫鼠害、气候地质灾害、森林盗砍、林木价格、森林管护成本、采伐成本、造林成本、审批成本、经营方式、轮伐期、经营树种、立地条件、限额采伐管理制度、林权交易市场成熟度、林地管理政策、天然林资源保护政策、林权登记管理制度、森林保险、 森林资产评估。

3.以福建省三明市和南平市农村信用社客户经理198份调查问卷数据为依据，建立高层类别双对数函数，筛选出对林权抵押贷款信用风险有显著性影响的因素。并据此建立林权抵押贷款信用风险评估指标体系，进而建立林权抵押贷款信用综合评估模型——高层类别双对数模型。

4.基于经典马克思理论以及社会主义市场经济理论，认为以政府为主体构建林权抵押贷款信用风险控制体系更具现实性与可行性，提出林权抵押贷款信用风险控制的目标在于提升抵押林权担保力。

5.认为林权抵押贷款信用风险控制的总目标是提升抵押林权的担保价值，分目标是提升抵押林权 "价值公允性""安全性""变现性"，具体目标是构建涵盖培育集体森林资源资产评估主体、完善林权登记管理制度、构建政策性森林保险制度、实施"政府信用＋林权"林业收储模式等四个模块的林权抵押贷款信用风险控制体系：

模块一：完善林权登记管理制度。以福建省为例，剖析林权登记管理制度现状，林权登记制度在林权抵押贷款风险控制中存在的瓶颈，提出实施登记前置程序、实施实质审查、 引入区块链技术等建议以完善林权登记制度。

模块二：培育集体森林资源资产评估主体。构建林权评估主体培育的理论框架。明确抵押林权评估主体培育目标。在剖析政策层面上合格的两类集体森林资源资产评估主体局限性的基础上，提出"沙县模式"。指出林权评估主体的培育要遵循既要懂林业又要懂评估的基本原则，着眼于提升评估主体执业能力的同时关注评估主体独立性塑造。

模块三：构建政策性森林保险制度。基于保险"充分补偿学说"，认为森林保险缓释林权抵押贷款风险目标即是否实现对抵押林权损失的完全补偿，提出要发挥政府在森林保险中的主导作用、提高保额标准与保费补贴比例以及提升保险公司查勘定损水平等建议。

模块四：实施"政府信用＋林权"林业收储模式。以"政府信用＋林权"的林业收储贷款模式为对象，构建了相对完整的林业收储担保研究的理论框架，以邵武市富源林业收储中心为案例分析"政府信用＋林权"的林业收储模式优缺点。提出建立政策性收储基金资金补充机制、强化收储机构运营管理能力、建立林业收储再担保机制等政策建议。

## 四、理论创新

本书系统且深入地研究林权抵押贷款信用风险识别与控制，清晰且准确地认识林权抵押贷款信用风险本质特征，准确评估林权抵押贷款信用风险，力图得出更具说服力和操作性的林权抵押贷款信用控制对策。在以下六个方面实现对当前研究的突破：1.构建林权抵押贷款信用风险识别与控制研究框架，明确研究视角，使研究能够反映林业特质，实现林业产业与金融结合，做到研究始于微观，注重中观层面因素。2.综合马克思主义关于信用理论与西方经济学的信用风险理论，剖析林权抵押贷款信用风险形成的金融机理，为林权抵押贷款信用风险识别与控制路径的科学合理性提供理论依据。3.明确林权抵押贷款信用风险因素，信用风险形成原因来自宏观经济、行业、借款人、抵押等多方面因素，信用风险控制的措施与手段也可以涵盖以上各因素。本书选择抵押林权的视角挖掘林权抵押贷款信用风险可能的影响因素并对其进行理论解释，使研究更具针对性与科学性。4.建立林权抵押贷款信用风险评价指标体系。林权抵押贷款信用风险可能的影响因素繁杂，且对林权抵押贷款信用风险影响的显著程度不同，需明确对林权抵押贷款信用风险有显著性影响的因素。建立林权抵押贷款信用风险评价指标体系，为建立林权抵押贷款信用风险评估模型构建提供依据。5.构建林权抵押贷款信用风险评估模型，明确林权抵押贷款信用风险水平以及各风险因素对林权抵押贷款信用风险影响程度。6.林权抵押贷款信用风险控制体系构建，抓住林权抵押贷款信用风险本质特征，构建一个目标合理、主体明确、重点突出、可行性强、科学有效的风险控制体系。7.对福建的案例展开深度剖析，形成福建模式。综合福建省 S 市不良林权抵押贷款数据与相关文献材料，列出了林权抵押贷款信用风险 20 个可能的影响因素。以福建省三明市和南平市农村信用社客户经理 198 份调查问卷数据为依据，筛选出对林权抵押贷款信用风险有显著性影响的因素，据此建立了林权抵押贷款信用风险评估指标体系，进而建立林权抵押贷款信用综合评估模型。以福建省为例，剖析林权登记管理制度现状与瓶颈。对"沙县模式"展开深入剖析，构建了林权评估主体培育框架。选择邵武市富源林业收储中心为案例，分析"政府信用＋林权"的林业收储贷款模式的可行性。

## 五、学术与应用价值

本书属于信贷风险管理理论和林业经济管理理论相融合的一种交叉性研究，研究结论能够为银行加强与林业管理部门间的信息共享，降低与林业经营主体间的信息不对称程度，建立林权抵押贷款风险化解机制，分散林权抵押贷款业务风险，降低林权抵押贷款贷前审批成本、贷后贷款管理成本、抵押林权处置成本等交易成本提供理论参考。从政策层面提出防范、化解与转移林权抵押贷款信用风险等建议，从而推动建立现代集体林业经营管理体系和财政支持体系、完善集体林权制度改革、完善林权抵押贷款信用管理体系，促进林业要素自由流动、公平交易、平等使用，为林业产业融资筑巢引凤，促进扩大林权抵押贷款规模，增强林业产业融资能力提供决策参考。此外，本书落实党的十九届四中全会通过的《中共中央关于坚持和完善中国特色社会主义制度、推进国家治理体系和治理能力现代化若干重大问题的决定》的精神，为推进国家治理体系和治理能力现代化、更好地发挥市场与政府在林业经济发展中的双轮驱动作用提供决策参考。

## 六、出版情况

本书由社会科学文献出版社于 2021 年 8 月出版，总字数为 273000。

# 福建战略性新兴产业协同创新系统演化研究

文/马 楠

## 一、主要章节

本书的框架由七个部分构成。第一部分叙述研究的背景及意义，并结合国内外相关领域研究现状，提出全书的研究方法和研究内容。第二部分对研究过程中涉及的创新系统理论、协同学理论、复杂适应系统理论、自组织理论以及产业协同创新系统的概念等相关知识和理论进行准备。第三部分界定战略性新兴产业协同创新系统的概念和内涵，分析战略性新兴产业协同创新系统的复杂适应性，构建福建战略性新兴产业协同创新系统的概念模型和运行模型。第四部分重点分析和研究福建战略性新兴产业协同创新系统演化机理及演化过程，主要包括福建战略性新兴产业协同创新系

统演化过程中的动力因素分析、系统演化过程中的分岔及突变现象的描述以及系统演化阶段的划分及各阶段的特征分析。第五部分是在前文研究的基础上，结合福建新能源汽车产业发展现状，对该产业协同创新系统的演化机理进行实证研究。第六部分是基于福建战略性新兴产业协同创新系统演化机理提出发展该产业的政策措施。第七部分是本书的研究结论与展望。

---

作者简介：马楠（1982— ），女，福州外语外贸学院副教授。

## 二、内容简述

战略性新兴产业是在科技水平有所突破的基础上建立的、引领新时代科学技术发展和产业创新方向的新兴产业。战略性新兴产业在我国目前还处于发展初期，它体现了全球经济对知识性、循环性和低碳性的要求，具有极强的发展潜力，是对经济社会的协调发展起带动作用的产业。本书在构建福建战略性新兴产业协同创新系统的基础上，对该系统的演化机理及演化过程进行详细分析，将福建战略性新兴产业协同创新系统的演化过程划分为萌芽期、成长期、成熟期和转轨期四个阶段，在此基础上对福建新能源汽车产业进行实证研究以验证本书研究方法及所得结论的实用性。最后，提出推进福建战略性新兴产业高质量发展的政策建议。本书可以为战略性新兴产业相关研究提供新的理论研究视角，还可以为福建经济社会发展提供新的思路。

## 三、重要观点

本书认为，战略性新兴产业协同创新系统是由产业中的生产企业、知识生产机构（大学、科研机构）、政府、中介机构和用户需求五个子系统组成的复杂创新网络。网络中各子系统受到内外部动力因素的影响，进行着相互联系、既竞争又合作的协同创新活动。

福建战略性新兴产业协同创新系统演化过程是在内外部动力因素的共同作用下实现的。演化过程中存在分岔与突变现象。分岔与突变总是相伴而生，分岔是战略性新兴产业协同创新系统在演化过程中各种平衡态的呈现，它是突变的基础；突变是战略性新兴产业协同创新系统由一个平衡态突跳到另一个平衡态的过程，它是分岔的历史延续。

根据协同学相关理论，技术创新能力是战略性新兴产业协同创新系统演化发展过程中的序参量，支配着系统的演化发展，也是系统演化程度的宏观表现。技术创新动力与技术创新保障力作为福建战略性新兴产业协同创新系统的控制参量，是系统能够顺利演化发展的外在条件和保证。

通过将logistic方程与产业发展生命周期相结合的方式对福建战略性新兴产业协同创新系统的演化过程进行分析发现，该系统在演化过程中主要经历四个发展阶段，即萌芽期、成长期、成熟期、转轨期。

福建战略性新兴产业协同创新系统演化过程中主要受序参量及控制参量的影响，应通过提升生产企业的技术创新能力、提升大学及科研机构的技术创新能力、完善和强化产业技术创新动力机制以及加强和完善技术创新保障体系建设等促进福建战略性新兴产业发展的政策措施。

## 四、理论创新

构建福建省战略性新兴产业协同创新系统的运行模型。在对福建战略性新兴产业协同创新系统具体内涵和结构的分析中得出，该协同创新系统是由生产企业、知识生产机构、政府、顾客需求、中介机构五个子系统构成；同时，结合对该系统的结构、特征以及各子系统间适应性分析的基础上，构建了福建战略性新兴产业协同创新系统的运行模型。

探讨福建战略性新兴产业协同创新系统的演化机理。结合复杂适应系统理论及系统动力学理论，对福建战略性新兴产业协同创新系统演化的内外部动力因素进行分析，并利用分岔及突变理论，对福建战略性新兴产业协同创新系统演化的分岔过程及突变过程进行详细分析和描述，刻画了系统从无序到有序、从低级到高级的演化机理。

划分福建战略性新兴产业协同创新系统的演化阶段并阐述了其各个阶段的演变特点及演变方式。通过协同学有关序参量及控制参量的相关理论确定了决定战略性新兴产业协同创新系统演化发展的序参量——技术创新能力系统，建立求解了系统演化方程，描绘出战略性新兴产业协同创新系统的演化轨迹，并将福建战略性新兴产业协同创新系统的演化过程划分为：萌芽期、成长期、成熟期和转轨期四个阶段，且对各个阶段的演变特点和演变方式进行阐述。

## 五、学术与应用价值

战略性新兴产业是指在科技水平有所突破的基础上建立的、引领新时代科学技术发展和产业创新方向的新兴产业。战略性新兴产业在我国目前还处于发展初期，它体现了全球经济对知识性、循环性和低碳性的要求，具有极强的发展潜力，是对经济社会的协调发展起带动作用的产业。鉴于战略性新兴产业对我国经济发展的关键作用，以及该产业协同创新系统对于产业技术创新、企业创新发展的推动，从系统化角度，通过理论分析弄清战略性新兴产业协同创新系统中各构成要素的特点、功能、相互作用以及系统演化动力等规律，并以福建战略性新兴产业协同创新系统的演化机理进行具体分析，为战略性新兴产业的研究提供了新的理论研究视角。

自2009年开始，我国逐步将发展战略性新兴产业列为重点规划项目，并通过出台一系列政策制度对其进行优先发展及重点扶持。随着国家战略性新兴产业发展规划的出台，福建立足于本省经济发展及产业竞争力的现状，分别于2011年及2016年，针对"十二五"及"十三五"期间本省战略性新兴产业的发展现状，发布了福建省战略性新兴产业发展专项规划，明确了新一代信息技术、高端装备制造、新能源汽车、生物与新医药、节能环保、新能源、新材料以及海洋高新产业等八大产业的发展方向和重点任务，并提出相应的保障措施，为福建战略性新兴产业的发展指明方向。近十几年来，福建战略性新兴产业虽然对全省经济的发展起到了明显的拉动作用，但还存在着自主创新能力不足、创新效率有待提升等问题。

分析战略性新兴产业协同创新系统的演化机理，研究系统构成要素的作用及系统演化轨迹，为进一步制定福建战略性新兴产业发展对策提供决策依据。一方面，战略性新兴产业的发展对整个社会经济的发展具有重要的影响作用，研究其产业协同创新系统的演化机理不能不研究其构成要素即与产业相关的企业、大学、科研机构、政府、中介机构及用户需求的现状、对产业技术创新的影响、在产业创新系统发展过程中的地位和作用，这在一定程度上为相关企业和机构的合作和发展提供了理论依据，为政府发展政策的制定提供决策依据。另一方面，通过对战略性新兴产业协同创新系统演化机理的研究，就是要明确系统的演化动力、演化轨迹等问题，这为增强福建省技术创新驱动力、提升福建省战略性新兴产业技术创新能力找到了有效途径。

## 六、出版情况

本书由中国社会科学出版社于2021年5月出版，总字数为218000。

# 众创空间中企业创业拼凑对创新绩效的影响研究

文/韩 莹

创业拼凑对于突破初创企业在创建和成长中的资源约束具有重要意义，但目前关于拼凑过程与新企业创新绩效的研究，尤其是从网络关系视角的实证研究还不多见。因此，本研究基于创业拼凑理论和创新网络理论，构建了创业拼凑对新企业绩效影响的概念模型，利用310家众创空间中的初创企业为调研对象，通过问卷调查收集数据并进行实证研究，结果表明：初创企业的创业拼凑可以促进企业创新绩效的提升，强网络关系在创业拼凑对其创新绩效的正向影响中起着中介作用，但弱网络关系在其中的中介作用不显著。除此之外，探索式组织学习在其中起到了调节作用。研究从实践角度剖析了初创企业创业拼凑对企业创新绩效的影响机制，所得结论对提升我国初创企业的创新绩效以及众创空间的发展与完善具有重要的理论和现实意义。

## 一、主要章节

本文的框架由理论背景、研究假设、研究设计、假设检验与结果分析、结论与启示五个部分构成。在阐述了创业拼凑与众创空间的重要性后，引出本文的研究问题，理论背景部分归纳总结了不同视角下拼凑理论的发展与演变，说明了研究众创空间中创业拼凑问题的必要性；研究假设部分通过对现有研究的整理和归纳，解释了创业拼凑与创新绩效，网络关系、创业

作者简介：韩莹（1990—  ），女，福建师范大学经济学院副教授。

拼凑与创新绩效以及组织学习、创业拼凑与创新绩效间的理论关系，并提出研究假设；研究设计部分介绍了样本的选取与数据的收集具体方法，以及研究测量的设计思路；假设检验与结果分析部分通过实证研究验证了假设检验，并分析了研究结果；结论与启示部分概括了研究所得结论，并提出相应政策建议与经验启示。

## 二、内容简述

尽管我国众创空间如雨后春笋般不断落地，但目前为止，学术界关于众创空间的讨论多集中在理论层面的探讨，从实证角度对于众创空间的探索却十分有限，更缺少从网络关系视域对其中创业拼凑及创新绩效关系的研究。本文正是基于众创空间实践，探索了众创空间中创业拼凑、网络关系、组织学习对初创企业创新绩效的影响，揭示了变量间的内在关系，力求从理论层面为完善我国众创空间建设与提升初创企业创新成功率提供借鉴与启示。

## 三、重要观点

初创企业的创业拼凑直接影响其创新绩效。研究结果表明，初创企业通过创业拼凑行为，可以提升自身的创新绩效。初创企业在众创空间中通过创业拼凑行为，可以更加方便地访问分散的网络资源，能够帮助其整合新资源、解决复杂的问题并减少开发时间和成本，以更快的速度实现创新的商业化和扩散。因此，对于初创企业而言，应有意识的关注并发展拼凑战略，以增强新企业突破资源环境约束的能力，才能更好地实现创新目标。

创业拼凑可以通过强网络关系影响其创新绩效。处于众创空间的初创企业相比于其他初创企业而言，拥有更加丰富的网络关系资源，从研究结论可以看出，其中的强网络关系更能促进企业创新绩效的提高，初创企业的创业拼凑行为也通过众创空间的强网络关系正向影响创新绩效。对于初创企业而言，网络成员间关系强度越大，企业从网络成员处获取信息、知识和资源的障碍越少，因而有助于企业获取新颖性和多样性的知识，从而提高企业绩效。同时企业也可从网络成员处获悉现有产品和服务的缺陷及可改进之处，来满足和扩大现有市场与客户的需求，保持企业的创新优势。

对于探索式组织学习较强的初创企业，创业拼凑能够更好地提升创新绩效。研究发现，探索式组织学习在初创企业创业拼凑对创新绩效的影响中起着正向调节作用。而相比于探索式组织学习，利用式组织学习的调节作用并不显著，这可能是由于创业拼凑实际上也是一个试错的过程[8]，要求企业能够创造性地利用手头现有资源，甚至那些他人眼中的废弃物来突破资源约束，从而帮助企业实现"无中生有"。因此，探索式组织学习更能够帮助初创企业挖掘手头资源的新用途，探索性的为企业带来新知识，促进企业的创新活动。这就鼓励初创企业在进行拼凑行为时应积极反思，获取拼凑经验，学习并真正掌握相关的知识，以提升企业创新绩效。

## 四、理论创新

学者们对于企业拼凑行为的研究已取得了诸多成果，主要可以分为以下三个视角：一是从资源理论视角，认为拼凑并不否定资源基础观所强调的异质性资源和核心能力的重要性，认为企业通过对手头资源要素的拼凑，开发出新价值，从而快速响应转瞬即逝的市场机会，提升企业的资源整合能力、机会识别能力等核心能力。二是从制度理论视角，认为行动主体可以通过制度拼凑以调动资源来创造新制度或改变既有制度，进而从某种特定的制度安排中获利。三是社会网络视角，认为拼凑是通过挖掘自己所能接触到的所有关系，以尽可能低的成本搜寻和利用资源要素的战略行为。Baker和Nelson（2005）认识到专业和个人网络在战略导向上的贡献，指出企业应重视这种利用已有"关系网络"作为手头资源的拼凑行为。而在众创空间中，初创企业能够方便地与空间中的其他成员搭建网络关系，从而通过对网络资源的拼凑帮助企业中的个体获取更多潜在的商业信息及知识，整合企业与内外部环境资源，激发网络效应，以不断提高自身创新能力。因此，对初创企业而言，依托众创空间关系网络，可以通过创业拼凑行为，获取创业过程中未被挖掘的有利资源，进而提升自身的创新绩效，以保障企业在初创阶段的生存与发展。因此，本研究聚焦众创空间中的企业创业拼凑行为对自身创新绩效影响的作用机制，具有以下创新之处。

1.研究内容的创新。目前学者们对于企业拼凑行为中"手头资源"的界定包含了有形资源和无形资源两方面，但现有研究主要集中在对有形手头资源的利用，而对于无形资源，特别是关系网络拼凑的研究还相对较少，忽略了网络拼凑的重要价值。对众创空间中的初创企业而言，能够拥有更加丰富的关系资源，其拼凑机制、拼凑行为、拼凑效果都将有所不同。因此，本文研究了初创企业如何利用众创空间关系网络，通过网络拼凑行为更好地提升企业创新绩效的具体机制。

2.研究视角的创新，创新的复杂性和不确定性要求企业时刻保持高频率的知识和信息交互，创新成果也需要实现共享和整合以达到增值效果。但以往的研究较少从网络层面对于企业创新进行探讨，更忽略了入驻众创空间企业的特殊性。众创空间中的初创企业，依托众创空间这一重要的创新创业载体，与众创空间内其他企业构建关系网络，拥有更加丰富的网络资源。因此，本文从众创空间中的网络关系视角，分析企业创业拼凑对创新绩效的具体影响机制，更加注重企业与外部环境之间的联系。

3.研究情境的创新。在创业拼凑的过程中，初创企业通过对现有手头资源进行试验、知识构建，以及收集、替代、检验或重置等来满足企业发展需要。可以说，创业拼凑本身就是一个不断试错的过程，并非一蹴而就，是建立在大量探索与失败的基础上，为初创企业提供了充足的学习机会，也是创新产出的重要来源。以往对于企业创新的研究往往针对静态情境，而忽略了企业在创新活动中不断进行学习和成长的动态情境。而组织学习贯穿于创业拼凑的整个过程，不断帮助初创企业实现对手头资源的组合和调整，一方面完善了创业者的既有知识体系，提升了企业的创新能力，另一方面通过挖掘手头资源的新用途，为企业探索新知识，促进企业的创新活动。因此，本研究沿用学者们对于组织学习的二元分类，将组织学习划分为探索式和利用式两个维度，并对二元式组织学习在企业创业拼凑对创新绩效的影响中所起的作用进行研究，从动态情境进一步剖析众创空间中企业创新的具体机制。

## 五、学术与应用价值

从理论角度来看，将微观企业实践与宏观众创空间管理有机结合，丰富、深化和延续了相关理论研究。1.丰富了创业拼凑理论。基于众创空间环境，挖掘出企业创业拼凑的结果变量，解释了创业拼凑的运行机制。2.深化了企业创新理论。结合社会网络分析，将创业拼凑视为企业创新的驱动因素，为企业创新的动因研究提供了新视角。3.延续了组织学习理论。从动态角度对众创空间企业学习行为进行刻画，更直观地揭示了系统主体间交互作用下的创业拼凑的作用效果，进一步拓展了组织学习理论在创新研究中的应用。

从实践角度来看，将众创空间服务于初创企业创新实践，为完善众创空间与推动初创企业创新发展提供方法指导。1.完善众创空间创新策略体系。以全局性视角，构建与众创空间相适应的创新策略体系，对于完善众创空间、打造经济发展"新引擎"具有重要实践意义。2.推动初创企业创新发展方式。从对初创企业创业拼凑作用机制的探讨中，明确初创企业应如何借力创业拼凑，以突破资源孤岛，实现协同共生，为解决初创企业资源瓶颈问题提供新思路，为推动初创企业创新发展提供新方法。

## 六、发表情况

本文于2020年8月在《科学学研究》上发表。

# 法律与社会治理研究

# "差序格局"的现代化转向

文 / 何朝银

20世纪40年代，费孝通针对中国人"自私"的问题提出了"差序格局"理论。自1949年以来，受革命的影响，"差序格局"的运行机制发生了较大变化。土地改革时期，家族的瓦解破坏了"差序格局"的物质载体；阶级斗争改变了"差序格局"的推拉路线：亲疏远近的判别由"血缘亲"强制转向"阶级亲"；公私关系从模糊走向清晰。互助合作化时期，国家构建了新的"公"（互助组、合作社）；农民在公开场合下，得从"公"出发，但在私下里却从"私"出发，出现了"集体瞒产私分"的现象。人民公社化时期，"一大二公"的人民公社超越了传统村落的范围，导致"舍己为公"与"损公肥私"纠缠在一起。事实上，革命并未彻底破坏"差序格局"的规则；农民并未完全遵从"亲不亲，阶级分"的逻辑。"自家人"的逻辑仍然影响着当时人们的思维与行动。"天下穷人是一家"是"自家人"逻辑的延伸，是"阶级关系"的"拟血缘化"。

## 一、主要章节

本书共八章，其中导论包括研究缘起、研究综述、个案研究、资料收集和研究方法。第一章传统乡土社会中的"差序格局"，主要介绍了传统乡土社会的结构和特点、"差序格局"是传统乡土社会的理想模型、"差序格局"伸缩自如的条件："皇权止于县"和"差

作者简介：何朝银（1974— ），男，福州大学人文社会科学学院教授、硕士生导师。

序格局"的物质载体：家族组织。第二章土地改革的发展历程，包括以下内容：土地改革前农村土地占有状况、土地改革的发展历程。第三章土地改革时期"差序格局"的演变，主要包括："国家下乡"，"差序格局"运行机制的改变、家族的瓦解："差序格局"运行的物质基础的消解、"亲不亲、阶级分"。第四章互助合作化运动的发展历程，包括以下内容：以互助组为主的阶段、转向初级社的阶段、互助合作运动的转折阶段和互助合作运动的高级化阶段。第五章互助合作化时期"差序格局"的演变，主要包括：互助组时期"差序格局"的演变、初级化时期"差序格局"的演变和高级化时期"差序格局"的演变。第六章人民公社化运动的发展历程，包括：人民公社化的前奏、人民公社化的实现与调整和人民公社体制确立与相对稳固。第七章 人民公社化时期"差序格局"的演变包括国家对乡村的控制："差序格局"运行机制的改变，似是而非的家庭："去己"与"存己"的纠缠、人民公社时期公与私的变化、农民的思维行动逻辑的变化，理想与现实的背离：私与公的斗争和"亲不亲，阶级分"的强化。最后一章余论，指出了研究结论和反思。

## 二、内容简述

20世纪40年代，费孝通针对当时学界的"私论"提出了"差序格局"。"差序格局"是指"好像把一块石头丢在水面上所发生的一圈圈推出去的波纹。每个人都是他社会影响所推出去的圈子的中心"。他认为"私"是群己、人我的界线怎样划分的问题，得结合特定的社会结构来讨论。于中国来说，社会结构是人伦社会，在这种社会下，人们以"己"为中心，沿着亲属关系由内向外推形成亲疏有别的关系。在"差序格局"下，"私"的问题是相对的，即"公""私"界线是模糊不清的。质言之，讨论中国人"自私"问题，一方面，不能简单就"私"谈"私"，而要放到具体的"人伦"或"差序格局"来探讨；另一方面，在"差序格局"下，中国人的思维行动逻辑表现为"自我主义"，即从"己"出发，来考量、处理与他人之间的关系。从结构上看，"差序格局"表现为中国特有的社会结构，与西方的"团体格局"相区别；从行动模式上看，"差序格局"表现为中国人公私的相对性、亲疏远近的区别性等。

费老提出"差序格局"概念后，中国经历了中华人民共和国成立前后的革命和改革开放后的市场化，而"差序格局"不同程度地受到中华人民共和国成立前后的革命和改革开放中的市场化的影响，即在革命和市场化背景下，"差序格局"的社会结构及"自我主义"的思维行动逻辑均发生较大变化（统称为"差序格局的现代化转向"）。但是，目前学界对"差序格局的现代化转向"缺少系统性研究，正如孙立平所说："在费先生提出'差序格局'这样一个极有意义的概念之后，无论是他自己，还是社会学界的其他人，都并没有对这个蕴涵着极大解释潜力的课题进行更进一步的研究，更不用说，将这一分析与对现代中国社会中社会关系的变迁的研究联系起来。"可喜的是，在2000年前后，面对改革开放中乡土社会的"蜕变"，学界不约而同地聚焦于市场化中的"差序格局"的研究。基于此，学界以传统乡土中国为参照物，来研究市场化中的中国社会结构及中国人行为模式的变化，认为市场中的"利益"因素悄无声息地侵蚀着"差序格局"的机体，出现了"工具性差序格局""差序格局的理性化"等理论。但是，仅有"市场化中的差序格局"，而没有"革命中差序格局"的研究，就不足以回答中华人民共和国成立后"差序格局"演变的问题。因此，中华人民共和国成立以来，"差序格局的现代化转向"，特别是土地改革时期、人民公社时期，差序格局如何演变？对此，学界应予以关注与研究。而本专著就是探讨土地改革、互动合作化运动和人民公社化运动这三个时期的"革命"对"差序格局"的影响，试图弥补学界在革命对差序格局的影响这个研究上的空缺。

本书认为，1949年以来，中国乡土社会历经多次巨变，这必然导致"差序格局"的演变。首先，革命改变了"差序格局"的运行机制：宗族的瓦解破坏了它的物质载体，阶级斗争破坏了它的伸缩性。其次，革命中"亲不亲"的判别是复杂的，它不是在"阶级亲"与"血缘亲"中作单选，可能是多选或不选。再次，革命中"公"与"私"关系相对清晰化。因为宗族的瓦解意味着"国家"与"家庭（个体）"之间直接对话，所以，群己、公私不再那么模糊。最后，革命并未将"差序格局"规则彻底摧毁。于老农来说，很难主动服膺"亲不亲，阶级分"的逻辑和"阶级原则"；相反，"血缘亲""自家人"的逻辑影响着"阶级人"的思维与行动。所谓的"天下穷人是一家"是"自家人"的逻辑的延伸，是"阶级关系"的"拟血缘化"。

## 三、重要观点

本书的重要观点主要有：1.革命改变了"差序格局"的运行机制：宗族的瓦解破坏了它的物质载体，阶级斗争破坏了它的伸缩性。2.革命中"亲不亲"的判别是复杂的，它不是在"阶级亲"与"血缘亲"中作单选，可能是多选或不选。3.革命中"公"与"私"关系相对清晰化。4.革命并未将"差序格局"规则彻底摧毁。

## 四、理论创新

本书通过个案研究与宏观研究的结合，社会学与历史学、人类学的结合，主要探讨了革命与"差序格局"演变之间的关系，在理论创新方面，主要有：1.革命对"差序格局"具有解构作用，特别是在人民公社时期，"亲不亲，阶级分"，父子因政治问题反目成仇的现象时有发生，这些使血缘关系发生了扭曲。2.革命对"差序格局"的破坏是通过国家强制力所导致的，一旦国家力量减弱，它的一些基本原则容易反弹，如在阶级斗争中寻求宗族的保护、瞒产私分。3.如果说在市场化下"利益"的渗入使"差序格局"范围扩大的话，那么革命切断了血缘关系，使"差序格局"范围不断压缩，失去了"推己及人"的能力，同时植入了阶级关系，个人和家庭成为阶级斗争的附属物，阶级的亲和力一度超越了血缘的亲和力。

## 五、学术与应用价值

### （一）学术价值

1.革命对"差序格局"解构的作用不亚于"市场"，因为革命瓦解血缘的力度远大于"市场"。对革命背景下的"差序格局"的研究，可从系统性和历时性两方面来完善"差序格局"理论。2.革命与"差序格局"之间的关系一定程度上反映了现代与传统、国家与村落之间关系，乡村社会的和谐运行一定程度上取决于如何协调好这些关系。

### （二）应用价值

1.党的二十大指出，中国式现代化是中国共产党领导的社会主义现代化，具有基于国情的中国特色。中国式现代化是对过去社会变迁的反思和批判。基于反思的角度，对革命导致的社会变迁进行研究，无疑对当前的中国式现代化具有深刻的现实意义。2.当前我国一些领域出现道德失范。道德失范是一个历史过程，不能全归咎于市场化。"差序格局"是传统伦理的体现，而革命是解构"差序格局"的重要力量。因此，当前的道德建设应反思革命对"差序格局"解构的影响，并从历史与现实角度进行道德重构。

## 六、出版情况

本书由人民出版社于2021年12月出版，总字数为396000。

# 流动农民工的婚姻维系

文/罗小锋

本书探讨何以在人口流动的冲击下少数农民家庭会走向解体而多数农民家庭却依旧相对稳定。围绕这个问题，我们通过实证研究（主要是质性研究）探讨了农民流动对其家庭结构的影响，并根据农民夫妻的流动方式，分别探讨了夫妻一方流动的单流动家庭的婚姻稳定性问题和夫妻共同流动的双流动家庭的婚姻稳定性问题。此外，本书还探讨了农民工婚姻承诺的动力、类型和特点，剖析了农民工夫妻关系维系的机制，并就如何提高农民工家庭的婚姻稳定性从个体（家庭）、社区和国家层面提出了针对性的对策。

## 一、研究内容

自20世纪80年代中期以来，外出务工的农民数量一直保持增长的趋势。已有研究者指出，农民工的婚姻与家庭议题值得研究。不少研究指出，农村

地区的离婚率在上升。我们感兴趣的问题是：农村离婚率的上升趋势跟农民流动之间到底有什么关系？流动是如何影响农民婚姻的稳定的？农民工夫妻又是如何维系婚姻家庭的？农民工夫妻维持婚姻的动力和机制是什么？本书主要探讨了如下几个方面的内容。

（一）流动对农民家庭结构的影响。研究发现，伴随着农民的外出务工，农民的家庭形态发生了显著变化。农民家庭的形态随着农民的外出与返乡不断地发

作者简介：罗小锋（1977— ），男，福州大学人文社会科学学院教授、硕士生导师。

生变动。本研究提出了变动中的农民家庭形态的观点以及跨地域家庭的概念。本研究认为，在户籍以及相关制度安排日益松动的背景下，农民家庭形态的流动性是农民家庭的策略性选择，体现了农民家庭的主体性和能动性；农民家庭形态的变化还展现了制度的逻辑及文化的逻辑。

（二）流动如何对农民工夫妻的婚姻关系产生影响以及农民工夫妻如何维系婚姻。研究发现，无论是夫妻单独外出，还是夫妻共同外出，多数农民夫妻的婚姻关系保持稳定的状态，少部分农民夫妻的婚姻出现了危机。本研究认为，农村社区较高的社会整合度，农民工夫妻较强的家庭责任感和农民工夫妻较强的婚姻承诺，以及农民工夫妻所面临的较大的离婚障碍是农民工婚姻保持总体稳定的原因。而家庭责任感的弱化、个体主义和享乐主义的抬头则是部分农民工婚姻走向解体的主要原因。研究还认为，在社会转型期，农民工的婚姻维系纽带主要是责任而非西方意义上的爱情。

（三）流动如何对农民工的婚姻承诺产生影响。研究发现，农民工婚姻承诺的动力来自婚姻吸引力、约束性因素以及道德规范。本研究指出，农民工的婚姻承诺包括个人承诺、结构性承诺和道德承诺。受各种因素的影响，农民工的婚姻承诺更多不是基于爱情的个人承诺，而是受制度、结构、文化影响的结构性承诺和道德承诺。

（四）农民工夫妻亲密关系的维系机制。研究认为，尽管流动给农民工夫妻的婚姻维系带来了一定困难，然而多数农民工夫妻能够通过各种个体策略和家庭策略化解困境，在婚姻维系中农民工夫妻形成了相互信任、相互理解、相互欣赏的亲情。此外，农民工夫妻通过认知层面和行为层面的机制能动地维系着现有婚姻。认知层面的维系机制包括认知互依、积极错觉和忽视婚姻替代品；行为层面的维系机制包括包容性行为、愿意牺牲、原谅背叛和个人奉献。

（五）提高农民工婚姻稳定性的对策。

从个体（家庭）层面看，婚姻当事人应该端正对婚姻的态度，踏踏实实地肩负起其应负的婚姻与家庭责任。当事人应该主动去增加自己的技能，提高人力资本的存量，从而找到更好的工作，并一心一意地维持家庭。对于夫妻而言，应该增强彼此之间的沟通。农民工夫妻应多创造夫妻以及家庭成员团聚的机会，可以利用节假日的机会实现家庭成员的团聚。农民工夫妻应多利用手机、电脑等通信手段保持与配偶的密切沟通，尽力减少时空分离对婚姻的不利影响。

社区层面的对策。农村社区包括当地的基层政府可以考虑结合当地的优势发展相关的产业，增加农民就地打工的机会，减少由于外出务工而产生的夫妻两地分居。社区整合度会影响农民工婚姻的稳定性。农村社区可以通过多举办公共活动来增强村民对村庄公共事务的参与，在参与的过程中促进村庄整合度的提高。村庄也可以加强婚姻家庭道德的宣传，并进行关于文明家庭、五好家庭的评比。

农村社区可以结合实际成立婚姻家庭的调解组织，对遇到婚姻危机的夫妻进行调解，减少冲动型和非理性型离婚。社区的调解人可以考虑由与当事人关系近的亲属以及村庄具有权威的人士构成，因为他们了解婚姻当事人的具体情况以及当地的民风民俗，这样的调解会更为有效。农村社区还可以成立互助组织，帮助留守妇女以及留守人员解决农业生产的难题。

国家层面的对策。首先，加强婚前的培训、增强婚姻中的调适以及婚姻矛盾的化解。国家可以考虑在婚姻当事人进行婚姻登记前对婚姻当事人进行婚姻培训，帮助他们正确认识婚姻，并提高他们的婚姻相处技巧。在登记离婚前能够增加婚姻调解环节，尽力挽救本可以避免的婚姻解体。其次，振兴乡村，提高农民收入，减少夫妻一方流动对农民婚姻家庭的影响。一方面，农村缺少发展机会，从事农业的比较效益低；另一方面，日渐高涨的货币支出（教育支出、婚姻支出、医疗支出），这些因素迫使农民外出务工。国家可以通过转移支付和出台惠农政策切实从经济上和文化上振兴乡村，让乡村能够留下并留住村民，减少空心村的出现。再次，离婚制度上可以考虑增强离婚障碍。本研究认为，对于夫妻之间已经没有感情，但婚姻关系并未彻底破裂，当事人有维持婚姻意愿的离婚案件，法院应该判决不离。由于离婚的相关制度太过于自由，导致一些原本可以避免解体的农民工婚姻走向了解体。因此，法院法官在判决前可以通过深入农村社区对婚姻当事人进行深入了解，并与当事人亲属及村庄权威合力对婚姻当事人的调解，虽然这可能降低法院案件的办理效率，但无疑可以增加社会效益。因为一桩婚姻的解体对于一个家庭而言无异于一场地震，对婚姻当事人以及家庭成员构成极大的冲击，甚至在很大程度上改变他们的人生轨迹。对于部分女性农民把婚姻当作牟利工具的行为（通过结婚－离婚来谋取经济利益），公安机关以及法院应该增加惩罚的力度，从而保障农民的婚姻利益，减少离婚对婚姻当事人尤其是男方的损失。最后，国家可以考虑提高农民的教育年限来增加农民的教育程度。研究表明，教育程度低的农民婚姻解体的可能性更高。提高农民的教育程度，可以让他们有更高的人力资本和文化资本，提高他们的就业机会，改善他们的收入来源，还可以增进他们对婚姻的正确认知，可以一举多得。

## 二、研究创新

首先，我们把流动前和流动后的农民婚姻状况进行了动态的比较，从而深入探讨了流动（以及流动之外的因素）如何影响农民工的婚姻稳定性。其次，我们使用了法院的判决书和中国裁判文书网上的离婚判决书来进行分析，从而丰富了一手资料的来源。再次，既在人口流入地开展调查，也在人口流出地开展调查，同时对部分农民工的婚姻进行了追踪研究。最后，我们在可能的情况下既调查丈夫的观点，也调查妻子的观点，还调查农民工家属的观点，从而实现了观点之间的相互印证。

## 三、重要观点

第一，与多数研究认为流动对农民婚姻稳定性造成了很大的冲击不同，本研究提出了多数农民工夫妻婚姻保持稳定，少数农民工的婚姻出现危机的观点。第二，研究提出了流动背景下农民家庭结构处于变动中的观点。第三，研究认为，农民工的婚姻承诺不是基于爱情的个人承诺，而是在社会结构和文化约束下的结构性承诺和道德责任承诺。第四，农民工婚姻关系的维系主要依靠结构性因素和责任因素。第五，农民工夫妻通过认知层面和行为层面的机制能动地维系着现有婚姻。认知层面的维系机制包括认知互依、积极错觉和忽视婚姻替代品；行为层面的维系机制包括包容性行为、愿意牺牲、原谅背叛和个人奉献。

## 四、出版情况

本书由社会科学文献出版社于2020年12月出版，总字数为301000字。

# 我国分级诊疗政策效力与政策效果评估

文/吴勤德　谢贤宇　吴　勇　陈丛波　邓伟伟　吴韶嫣

---

2009—2015年，中共中央国务院相继出台《关于深化医药卫生体制改革的意见》《关于推进分级诊疗制度建设的指导意见》，明确了分级诊疗的政策框架，强化了分级诊疗理念，制定了一系列分级诊疗政策。制定了这一系列政策的效力究竟如何？不同类型的政策效果该如何评价？围绕上述两个问题，本文通过对分级诊疗政策进行量化，计算得出政策文本效力，并结合政策实施效果进行分析。目前学界对分级诊疗政策的研究主要集中于对政策文本的定性研究和政策效果定量分析，但研究多是对政策文本的描述性统计，或是单纯通过绩效评价指标对分级诊疗实施效果进行评价，而未将政策文本本身与政策实施效果相结合进行评价，这是目前对我国分级诊疗政策研究的缺口。因此，评估我国推动分级诊疗所发布的政策文件效力和实施效果是文的主要目的。

6.1 评估标准与数据来源

6.1.1 政策效力的量化评估维度与评估标准

政策效力是指政策文本内容的有效性及影响力，可通过政策量化计算得出。对政策文本内容的量化分析最早开始于LIBECAP；彭纪生等从政策措施、政策目标和政策力度3个维度对政策文本进行量化评估的观点被国内普遍认可使用，如张国兴、纪陈飞等。近年来，有学者指出监督反馈的不完善成为政策执行过程中链条断裂的主要原因之一，芈凌云等和王帮俊等增加了一项政策反馈维度的评估。基于此，本文从政策措施、政策目标、政

---

**第一作者简介**：吴勤德（1988—　），女，福建医科大学附属协和医院助理研究员。

策反馈、政策力度4个纵向维度对我国分级诊疗政策进行政策效力评估。

本文基于现有研究，对政策工具的分类标准，将政策文本按照横向分类分为供给型、需求型和环境型，见表6-1。政策措施、政策目标、政策反馈和政策力度的具体标准见表6-2。

表6-1　我国分级诊疗政策工具分类

| 工具名称 | 子政策属性 | 含义 |
|---|---|---|
| 供给型 | 1 医疗卫生机构建设 | 医疗卫生机构的改革与建设、功能定位与调整、标准的设置等 |
| | 2 资金投入与资源分配 | 对医疗服务提供方的资金支持和对医疗服务提供方资源的配置与协调 |
| | 3 人员支持 | 包含对人员的教育培训、分工定位、数量支持等措施 |
| | 4 技术支持 | 技术培养、技术帮扶等用于提高医疗技术的措施 |
| | 5 信息化建设 | 用于提高医疗信息化程度，方便群众就医，如：远程医疗建设、大数据、智慧服务、医疗云计算等 |
| | 6 服务模式 | 包含医联体建设、家庭医生服务等医疗服务模式 |
| 需求型 | 1 医保 | 通过医保差异支付、改革完善医保支付制度引导国民分级诊疗 |
| | 2 价格引导 | 制定差异化的医疗服务价格，引导国民分级诊疗 |
| | 3 按病种服务 | 开展以慢性病、慢阻肺、冠状动脉粥样硬化性心脏病和脑血管疾病等病种为抓手的分级诊疗工作，分流患者，引导国民分级诊疗 |
| | 4 药品调控 | 调整药物的配备与供给，调整基本药物使用，扩大基层医疗机构配备药品品种和数量等 |
| 环境型 | 1 目标规划 | 包含对工作目标任务规划分工、发展战略等 |
| | 2 法规管制 | 通过各种制度、办法约束医疗服务各方的行为 |
| | 3 绩效激励 | 采用基于绩效考核的薪酬分配和财政补偿机制 |
| | 4 功能监管 | 为规范各医疗机构职能和提升医疗服务服务质量进行监督与管理 |
| | 5 政策宣传 | 对政策对象展开政策宣传与引导 |
| | 6 工作评估 | 对医疗卫生工作进行定期的工作评估、巡查、通报等 |
| | 7 制度建设 | 制度改革与建设、体制机制改革 |

表6-2 我国分级诊疗政策措施、政策目标、政策反馈、政策力度的量化标准

| 维度 | 评分标准 | 分值（分） |
|---|---|---|
| 政策措施 | 非常具体：整份文件用于助力分级诊疗制度的实现，内容具体详细，说明了目标、要求、方案、具体做法等 | 5 |
| | 具体：在政策文件中，专门列出一段内容用于具体规定该如何从哪些手段推动分级诊疗制度的实现 | 4 |
| | 比较具体：内容相较于具体而言，阐述要实施的内容较模糊 | 3 |
| | 不太具体：仅宏观地简要表述了要从哪几方面入手完成 | 2 |
| | 仅提及或涉及 | 1 |
| 政策目标 | 非常清晰：政策目标清晰明确且可量化，给出具体额度、数量、次数等明确的数字标准 | 5 |
| | 清晰：政策目标清晰，有具体到什么时间完成，但没有更具体的量化标准 | 4 |
| | 比较清晰：政策目标清晰，具体要做什么，但没有要求到哪个时间完成 | 3 |
| | 不太清晰：仅宏观地简要表述了政策的愿景和期望 | 2 |
| | 没有目标 | 1 |
| 政策反馈 | 有明确的监督方式和负责部门，且定期有反馈文件 | 5 |
| | 要督查，且有明确的监督部门，并要求有反馈 | 4 |
| | 要督查或反馈、总结经验，且有明确的监督部门或负责组 | 3 |
| | 要督查或要求反馈、总结经验 | 2 |
| | 没有监督和反馈 | 1 |
| 政策力度 | 全国人大常务委员会发布的文件 | 5 |
| | 中共中央发布的文件 | 4 |
| | 国务院发布的文件 | 3 |
| | 国务院下属部门或国务院各部委发布的政策文件 | 2 |
| | 国务院各部委各部门发布的政策文件 | 1 |

### 6.1.2 数据来源

选取从新医改（2009年）至2019年这11年的政策文件及医疗卫生数据进行分析。在国家政府部门相关网站、万方数据知识服务平台、中国知网、百度搜索引擎及北大法宝中以"分级诊疗""分级医疗""双向转诊""基层首诊"为检索词进行全文检索，共检索国家及各部委颁布的政策文件352项，通读全文，筛选出有助于分级诊疗制度推动的政策236项。为对不同政策工具进行效果评估，从2010—2020年国家卫生健康统计年鉴提取各年度基层医疗卫生机构门急诊就诊人次数。

### 6.2 政策效力评估模型

邀请从事卫生事业管理的专家和政府工作人员及研究生参与研究，遴选出7人组成评估组。确定政策效力评估维度及标准后，首先，由3位研究生分别精读236项政策文件，对各维度打分，对意见不一致者充分讨论，得出一致性判定；其次，邀请2位卫生健康委员会行政人员及2位高校专业老师分别对归类及评分进行审阅，对不一致者进行讨论，直到统一意见；最后，对于仍不统一的归类及评分，先由3位研究生给出评定理由，再由2位行政人员和2位老师共同判定最后的结果。

### 6.3 我国分级诊疗政策效力与政策效果分析

### 6.3.1 政策数量与政策各维度效力演变分析

政策文件数量、政策效力和年平均效力情况如图6-1所示，各年的政策数量变化趋势与政策整体效力变化趋势基本一致，政策平均效力基本保持较平稳波动。2012年出现小高峰，2015—2016年政策发布量出现井喷式增长，形成第二个高峰，2009—2019年间，政策数量有所起伏，整体效力也随之有所变化，但年均效力波动较小，保持在较低水平，政策整体效力提高而政策平均效力没有提高，说明分级诊疗制度政策效力的提高主要由政策颁布数量驱动，政策质量对政策整体效力提升贡献不足。

为探究政策平均效力未提高原因，分别对政策措施、政策目标、政策反馈和政策力度这四个维度的平均得分情况进行分析，如表6-3所示。政策措施得分基本保持在3分左右（除2013年外），高于政策目标得分（均≤2.5分，除2019年外），说明我国对分级诊疗制度要如何具体的实施描述的较为具体清晰，但政策目标度量程度低，不能明确具体完成的时间以及具体的量化标准，使落实政策的相关部门工作能动力不足，导致政策的整体平均效力降低；政策反馈的平均得分在2.25分，这是由于政策文件制定者对政策反馈的要求基本仅停留在笼统的提出将进行督查，要求相关部门及时总结经验，但没有严格要求其进行反馈，甚至没有明确具体的监督部门，使得政策落实的反馈工作较为模糊，从而降低了政策文件的整体效力；政策力度平均得分均低于2.44分，主要由于政策颁布主要是由得分力度较低的国务院下属部门（包含各部委）或各部委的下属部门发布，而国务院、中共中央或全国人大颁布的政策文件较少，因此导致其得分较低，影响了政策的整体平均效力。

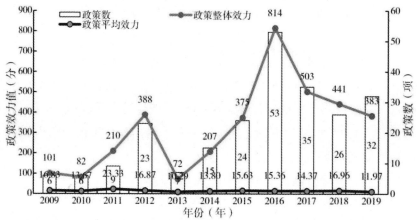

图6-1　2009—2019年我国分级诊疗政策文件数量、政策效力和年平均效力情况

表6-3　2009—2019年我国分级诊疗政策各维度效力值（分）

| 年份 | 政策措施 | 政策目标 | 政策反馈 | 政策力度 |
|------|---------|---------|---------|---------|
| 2009 | 3.00 | 2.00 | 1.50 | 2.33 |
| 2010 | 2.00 | 2.17 | 2.17 | 2.00 |
| 2011 | 3.22 | 2.11 | 3.67 | 2.44 |
| 2012 | 2.83 | 2.43 | 2.87 | 2.00 |
| 2013 | 1.86 | 2.14 | 2.17 | 1.71 |
| 2014 | 3.00 | 2.47 | 2.07 | 1.80 |
| 2015 | 3.21 | 2.42 | 1.96 | 2.04 |

续表

| 年份 | 政策措施 | 政策目标 | 政策反馈 | 政策力度 |
|------|----------|----------|----------|----------|
| 2016 | 3.28 | 2.25 | 2.02 | 1.94 |
| 2017 | 2.66 | 2.20 | 2.54 | 1.86 |
| 2018 | 3.46 | 2.50 | 2.23 | 2.08 |
| 2019 | 3.28 | 3.13 | 1.59 | 1.50 |

6.3.2 不同政策工具的政策效力演变分析

供给型、需求型和环境型三类政策工具的政策数量变化情况、各类政策工具的整体效力值及平均效力值得分情况分别见表6-4；各类政策工具的子类政策属性的占比及子类政策属性的平均效力值得分情况分别见图6-2、6-3、6-4。

表6-4 三类政策工具的政策数量、整体效力值及平均效力值

| 年份 | 政策数量 | | | 政策措施整体效力 | | | 政策措施平均效力 | | |
|------|--------|--------|--------|--------|--------|--------|--------|--------|--------|
| | 供给型 | 需求型 | 环境型 | 供给型 | 需求型 | 环境型 | 供给型 | 需求型 | 环境型 |
| 2009 | 4 | 1 | 1 | 80 | 6 | 15 | 20.00 | 6.00 | 15.00 |
| 2010 | 2 | 1 | 3 | 8 | 21 | 53 | 4.00 | 21.00 | 17.67 |
| 2011 | 4 | 2 | 3 | 73 | 41 | 96 | 18.25 | 20.50 | 32.00 |
| 2012 | 9 | 8 | 6 | 153 | 158 | 77 | 17.00 | 19.75 | 12.83 |
| 2013 | 2 | 2 | 3 | 20 | 19 | 33 | 10.00 | 9.50 | 11.00 |
| 2014 | 5 | 7 | 3 | 73 | 98 | 36 | 14.60 | 14.00 | 12.00 |
| 2015 | 13 | 5 | 6 | 190 | 68 | 117 | 14.62 | 13.60 | 19.50 |
| 2016 | 16 | 13 | 24 | 209 | 150 | 455 | 13.06 | 11.54 | 18.96 |
| 2017 | 18 | 5 | 12 | 273 | 64 | 166 | 15.17 | 12.80 | 13.83 |
| 2018 | 17 | 3 | 6 | 300 | 34 | 107 | 17.65 | 11.33 | 17.83 |
| 2019 | 20 | 7 | 5 | 247 | 60 | 76 | 12.35 | 8.57 | 15.20 |

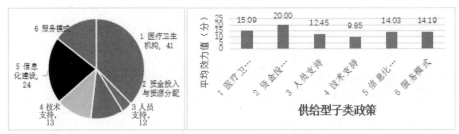

图 6-2　2009—2019 年我国分级诊疗供给型子类政策属性分布和平均效力值

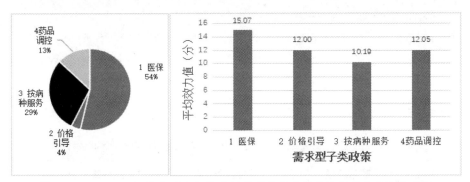

图 6-3　2009—2019 年我国分级诊疗需求型子类政策属性分布和平均效力值

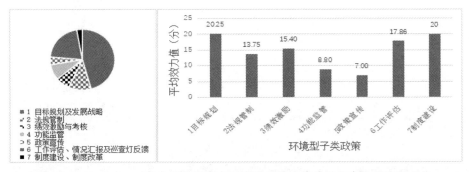

图 6-4　2009—2019 年我国分级诊疗环境型子类政策属性分布和平均效力值

　　三类政策工具的政策数量变化趋势基本一致，供给型和环境型政策数量基本高于需求型政策。各类政策工具特别是供给型和环境型的整体效力，与政策整体效力得分趋势基本平行，说明我国分级诊疗政策效力的得分主要取决于政策措施，特别是的供给型和环境型政策的效力值。2012 年之后，供给型和环境型政策的平均得分基本高于需求型政策。由图 6-2~图 6-4 可得，各类政策工具的子类政策数量分布不均，在供给型政策中，医疗卫生机构建设类文件占比最多，资金投入与资源分配类政策占比最少；需求型政策中，医保类政策最多，价格引导类政策最少；环境型政策中，目标规划类政策最多，制度建设类政策最少。子类政策的平均效力值反映了政策的内容效度，其平均值在7—20分区间波动。

6.3.3 不同政策工具的政策效果对比分析

对三类不同政策工具分级诊疗实施效果进行回归分析（通过公式（6-3）进行测算），结果见表6-6。根据赤池信息准则和施瓦兹准则，确定最优滞后分布长度，发现各政策工具的滞后期均在1—3年内。供给型、需求型、环境型这三类政策工具均可以有效促进分级诊疗制度的推进，系数分别为1.2719、2.0138和1.9378。其中，需求型政策工具的滞后期最短（为0），政策效果（coef.=2.0138）最显著，说明推行需求型政策对推进分级诊疗制度起作用最快最有效。环境型政策工具的滞后期最长（为3），这可能与环境型政策本身的性质有关。环境型政策多是目标规划和发展战略类文件，需要建立完善的配套制度，规范法规，进行监管，需要充分调研和试点运行，因此在发生实质效果前需要很长的时间，因此滞后期也最长。供给型政策工具的政策效果最弱（为1.2719）。

表6-6 不同政策工具实施效果估计结果

| 变量 | Lag | Coef. | Prob. |
| --- | --- | --- | --- |
| 供给型政策 | 1 | 1.2719 | 0.0749 |
| 需求型政策 | 0 | 2.0138 | 0.0179 |
| 环境型政策 | 3 | 1.9378 | 0.0360 |

6.4 主要结论和建议

（1）2009—2019年，我国分级诊疗政策各年的政策数量变化趋势与政策整体效力变化趋势基本一致，政策平均效力基本保持较平稳波动，但效力值均在较低水平，政策整体效力提高而政策平均效力没有提高，说明我国分级诊疗政策效力的提高主要得益于政策颁布数量的累计效应，政策文件本身的内容效力还没有引起政策制定者的足够重视，政策文本质量有待进一步提高。

（2）在政策措施、政策目标、政策反馈和政策力度这四个评价维度中，政策措施平均得分较高，但政策目标的量化度低，政策反馈要求模糊以及政策力度缺乏高层级部门的推动。此外，四个评价维度的变化趋势不同步，反映出政府在制定分级诊疗政策时，缺乏对政策效力协同性的重视，从而影响了11年来我国分级诊疗一系列政策的整体平均效力的有效提升。政策效力的提升除了政策数量的增加外，还应重视单个政策平均效力的提升；不仅应依赖政策目标、政策反馈的具体化和标准化以及政策力度的加强，同时还应关注政策的协同性，才能使推进分级诊疗的政策达成的合力。

（3）供给型和环境型政策工具的政策数量基本都高于需求型政策工具，这与李阳、范转转等研究结果一致。我国分级诊疗政策效力的得分主要取决于政策措施，特别是供给型和环境型政策工具。政策工具的子政策分布不均衡，子政策效力值间变化大。建议各级卫生健康行政部门进一步加强基层卫生机构人员培养和技术投入；需求型政策中按病种服务管理相对效力不够，建议各地区针对辖区人口特征和疾病特点，制定因地制宜的多病种分级诊疗政策，助力分级诊疗实施，提高群众就诊满意度；环境型政策中功能监管和政策宣传效力值较低，建议各部门采取多方式监管和多渠道宣传，强化分级诊疗意识、提升分级诊疗实际效果。

（4）三类政策工具均对我国分级诊疗的推动作用起到正向作用，且相比之下，需求型政策无论从滞后期还是政策效果指向来看，都最具优势。但当前我国出台的有助于分级诊疗推动的相关政策则主要倾向于以供给型和环境型为主，需求型政策无论从数量上还是政策平均效力方面都较为落后。尤其是国民作为医疗卫生服务的直接感受者，在推动医疗服务形式形成中，占有举足轻重的作用，如何充分发挥需求型政策引导国民理性就医选择的促进作用应该引起政府部门的充分重视。

# 医患关系紧张"伦理诊治"的合理性及其限度

文 / 陈第华

## 一、"伦理药方":医患关系病变下的必然选择

从法律角度看,医患关系似一种契约关系。患者挂号是"要约",医疗机构收取挂号费并发给患者序号是"承诺"。在这一契约关系中,患者具有医疗权利,医者有义务一视同仁地为患者提供医疗服务;医者享有独立自主诊治和特殊干涉的权利,患者要尊重医者的劳动,积极配合治疗。事实上,由于医疗行为具有很强的专业性,医者在信息占有上具有绝对优势,而患者面对疾病时往往手足无措,难以与医生开展平等对话,契约双方看似平等的关系在实践中并不平等。

从医患双方医学知识储备和信息占有的差距出发,与契约关系相比,医患关系更贴近信托关系。信托关系常发生在谈判关系不对等的当事人间,一方因知识或者能力不足而在特定业务上必须依赖另一方。医患间的信托关系是医务人员和医疗机构因为受到患者的信任和委托,保障患者的健康利益不受损害并且有所促进而与患者形成的一种关系。当然,倘若医患相互信任,则医患关系定当和谐融洽。然而,扰人的现实却是医患关系在现代社会出现了病变,患者对医者信任有限,医者在诊治时也畏手畏脚。这种病变突出表现为医患关系的经济化和物化。

就医患关系而言,市场机制肯定了以经济利益调动医务人员积极性的合法性。然而,由于过度市场化,医疗卫生服务追逐利润的动机难以抑制。

作者简介:陈第华(1985— ),男,福建中医药大学副教授。

医患关系病变的另一重要表现是医患之间的人际关系日渐物化，由"人—人"关系变异为"人—物—人"关系。

医患关系的经济化和物化，使得从经济层面或技术层面解决医患矛盾的思路难以奏效。此时，人们纷纷将注意力转向伦理，希冀通过伦理诊治，在道德层面修复医患关系。医者是具有伦理自主性的主体，医患关系恶化与医者伦理自主性缺失息息相关。由此，人们将解决医患矛盾的希望寄托在伦理这个药方上，试图通过提高医者的道德水平，让其重拾"大医精诚"的情怀，在复杂的利益格局中坚定救死扶伤和提升健康的职业追求。

## 二、诉诸医者伦理批判之合理性

与传统的熟人社会不同，现代社会是陌生人社会。此时，医患间不再是医者与患者的人际关系，取而代之的是以医者为终端的诸多利益主体与以患者为核心的群体间的公共关系。在医者一方，政府、医院、科室、医药公司的意志通过特定形式传递给医生，医生就诊的出发点就不再只是基于专业考量，还要兼顾相关主体的利益诉求；在患者一方，患者时常无力作出医疗决策，更多时候决策的主体是患者家属。在这种交往模式下，无论是医者还是患者的意志都有可能被绑架。易言之，医患关系紧张之所以成为当下医疗领域的多发现象，是因为参与主体多元，利益诉求多样，而医者和患者只是矛盾汇聚的终端。

对医者而言，诊疗绝不仅仅是用医学设备探究患者身体病变的指标，更应是通过耐心的问询、亲切的安慰寻找诱发疾病的心理、社会和环境因素，彰显"医者父母心"的关爱。对医者而言，这种伦理的前置影响体现为如何对待患者：是把患者视为被动的救助者还是积极的配合者？是应付性的搪塞任务还是充满同情的主动介入？是便利自己优先还是患者疗效优先？

在患者一方，一个人一旦患病似乎就被剥夺了决策权利，患者的意志能在多大程度上得到尊重和认可完全因人而异。在家属代替决策、代替沟通的过程中，复杂的道德观念有时甚至会枉顾患者的意志，而趋向选择更少社会压力的方案，这种矛盾在罹患不治之症末期的患者身上十分常见。患者家属要求对疾病终末期开展过度治疗不仅浪费了公共卫生资源，增加患者痛苦，也将医者推向了更加复杂的伦理困境：诊治过程中是患者意志优先还是家属意志优先？诊治方案以医者的决策为主还是患者的决策为主？能不能建议患者放弃治疗？

　　与过去不同，现代医患关系中医者所传递的信息不仅是其自身的意志，政府、医院、医药公司，甚至医者家属的目标也必须通过医者的实践得以实现。虽然我国极力维持医疗卫生的公益性，但在财政投入有限的约束下，医院追求利润的动机始终活跃。在我国现行的医药卫生体制下，政府、医院、医药公司有着各自不同的利益追求。政府一方面通过财政投入维持医疗卫生的公益性，另一方面默许医院拥有一定的自主权以弥补医院发展所面临的资金缺口；医院既要执行政府意志，维持医疗卫生的非营利性，又默认甚至鼓励医生增加医疗收入；医药公司总是千方百计影响医生的处方决策，迫切希望医生多使用本公司的新药、贵药。众多利益最终汇聚到一线工作的医者身上，他们必须在一些矛盾的利益中做出抉择：如何平衡保持自己体面生活与节约患者医疗开支的关系？如何抵挡医药公司和其他利益相关者的压力？

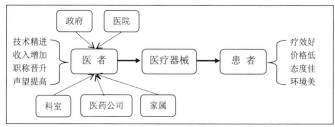

图1　现代社会医患间的交往模式及其价值追求

资料来源：作者自制

　　诊疗中面临的选择难题将医者置于进退维谷的伦理困境。身处复杂社会关系之中的医者寄托着不同利益主体的期待，但这并不意味着他们就是被裹挟前行的。理智健全的个体在遭遇伦理困境之时通过发挥伦理自主性，为自己的选择提供合法性保障。在伦理困境中，医者面临的利益多样，他们究竟是为了自身还是患者，抑或不辨是非全盘接受医院的命令，或者任由医药公司指使，则完全是自主选择的结果。医者的伦理自主性所强调的正是当其他影响医者决策的利益主体的利益追求与医德所倡导的价值相冲突时，医者通过伦理思考和道德抉择，切实承担起维护医疗事业公益性和患者利益的责任。责任是引领医者走出伦理困境的价值指引，至于究竟为谁负责，则是医者自主选择的结果。冷漠对待患者了，患者自然心存怨恨；不尊重患者意愿了，患者势必不配合治疗；与医药公司走得近了，与患者就疏远了；多考虑自身经济利益了，难免就会伤害患者的情感。由此观之，在医患互动中，若摆脱了伦理的规范，医患关系病变就难以克服。因此，对已发生病变的医患关系开具伦理药方，从医者的医德修养层面规范他们的行为，理顺医疗活动中的各种复杂利益关系，并非权宜之计，而是有现实必然性与合理性的。

## 三、"伦理诊治"的限度与出路

在医患关系紧张日益成为社会显问题且尚未找到根治策略之时，伦理路径无疑为解决问题提供了一个新的思路。从医者主体角度探究问题，不仅直击了问题的根源，更体现了对主体性的关切。

然而，若由此得出结论，认为医患关系紧张可以仰仗医者伦理行为得以完全化解，就夸大了伦理诊治的现实功效。从辩证唯物主义的立场观之，伦理属于观念上层建筑范畴，虽然它具有能动作用，但前提是承认经济基础的决定性作用。试图诉诸医者道德境界的提升根除问题，无疑是片面的。当前医患关系紧张的诱因多样，医者道德水平低下至多只是触发问题的导火索。综合来看，造成医患关系紧张的因素还有：

一是医疗卫生资源配置状况无法满足群众高涨的医疗卫生需求。一方面，公共财政投入不足使医疗机构必须通过销售药品和医疗器械增加收入，弥补医院发展的资金缺口，保障医者的体面生活。另一方面，在我国医院分级体系中，医院级别越高，占有的优质医疗资源越多，看病难、看病贵问题越严重。在基层医疗机构人才流失、设备老化，分级诊疗未能成为患者主动选择之时，大型综合医院人满为患，既挤占了优质医疗资源，也恶化了就医体验。

二是医患对"医学万能"的崇拜。医者沉浸于医学万能的欢愉，漠视主诉，贬低了患者的感受和体验在制定诊疗方案种的重要性。作为"外行"的患者，医学不断攻克疑难杂症使他们产生了一种错觉，认为医学"包治百病"，相同的疾病都可以得到同等的康复，而疾病和死亡这些正常的生理现象却变得"不正常"了。医者面对疾病的无能为力并非他们不作为，只是这些疾病已经超出了当前医疗技术的诊治范围，但当这种情形降临到患者身上，他们就不愿意接受，甚至简单地归因于医者的懈怠与放弃。患者误解医者降低了对医者的信任，这给诊治增加了很多困难。

三是疾病的科学视角和体验视角存在巨大差距。医者习惯从临床科学性的视角客观理性地分析疾病，提供治疗方案，而患者对疾病的认知则更多来自疾病带来的不适感，以及由此引发的社会活动参与受限。医者面对的是生理学上的疾病，他们努力通过技术手段根除病因；患者谈论的却是疾病带来的痛苦，他们想得到的不仅仅是生理上的恢复，更是社会和心理层面的舒适。关注对象和治疗诉求的差异使医患间在短时间的诊治中难以形成共情，疗效预期和评价上的分歧也难以弥合。

四是医患对医者角色期待错位。从古至今，对医学这一职业从不缺乏溢美之词，如今人们潜意识中依旧认为金钱将玷污这一职业的高尚。然而，对医者而言，医护工作是他们生存的经济来源。医学的学习年限比其他专业更长，工作强度和工作压力很大，他们必须依靠这一职业维持自己的体面生活，实现个人价值。医患间对医者角色期待的错位使得诊治过程中即便是一些合理的行为（如特需门诊收取更贵的挂号费）也容易诱发患者的非议。

五是媒体的不当宣传误导公众认知。在媒体报道医者的角色图式中，偏离实际的现象时有发生。一些媒体为了吸引眼球，泛化医疗系统存在的问题，以偏概全、捏造细节、违背事实地恶性揣测医疗行业的所谓"潜规则"，报道的晕轮效应和刻板印象增加了普遍焦虑氛围下社会对医者的不信任感。一些媒体过度拔高医者形象，将成功个案描绘成妙手回春的"神医"再现，无形中掩盖了医学的局限性，使缺乏医学常识的公众对医学产生不切实际的期待。

六是一些患者借助自己弱势形象博取同情。在人们的情感天平中，患者往往被视为弱者，收获了更多同情。在医患关系中，弱者形象为患者争取诉求提供了情感砝码，一些人不辨明是非黑白简单站队，无视事实大肆抨击医者，更将无暇回应的医疗系统视为做了亏心事后的心虚，给原本紧张的医患关系火上浇油。

改革进入攻坚期和深水区，医患关系紧张仅是多发叠加的社会矛盾的一个宣泄口。改善医患关系是一项系统工程，提高医者道德水平只是其中一极。理性看待伦理诊治的限度并非贬低伦理的调节功能，而是避免对伦理的再次附魅。夸大伦理在解决社会问题中的作用无疑是唯心主义的。化解医患紧张关系，不能只依赖医者提高道德水平，根本上必须理清医患关系紧张的社会根源，对症下药。

其一，加强医者的医德修养，提高他们道德实践能力。将患者利益放在首位永远是医者最核心的伦理规范。伦理规范不仅是一套理论体系，本质上它是一种实践力量。在提高医者医德境界的教育中，应多采用情境教学法、角色扮演法、案例分析法等理论联系实际的教学法，不断提高医者的道德实践能力。医者是医院与患者之间的中介点，也是患者发泄情绪的接触面，唤醒他们的伦理自主性，旨在与患者建立道德共同体，指引他们在面临医院、医药公司、患者家属制造的伦理困境时作出符合公共利益和患者利益的正确抉择。

其二，深化医药卫生体制改革，凸显医药卫生事业公益性。各国医改实践都已证明，市场化道路非但无法祛除医药卫生行业的痼疾，还会恶化低收入群体的艰苦状况，造成因病返贫、因病致贫，降低社会的健康素质。要正确处理医药卫生事业市场化和公益性的关系，合理配置医疗卫生资源，推进公立医院综合改革，完善分级诊疗和药品定价机制，保障医者合理的经济利益，逐步缓解看病难、看病贵问题。从体制上实现医疗卫生资源的公平分配，彰显医疗卫生事业的公益性，才能从根源上清除医患关系紧张的物质基础。

其三，树立科学医疗观念，增强医患互信。人体是一个极其复杂的系统，对人体的了解还有待深入。每个个体都是独一无二的，虽然医学已经攻克了许多过去被视为"无药可救"的病症，但并不意味着不同个体罹患相同疾病都可以取得同样的疗效，更不意味着医者竭尽全力就能治愈所有疾病。要加强医学常识普及和生命教育工作，让社会成员了解医学的风险与不确定性，祛除覆盖在医学之上"包治百病"的神魅，正确看待生老病死，减少医患因对医学和生死的理解不同而影响沟通。

其四，加强媒体监管，提高媒体的社会责任感。在焦虑成为普遍社会心态的当下，媒体更应秉持职业操守，不无中生有、哗众取宠，给原本紧张的社会心理推波助澜。这要求媒体在报道医疗问题时要提高信息鉴别能力，面对不同的讲述主体保持足够的理性，不偏听偏信，不简单站队，以对话协商式报道取代冲突对立式报道，照顾医患双方的情感需要，保证报道的真实性、全面性。新闻事件具有很强的教育功能。媒体的报道既要展现事实，更应引导读者如何正确处理类似问题，营造良好的舆论氛围，增进医患相互理解与信任。

## 四、结论与展望

在经济、技术手段都收效甚微之时，"伦理诊治"的确为医患关系紧张提供了一个新的解决思路，但是根治这个问题需要一揽子方案。医者道德缺陷是医疗系统的少数现象，它的确是诱发医患关系紧张的一个动因，但我们还应重视医药卫生资源配置不公平、医患对医学以及医学这一职业认识的差异、媒体过分渲染等多元因素对医患关系的影响。在社会矛盾多发叠加时期，医患关系紧张有时只是医患间宣泄焦虑与不满的一个出口。强调医者坚守医德的确有助于解决医患间的一些矛盾，但不可能清除所有诱发医患关系紧张的根源。伦理诊治是解决医患关系紧张最具能动性的手段，但只有当社会制度满足更多人的公平期待之时，它才能取得更好的疗效。

# 市域邻避治理中空间利益再分配的规范进路

文 / 鄢德奎

从2007年厦门PX事件，到2012年四川什邡钼铜事件，再到2019年武汉阳逻事件，一系列邻避冲突事件伴随着城市发展与社会转型而层出不穷。当前，邻避效应不仅造成邻避决策陷入"一闹就停"的困境，也阻滞了城市社会经济的有序发展。实践中，触发邻避冲突的邻避设施种类繁多。根据设施服务功能可以将邻避设施划分为工业设施、环保设施、交通设施、能源设施等。其实，2007年制定通过的《中华人民共和国城乡规划法》第35条就已经规定了"禁止擅自改变基础设施、公共服务设施用地和生态环境用地用途"，并对需要用地管制的公共服务设施进行了列举。两相比较，前述邻避冲突涉及的设施类型均为《中华人民共和国城乡规划法》所规制。这不禁让人反思，立法既然已经对相关公共服务设施用地予以保障，为何此类设施仍会频繁引发邻避争议？

## 一、何以邻避：从相邻关系到空间利益分配

早期邻避这类争议主要在相邻关系的法规范框架中经由民事诉讼加以调整。但相邻关系只是一种着眼于妨害消除的消极调整机制，无法提前和主动介入邻避设施规划选址和城市空间利益调整过程。而邻避冲突的突出特点是"不要建在我家门口"，是设施规划设立前的一种诉求活动。因此，在城市空间分配引发相邻土地利用纠纷方面，民法上的相邻关系难以有效保护此类邻人利益。一般来说，邻避冲突的导火索多是城市空间配置中的行政许可（规划许可、环评许可）程序争议。这类行政许可的作成会影响第三人（邻人）

---

作者简介：鄢德奎（1991— ），男，福州大学法学院副教授、硕士生导师。

利益，也因此邻避冲突的发起者多是此类行政许可第三人。为了防止行政机关以保障公共利益的名义"合法"侵害第三人权益，公法规范不仅界定了"行政主体调整、分配私人间冲突利益"的权限，还承载着保护行政相对人以外第三人利益的任务。邻避纠纷中的相邻关系问题就转化为行政许可第三人效力问题，私法上的相邻关系调整逐渐让位于公法上的城市空间利益配置。从这个角度来说，公私法规范均为相邻利害关系人的权利救济提供了管道。既然公力救济渠道业已完备，为何还会频发"街头抗议式"的邻避冲突？

## 二、邻避的公力救济困境与司法审查局限

城市空间利益调整过程中产生的邻避争议，民众本可通过提起行政诉讼，要求法院判定行政许可行为违法，从而阻止环境风险项目开工建设。然而，司法在邻避冲突治理中的作用并非如人们所期待的那样，无法有效施展应有的救济功能。在笔者以往的研究中，531 起邻避案例中只有 3 起进入了行政诉讼环节，人们不愿意通过司法渠道寻求救济，更青睐于集体散步等私力救济方式。为何民众宁愿倾向于选择"街头暴力"来解决邻避争议，也不愿寻求公力救济，更不愿通过司法渠道寻求救济呢？这需要考察司法在邻避争端解决中所起到的功能作用。

### （一）邻避纠纷司法裁判的实践检视

邻避纠纷引发的诉讼常常表现为，行政机关在进行建设项目行政许可审批阶段，附近居民因反对此类建设项目，对该建设项目的规划选址或环评许可提起的诉讼。根据《中华人民共和国行政诉讼法》（2017）第 25 条第 1 款规定，"行政行为的相对人以及其他与行政行为有利害关系的公民、法人或者其他组织，有权提起诉讼"。那么，对于"不要建在我家门口"的邻避主张者（建设项目的附近居民）是否属于前款所述的"其他与行政行为有利害关系的公民、法人或者其他组织"，有无原告资格，涉及对"利害关系人"的解释和认定问题。在建设项目环境行政许可中，建设项目设立的附近居民均可能是环境负担的承受者，只是程度不一而已，但每位环境负担承受者是否均为环境行政许可的利害关系人。对此，我国环境行政司法裁判实践并未达成共识。不同的法官依据不同的法规得出不一样的结论，导致环境行政许可中的邻人权益处于不确定和不可预见的状态。部分邻避案件中

的民众权益遭受损害，却无法为自己的权利寻求司法救济，最后只好走上街头主张诉求——"不要建在我家门口"。

**（二）邻避案件司法审查的局限性**

司法救济是弥补法律保护不足或是回应权利受到实质侵害的关键途径。然而，基于司法资源的有限性以及整体公共利益的考量，有时个人的利益仍然无法通过请求司法救济给予保障。尤其是当这个"个人"是行政行为相对人以外的其他人时，则不一定有司法救济的机会。因为法律上的邻避请求能否实现，还必须通过公法上权利的检验。虽然当前司法实务发展以及行政机关内部的行政复议救济有朝着尽量放宽利害关系人公法权利的趋势，但在权利救济的道路上，邻避请求者（行政第三人）比行政行为相对人更难实现诉求。在2016年最高人民法院发布的第二批环境保护行政典型案例中，"张小燕等人诉江苏省环境保护厅环评行政许可案"（以下简称"张小燕案"）就将司法审查限度问题表露无遗。案件判决并未化解矛盾，"案结事不了"反而促使利益攸关方寻求私力救济。张小燕等人历经行政复议、一审二审行政诉讼，这类"邻避效应"显然无法简单以"无理取闹"来形容。恰恰是因为寻求了公力救济，也未实现他们所期望"参与环评许可程序"的利益诉求，更未消解他们对变电工程环境风险的恐慌。针对此类编制环境影响报告表且民众极为恐慌的建设项目，行政机关本可裁量要求建设项目环评时引入公众参与程序，而非追求消极的"依法行政"。

## 三、邻避案件的裁判逻辑："遵守技术规范即合法"

与行政机关相比，司法机关在此类案件的作为空间有限，无法替代行政机关自行展开裁量。尽管如此，审理"张小燕案"的法院对建设项目环评许可程序的合法性审查思路仍然值得反思，其论证逻辑是：根据技术规范的要求，110千伏变电站属于应当编制环境影响报告表的建设项目，而此类建设项目环评许可依法不需要公众参与，因此江苏省环保厅的审批行为程序合法。本案110千伏变电站环评许可是否应当引入公众参与，关键在于110千伏变电站属不属于编制环境影响报告书的建设项目。对此如何判定，取决于《环评分类管理名录》这一技术标准规范。法院并未对上述技术标准规范进行司法审查便直接适用，最终得出一个"合规即合法"的判决。

其实，"张小燕案"法院判决采用的"遵守技术规范即合法"裁判逻辑并非个例。在最高院和部分省高院发布的典型案例中，可以看到以技术规范裁断案件的"影子"。无论从原告主体资格还是在合法性审查，技术标准均是法院裁判建设工程规划许可和建设项目环评许可案件的主要依据。上述两类行政许可行为又是城市规划落实的重要措施。可以说，技术标准在城市规划中发挥着分配公共空间、形成空间秩序的关键性作用。技术标准成为城市空间利益分配的事实依据，决定着相关利益主体的权利义务配置。从法院裁判逻辑可以看出此类权利义务配置的路径，即在技术规范设定最低标准之上的城市空间利益，属于规划行政许可自由裁量处分的公法利益。尽管城市规划符合强制性标准，也不能排除对周围生态环境和民众生活造成负面影响，但法院判决却认为项目周边的民众应当对符合技术标准的建设行为负有必要的忍受义务。

## 四、技术标准的法律效力及其有限性

技术标准通过调整行政机关和行政相对人之间关系，以保障公共领域的社会秩序，具有公法效力自不待言。但是在城市空间利益分配过程中，城市规划和建设工程许可不仅涉及行政相对人的利益，也会影响第三人利益。比如建筑法中关于建筑间距的技术标准规定，原本是为了保障民众享有基本的采光权，但这个标准只是最低标准（如每天日照时长5小时），满足基本的公法规范要求，而标准之上建筑间距的改变（每天日照时长由8小时改为了5小时），同样也会对与建设项目附近第三人的私人利益产生影响（日照时长减少了3个小时）。当前，对于这3小时日照的私法利益缩减，无论是行政机关还是建设者都没有给予相应补偿，而是直接以合乎公法技术标准为由，认定利益受损者对此负有容忍义务。这类技术标准对私人相邻权益的调整能否有效，学界多持否定态度，即公法上合乎技术标准不能作为私法权利义务增减的抗辩理由。然而，在不可量物案件的司法裁判中，法院对此却有不同的认定。实际上，技术标准是否具备私法效力，不能以偏概全地对技术标准进行宏观讨论，而应当从公私法二元视角展开分析。以采光权为例，公法意义上的采光权对应的是国家义务，一般满足最低的日照标准即可；而私法意义上的采光权对应的是相邻关系人的容忍义务，相邻关系人可以通过订立补偿协议等方式对采光权进行处分。因此，在国家规定的最低日照标准范围内，相邻权人采光利益的缩减并无法单纯依据是否合乎技术标准予以判定。由此可见，即使技术标准能够满足公共健康和公共卫生的公法保障要求，但无法关照私法意义上的相邻权益。

## 五、城市空间利益正当分配的多阶机制

作为空间资源分配的城市规划决策过于依赖技术标准，导致城市空间利益分配过程中"不要建在我家门口"的邻避现象频发。司法救济因其自身特性无法有效化解此类邻避争议，最终引发邻避冲突的案例比比皆是。无论是技术标准，还是司法救济，均无法独立实现城市空间利益的正当分配，而是需要"技术标准——公众参与——行政裁决——司法救济"这一连串的机制予以保障。

### （一）确立保障人体健康为中心的技术标准

城市空间利益分配不当引发的邻避争议，论辩焦点在于风险认知差异和"健康疑虑"。多数情况下，上述风险疑虑可以借助技术标准予以化解。技术标准的制定旨在规制影响公众健康和福祉的物质，以预防空气、噪音、辐射等污染风险。然而，对于广大民众而言，技术标准及安全值多是科学家在实验室里研究出来的数字，与人体健康关系仍有待进一步解释。相关议题技术标准的安全限值过于宽松，以至于无法满足安全价值的需要，如电磁辐射。因此，在城市规划与建设项目许可审批中，技术标准的订立并非仅仅是为了行政执法或行政免责，更应当重视对人体健康福利的保障，确立相关领域的公共安全标准限值。技术标准的制定过程不仅要有专业代表性并中立的专家学者参与，还需参考公共卫生专家、公共决策者以及大众的意见。

### （二）提升公众参与城市空间分配决策质量

技术标准作为最低限度的保护基准和安全保障，所能实现的也只是一般性控制。不同年龄、性别或阶层的人对同样日照或噪音等侵害的风险感知是不同的，整齐划一的技术标准无法因地制宜地做到个案正义。因此，在满足技术标准的基础上，城市空间利益分配决策还需要引入公众参与程序，方能化解建设项目风险认识差异和健康疑虑，减少甚至避免邻避冲突发生。尽管公众参与有时成为行政决策的背书工具，无法实现其应有的功能和价值，但是公众参与的实践障碍并不能成为否定这项制度的原因。如何在城

市规划和建设项目选址许可程序中增进民众实质参与、提升决策品质，成为城市空间利益正当分配的关键。为此，主要从公众参与方式、参与时机、参与回应等维度完善公众参与邻避决策路径。

### （三）建立相邻补偿纠纷行政裁决机制

城市规划的行政行为合法、程序正当，只能说明其满足了公法上相邻关系的要求，即确保受城市规划影响的利害关系人维持健康所需的通风、采光和日照时间，以及容忍排放噪声、光、电磁波辐射等有害物质的安全限度达到国家规定的最低标准。在最低标准之上，利害关系人的相邻权随时可能因为城市规划变更而受到限制。如果这种限制导致利害关系人的成本和利益不相称，则有可能引发邻避冲突。根据"谁受益谁补偿"的原则，当利害关系人的相邻利益因城市规划变更而减少时，该规划变更的受益者应当对承担成本的利害关系人进行补偿。然而，这里的利害关系人与受益者常无法达成补偿协议，有必要从裁决主体、裁决内容、裁决协议效力等方面建立相邻补偿纠纷行政裁决机制。

### （四）完善邻避纠纷案件的司法救济机制

通过对个案行政程序的正当性和合法性进行司法审查，确保涉及相邻纠纷的城市规划和邻避设施许可程序公正透明，从而维护利害关系人的权益。当前，邻避纠纷司法救济还存在前文所述受案范围、原告资格认定和司法审查标准等问题。因此，有必要对上述司法救济内容进行完善，以更好地吸纳、处理和整合这些邻避诉求。为了发挥司法救济的应有功能，应当进一步扩大邻避纠纷受案范围，允许对城市规划提起诉讼。在原告资格认定方面，为避免限缩利害关系人范围，理应摒弃单纯以技术标准或"实际影响"确立相邻权人范围（原告资格）的做法，也可以尝试采用保护规范理论来认定受城市规划行政影响的相邻权人范围，也即判断谁是"其他与行政行为有利害关系的公民、法人或者其他组织"。就司法审查而言，改进当前单纯以技术标准作为城市规划许可合法性审查依据的做法，还应当审查行政机关是否考量了相关事实以及是否据此作出决策。

## 六、发表情况

本文于2021年9月在《行政法学研究》发表。

# 民法典中有追索权保理的教义学构造

文 / 潘运华

## 一、问题的提出

对于有追索权的保理，《中华人民共和国民法典》（以下简称《民法典》）第766条规定："当事人约定有追索权保理的，保理人可以向应收账款债权人主张返还保理融资款本息或者回购应收账款债权，也可以向应收账款债务人主张应收账款债权。保理人向应收账款债务人主张应收账款债权，在扣除保理融资款本息和相关费用后有剩余的，剩余部分应当返还给应收账款债权人。"据此可知，当保理人向债权人发放的融资款本息无法收回时，其既可以向债权人直接主张偿还，也可以向债务人主张应收账款债权来实现融资款本息的返还。然而，《民法典》第766条这一看似态度鲜明的规定，依然存有暧昧之处，具体表现为该条规定中保理人的"两种主张"之间是否存在先后适用顺序？彼此在具体的司法适用中是互相排斥？还是能够同时行使？在债权人已经直接偿还融资款本息的情形下，保理人受让的应收账款债权是否自动复归于债权人？这些问题直接关涉该第766条对有追索权保理之规定在教义学上的具体构造，亟待从解释论上予以澄清。此外，在我国保理实践中，当事人对有追索权保理的约定在内涵与外延、行使条件以及行使方式上不尽相同。该第766条对有追索保理的规定显然并非在于限缩有追索保理的具体类型，而是旨在为当事人安排有追索权保理的交易提供可予以选择的法律路径。可见，在该第766条这一任意性规范的基础上，没有理由禁

作者简介：潘运华（1985— ），男，福州大学法学院副教授、法学博士。

止当事人对有追索权的保理做出特别约定。否则，将违背保理实践中充分尊重当事人意思自治的理念，从而大力阻碍有追索权保理业务的有序开展。所以，若当事人对保理合同中的追索权做出不同于该第766条之约定的，当无不许之理，此时在教义学上该如何根据不同约定情形判定有追索权保理的法律性质及其法律效果，亦需予以明确界定。

其实，早在《民法典》出台之前，上述疑问就大量出现在我国司法审判实务中，并形成诸多重大分歧。以保理人如何选择向应收账款债权人或者债务人主张偿还保理融资款本息为例，司法审判实践一直持有两种截然相反的代表性观点。一种观点认为保理人在其融资款本息债权到期未得以受偿的情形下，保理人必须先向债务人主张应收账款债权来实现融资款本息的返还，只有在该主张无法得以实现的情形下，保理人才能转而向债权人主张返还融资款本息；另一种观点认为当保理人的融资款本息债权到期未得以受偿的，保理人既可以向债务人主张偿还，也可以同时请求债权人一并偿还。对此，在《民法典》时代要想对这些重大分歧做出正确回应，并合理判定有追索权保理的法律性质及其效力，不可能推翻《民法典》的现行规定而寻求新的立法规范设计，而是只能依赖于教义学层面的深入分析，以现行法律规范为基础，确实从实证法的原则、原理和规范及其相互关联的角度对有追索权的保理做出体系化解释，消除具体法律适用过程中的混乱，增强法律适用于个案中的规范性和科学性，从而完善我国有追索权保理的司法裁判规则并丰富其学理研究。

## 二、有追索权保理的现有学理解释

近年来，随着我国中小企业对融资的需求越来越强烈，保理作为一种便捷的融资业务而得以蓬勃发展，在这些大量的保理业务中，有追索权的保理在保理行业颇受青睐，其既能方便中小企业获得融资，又能免除保理人承担坏账的风险。基于保理架构的多层次性和交易环节的复杂性，我国学界和司法实务界对有追索权保理的法律性质及其效力均存有不同认知。归纳起来，在学理上大致出现过债权质押说、代为清偿说、间接给付说、债权让与担保说和附条件的债权让与说五种观点。笔者接下来拟从解释论的角度对这些学理予以深入分析，以期能够从中吸取有利于我国有追索权保理之教义学构造的有益成分。

第一，就债权质押说而言，其认为债权人将其对债务人的应收账款债权质押给保理人以获得保理人发放的融资款，当债权人无法向保理人归还融资款本息债务时，保理人享有对该应收账款债权予以优先受偿的权利。该种学说虽然强调了债权质押对保理融资的担保功能，但是从有追索权保理的具体业务操作模式来看，两者之间存在着明显不同。在债权质押说中，债权人将应收账款债权质押给保理人，当债权人不向保理人履行融资款本息债务时，保理人只能作为质权人在融资款本息的范围内就该质押的债权优先受偿。在有追索权的保理中，债权人将应收账款债权让与给保理人，在债权人不向保理人履行融资款本息债务的情形下，保理人直接作为债权受让人向债务人主张应收账款债权。对此，我国《商业银行保理业务管理暂行办法》（中国银监会令2014年第5号）第6条第四款明确否定了保理的性质为债权质押的观点。我国《民法典》第761条规定："保理合同是应收账款债权人将现有的或者将有的应收账款让与给保理人，保理人提供资金融通、应收账款管理或者催收、应收账款债务人付款担保等服务的合同。"据此可知，作为有追索权的保理，其当然是以应收账款债权的让与为前提，而不是应收账款债权质押。由此可见，债权质押说虽然体现了有追索权的保理中应收账款让与的担保功能并且曾出现在我国早期的司法审判实务中，但是与我国现行法律规定不相吻合，无法为我国有追索权保理的教义学构造提供理论支持。

第二，就代为清偿说而言，其认为保理人代替债务人向债权人清偿应收账款债务，然后再以自己的名义向债务人追偿这笔应收账款。法国的保理业务界有采用该种学说，认为保理是保理商以代替买方清偿债务的方式而取得卖方的应收账款债权。然而，在有追索权的保理中，保理人往往在受让债权人对债务人应收账款债权的基础上再向债权人发放融资款。对此比较可知，两者存在着本质性区别：一是代为清偿人的首要目的是替债务人向债权人清偿债务，然后在与该笔债务同等数额的范围内向债务人追偿，但有追索权保理的保理人之首要目的并非代替债务人向债权人清偿债务，而是通过向债权人发放保理融资款以获取收益。二是在代为清偿中，当第三人向债务人追偿时，若债务人不能向第三人清偿的，债权人并不对第三人承担保证责任，但在有追索权的保理中，当保理人向债务人追偿时，若债务人不能清偿的，债权人应对保理人承担保证责任。由此可见，代为清偿说显然不能阐释我国有追索权保理的法律性质，与我国有追索权保理业务的实际运作状况不符，无法成为我国有追索权保理之教义学构造的路径选择。

第三，就间接给付说而言，虽然我国最高人民法院的不少代表性裁判持该种观点并且被一些地方法院所效仿，但是我国学界对其论述却并不多见，只是简单地提及间接给付说可以被适用于我国有追索权的保理业务中。根据德国民法学界几乎毫无争议的通说，在间接给付的情形下，债务人原先的给付义务并不因为债权人同意接受其新的给付而直接消灭，只有在债权人通过新的给付而成功获得清偿的情形下，债务人原先的给付义务才消灭。即债权人在原来的给付之外获得一个另外的受偿机会，并且负有将该新的给付予以努力优先变价的义务，只要变价的尝试对债权人而言是可能的，债权人就不能从债务人原先的给付义务中提出履行请求。当债权人对新的给付变价之后，变价所得超过债权额度的部分应返还给债务人，变价所得少于债权额度的部分继续向债务人主张清偿。可见，该种学说的典型特征是赋予债权人对新的给付予以优先变价的义务。然而在我国有追索权的保理实践中，当保理合同当事人对追索权没有做出特别约定的，保理人并不负有必须先行向债务人请求履行应收账款债务或者将其予以优先变价的义务，相反，保理人有权选择向谁主张受偿。换言之，通常情形下对新的给付予以优先变价是保理人的权利而不是义务，不宜将有追索权的保理一律定性为间接给付，否则将会强加给保理人对应收账款债务的优先变价义务，从而有违保理合同当事人真实的意思表示。

第四，就债权让与担保说而言，其不仅被我国司法审判实践广泛采用，而且被我国学界极力倡导。德国学界的通说也正是将有追索权的保理视为债权让与担保，即便少数采间接给付说的学者也认为应收账款债权的让与具有担保的性质。在债权让与担保中，债权人为担保其对第三人的债务，将其对债务人的债权让与给第三人，当债权人向第三人清偿债务后，第三人先前受让的债权将复归于债权人。反之，当债权人不向第三人清偿债务的，第三人能就先前受让的债权在同等额度范围内予以优先受偿。根据学界对让与担保的主流观点可知，让与担保是以担保债权为目的，将标的物的所有权移转给债权人，使得债权人在担保目的之范围内，取得标的物所有权的信托让与。这种信托让与应分为内部关系和外部关系加以考察，从内部关系看，让与人和受让人之间实为信托担保关系，受让人仅仅在担保目的之范围内行使权利；从外部关系看，标的物的所有权已经移转给受让人，受让人是法律上的标的物所有权人。据此，有追索权保理的保理人与应收账款债权人在内部之间形成信托担保关系，应收账款债权让与的目的就是为了担保保理人的融资款本息债权得以有效清偿。

该种学说观点往往与我国有追索权保理的交易实践相吻合，保理人虽然受让了债权人的应收账款债权，但是其真实目的并非在于最终享有该应收账款债权，而是在于从收回的应收账款中优先清偿债权人所欠付的保理融资款本息，若其收取的应收账款数额超过保理融资款本息的，应当将该超过部分退还给债权人。而且，债权让与担保学说符合我国民法中的担保权体系，《民法典》第388条第1款已经明确规定担保合同包括除抵押合同与质押合同之外的其他具有担保功能的合同，这些"其他具有担保功能的合同"为构造所有权保留以及让与担保等非典型担保打开了一扇窗，也为这些非典型担保交易准用典型担保交易的相关规则提供了解释前提。实际上，债权让与担保作为一种担保类型早已在我国学说与实务上被广为认可，尤其是在金融借贷领域颇为盛行。我国最高人民法院发布的《全国法院民商事审判工作会议纪要》（法〔2019〕254号）第71条也对让与担保做出了明确规定。可见，债权让与担保说不仅契合我国民事立法规范体系，也符合我国有追索权保理业务的司法实践，对我国有追索权保理的学理构造极具有借鉴意义。

第五，就附条件的债权让与说而言，其认为在债权让与的一般情形下，虽然债权人不需要对债务人的履行能力承担保证责任，但是在有追索权的保理中，"债务人不向保理人履行应收账款债务的，保理人可以向债权人主张受偿"实际上是保理合同当事人对于应收账款债权人为债务人的履行能力承担保证责任的特别约定。可见，有追求权的保理实际上是附条件的债权让与。有学者将这里的"附条件"直接界定为附担保条件，并进一步认为在这种担保关系中，若没有特别约定的，保理人应该先向债务人主张应收账款债权，在无法清偿的情形下，才能转而向债权人进行追索。债权人此时的地位相当于一般保证人，只有当债务人确实客观上无法清偿时才对保理人承担还款责任。也有学者将这里的"附条件"直接界定为附解除条件。据此，一旦保理人向债权人进行追索时，保理人与债权人之间的债权让与则自动解除，先前让与给保理人的应收账款债权复归于债权人。相比较而言，笔者认为无论如何都不应将这里的"附条件"界定为附解除条件。否则，一旦保理人向债权人进行追索，则无法再作为应收账款债权的受让人向债务人主张受偿，而只能向债权人追偿保理融资款本息，然后由债权人向债务人请求履行应收账款债权，显然对保理人极为不利，对债权人和债务人也并未带来实质性裨益。这与有追索权保理的通常形态不相吻合，无法契合交易实践中理性的当事人对自身利益的安排。

如果将"附条件"界定为附担保条件，根据附担保的债权让与之一般理论，由于债务人对保理人的应收账款债务为主债务，债权人在该主债务的范围内对保理人承担保证责任。该种学理观点实质上将有追索权的保理看成是通过债权让与而获得融资的法律行为有机统一体，并非像前述债权让与担保路径那样将债权让与和融资割裂成两个不同的法律行为。从担保的对象来看，附担保条件的债权让与路径与债权让与担保路径完全不一样，担保的方向正好相反。前者是债权人为债务人向保理人清偿应收账款债务承担保证责任，后者是债权人将其对债务人的应收账款债权让与给保理人，在应收账款的范围内为债权人向保理人清偿融资款本息债务承担担保责任。这种担保对象的不一致衬托出了前者更侧重突出债权让与的功能，即以作为债权受让人的保理人对其应收账款债权的实现为中心，后者更侧重突出让与担保的功能，即以发放融资款的保理人对其融资款本息债权的实现为中心。

该种附担保条件的债权让与学说固然能够体现有追索权保理的本质特征，但是从最后的法律效果来看，不无疑虑。债权人为债务人向保理人清偿应收账款债务承担保证责任的范围是在保理融资款本息的数额之内？还是在应收账款的数额之内？对此，我国司法实务界持有不同观点。一种观点认为应收账款债权人只需在保理融资款本息的数额之内对债务人的应收账款债务承担保证责任，对超出保理融资款本息数额的未予偿还之应收账款部分，由应收账款债务人独自承担责任。另一种观点认为应收账款债权人当应对债务人的全部应收账款债务承担保证责任，此时保理人受让的应收账款债权将再次移转至债权人处。对此，笔者认为如果严格依循附担保条件的债权让与理论，后一种观点更为合理。债务人对保理人的应收账款债务为主债务，债权人对该主债务的履行向保理人承担保证责任，显然债权人理应在应收账款的数额范围内对保理人承担责任。可见，只有将附条件的债权让与说界定为债权人在应收账款的数额范围内为债务人向保理人清偿应收账款债务承担保证责任，才能为有追索权保理的学理构造提供科学有力的借鉴。

### 三、有追索权保理在教义学上的多重路径选择

根据上文所述，我国学界和司法实务界对有追索权保理的法律性质及其效力判定均存有不同认知。债权质押说和代为清偿说不符合我国现行法律规定，与有追索权保理的本质特征相悖，目前已逐渐被我国学界和司法实务界所摒弃。相反，间接给付说、债权让与担保说和附担保条件的债权让与说比较符合我国有追索权保理业务的实际运作状况，尤其是债权让与担保说在我国司法实践中非常具有代表性，已作为一种典型的裁判路径被广泛适用于我国司法审判。在有追索权的保理业务中，当事人根据不同的业务需要往往会对保理合同中追索权的行使做出不同约定，从而直接影响有追索权保理的法律性质及其最终的法律效果。鉴于此，笔者根据当事人对保理合同中追索权的不同具体约定，在结合上述有关学理解释的基础上，拟对我国有追索权的保理在教义学上的可能构造路径做出以下具体分析，以期为我国司法实践提供统一而具体的规范指引。

第一，在保理合同当事人明确约定保理人必须先向债务人主张受偿且保理人最终不享有全部应收账款债权的情形下，可以从该约定中推导出四个层面的意思：一是保理人必须先向债务人主张受偿，只有在该受偿不能的情形下才能转而向债权人主张偿还保理融资款本息；二是债权人将其对债务人的应收账款债权让与给保理人，目的是便于以此清偿债权人对保理人偿还融资款本息的债务；三是债务人未向保理人有效清偿的，债权人对保理人的融资款本息债务不消灭；四是保理人向债务人主张返还的应收账款债权数额只能限缩在保理款融资本息的范围之内，即当债务人向保理人履行全部应收账款债务时，保理人应该将超出保理融资款本息的部分返还给债权人。据此可知，这种约定与前文提及的间接给付学说完全相符，在教义学上应将此种约定情形下的有追索权保理解释为间接给付。

第二，在保理合同当事人明确约定保理人必须先向债务人主张受偿且

保理人最终享有全部应收账款债权的情形下，与前述第一种情形的根本性区别在于保理人能够享有超出保理融资款本息部分的应收账款债权额度。据此约定，可以推导出两个层面的意思：一是债权人将其对债务人的应收账款债权让与给保理人，目的是以此为对价获得对保理人的融资款，即发生了权利移转性的应收账款债权让与，当债务人向保理人履行全部应收账款债务的，保理人不需将超出保理融资款本息的部分返还给债权人；二是保理人必须先向债务人主张受偿，只有在该受偿不能的情形下才能转而向债权人主张清偿责任，在法律效果上，债权人对保理人受让的应收账款债权得以有效清偿承担一般保证责任。据此可知，在教义学上应将此种约定情形下的有追索权保理解释为附一般保证责任的债权让与。

第三，在保理合同当事人明确约定保理人必须先向债权人主张受偿且保理人最终不享有全部应收账款债权的情形下，可以从该约定中推导出三个层面的意思：一是保理人必须先向债权人主张偿还保理融资款本息，只有在该偿还不能的情形下才能转而向债务人主张受偿；二是债权人将其对债务人的应收账款债权让与给保理人，目的是为了担保其对保理人偿还融资款本息债务；三是当债务人向保理人履行全部应收账款债务的，保理人应将超出保理融资款本息的部分返还给债权人。据此可知，在该种约定之下，保理人与应收账款债权人之间形成了金融借贷层面上的主法律关系，保理人与应收账款债权人、债务人之间形成了债权让与层面上的从法律关系，债权人对保理人的融资款本息债务负有首要偿还责任，只有在债权人客观上无法向保理人偿还融资款本息债务的情形下，保理人才能转而向应收账款债务人主张受偿。该种约定情形下的应收账款债权让与担保与我国《民法典》第386条规定的纯正担保权利并不一致。与纯正的债权让与担保相比，该种约定唯独不同的是作为担保权人的保理人必须先向债权人主张返还融资款本息，但该不同之处并未改变应收账款让与的担保属性，无非是对保理人行使担保权的自由予以适当限制而已，最终并未从实质上削弱应收账款让与的担保效力，故在教义学上依然可以将此种约定情形下的有追索权保理解释为附特别约定的债权让与担保。

第四，在保理合同当事人明确约定保理人必须先向债权人主张受偿且保理人最终享有全部应收账款债权的情形下，与前述第二种情形的根本性区别在于保理人必须先向债权人主张受偿。从保理人最终能够享有全部应收账款债权的约定来看，无疑是属于权利移转性的应收账款债权让与。在应收账款债权让与之后，通常情形下保理人作为受让人应该首先选择向债务人主张应收账款债权，即便应收账款债权人对此承担连带保证责任，保理人也只是能够同时向债权人和债务人主张受偿。

然而，在该种约定之下，保理人必须先向债权人主张受偿，只有在该受偿不能的情形下才能转而向债务人主张清偿责任，在法律效果上赋予债权人对保理人受让的应收账款债权得以有效清偿承担一种特别的保证责任，即保理人应该反而先向保证人主张受偿。该种保证责任方式虽然未被我国《民法典》第686条第1款所明确规定，但是并不违反保证责任的从属性规则，未让作为保证人的应收账款债权人承担保证责任的范围和强度大于或者重于主债务。何况，从意思自治的角度出发，保证责任的具体内容本来就应当更多地交由当事人自行约定，《民法典》保证合同章对保证责任的规定大多只是作为风险提示作用的倡导性规范而已，一般不会影响当事人自行约定的效力，除非该约定违反法律的强制性规定和公序良俗原则。所以，该种约定之下的特别保证责任方式当应有效。对此，在教义学上应将此种约定情形下的有追索权保理解释为附特别保证责任的债权让与。

第五，在保理合同当事人没有约定追索权顺序但明确保理人最终是否享有全部应收账款债权的情形下，若明确约定保理人最终享有全部应收账款债权的，显然与前述第二种情形和第四种情形一样发生了权利移转性的债权让与，保理人作为应收账款的新债权人向债务人主张偿还，保理人对应收账款债权让与人的追索权应被解释为保理人请求应收账款债权让与人承担保证责任。由于保理合同未对保理人行使追索权的顺序加以约定，意味着当事人对保证责任的方式没有做出约定，此时根据《民法典》第686条第2款的规定，应收账款债权让与人只需承担一般保证责任。即保理人必须先向债务人主张受偿，只有在该受偿不能的情形下才能转而向债权人主张清偿责任。对此，在教义学上应将该种约定情形下的有追索权保理解释为附一般保证责任的债权让与。若明确约定保理人最终不能享有全部应收账款债权的，当债务人向保理人履行全部应收账款债务时，保理人应该将超出保理融资款本息的部分返还给债权人。此时可以从解释论上认为债权人将其对债务人的应收账款债权让与给保理人，目的是便于以此清偿债权人对保理人偿还融资款本息的债务，该应收账款债权让与具有担保的性质。由于保理合同未对保理人行使追索权的顺序加以约定，根据担保权行使的一般规则，保理人在向债权人主张偿还保理融资款本息的同时也可以向债务人主张应收账款债权，直到其保理融资款本息债权得以顺利实现为止。对此，在教义学上应将此种约定情形下的有追索权保理解释为债权让与担保。

第六，在保理合同当事人没有约定保理人最终是否享有全部应收账款债权但明确追索权顺序的情形下，首先需要回答的是保理人能否最终享有全部应收账款债权。对此，笔者认为不能，保理人只能在保理融资款本息的额度范围内享有应收账款债权，超出保理融资款本息的部分应该返还给债权人。主要理由有二：一是如果认为超出保理融资款本息额度的应收账款债权部分归属于保理人，则相当于既赋予保理人追索权，又赋予保理人高收益，难免过度保护保理人的利益，这种"保理人既享有高收益又承担零风险"的现象与有追索权保理实践中的交易习惯和我国司法审判实务不相吻合。正是因为此，我国司法实践中有判决明确指出当保理合同加入追索权条款后，作为应收账款受让人的保理人不能在享有高收益的同时承担零风险。二是我国《民法典》第766条针对有追索权保理的合同当事人对"超出保理融资款本息"的应收账款债权部分归属没有约定的情形做出了明确规定，即应返还给应收账款债权人。而且，《民法典》第767条紧接着规定只有在无追索权的保理中，当保理合同当事人对最终是否享有全部应收账款债权未做出约定的，保理人才能享有"超出保理融资款本息"的应收账款债权部分。

在确定该情形下保理人不能最终享有全部应收账款债权之后，若保理合同明确约定必须向先向债务人主张清偿的，则同于上述第一种情形，即从教义学上将此情形下有追索权的保理解释为间接给付。反之，若保理合同明确约定必须先向债权人主张清偿的，则同于上述第三种情形，即从教义学上将此情形下有追索权的保理解释为附特别约定的债权让与担保。由此可见，当保理合同当事人没有约定保理人最终是否享有全部应收账款债权但明确追索权顺序的，从教义学上应根据不同情形将有追索权的保理解释为间接给付或者债权让与担保。

第七，在保理合同当事人明确约定保理人可以同时向债权人和债务人主张受偿且保理人最终享有全部应收账款债权的情形下，与前述第二种情形的根本性区别在于保理人能够同时向债权人和债务人主张受偿。据此约定，可以推导出两个层面的意思：一是债权人将其对债务人的应收账款债权让与给保理人，目的是以此为对价获得对保理人的融资款，即发生了权利移转性的应收账款债权让与，保理人能够最终享有超出保理融资款本息部分的应收账款债权；二是保理人从一开始就可以同时向债权人和债务人主张清偿责任，在法律效果上，债权人对保理人受让的应收账款债权得以有效清偿承担连带保证责任。对此，在教义学上应将此种约定情形下的有追索权保理解释为负连带保证责任的债权让与。

第八，在保理合同当事人明确约定保理人可以同时向债权人和债务人主张受偿且保理人最终不享有全部应收账款债权的情形下，与前述第七种情形的根本性区别在于保理人最终不享有全部应收账款债权。据此约定，可以推导出两个层面的意思：一是债权人将其对债务人的应收账款债权让与给保理人，目的是为了担保其对保理人偿还融资款本息债务，即发生了权利担保性的应收账款债权让与；二是保理人从一开始就能够同时向债权人和债务人主张受偿，当债务人向保理人履行全部应收账款债务的，保理人应将超出保理融资款本息的部分返还给债权人。对此，在教义学上应将此种约定情形下的有追索权保理解释为债权让与担保。

第九，在保理合同当事人对追索权顺序和保理人最终是否享有全部应收账款债权均没有约定的情形下，若当事人既没有对此达成补充协议，也没有交易习惯的，则应根据《民法典》第766条的规定，从解释论上认为保理人向应收账款债权人主张保理融资款本息债权的同时能够向债务人主张应收账款债权，也有权自由选择向债权人或者债务人主张受偿，而且保理人最终有权享有的应收账款债权额度只能限于保理融资款本息等费用。该第766条之规定与前述第八情形中当事人之约定的法律效果一致，即在教义学上也应将此情形下的有追索权保理解释为债权让与担保。关于对该第766条更详细的教义学分析将会在后文第四个部分中予以展开论述。

综上可知，有追索权的保理在教义学上的不同类型构造取决于两个方面，一是当事人约定的保理人行使追索权的顺序，二是当事人约定的保理人最终享有的应收账款债权数额。在当事人约定保理人最终享有的应收账款债权数额限于保理融资款本息额度的情形下，根据当事人约定的保理人享有的不同追索权顺序，应从教义学上将有追索权的保理解释为间接给付或者债权让与担保；在当事人约定保理人最终能够享有全部应收账款债权数额的情形下，根据当事人约定的保理人享有的不同追索权顺序，应从教义学上将有追索权的保理解释为附保证责任的债权让与；在当事人没有约定保理人最终享有的应收账款债权数额的情形下，应视为保理人最终享有的应收账款债权数额限于保理融资款本息额度，此时根据当事人约定保理人的不同追索权顺序，应从教义学上将有追索权的保理解释为间接给付或者债权让与担保；在当事人没有约定保理人行使追索权顺序的情形下，根据当事人约定的保理人最终享有的应收账款债权数额，应从教义学上将有追索权的保理解释为附保证责任的债权让与或者债权让与担保；在当事人既没有约定保理人最终享有的应收账款数额又没有约定保理人的追索权顺序的情形下，应从教义学上将有追索权的保理解释为债权让与担保。

## 四、我国《民法典》第766条的教义学分析

根据前文所述，针对有追索权的保理而言，若当事人对保理合同中追索权的顺序和范围没有特别约定，也没有特别交易习惯的，应从学理构造上将有追索权的保理认定为债权让与担保。《民法典》第766条的规定正好是对有追索权的保理在教义学上采债权让与担保之学理构造的立法确认。笔者拟从教义学上对该第766条的规定予以详细分析，以期能够为我国司法实践准确适用该条规定提供统一而科学的规范指引。

### （一）第766条第1句的教义学分析

《民法典》第766条第1句规定："当事人约定有追索权保理的，保理人可以向应收账款债权人主张返还保理融资款本息或者回购应收账款债权，也可以向应收账款债务人主张应收账款债权。"据此可知，当债权人对保理人的融资款本息债权到期时，债务人未向保理人履行应收账款债务的，保理人既可以向债权人主张返还保理融资款本息或者回购先前受让的应收账款债权（以下简称"第一种主张"），也可以向债务人主张应收账款债权（以下简称"第二种主张"）。这两种主张看似清晰，但是在具体适用中有无先后顺序？彼此之间是择一关系？还是并列关系？第一种主张中的"请求返还

保理融资款本息"与"请求回购应收账款债权"之间是何种关系？不无疑问，对此非常有必要从教义学上予以澄清。

1.两种主张之间的适用顺序

保理合同当事人对行使追索权的顺序没有约定的，《商业银行保理业务管理暂行办法》（中国银监会令2014年第5号）第10条规定在有追索权保理的情形下，当应收账款到期无法从债务人处收回时，商业银行可以向债权人反转让应收账款、要求债权人回购应收账款或归还融资。《中国银行业保理业务规范》（银协发〔2016〕127号）第5条在此基础上进一步规定保理融资的第一还款来源为债务人对应收账款的支付。对此，实践中也有判例认为保理法律关系不同于一般借款法律关系。保理融资的第一还款来源是债务人支付应收账款，而非债权人直接归还保理融资款。根据这些相关规定和判例，似乎是认为保理人应该先向债务人主张应收账款债权以获得保理融资款本息的清偿，只有在主张应收账款债权失败的情形下才能向债权人主张返还保理融资款本息或者回购应收账款债权。即采取"第二种主张"适用在先的规范模式。然而，与之相反的是纵观我国交易实务和司法实践，更为通行的观点认为在保理合同当事人对追索权顺序没有特别约定的情形下，有追索权的保理人不负有先行请求应收账款债务人履行或以其他方式将应收账款予以变价的义务，债权人也无权请求保理人先行向债务人主张受偿。对此，《天津市高级人民法院关于审理保理合同纠纷案件若干问题的审判委员会纪要（一）》（津高法〔2014〕251号）第11条也认为只要债务人没有按时向保理人履行到期的应收账款债务，无论基于何种原因，有追索权的保理人都没有必须先向债务人主张受偿的义务，而是可以根据实际情况灵活地选择向债权人或者债务人主张受偿。

根据《民法典》第766条第1句规定的本意，保理人的"第一种主张"和"第二种主张"之间是"可以"与"也可以"的关系，至少是赋予了保理人可以选择"第一种主张"或者"第二种主张"的自由。无论如何，也看不出这两种主张之间在适用上有明确的先后顺序之分。在对法律规范进行解释时，文义既是解释的起点，也是解释的终点。尊重文义，为法律解释正当性的基础，旨在维持法律尊严及其适用之安定性。据此，一项违反法律根本文义的法律解释自始至终都是站不住脚的，应将该第766条第1句中保理人的两种主张解释为无先后顺序之分，赋予保理人选择向债权人或者债务人主张受偿的自由。否则，将会极为不当地限制保理人选择向谁主张受偿的权利，并违反《民法典》第766条第1句蕴含的根本文义。此外，从最高人民法院关于适用《民法典》有关担保制度的解释（法释〔2020〕28号）（以下简称《民法典担保制度司法解释》）第66条的规定来看，也能得出同样的结论。该第66条第2款第1句规定："在有追索权的保理中，保理人以应收账款债权人或者应收账款债务人为被告提起诉讼，人民法院应予受理。"可见，该规定显然赋予保理人享有任意选择向应收账款债权人或者债务人主张受偿的权利。

2. 两种主张之间的适用关系

在将《民法典》第766条第1句规定的两种主张解释为没有先后适用顺序之后，接下来需要进一步解释的是在保理合同当事人对这两种主张没有约定能否同时行使的情形下，当保理人行使追索权时，是每次只能择一行使？还是可以同时一并行使？对此，就笔者对我国司法审判实务的大量考察结果而言，无一例外地认为在保理人的融资款本息债权未获清偿的情形下，其不仅有权请求应收账款债务人向其清偿债务，也有权同时向应收账款债权人进行追索。该种观点得到了最高人民法院商事审判工作会议纪要（2016年9月5日稿）第51条第2款的明确认可。根据该条规定，在有追索权的保理业务中，应收账款债权人和债务人理应对保理人的债务承担连带责任，一旦保理人的债权未按期获得清偿，保理人可以同时向债权人和债务人主张清偿，其并不需要以保理合同中的明确约定为前提条件。对此，《深圳前海合作区人民法院关于审理前海蛇口自贸区内保理合同纠纷案件的裁判指引（试行）》（以下简称"《前海法院保理纠纷裁判指引（试行）》"）第24条也做出了完全相同的规定。

如果单从《民法典》第766条第1句规定的文义出发，在这两种主张之间，确实无法明确得出保理人是每次只能择一行使还是可以同时行使的结论。"保理人每次只能择一主张"与"保理人可以同时主张"这两种解释结论本身都不必然违反法条的文义。若将《民法典》第766条第1句仅仅解释为"保理人每次只能择一主张"，那么保理人只能选择应收账款债权人或者债务人主张受偿，当选择的其中一种主张受挫时，才能再选择另外一种主张。如果另外一种主张也受挫时，保理人则需要再次反过来提出先前的主张。一且出现这种单一的主张循环，将极不利于保理人的融资款本息债权得以有效清偿。对此，《民法典担保制度司法解释》第66条第2款第2句规定："保理人一并起诉应收账款债权人和应收账款债务人的，人民法院可以受理。"这显然采"保理人可以同时主张"的解释论。在有追索权的保理中，债权人本来对保理融资款本息负有最终的清偿义务，债务人本来对应收账款负有清偿义务。保理人同时向应收账款债权人和债务人主张，最终的目的就是为了其保理融资款本息债权得以有效受偿，并未给应收账款债权人和债务人带来法律上的不利，还能更有效地保障保理人发放融资款的资金安全。可见，"保理人可以同时主张"这种解释论更符合有追索权保理的本质特征，而且没有否定保理人自愿每次择一主张的效力，充分尊重了保理合同当事人的权利和行为自由，从而更好地促进保理业务的开展。

3.第一种主张中"返还保理融资款本息"与"回购应收账款债权"之间的关系

在我国有追索权的保理实务中，针对保理人向债权人行使追索权的情形而言，无论是保理合同当事人的约定，还是司法裁判的认定，均未将"请求返还保理融资款本息"和"请求回购应收账款债权"两者加以明确区分，而是交替使用或者同时并存。有观点认为是指保理人向债权人主张返还融资款本息，也有观点认为是指保理人向债权人主张回购应收账款债权，还有观点认为该两者皆属于保理人向债权人行使追索权的情形。《前海法院保理纠纷裁判指引（试行）》第27条更是进一步认为债权人向保理人支付保理融资款本息正是为了履行应收账款回购义务。其实，保理人选择向应收账款债权人追索的目的无非是为了索回发放给债权人的保理融资款本息。当保理人向债权人请求返还融资款本息的，一旦债权人向保理人为有效清偿，保理人的融资款本息债权则得以实现，其在法律上不再有理由继续享有对债务人的应收账款债权。当保理人向债权人请求回购应收账款债权的，债权人交付给保理人的回购款数额正好相当于向保理人偿还的融资款本息数额，一旦债权人向保理人实际交付回购款，保理人的融资款本息债权则随之得以有效清偿，此时债权人将重新享有对债务人的应收账款债权。

由上可见，《民法典》第766条第1句规定的"第一种主张"中的"请求返还保理融资款本息"与"请求回购应收账款债权"并无本质性区别，在法律效果层面具有异曲同工之妙。保理人向应收账款债权人索回已付的融资款本息与将应收账款债权转回给债权人是互相包含的关系。保理人向债权人追回的"钱"（保理融资款本息）与转回给债权人的"权"（应收账款债权）之间一一对应，保理人向债权人主张返还保理融资款本息等同于其向债权人主张回购应收账款债权，某种程度上而言后者只是前者的另一种表达方式而已。《民法典》第766条第1句用的是"或者"来连接"主张返还保理融资款本息"与"主张回购应收账款债权"，这也恰好表明了该两者之间是"你中有我，我中有你"的辩证统一关系。无论保理人对债权人主张何者，只要其主张得以顺利实现，保理人对债权人的保理融资款本息债权则因此而得以有效清偿，债权人先前让与给保理人的应收账款债权则因此而得以成功回购。

**（二）第766条第2句的教义学分析**

在我国有追索权的保理实务中，大多根据应收账款债权数额的一定比例确定保理融资款额度，类似于抵押、质押借款中的抵押率、质押率。针对超出保理融资款额度部分的应收账款债权之归属，《民法典》第766条第2句规定："保理人向应收账款债务人主张应收账款债权，在扣除保理融资款本息和相关费用后有剩余的，剩余部分应当返还给应收账款债权人。"据此可知，当保理人从债务人处受偿的应收账款债权数额超出其向债权人发放的保理融资款本息数额时，针对该超出的应收账款债权部分，若保理合同当事人对其归属没有特别约定的，应最终归应收账款债权人享有。我国司法审判实务也一直持该种观点。在笔者看来，这种观点体现了有追索权保理的本质特征，乃理所应当。因为在有追索权的保理中，通常情形下债权人并非真的欲将应收账款债权终极性地让与给保理人，而是为了便于保理人从收取的应收账款中受偿保理融资款本息，所以保理人向债务人主张应收账款债权时还应负担"清算义务"，即应将超出保理融资款本息部分的应收账款债权返还给债权人。

针对第766条第2句的规定而言，有必要进一步追问的是，当保理人向债务人主张应收账款债权时，债务人可否仅在保理人的融资款本息债权范围内予以清偿，对于超出融资款本息部分的应收账款债务拒不履行。对此，笔者持否定立场。因为根据第766条对有追索权的保理采债权让与担保的学理构造，只要应收账款债权人未向保理人履行融资款本息债务，那么作为担保权人的保理人在法律上一直享有应收账款债权，应收账款债权让与人便无法向债务人主张应收账款债权。可见，当保理人向债务人主张应收账款债权的，债务人当应对其予以全部履行，而不能仅在保理人的融资款本息债权范围内予以清偿。否则，将会导致债务人一方面未按约履行对保理人的应收账款债务而承担违约责任，另一方面又无法向法律上不再享有债权的让与人履行该超出保理融资款本息部分的应收账款债务。所以，债务人只能先向保理人履行全部应收账款债务，然后再由保理人扣除其中的融资款本息等费用后将剩余的应收账款部分返还给债权人。

与第766条第2句规定的情形相反的是，在保理人选择向应收账款债权人主张返还保理融资款本息并得以有效清偿的情形下，自不必适用该第766条第2句的规定。不过，对此有疑问的是，保理人先前受让的应收账款债权是否自动复归于债权人？该问题直接关涉保理人此时能否继续向债务人主张应收账款债权？对此，我国司法审判实务持有两种截然相反的观点。一种观点认为，一旦应收账款债权人向保理人偿还融资款本息，先前让与给保理人的应收账款债权将自动复归于债权人。据此可知，保理人将不再享有应收账款债权，故无法继续向债务人主张应收账款债权。另一种观点认为，无论应收账款债权人是否向保理人偿还了融资款本息，保理人都可以向债务人主张应收账款债权，然后再与债权人进行结算。据此可知，即便保理人的融资款本息债权从债权人处得以有效清偿，其依然继续享有对债务人的应收账款债权。对此，笔者赞成第一种观点。因为根据第766条对有追索权的保理采债权让与担保的学理构造，当应收账款债权人向保理人清偿保理融资款本息债务时，作为保理融资款本息的主债务则不复存在。此时根据担保对主债务的从属性，应收账款债权人先前为保理人提供的债权让与担保将成为"无源之水、无本之木"而随之消灭。应收账款债权将自动从保理人（担保权人）处复归至债权人（担保人）处，债务人对保理人不再负担应收账款债务，保理人当应无法继续向债务人主张应收账款债权。

## 结语

有追索权的保理作为我国普遍存在的保理业务类型，基于其兼具金融信贷与债权让与的综合性以及保理人受偿方式的独特性，我国理论界和司法审判实务对有追索权保理的界定存有较大分歧。对此，应该在充分尊重保理合同当事人意思自治的基础上，针对保理合同中追索权的不同约定加以具体分析，从教义学上因地制宜地赋予有追索权的保理以间接给付、债权让与担保和附保证责任的债权让与三种不同类型的学理构造。我国《民法典》第766条规定的有追索权保理在教义学上应被解释为债权让与担保。

# 韧性社区应急治理：逻辑分析与策略选择

文/施生旭　周晓琳　郑逸芳

## 引言

党的十九届四中全会提出，"推进国家治理体系和治理能力现代化"，"优化国家应急管理能力体系建设，提高防灾减灾救灾能力"。社区治理是国家治理体系的基层终端，社区应急治理的能力与水平是国家治理体系和治理能力现代化的直接体现，社区应急治理能力体系建设成为新时期国家应急治理能力体系建设的重要组成部分。新冠肺炎疫情暴发后，习近平总书记对疫情防控治理进行多次指示，强调发挥社区在疫情防控中的重要作用。2020年3月，习近平总书记赴武汉市考察疫情防控工作时指出，"要着力完善城乡基层治理体系，树立全周期管理意识"。基于全周期管理意识开展社区疫情防控治理，正是体现了韧性社区应急治理的强化，对韧性社区应急治理新路子的探索起到积极的理论"新钥匙"作用。为此，构建和完善韧性社区应急治理机制，不断提升社区公共卫生和安全等重大突发公共事件的应急治理能力，将社区应对重大突发公共事件的治理经验纳入国家治理体系和治理能力现代化建设中来，提升韧性社区应急治理效能，是社区治理的"大考"和亟待解决的重要问题。

1.重大突发公共事件下社区治理面临的挑战

重大突发公共事件是指突然发生、造成或者可能造成社会公众健康严

---

第一作者简介：施生旭（1981— ），男，管理学博士，公共管理博士后，福建农林大学公共管理学院行政管理系主任，副教授，硕士生导师。

重损害的传染病疫情、群体性不明原因疾病、重大食物和职业中毒以及其他严重影响公众健康的事件。近年来，虽然社区面对重大突发公共事件的治理能力在不断地增强，但总体上社区治理体系还不够健全，社区应急治理能力还存在着很多的瓶颈和短板。特别是在致力于推进基层治理体系和治理能力现代化建设的进程中，在处理重大突发公共事件时，社区应该扮演什么样的角色，社区又应该承担何种责任，社区应急治理能力是否符合要求等都是亟待完善的重要内容。

1.1 社区管理人员的应急治理能力有待加强

习近平总书记指出，"社区是疫情联防联控、群防群控的关键防线"。在疫情暴发初期，很多地区的社区管理工作人员，并没有完全意识到疫情的严重性，社区管理工作人员本身的忧患意识和危机意识不够强。重大突发公共事件一般具有突发性、破坏性、无序性、复杂性、高变异性、低预测性和紧迫性等特征，决策处治过程需要加强社区管理工作人员的责任和担当（柴俊勇，2020）。一些管理工作人员虽然经历和参与"非典"的应急处理治理，但是由于时间较久，其经验也较为模糊；绝大部分社区管理工作人员没有经历和参与处理过重大突发公共事件，缺乏相应的治理经验。社区是处治重大突发公共事件的关键防线和重心所在，在面对重大突发公共事件时，社区管理工作人员的危机意识与忧患意识有待增强，政策执行能力存在缺陷，治理方式方法较简单机械，处治能力和综合素质亟待提高。同时，大部分社区缺乏重大突发公共事件应急、心理健康等专业队伍，针对管理工作人员的应急治理能力相关培训也不足，表现为应急治理状态时就会凸显出能力短板。

1.2 社区危机防范和应急知识宣传体系有待完善

新冠肺炎疫情发生初期，一些社区居民对疫情危害性和持续性的认识严重不足，认为相关管理部门夸大事情严重性，认为仅是某些地区某些社区的个例，认为自己及所在社区离疫情较远，被感染发生可能性较低，未对疫情采取有效防范措施或采取的措施流于形式。不少社区医学急救知识和重大突发公共事件应急知识等普及率相对还较低，居民对公共安全知识普遍缺乏了解，安全防范意识较薄弱。相关部门和社会组织需要建构社区居民危机防范和应急处理知识宣传体系，做好相应公共突发事件防范知识的宣传教育工作，提升居民的防范意识，提高居民面对重大突发公共事件的应急自治能力，减少不必要的损失。

### 1.3 社区卫生医疗保障有待进一步健全

社区应急治理工作是一件十分复杂的系统工程，需要社区卫生医疗物品等方面的有效保障。而现今社区卫生医疗水平有限、社区医务人员的数量与水平也不高，在面对重大突发公共事件时，社区卫生医疗水平与其应达到的标准之间存在较大差距。社区卫生医疗保障不仅要有应对日常管理普遍性风险的能力，而且要有应对临时突发性风险的功能（边恕，2020）。当疫情发生时，很多社区买不到口罩和其他卫生消毒品，更不要说其他更高级别的卫生医疗保障品。无法得到有效的医疗物质储备保障，使得社区管理工作人员直接暴露于风险之中，无法有效保障社区应急治理效能。我国基层社区的公共卫生经费相对比较短缺，社区卫生医疗保障机制不够健全，在卫生医疗保障方面投入的资源还需要进一步提升。

### 1.4 社区应急治理的软硬件基础设施亟待进一步完善

社区软硬件基础设施建设是社区应急治理能力的重要支撑。新冠肺炎疫情发生后，反映出各地社区基础设施建设存在极大的不平衡性、不均等化，暴露出一些老旧社区的基础设施老化、旧化，基础设施建设存在严重滞后性和脆弱性。绝大部分社区不具备功能混合的多样性公共空间，缺乏应对重大突发公共事件的必要硬件基础设施和维持社区基本运营的物质储备能力，更是缺乏预警监控的软件基础设施建设和灵活科学应急处治的软件智慧能力等。在面对重大突发公共事件时，社区软硬件基础设施建设无法适应应急治理的要求，无法有效保障社区人财物的安全，成为社区应急治理能力体系建设的重要困境。因此，要提高社区应急治理能力和水平，需要大力加强和完善社区应急治理的软硬件基础设施建设。

### 2.韧性社区：社区应急治理的逻辑分析

"韧性"一词本是一个物理学概念，后被引用到公共管理领域，2002年联合国可持续发展全球峰会首次把"韧性"概念应用于社区公共治理领域，将2030年构建有韧性的城市和人类居住区设置为联合国可持续发展的重要目标之一。近年来，越来越多的欧美发达国家在开展城市社区治理中，把韧性社区作为城市社区应急治理追求的目标。韧性社区强调可持续发展，具备在面对危机时保持社区的各项功能和迅速应对、适应变化和转变发展的能力，不仅关注结果，还关注过程（刘佳燕等，2017）。韧性社区的主体有政府、居民委员会、企业、协会、业主委员会、居民等，韧性社区治理过程中具有自适应性、冗余性、智慧性、可恢复性等特征。有学者认为韧性社区不仅需要强调社区的适应能力和学习能力，还要更加关注社区应对突发公共事件的多方力量合作协同和社区居民参与到社区突发公共事件的减缓、准备、响应和恢复等各项流程（颜德如，2020）。

在一定程度上，韧性社区是一种社区应急治理系统框架的概括，当社区面对重大突发公共事件时，治理主体通过目标、能力和过程等方面采取一系列措施或办法应对解决社区应急治理（彭翀等，2017）。在重大突发公共事件的应急处理中，社区扮演着重要角色，承担着预防、处治、后管理等各个重要责任。在新冠肺炎疫情治理中，社区的每一个层面、每一个组织都在发挥自己的作用，社区应急治理成效更是与疫情严重程度息息相关。重大突发公共事件下的韧性社区应急治理主要指遵循事件发生的内在逻辑和规律，按照全周期管理意识开展社区应急治理，把社区损耗降低到最低点。

### 2.1 社区组织韧性：完善党建引领社区应急治理机制

党的领导制度是我国的根本领导制度，党的领导制度是实现社区重大突发公共事件应急治理的坚强政治保证。党的十九届四中全会指出，"中国特色社会主义制度是一个严密完整的科学制度体系，具有统领地位的是党的领导制度。"中国共产党是坚持与时俱进、勇于自我革新的伟大政党，新时代中国共产党的历史使命是继续推进实现中华民族伟大复兴，坚持党的集中统一领导制度，形成党建引领社区治理、众志成城、高效执行、整合协同的治理体系，有效动员社区、调动各组织和广大人民群众的力量，把制度优势凝聚成合力、持续深入落到实处。如何将我国的制度优势得以有效发挥，并转化为社区防范重大突发公共事件影响，有效发挥中国制度的显著优势，把制度优势转化为政治优势与组织优势，从而转化为制度势能、实践动能与执行效能，最终转化为社区治理效能目标的实现，前提是要坚持党的领导（施生旭，2020）。疫情发生后，以习近平同志为核心的党中央高度重视，第一时间召开专题会议全面部署全国疫情防控治理，各基层社区在党建引领下有效开展疫情防控治理，取得显著的治理成效。

## 2.2 社区制度韧性：健全社区应急法治制度体系

社区制度韧性越强，其制度设计及体系就越有延续性与保障性。健全的社区法治制度体系是社区制度韧性的重要内容，是建设法治社区和解决重大突发公共事件的重要保障。2006年国务院颁布的《国家突发公共事件的总体应急预案》指出应急管理体制构建的重要性与必要性。在社区依法治理上，必须全面提高依法应急治理能力，从而为化解重大突发公共事件影响提供法治保障。党的十九届四中全会提出，"构建职责明确、依法行政的政府治理体系"，建构社区应急治理的权责体系是韧性社区应急治理制度体系建设的前提，需要建设相关预案和明确细则、细化职责清单等，并以文件或规定等形式形成法制化。就新冠肺炎疫情来说，相关的立法部门应该进一步完善野生动物保护法和传染病防治法等相关的法律条文，建立完善的法治制度体系。社区疫情防控治理工作则是一个复杂的系统工程，涉及卫生医疗系统、食品安全系统、交通物流配送系统等各个方面，体现在社区疫情的报告、信息数据的收集与发布，疫情防控治理的决策部署、决策执行、决策监控、决策处置和决策总结等各个环节。因此，健全社区应急法治制度体系，必须从科学立法、严格执法、公正司法、全民守法全方位来推进，从而不断提高社区应急依法治理能力。

## 2.3 社区技术韧性：优化社区应急治理智慧系统

社区技术韧性就是运用物联网、大数据、人工智能等信息科学技术来实现社区应急治理的信息化、智能化、精准化和效益性。借助信息科学技术支撑力量，优化社区智慧治理系统成为韧性社区应急治理的发展趋势。当社区人力物力有限和相应力量无法达到监控的时候，信息科学技术由于具有智能化高、传输性强和感知性快等有效特征，能够对社区进行多角度、全方位和全天候的实时智能化、精细化和持续性监测，解决传统应急监控人文因素的缺陷，有效扮演了社区"安全眼"的角色（庞宇，2016）。强化大数据智能化应用，基于大数据、人工智能等信息科技技术或产品开展立体化、网格化、地毯式排查源头，可以有效预防和化解重大突发公共事件的发生。当重大公共卫生事件发生时，基于信息科学技术的智慧治理系统，可以增强社区危机防控和应急治理的针对性、有效性和精准性。现今，进入疫情防控常态化阶段，相关疫情防控检测监测技术产品比较完善，一些社区基于这些产品有效开展疫情防控检测监测，大大提高了社区的安全性。未来，社区还需要构建灾害预警系统和完善防控应急治理信息系统的建设，不断优化社区智慧应急治理系统，建设智慧韧性社区。

2.4 社区设施韧性：夯实社区应急治理基础设施

社区作为应对重大突发公共事件的前沿阵地，社区应急基础设施建设对有效解决社区重大突发公共事件风险起到基础性作用。需要不断夯实社区应急治理基础设施建设，以实现韧性社区推动和确保社区安全建设。社区应急治理基础设施主要包括了灾害监测预报预警平台设施、防灾减灾应急避险场所与物品、社区公共卫生基础设施与相关预防物品等。新冠肺炎疫情发生后，我国绝大部分社区存在疾病预防与治疗等卫生医疗保障物品的严重短缺，如口罩与消毒液等医疗物品无法正常配给，在一定程度上体现出社区应急治理能力的短板，严重制约了社区有效应对疫情防控治理。我国社区发展存在极大的不平衡性、不充分性和不均衡性，尤其经济发展较落后的城镇地区和偏远乡镇社区的基础设施建设更加薄弱，无法有效满足重大突发公共事件而产生的社区危机应急治理。新时期，要加强城镇社区改造更新，要从社区长期发展和面对重大突发公共事件的应急治理能力体系建设出发，做好社区功能混合的多样性公共空间设计与规划，强化韧性社区应急治理的软硬件基础设施建设，以此完善韧性社区应急治理能力体系。

2.5 社区主体韧性：有效动员公众的广泛参与

在重大突发公共事件应急治理中，社区工作管理人员的社区管理专业素质、为民服务思想素质、应急沉稳应对心理素质和动员组织公众参与治理素质等对韧性社区应急治理的整体水平起到直接影响作用。相关管理部门应把社区管理人员纳入继续教育培训体系，不断传输与时俱进的韧性社区应急治理理论知识，提高社区工作管理人员的应急处治能力与水平，推动韧性社区治理的发展。社区还需要构建突发公共事件应急治理体系，向社区居民广泛宣传普及防灾减灾等各类应急知识。社区是一个治理共同体，韧性社区应急治理的实现，不仅是社区工作管理人员义务，还需要发挥社区居民的主观能动性，积极地参与配合。社区的每一个居民，都是这个共同体的管理者、参与者，社区发展的推动者。社区居民来自各个地方、所在工作单位来自各个部门，社区居民对社区的认同和理解非常重要，社区居民中有很多优秀专家，他们既能参与和影响社区，也能为韧性社区的未来发展贡献力量。建立韧性社区，提高社区的应急治理水平，就需要借助社区居民的力量，把动员组织社区居民广泛参与社区公共事务的管理建设成为习惯性行为，有效发挥治理共同体成效。

同时，重大突发公共事件的应对主体还包括企业、社会组织等。重大突发公共事件的影响范围扩大后，会导致当地各种资源无法在短期内有效满足需求，因此就迫切需要动员企业、社会组织等其他主体的参与（高小平，2018）。一定程度上，社区、企业与社会组织形成应急治理合力，可以通过调动社会资源来弥补社区资源的不足，通过共建合作、购买服务等方式提供更专业的社区应急公共服务，维护社区稳定的生活生产秩序，有效满足社区重大突发公共事件防治的需要（鲁全，2020）。在这次疫情防控中，企业、各类社会组织也发挥了巨大的作用，不仅为疫情重灾区募集物资，筹集善款，更是在条件允许的情况下，在抗疫一线提供帮助。例如，在疫情重灾区武汉市，一些企业和社会组织得到有效的动员，积极融入社区疫情防控中，为社区疫情防控提供及时有效的后勤保障等。

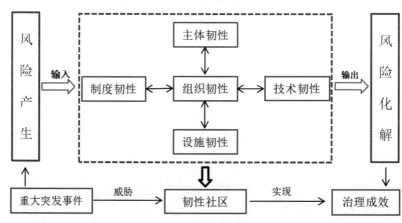

图 1 韧性社区应急治理逻辑分析框架

资料来源：作者自绘

3.我国韧性社区应急治理体制优化的策略选择

3.1树立全周期管理意识，实施韧性社区应急系统规划

全周期管理意识体现了动态管理与闭环管理精神，社区全周期管理包

含社区应急风险评估、运行监测和总结评价等周期和公共突发事件背景下社区应急治理的事前预警、事中处治和事后恢复管理等全周期闭环管理。基于全周期管理意识实施韧性社区应急系统规划要以韧性建设为抓手，做好韧性社区规划、建设、管理、更新等各个环节，统筹考虑各类资源，在系统上构建社区"事前、事中、事后"全方位应急动态监控体系，源头上构建社区突发事件应急预警机制，构建基层党建引领社区、居民、社会组织等公众有效参与的机制，建设信息科学技术在社区应急协同治理的支撑系统，实现社区系统治理、综合治理、法治治理、源头治理及各种治理相结合的应急治理体系，不断健全完善以复杂性和不确定性为特征的突发公共事件的韧性社区治理机制。因此，将韧性社区建设列入"十四五"规划和中长期发展规划，修订完善社区重大突发公共事件应急预案体系和应急预案等相关法规办法，为建设可持续发展的韧性社区奠定法治基础。通过社区赋权和多主体参与合作作为韧性社区建设的重要内容，在观念上和理论知识上提高社区治理主体的认识，提高韧性社区民众突发事件应急知识与能力，以此强化韧性社区应急治理的各个要素组合效果。

3.2 创新社区党的建设，完善党建引领韧性社区应急治理模式

党的十九届四中全会提出，"必须加强和创新社会治理，完善党委领导、政府负责、民主协商、社会协同、公众参与、法治保障、科技支撑的社会治理体系"。众所周知，新冠肺炎疫情暴发以来，社区组织的战斗力和疫情防控治理成效与社区党建的建设力量存在高度相关性，不少社区在创新党建引领社区疫情防控治理取得显著的成效，为建设韧性社区共建共治共享的共同体起到标杆示范作用。2020年7月24日，习近平总书记在吉林考察时强调，"要加强党的领导，推动党组织向最基层延伸，健全基层党组织工作体系，为城乡社区治理提供坚强保证"。因此，韧性社区应急治理机制的完善，需要创新党建引领社区治理模式，通过基层党的建设来激发各个治理主体在韧性社区的责任感、认同感与使命感，实现各个治理主体共同参与韧性社区治理，构建常态化韧性社区治理成效评估机制，实现良性循环的共同监督与共同管理效应，促进韧性社区共同体的实现。

3.3 完善社区应急法治建设，提升韧性社区治理制度执行力

应急预案法律法规是韧性社区应急治理的保障，是健全社区党建引领

的自治、法治、德治相结合的社区治理体系重要内容，也是实现韧性社区治理有效的重要保障。需要顶层设计上开展韧性社区法治制度体系建设，对韧性社区应急治理的主体地位、部门权责、资源配合、处治流程、预案方案设计等进行明确的规定要求，形成相应的法律法规或措施办法等，并构建相应的制度体系。当重大突发公共事件发生时，社区存在较多的不确定性、叠加性和动态发展性等风险，甚至发展为多次复合危机。只有加强韧性社区应急预案法律法规建设，不断完善多方案应对处治体系，才能够对韧性社区重大突发公共事件发生的预警、处治和后管理等各个阶段进行有效的处理。同时，社区重大突发公共事件包含不同的领域内容，如公共疫情事件、公共卫生事件、公共安全事件、洪涝灾害事件等，韧性社区应急法治制度体系应该包含这些相关领域，从而构建起一个完整的韧性社区应急法治制度体系，以提高社区治理的韧性。在此基础上，要加强相应的韧性社区应急法治的培训和宣传，必要时候开展相应的应急演练，以提高韧性社区治理制度的执行力。

3.4 加强社区应急数字技术建设，增强韧性社区治理的智慧化和精准化

党的十九届四中全会提出要"推进数字政府建设"，数字技术赋能韧性社区应急治理建设成为社区建设的重要支撑作用。在完善韧性社区应急治理过程中，依托大数据、人工智能等信息技术实现社区应急治理的智能化和精准化。进入互联网信息时代，社区的应急治理越来越依托和强调信息技术的所发挥的作用，社区应急治理更需要技术赋权于社区全周期管理，甚至实现社区的跨周期设计和调节。借助数字通讯技术及相应的产品，构建韧性社区"事前预测预警、事中预警应急、事后反馈提升"等各阶段全周期的智慧化监测预警机制（周霞等，2019），从而实现韧性社区重大突发公共事件的预警，第一时间采取相应的措施把危机遏制于萌芽中，或获得更多的准备时间来应对，从而实现危机的处治化解。还可以更加灵活和精准的处治各类重大突发公共事件，避免产生复合危机事件，最大限度地降低相应的损失，如基于数字通信技术及产品，能够有效定位与追踪受灾人员所在地理位置，能够更好地实现数据共享分析和数据挖掘分析实现多方协同合作，为应急处治提供更精准的科学决策支持（庞宇，2016）。同时，事后治理阶段也更需要数字通信技术，以促进韧性社区常态化管理的尽快恢复和韧性社区的

智慧化治理。

3.5 注重社区应急基础设施建设，增强韧性社区治理的冗余性和稳健性

应急基础设施是影响韧性社区应急治理效能的基础要素，通过加强应急基础设施建设来增强韧性社区应急治理的冗余性和稳健性（彭翀等，2017）。新时期，我国社区存在高风险性与不确定性等挑战，加大资金投入用于完善维护社区公共安全的应急基础设施势在必行。应急基础设施健全与否，对韧性社区的应急治理具有重要影响，即面对重大突发公共事件时，在基础设施完备的情况下，才有可能把社区危害降低到最小的程度。韧性社区应急基础设施建设主要包括硬性的固定基础设施设备和软性的公共卫生医疗产品设备等，要注重采用新技术、新材料、新设备等，配置光电、风力等新能源设施，以提供社区内固定基础设施的工程韧性（周霞等，2019）。根据突发公共事件的等级和危害程度，需要重视对老旧社区、基础设施差和人口密度大的社区等进行改造与提升，政府部门需要协同社区所在的体育场所、酒店、学校等公共场地建设应急安置方案，还需要加强一定层次的社区所在卫生部门公共卫生医疗产品设备储备，以提高社区应急基础设施的韧性，从而增强韧性社区治理的冗余性和稳健性。

3.6 激发社区应急治理的多主体参与，提高韧性社区合作治理合力

建设社区治理共同体，需要有效动员各个主体积极性与能动性参与社区治理，以提高韧性社区合作治理的合力。构建具有韧性、协同性、可修正性的社区应急合作治理合力是新时代社区应急治理的重要途径（颜德如，2020）。首先，社区居委会等管理人员应树立社区危机应急治理意识，通过多途径掌握社区应急治理知识来提高相应能力，通过动员发挥居民的自主能力有效参与到社区的建设，为韧性社区应急治理建言献策。其次，构建居民参与社区管理的体制机制，让社区居民自主管理、自主负责社区的基本事务，有效参与到重大公共卫生事件处治的决策以实现自我服务。再次，降低社区企业与社会组织等参与社区建设的准入门槛，基于党建引领机制下有效开展与社区企业、社会组织等合作，如采取社区与社会资本共建、购买服务等各种方式，借助社区外主体资源融合社区多元发展，增强社区风险防范的能力，以提高社区应急治理的灵活性与有效性。

4.结论与讨论

社区是社会治理的最基础单元，是应对公共突发事件的最前沿。在后疫情防控背景下，社区如何有效应对重大突发公共事件产生的应急治理，构建有效的应急治理体制，把我国国家制度优势转化为社区应急治理效能，是各个部门治理能力建设的"大考"。国外一些社区合理的空间体系、全面的风险管理系统和完善的基础设施等是开展韧性社区应急治理的典型经验。新冠肺炎疫情给我国社区应急治理敲响了警钟，需要增强社区治理主体的应急专业素质，加强居民的安全与应急治理教育，充分发挥多元主体在应对重大突发公共事件中的积极作用，有效发挥数字技术在社区应急治理的作用，完善韧性社区的应急治理机制，建立和完善基于风险管理的社区公共安全体系，包括预警系统、预防系统、应急反应体系和恢复重建体系。因此，韧性社区应急治理建设是其重要的途径和发展趋势，相关部门要把韧性社区与应急治理建设二者有效结合，将应急治理渗透到韧性社区发展的各个方面，用全周期管理意识指导韧性社区应急治理的建设，实现"减灾示范社区"到"韧性社区"的转变与发展。相关政府部门及管理人员树立全周期管理意识，从公共价值治理角度出发，构建分类制定并实施社区风险防控应急治理策略和预案，吸纳多主体参与全过程管理，通过集体行动促进社区的主体能动性，提高社区的自治韧性，有效执行国家应急治理政策，从内外部各个角度塑造良好韧性社区环境，提升韧性社区应急治理水平，完善韧性社区应急治理能力体系。

# 基于博弈核仁权重和连续最优距离测度的多属性群体决策方法

文/林 健 陈日清

**本文摘要**：连续距离测度是描述不确定群决策中方案关系的有效工具。首先，定义了一种新颖的连续最优有序加权拟平均算子（COOWQA）算子，分析了COOWQA算子的几类特殊情况及其满足的优良性质。其次，基于COOWQA算子给出了COOWQD测度的直观表达，提出考虑决策者交互信息的博弈核仁权重。基于核仁权重的关联特征，生成正理想COOWQD测度和负理想COOWQD测度，采用 $\lambda$ -模糊测度获取了各决策者集的测度值。最后，建立了GDM-CN区间群决策算法，并将其应用于知识管理系统的选择问题，验证了算法的合理性与有效性。

（文章略）

---

**第一作者简介**：林健（1983— ），男，福建农林大学副教授。

# 历史与文化研究

# 张睦与海上丝绸之路

文 / 福州市社科联　闽侯县社科联

## 一、主要章节

本书收录省内外文史专家学者关于古代海上丝绸之路的重要奠基人张睦的主题论文13篇，内容涵盖张睦生平及后裔事迹、拓海兴商实践及当代意义、张睦与甘棠港关系、海上丝绸之路发展史、古代福州海外经贸发展、"海上福州"到"一带一路"的发展等内容，填补了福州"海丝"历史研究人物群体方面的空白，具有开拓性价值。

## 二、内容简述

张睦（850—926），字仲雍，号孔和，河南光州固始县人，唐末五代年间随闽王王审知入闽，在闽为官期间是鞠躬尽瘁、夙兴夜寐，开矿铸币、招揽商贸，立足内贸、发展外贸，主持开辟黄岐港等重要港口，促使茶叶、丝绸、瓷器等产品外销印度、印尼、朝鲜等地，为古代福州乃至福建地区的经济发展做出了突出贡献，被认定为古代海上丝绸之路的重要奠基人之一。

近年来，福州的海上丝绸之路研究进入了一个空前繁荣的新阶段，张睦作为海上丝绸之路的奠基人，也不断进入学者的研究视野，基于对张睦生平和思想的研究已成为闽都文化、福州古代经济发展研究和海上丝绸之路发展史的研究的一个重要课题。

本书收录了省内外高校和研究机构的知名专家学

者的学术论文，质量高，涉及范围广，实用性强。一是"群贤毕至，少长咸集"，论文作者既有省内知名的史学界研究专家，也有来自国内知名高校的业内翘楚，既有资历丰富的资深学者，也有年轻有为的青年才俊；二是"闳其中而肆其外，致广尽微而有余"，文章内容涵盖了海上丝绸之路的历史变迁、福州在海上丝绸之路发展史中的历史地位和海上丝绸之路功臣张睦的丰功伟绩等，十分丰富全面；三是"坐而言之，起而可设，张而可施行"，论文不仅学术性强，而且都具有较强的实用性，对福州海上丝绸之路文化的挖掘研究和发扬光大，对闽都文化的传播和弘扬都有较强的指导意义。

## 三、重要观点

海上丝绸之路是中国与外国交通贸易和文化交往的海上通道，为中外政治经济文化交流发展做出巨大贡献。自古以来，福州和闽侯就是海上丝绸之路重要节点和枢纽，是国内外客商从事国际贸易的重要海上出入口，被誉为"海丝门户"。五代闽国时期，闽王王审知治闽，鼓励农商，拓展海运，时任榷货务的张睦组织修建甘棠港、旺岐港，疏浚河道，拓展与新罗、天竺、东南亚等地贸易，是福州海上丝绸之路重要的开拓者之一。

张睦为唐末五代福建的海外商业贸易事业做出巨大的贡献，遂使王闽政权经济发展，国有富饶，政权稳固，当唐末五代社会动荡之时，福建成为相对稳定的一块乐土。宋开宝年间，吴越王钱氏奏请朝廷为忠懿王审知立祠，并以张睦、孟威等二十六人配享庙庭。可见，张睦是辅佐闽王王审知的首要功臣。

闽侯县南屿镇张氏宗祠题匾"港号甘棠""石震黄岐"，是甘棠港在福州的又一文物证据。港，是行舟的水道，即航道。闽江航道入海口琅岐门狭窄难行，主管外贸的张睦奏请王审知派刘山甫炸礁拓宽航道，假借上天显灵上报朝廷，唐哀宗敕号为甘棠港以资鼓励，张睦后裔引以为豪，所以南屿张氏宗祠出现"港号甘棠"题刻。"石震黄岐（即今琅岐）"与《王审知德政碑》所言一致。从新发现的"港号甘棠""石震黄岐"八字，以及港字古义，再现汉唐中国最早的海上丝绸之路历史，更加明确了唐甘棠港在福州这一论断。

立足中国实践、总结中国经验、解决中国问题，是实现中国哲学社会科学话语体系创新的关键。福州海上丝绸之路话语权的认知评价和中国特色社会主义理论的建设无不体现中国思想界、学术界、理论界的创新能力提升。张睦研究必须用现代话语阐释中国实践、凝练中国理论，在内容、载体、系统等三个层面推进福州海上丝绸之路话语权影响力建设。

福州港是中国近代最早接触西方现代文明的区域之一，始于秦汉的海上丝绸之路，连绵不绝延续到现代。福州港的兴起是福建古代海上丝绸之路在近代的延续和发展，对福建"后海禁时代"外贸格局的形成与发展具有肇始和推动作用。

## 四、理论创新

本书创新研究新视角、新方法，从福州"海丝"历史人物群体研究入手，围绕"海丝"奠基人丰功伟绩、福州"海丝"历史发展展开论述，梳理福州对外交通、经贸往来的脉络，宏观与微观结合，丰富了福州古代经济发展、历史人物研究的内涵，为研究海上丝绸之路的价值理念与时代意义提供重要的历史借鉴。

## 五、学术与应用价值

本书结合田野调查，运用文集、方志、档案等多种史料，基于张睦生平和拓海兴商实践的研究，深入探讨海上丝绸之路的历史变迁、福州在海上丝绸之路发展中的历史地位和经济文化方面的贡献，是一本研究人文历史、宣传福州、传承闽都文化，图文并茂、深入浅出、可读性强的科普读物，对于学习了解福州的海上丝绸之路发展史及其独特贡献具有非常重要的启迪意义。

作为社科普及读物，本书发行省、市高等院校图书馆和社科研究机构。相关单位为本书隆重举办新书首发式，引发众多省内知名史学界研究专家和高校学者高度关注，学习强国、人民网、腾讯网、东南网、台海网、《福州日报》、福州新闻网等媒体转载报道，进行推广宣传，取得良好的社会反响。

## 六、出版情况

本书由海峡文艺出版社于2021年10月出版，总字数为126000。

# 福州市人力资源和社会保障志
# （1949—2018）

主编／王命瑞

---

隔代写史，当代写志。《福州市人力资源和社会保障志（1949—2018）》是福州市人社部门的第一部志书，也是福建省第一部人社志。该志如实记录了福州市保障和改善民生70年历史中的主要工作和重要事件。

## 一、主要章节

《福州市人力资源和社会保障志（1949—2018）》遵循详今略古的原则，全书上限为1949年，下限为2018年，记叙的时间跨度为70年。以2005年为界，志书分为上、下两卷，设10篇61章，另有概述、大事记、荣誉榜、附录等内容，近220万字，收录珍贵图片百余幅、统计图表上百个。其中，上卷第一篇时限为1949—2018年，记叙了福州市人社局、直属单位和县（市）区人社局的机构沿革与人员编制情况；第二篇至第五篇时限为1949—

2005年，记叙了该时间段福州市劳动就业、人事管理、社会保险、人才引进、干部调配、工资福利等领域重点工作及重要成就。下卷时限为2006—2018年，总共分为五篇，分别为劳动管理、人事管理、社会保障、法制建设和行政审批以及县（市）区工作。

为保证记述的完整性、连续性，上、下卷部分内容适当上溯、下延。

## 二、内容简述

从1949年、1951年，福州市劳动、人事部门伴随着福州市人民政府成立而成立，70年间，为适应各个时期的政治形势与经济发展状况，福州市劳动部门机构、职能多次重新配置、调整，人事部门更是经历了"4设3撤1合并1转隶"的过程。该志采用述、记、志、图、表等体裁，以志为主体，忠实还原了70年间福州市人社部门的历次改革变迁。"彩页"以图片形式展现福州人社事业发展情况；"概述"统领全书，体现总貌；"大事记"记载大事、要事、新事，按时间顺序排列；"荣誉榜"收录2006—2018年福州市人社局、直属各单位省级及以上集体荣誉，县（市）区人社局市级及以上集体荣誉；"志"以横排门类、纵述史实为原则，设卷、篇、章、节，部分节下设目。因机构分合演变复杂，历史业务难以接续，为编纂方便，本志上卷第二篇至第五篇直接复载两轮《福州市志》（下限至2005年）所记载的劳动、人事、编制、社会保障等篇章，并保留其原始篇章节名称；下卷则记述2006—2018年的相关业务内容。

## 三、理论创新

一是按照横排竖写的原则撰写，突出业务的起始、转折和结束等重大节点，记好大事、要事，反映时代、地方、部门特色；二是志书内容全面，数据翔实，进行了大量数据整理统计，为了解和研究人社工作打下坚实基础；三是志书覆盖面广，不仅全面呈现当前人社部门各领域工作，还将已转隶的公务员考录考培、外国专家管理、医保、军转干部管理等业务情况囊括其中，也收录了各县（市）区人社事业发展情况，全面展现全市人社系统发展历程；四是创新采用重要政策"附文献"的方法，将人力资源和社会保障相关制度文件予以标注，成为极具实用性、参考性的"福州人社政策工具书"。

## 四、学术与应用价值

首先，该志是一部专业厚重的人社领域教材和工具书。全方位反映了

70年来福州市人社事业发展脉络，以上百张数据图表记录了福州市历年劳动就业、人才引进、职业技能培训、行政机关事业单位考录等情况，为后来者留下了一部系统、翔实的部门史料，也为人社部门在历史中思考提炼社会治理的新智慧，续写民生靓丽成绩单提供了宝贵经验。

其次，该志也是福州市经济、社会、民生领域的知识宝库，以丰富翔实的历史数据，忠实、详尽地反映70年间福州市经济、社会、民生的发展轨迹，内容涵盖劳动就业、社会保障、人力资源开发、人事管理、劳动关系等领域，为今后研究人员分析研究人社工作、民生工作奠定基础。

最后，该志还是充满了人文关怀的福州人社家谱。书中记录了上千个名字，彩页中收藏了上百张照片，记录下了一代又一代人社干部职工的芳华岁月和青春风采，书写了一代代人社干部初心不改，用自己的青春和辛勤的汗水，为社会发展、民生福祉贡献力量，是一部弥足珍贵的人社干部家谱和人生纪念册。

## 五、出版情况

该志于2020年9月由中国文史出版社出版发行。

# 千年侯官村

文/叶 红

## 一、内容简述

侯官村位于今闽侯上街镇，是福州市著名的历史文化名村。早在唐武德年间（618—626），就是侯官县的县治（县城所在地），成为当时政治、经济和文化中心，历时160多年。它的名字，在1000多年的时光里，曾一度被作为福州的代名词。这里，也曾是闽江流域重要的港口之一，凡福州西行的船只都要在此靠泊。2019年6月，侯官村被列入第一批福建省地名文化遗产"千年古村落"，再度引起社会各界的普遍关注。研究和记录侯官村的自然、政治、经济、文化、社会等，对于深入挖掘闽都文化、弘扬中华优秀传统具有深远的历史意义和学术价值。在国家大力实施乡村振兴战略的大背景下，如何在城镇化的过程中，留住乡愁，记住乡音，事关城镇化进程的人文关怀和文化保护，事关文化血脉的传承。

《千年侯官村》一书内容涵盖侯官村的建置沿革、名称由来、区划变迁、山川地理、特色物产、历史遗存、宗族姓氏、集镇街巷、民间信仰、传统习俗、名胜古迹、村庄人物、古今艺文等，举凡侯官村境内的自然、政治、经济、文化、社会等，各种地情要素尽收其中，系统全面地展现了侯官村的地情百科知识。

作者简介：叶红（1967—　　），女，中共福州市委党史和地方志研究室经济师。

科学记录侯官村城镇化进程，反映城镇化成就，运用一个有代表性的点来折射时代变迁的光影，为今后探索城镇化发展规律、积累经验提供基本素材，助力乡土文化传承，推动乡村文化振兴。

## 二、主要章节

本书共分为"它曾是'福州'的代名词""优越独特的自然禀赋""富有包容精神的乡村个性""西门外，侯官市""历史遗存与红色印记""民间信仰和传统习俗""吾乡·吾民""文人、书画家笔下的侯官"等八个章节，书中巧妙融入了作者的思考和评说，集知识性、趣味性、思想性于一体，充分引领读者回溯和追忆、寻觅与缅怀，沿历史大河逆流而上，直至它的源头。

## 三、重要观点

《千年侯官村》是历史上第一部全面介绍侯官村村史村情村貌的文史著作，在该领域具有开创性的作用。目前，国内一些学者和文史爱好者对侯官村的历史已有关注，但多专注于"港口"或其他某个领域的研究，缺乏系统性的梳理。本书作者秉持严谨的治学态度，凭借深厚的文学功底，全面、系统、客观地记述这个区域的自然、政治、经济、文化和社会的历史与现状，理清其发展脉络，深入浅出，内容鲜活，图文并茂，融知识性、学术性、可读性于一体，把侯官村的前世今生明白晓畅地展现而出，充分展示名村文化魅力，激发爱乡、爱国情怀，具有学术研究与科学普及的双重意义，在村史村志类著作中具有显著的创新性。

## 四、理论创新

本书在对大量史料、典籍的爬梳剔抉基础上，结合田野调查，举凡地理环境、地名沿革、历史遗存、宗族姓氏、集镇街巷、民间信仰、传统习俗等都作了详细的描述，系统完整地展现了传统村落的社会风情，具有浓厚的"村落民族志"色彩。民族志书写的一个重要特点是描述细腻，书中"老油坊"一节，描述了老油坊的分布及位置、主要设备和器具、劳资构成及关系、生产规模和经营方式、油坊日常作息、社会影响、演变与结局等。一方面保存了有关老油坊异常珍贵的口述访谈资料，另一方面也揭开了传统村落社会生活神秘的面纱，为那段历史留下宝贵的光和影。"螺女庙与田螺姑娘的传说"一节则体现了作者对文献史料的搜集、整理和考订功底。广搜大量有关螺女的志书、笔记、诗文，参互考寻、择善而从，在此基础上又有自己的思考，打开了一扇借由文献、口头传说及实地调查感悟探讨人类心灵世界的大门，极具学术创新的魅力。

## 五、学术与应用价值

本书作为福州社科普及读本，一经问世就受到社会各界广泛关注和普遍欢迎，一年后就进行第二次印刷，发行量突破1万册，也成为福建省委党校学员的案头书。福建省委党校副校长刘大可为本书做的书评《将学问做在大地上——读叶红〈千年侯官村〉》，分别发表于《福州日报》2020年11月28日第10版、《福州文史》2021年第1期、《农家书屋》2022年1月刊。福建省作家协会副主席钟兆云为本书所写序言《江水无弦万古琴——叶红〈千年侯官村〉序》，分别发表于"学习强国"福建学习平台2020年11月10日、《福州日报》2020年10月26日第6版、《福州文史》2020年第4期。二者都对本书做了专门的宣传和推介，对文献史料的搜集、整理、考订和写作功力予以充分肯定，认为作者通过踏实的田野调查、严谨的史料爬梳、深厚的文学功底，忠实还原和记录时代的真实，为一个千年古村的历史存证，使本书集知识性、趣味性、思想性于一体，具有学术研究和科学普及的双重意义。

本书被福建省图书馆、福州市图书馆、福建省档案馆、福州市档案馆、闽侯县档案馆和华东师范大学、福建省委党校等高校图书馆永久收藏，并得到社会各界特别是侯官村村民的一致欢迎，反响热烈，有的读者还专门来信对作者表示由衷的敬佩与感谢，表示本书对于弘扬中华优秀传统、助力乡村文化振兴，有重要而深远的意义。

## 六、出版情况

本书由海峡文艺出版社于2020年10月出版，总字数为180000。

# 福州烟台山：文化翡翠

文/岳 峰 兰春寿 李启辉

---

## 一、主要观点

本书以中英双语介绍烟台山六大文化主题：地理环境与街巷格局、历史沿革与文化名人、文化交流与过往外事、商贸旧事与隐秘遗迹、建筑风韵与名宅旧址、人文习俗与史志文萃。散布各处的历史建筑每一处似乎都诉说着曾经发生的岁月故事。将它们在修缮后活化为艺文空间，成为新旧交融的载体，代表着对旧时的怀想，也成为孕育新文化的基地。本书用故事唤醒记忆，延续历史文脉，增加城市底蕴。

## 二、学术贡献

在研究历史文化的基础上讲好福州发展的故事，彰显较强的涉外文化交流价值与社会价值，同时蕴含一定的历史价值。全书旨在研究历史文化的基础上讲好福州发展的故事，向世界展现真实、立体、全面的中国和提升福州国际开放城市的形象。

## 三、创新

本书是宣传推介福州市非遗文化的重要作品，是

---

作者简介：岳峰（1966— ）福建师范大学外国语学院博士、教授、博导。

关于烟台山的第一部中英双语书，也是第一部配有视频的新形态书，传统纸质形式与新兴数字媒体有机融合。英文视频经福建电视台推送，由《中国日报》《香港商报》、凤凰卫视、华人头条、《海峡导报》等多家国际媒体在海外播放。

## 四、实践意义

本书力求在研究历史文化内涵的基础上讲好福州城市发展的故事，彰显中西文化交流价值，提升福州作为国际开放城市的人文形象，央广网、福建电视台与《福州晚报》等媒体与机构多次报道。

## 五、社会影响

（1）此书视频由福建电视台向《中国日报》《香港商报》、凤凰卫视、华人头条、《海峡导报》等国际媒体推送播放。

（2）央广网进行了报道：

http://www.cnr.cn/fj/rdzt/xysydh/tssy/20210717/t20210717_525537200.shtml

（3）福建电视台进行了报道：

http://www.fjtv.net/haibo4/folder1728/folder3638/fujianxinwenlianbo/2021-07-17/3794393.html?_t=1628149363

（4）由中共福州市委文明办、"学习强国"福州学习平台推荐上"'阅'向未来，云享书'福'喜迎二十大"推荐书单

https://www.163.com/dy/article/H5QQP2EQ0514S7GR.html

（5）仓山区人民政府：

http://www.fzcangshan.gov.cn/xjwz/xxgk/gzdt/tpxw/202107/t20210719_4144136.htm

（6）《福州晚报》、光明网、东南网均有报道，韩国学刊《东亚研究》刊载书评。

出版：福建人民出版社 2021 年 7 月出版，47.4 万字。

## 附本书序

烟台山史称仓前山，位于福州仓山区闽江南江滨，南望五虎，北眺三山，具有"苍山烟霞、高丘低江"的景色，是整个福州古城传统中轴线序列的南端。特殊的地理位置和优美的自然景观条件，使其成为近代福州的领事区、外贸基地和航运中心，同时也是福州地区辛亥革命策源地，具有百年发展历程的多元社区，具有独特的历史文化价值。作为福州最早"华洋杂处"的开放窗口，烟台山曾经见证了近代中外文明碰撞的初期场景，留下了丰富的历史遗韵与人文底蕴，形成了独特的街区风貌。

烟台山并不高，被高低房屋、翁郁树木覆盖着，有故事却不那么显山露水。只是静静等着有心人来惊艳。要细数江上晨昏，我们得从平地起步，沿着地势平缓而渐高的山南麓，横穿马厂街、麦园路、乐群路，一层层升到山顶，再顺着修葺一新的美国领事馆前的长长石阶，一步步降下来。拐个弯，闽江突然就在眼前了。

闽江自西而东入海。在这江海交汇的城邑，多少过客征鸿，偶然将生命之锚暂抛于此，于焉感悟于焉畅怀。1895年7月，27岁的保罗·克洛代尔，漂洋过海只身来华。这位法国象征派诗人马拉美的朋友，大文豪罗曼·罗兰的中学同学，先后任驻上海领事、驻福州领事、北京法国使团首席秘书、驻天津领事。这一待就是15年。他在福州的家，就在烟台山乐群路23号，法国领事馆旧址。

记忆里的福州，在克洛代尔心头，永远是流淌着"玫瑰与蜜的颜色的地方"（《中国风物》）。他把最美好的年华留在这里，与这东方古国相见恨晚：在住所游廊上，与午后江风盘桓相晤；在无尽乡野，让清澈充沛的诗灵，借助老子哲学，验证"感觉的神学"。也在这里遭遇激情，煎熬过"天上的爱与人间的爱"的痛苦挣扎。中国的宁静古朴，深深吸引着这位厌恶欧洲"现代文明"的天主教徒。他在中国发现了灵魂方舟。古老文明激活且维系了他的信仰。他拥有了两个世界，既是传统边缘的守护者，也甘愿在新与旧、东方与西方之间，做个奔劳黾勉的摆渡人。借前工业化时代的中国，窥见鲜活"往昔"，为欧洲"现代病"开具药方。

克洛代尔是一辈子把福州当家的。离开福州多年后，他还在《札记》里念叨："真的，只要一闭上眼睛，我立刻就觉得自己还在我福州家里的游廊下面，午后清风徐来，分外凉爽。"

他写进"中国风物"的福州，早已换去旧颜。1921年，作为资深外交官的克洛代尔，足迹几遍全球，阅历不可谓不广，可途经香港时，一旦忆起那"玫瑰与蜜的颜色"，思念便迅如骏奔："让我再看一眼福州，再作一次回顾和怀旧的访问吧！我觉得，仿佛有一堆事物在招呼我；而过去我多曾忽略！让我重新觅得这遗忘了的伟大眼泪的源泉吧！"（《认识东方》序）此时他53岁，离开中国已经12年，可这呼唤竟还那般年轻，惆怅竟如许炽烈！是的，乐群路23号，那一座双层洋楼，曾有一位诗人灵魂呼吸的气息，还有文化碰撞中精神扩容的声音，以及那火焰般狂热而绝望的爱恋。

克洛代尔的福州烟台山故事，令我们好奇而沉思，那早已逝去的世界，让我们伫立遐想，而这只是发生在烟台山历史街区那无数个中外文化交汇故事的一个缩影。

驻足烟台山历史街区，走在清净的小巷里，很难不注意到已显老态的砖墙后，那一栋栋静谧，散发着悠久历史所赋予的独特而神秘气息的老洋房。特别是烟台山南坡的麦园路、槐荫里、乐群路、复园路一带，成为人们眼中福州最洋气的街区。时时可见三角梅下掩映下的红砖老洋房，斑驳却兀自风姿绰约，是颓而不丧的老派风华，那老红砖的暗沉里，藏着有阅历的稳重高贵。让我们好奇的是，这些古旧的洋房到底经历了什么样的沧桑？烟台山在那个风雨飘摇的年代，在这一地区，扮演了一种什么角色？

一座城市的伟大、一片街区的著名，往往不在于建筑的高度，而在于历史文化的深度。历史街区是地域文化传承的重要载体，就如一座城市的守护者，不仅见证了城市发展变迁的进程，而且体现出城市文化风貌的价值。冯骥才曾言道"一个城市的街道就像一棵树的千百条根须，其中最粗的根就是这城市的老街，它深深扎在城市生命的深处，也深深扎在自己的记忆里；它是城市活着的物质遗存，也是城市宝贵的精神遗产。"（《老街的意义》）

经调查统计，目前在烟台山将近9平方千米区域内，有外国使领馆建筑15座、教堂8座、教会医院3处、教会学校11座，还有洋行百余座，以及为数众多的别墅、公馆、民居院落等各具风范的西式建筑，被誉为"万国建筑博览会"。

早在2014年，福州市就出台了《福州历史文化名城保护规划（2012—2020年）》，明确划定福州仓山烟台山历史文化风貌区和马厂街等历史建筑群，要求"在旧城更新中切实加强对历史遗存的保护"，为具有历史意义与文化价值的街区保护和开发，指引了方向。

文化是城市的灵魂，城市的精神不在于拥有多少大广场、大建筑，而在于生活其中的人的精神面貌。只有那些蕴涵自己独特历史文化底蕴的东西才会具有永久无限的魅力，这是一种最深厚、可持久利用的经济资源。烟台山建筑和里弄街区所浓缩和留存的，正是历史的印痕。漫长的岁月，磨损了她的棱角，却沉淀下了历史文化的厚度。

烟台山历史街区的最大特色是散布各处的历史建筑，那些老洋楼、老木屋、庙宇、老影院，以及旧石阶、古榕等，每一处似乎都诉说着曾经发生的岁月故事。将它们在修缮后活化为艺文空间，成为新旧交融的载体，代表着对旧时的怀想，也成为孕育新文化的基地。用故事唤醒记忆，延续历史文脉，增加城市底蕴。

作为近现代福州走向世界的一个窗口与中外文化交流的核心区域，烟台山历史文化街区需要的或许不仅是活化与再生，而是每个参与者注入新的活力，在回忆的长廊上注记专属自己的独特证明，在百转千回的心路上展示自己独具的巧思。

习近平总书记2014年2月25日在北京市考察工作时指出，"历史文化是城市的灵魂，要像爱惜自己的生命一样保护好城市历史文化遗产。"为充分发掘福州烟台山的历史文化价值，我们通过普查历史档案资料，从地理环境与街巷格局、建筑风韵与名宅旧址、历史沿革与文化名人、文化交流与过往外事、商贸旧事与隐秘遗迹、人文习俗与史志文萃等六个方面，全面展示作为"文化翡翠"的烟台山历史文化遗产及其深厚人文底蕴，传承城市记忆，促进文化再生。同时，通过讲好福州城市发展的故事，彰显中外文明交流互鉴的价值，借此提升与展示福州作为国际开放城市的人文形象。

# 家族·开发·变迁：唐宋以降福建北溪流域的社会发展

文 / 黄艺娜

## 一、主要章节

本书的框架由7个章节组成。第一章简要介绍唐宋以来九龙江北溪中下游地区的自然环境和社会环境。第二章分别对唐代北溪中下游地区的土著少数民族和陈元光集团进行探讨，包括他们所扮演的历史角色和所发挥的历史作用。第三章考察宋代北溪中下游地区的经济开发和文化养成的情况。第四章以银塘赵氏为例，探讨明代北溪中下游地区家族社会的变迁。第五章以浦南墟为例探讨明清以降北溪社会的商业化转进。第六章利用民间收集的珍贵文献资料，复原雍正三年（1725）发生在北溪中下游的碧溪、玉兰两村的宗族械斗及其善后处理的历史，探讨清初闽南家族势力的消长对地方社会秩序的影响、宗族械斗频发的根本原因。第七章总结北溪中下游地区在不同阶段的开发程度及与之相对应的开发策略；分析影响开发进程的自然环境因素和社会环境因素。

## 二、内容简述

本书以习近平新时代中国特色社会主义思想为指导，基于大量的历史文献和丰富的社会调查资料，立

---

**作者简介：** 黄艺娜（1989—　），女，福建技术师范学院讲师。

足于历史学本位，吸收社会学、人类学、民俗学的理论和方法，选取九龙江北溪流域的开发主力金沙、银塘、玉兰、碧溪等四个村落作为典型，厘清唐宋以降北溪流域的自然开发、族群演变、精神建构、商业化转进、宗族势力的消长和地方秩序的重建等开发的历史脉络，分析时空变迁引起家族发展策略的转变，探讨北溪社会形态的转型，探究逐渐形成的北溪地域性格，提炼贯穿开发北溪始终的核心精神。

## 三、重要观点

九龙江北溪流域的开发史，固然不能忽略土著少数民族族群的贡献，但更应关注陈元光父子平定九龙江两岸的"蛮獠之乱"、奏请建置漳州的历史功绩，后者在九龙江北溪流域开发进程中具有里程碑的意义。陈元光开漳事件所具有的拓荒精神成为构筑北溪早期精神社会的重要部分，其影响延续至今。而追随陈氏父子的其他开漳将士的后裔，在北溪中下游一带肇基繁衍，成为汉民族开发北溪的先声。分别对唐代北溪中下游地区的土著少数民族和陈元光集团进行探讨，包括他们所扮演的历史角色和所发挥的历史作用。（第二章）

考察宋代北溪中下游地区的经济开发和文化养成的情况。经济开发方面，以"四乔木"之一的碧溪杨氏为例，详细论述开漳部将后裔肇基的历史渊源及开发举措：不仅勤于山林的拓荒，还利用北溪中下游广阔的洼地、池塘等进行家禽养殖，同时保持自身优势，注重家族的初步建构，适时地从军功家庭转型，确定耕读传家的生存策略，走出杨汝南等先贤。文化养成方面，以被誉为"北溪先生"的陈淳为例进行探究：宋代北溪中下游地区科举之风兴起；朱熹知漳时陈淳等人受道，师友相成，理学氛围日趋浓厚；而陈淳关于民间信仰的系列文章，也可视为本区迎神赛会盛况的力证。（第三章）

以银塘赵氏为例，探讨明代北溪中下游地区家族社会的变迁。银塘赵氏是宋室后裔，因为政治避难扎根北溪后，在传统渔猎与农耕的经济积累的基础上，进行一系列敬宗收族的措施，包括置产业、扩烝尝、建祖祠、修族谱等；为实现家族庶兴，在宗族子弟中培育各色人才，推崇举业，注重与当地其他大族的联姻；经营以龙潭墟为代表的族墟，开辟商业新领地；乡贤名宦带领族人造福地方，修桥铺路、塑造龙潭"十八景"，在北溪民众心中

树立传统家族式村落的典型形象。总之，明代北溪中下游地区的家族社会得到强化，经营空间也有所扩展。（第四章）

利用民间收集的珍贵文献资料，复原雍正三年（1725）发生在北溪中下游的碧溪、玉兰两村的宗族械斗及其善后处理的历史，探讨清初闽南家族势力的消长对地方社会秩序的影响，认为清初人口的剧增和家族的兴衰，导致资源分配不公的矛盾激化，为争夺更好的生存和发展空间是宗族械斗频发的根本原因，而清代社会自治体制的削弱是导致宗族械斗频发的重要原因。清代闽南家族势力严重挑战着国家权威，并对清代中后期社会秩序产生重大影响。（第六章）

总结北溪中下游地区在不同阶段的开发程度及与之相对应的开发策略；分析影响开发进程的自然环境因素和社会环境因素，其中，社会环境包括外界移民的不断迁入与本区人口的自然增长、宗族制度与家族社会的演变、地方秩序与国家治乱等因素；认为经济开发对文化发展起决定作用，但存在迅速与缓慢、直接与间接、明显与隐晦的差别；从民间信仰和理学等方面探讨北溪中下游地区的民众在开发过程中所进行的精神文化世界的建构；认为本区民众在开发过程中既具有沿海人民开拓进取的精神，又夹杂着山区封闭保守的因子，形成慎终追远、安土重迁、崇文尚武、柔中带刚的地域性格；最后，尝试对所研究的北溪中下游地区的继续开发提出建议。（结语）

## 四、创新之处

一是选题新。九龙江作为福建省内仅次于闽江的第二大河流，其干流北溪中下游地区学界涉及较少，研究较为薄弱，有较大的研究空间。

二是材料新。本书提供许多第一手珍贵资料：通过数十次田野调查，考察大量的宫庙、祠堂、渡口、古墓，多次参加迎神赛会、祭祖活动、赛龙舟等民俗活动；与50多位当地人访谈后记录的十几个新的传说故事；约20份主要编修于明清时期的族谱、家谱；16方明清碑刻等，可以为未来研究福建地方史提供珍贵的资料。

## 五、学术与应用价值

本书以独特的视角观察福建九龙江北溪民众的开发史，对福建民间信仰、民俗、社会生活史都有重要参考价值。

本书进一步拓展福建地方史和流域史研究；进一步促进历史流域学的学科建设；研究渡口与圩市的兴衰嬗变等，进一步丰富古代海上丝绸之路文化研究等。

本书也有助于促进闽台文化交流合作；有助于汲取九龙江北溪流域在开发过程中所体现出来的生态文明建设的智慧；有助于挖掘北溪流域古村落中的银塘赵宋皇室后裔宗祠、民间信仰、国家级非物质文化遗产"浦南古傩"等乡土传统文化内涵，助力乡村文化振兴，具有一定的现实意义。

## 六、出版情况

本书由社会科学文献出版社于2020年4月出版，总字数为295000。

# 夏丏尊与开明书店精品出版

文 / 庄艺真

---

开明书店（以下简称"开明"）是中国现代出版业界翘楚，其出版物以内容新、质量好、品位高、装帧精而著称于世，有不少是当时受欢迎、而今仍有旺盛生命力的精品。在精品出版过程中，开明对于"为什么要出精品""精品要有什么样的内在品质""怎样出精品"所做的有益探索，对于出版人和出版单位或有借鉴意义和启示价值。

## 一、出版育人：为"学和受教育"出精品

夏丏尊在开明事业起步阶段受邀担任开明编译所所长，主持开明的编辑出版工作近20年，对开明影响颇大。他认为"在学校里边学，在学校里边受教育"是狭义的"学和受教育"，"按照广义说起来，学和受教育是'终身以之'的事情，离开了学校还可以学，还可以受教育，而且必须再学，必须再受教育"。因此，主张办刊出书要为读者终身的"学和受教育"服务。在夏丏尊的影响下，开明秉持出版育人理念，致力于为读者的"学和受教育"出版精品书刊。

1.突出育人功能，为"学和受教育"服务

秉持出版育人理念，与夏丏尊的自学成才经历有关。夏丏尊年少时因学费无着等原因，虽进过几所学校但都没学到毕业。好学的他，大量买书、读书。他说："我生活费中至少十分之一二是消耗在书上的。我的房子里比较贵重的东西就是书。"通过从高质量书刊中汲取精神营养等多种自学渠道，

---

作者简介：庄艺真（1974— ），女，福建农林大学社会科学处学术期刊部副主编。

他成长为我国现代著名的教育家、文学家、翻译家、出版家。丰子恺对他的评价是:"博学多能,除了音乐以外,诗文,绘画(鉴赏),金石,书法,理学,佛典,以至外国文,科学等,他都懂得。"自学成才经历既让他深刻体会到从高质量书刊中汲取精神营养的重要性和必要性,更让他清醒地意识到出版在时空上具有比学校教育更深广的文化育人功能。教书育人一般只能让教师所面对的学生受惠,而出版育人则可以惠及众多的现实读者。当他入主开明从事出版工作后,自然有着为读者终身的"学和受教育"出版高质量书刊的强烈责任感和使命感。他凝聚开明人,通过出版高质量书刊努力为读者终身的"学和受教育"服务。

2.明确出版方向,重点为青年的"学和受教育"奉献精品

1926年开明初创时,办刊出书并没有明确的目标方向。1927年已有20多年教育工作经历的夏丏尊到开明主持编辑出版工作。他有感于全国数十万"年龄悬殊趋向各异"的广大青年"彷徨于分叉的歧路,饥渴于寥廓的荒原",以强烈的文化教育责任感和使命感精心创办《中学生》杂志,发挥了一个教育家在出版活动中的特长和优势。《中学生》"以新思想、新知识滋养、教育青年一代,满足广大青年学习科学文化知识的渴求",一面世便备受欢迎,迅速成为广大青年的良师益友。以此为契机,夏丏尊凝聚同人共识,明确地把为青年的"学和受教育"出好书确立为开明的重要出版方向,并以其作为教育家、文学家、翻译家的影响力和号召力,团结了一群不求名、不图利,愿意为文化教育出版事业、为青年教育奉献自己的优秀的"开明人",包括叶圣陶、周振甫、傅彬然、王伯祥、顾均正、徐调孚、贾祖璋、丰子恺、钱君匋等,在业界创立了独特的"开明风"。谦逊恳切、朴实无华的"开明人",严肃认真出好书的"开明风",明确为青年的出版方向,形成了开明的核心出版优势。发挥优势,夏丏尊等开明人为青年的"学和受教育"出版了系列好书,形成了鲜明的"开明书刊"特色,其中有3/4左右是为青少年精心制作、量身打造的,有不少至今仍具有强大的生命力。面向重点读者群系列化出书,而且是系列化出精品书,使开明在读者中产生了巨大影响,成为一块极有名气又极具吸引力的招牌,而这进一步促进开明形成优质的作者队伍、丰富的优质稿源、稳定的读者群体、通畅的营销渠道,使开明在良性循环中为读者奉献了一个又一个的精品力作。

## 二、注重品质：追求创新性和文化价值

夏丏尊认为出版发行的目的在于将有价值的出版物提供给人阅读，强调书业要"以传达文化，供给精神食粮为职志"。为了更好地传达文化、供给精美的精神食粮，夏丏尊等开明人在精品书刊的策划、生产中尤其看重书刊的创新性和文化价值。

### 1.注重出版物的内容和形式创新

创新性是精品的内在品质之一。诗经、楚辞、先秦散文、汉赋、唐诗、宋词、元曲、明清小说，这些不同时代的文化精品之所以至今仍有顽强的生命力，是因为它们都是某一时代具有创新性的作品。开明以创新求生存、图发展，尤其注重出版产品创新，无论内容，还是形式，都努力做到人无我有、人有我优、人优我特。创办初期，为满足国文老师教学需求，开明开创性地推出《开明活页文选》，选择古今范文，加以标点分段，用四号字排印，不论长短，每篇单独成页，供读者任意选购，并根据读者需求代为装订成册，"在当时比商务、中华的课本，还要受国文教师的欢迎"，既为开明赢得了口碑，也为开明进军教科书市场打下了基础。针对中学生普遍存在的读写问题，夏丏尊和叶圣陶合著出版的《文心》，别出心裁地将中学生所需的读写知识融入一个个趣味盎然的故事中，成为我国语文教育史上有深远影响的著作。开明书刊内容方面的创新不胜枚举，可贵的是这些创新都不是盲目地求新求异，而是以满足读者需求为前提，以有益于文化发展为目标。因此，每次创新都赢得一大批读者的关注和支持，而这正是开明精品书刊的顽强生命力之所在。为了使所出书刊更加精美，开明在书刊的装帧设计、开本选择、标点符号运用、印刷装订等方面都进行了有益的创新。比如，请钱君匋、丰子恺精心设计书刊封面、插图等，使开明书刊新颖别致；创印大32开本，代替25开本，使印刷装订更容易也更美观；开创"开明标点"，将直排书的标点位置从文字中间改为文字右下角，让读者阅读起来更舒服；采用了对开或四开标点，使版面更加美观；采用锌板镀铜等新工艺，设计软布面精装，使装帧形式更丰富，等等，在当时都是开风气之先。注重内容与形式创新的开明精品书刊，让读者耳目一新、喜闻乐见、爱不释手。

2.追求出版物的文化价值

出版的本质是文化，有文化价值的出版产品才算得上精品。出版史上有影响的精品，无一不是极具文化价值的。开明"把文化的发展、积累，把对人民的教育、提高"，"放到了至高无上的地位"，在精品出版实践中坚持文化第一的价值导向，尤其看重出版物蕴含的文化价值。在《开明书店始业宣言》中即明确表示："我们对于出版书籍的选择，当取谨慎的态度，不单以盈利为标准。非比较有价值的读物，决不随意发刊。"无论是在青少年读物、中小学教科书的出版中，还是在新文学书刊、古籍和工具书的出版中，都追求出版物的价值，尤其是文化价值。《辞通》是朱起凤以毕生精力编写成的大型辞书，极有价值。当时不少出版单位因本书生僻字多、排版难、成本高、销路有限可能会亏本等原因拒绝出版，而章锡琛、夏丏尊等开明人看中的是本书的学术价值和文化价值，认为"如此巨著，不应任其湮没"，毅然决定予以出版，体现出了有担当的出版人的胆识、眼光和以文化为重的精神。事实上，《辞通》出版后，"士林交誉"，开明因此树立了良好的社会形象，而且在赢得口碑的同时赢得市场，取得良好的"双效"：《辞通》首印一万册两个月内就售罄，加印数万册仍供不应求。高度的文化自觉，追求出版物的文化价值，这是开明人办刊出书能确保高质量的深层次原因。

## 三、打磨精品：有责任担当和工匠精神

出版因人而兴，打造精品关键靠人才。开明人有思想、有情怀、有担当，是开明出版精品力作的核心人才，他们在精品打磨过程中，把"为了读者、不负读者"的责任担当精神和"一丝不苟、精益求精"的工匠精神等贯穿始终。

1.为了读者，不负读者

开明人无论做什么，都要"俯仰无愧"，对得起良心，对得起读者。用叶圣陶的话说，就是"我们决不肯辜负读者"。开明这种"为了读者，不负读者"的责任担当，最根本的是体现在为读者奉献精品的出版努力上。一是决不出坏书。为了切实服务于读者的"学和受教育"，开明坚决不出版"对读者没有好处甚至有害的东西"，"决不为了追求经济效益而不顾社会效益"，因为"唯利是图"与开明人"意趣不相容"。二是有益于读者的，哪怕

亏本也出。比如，《中学生》杂志的出版。夏丏尊说："《中学生》印刷纸张成本要一角三分，外加发行邮费，刚刚相等于定价一角五分。编辑费和稿费完全要亏本，每年需一万元。所以，《中学生》多销一份，书店方面便多亏损一份杂志的本钱。"但主编夏丏尊和编辑叶圣陶等开明人并没有因"编辑费和稿费完全要亏本"而懈怠，而是始终不忘办刊初心，牢记"对全国数十万的中学生诸君，有所贡献"的办刊使命，坚持办好一期又一期，从创办伊始至抗战前夕先后为青年读者奉上了近百万份"好懂、好看"的《中学生》，"教育了整整一代青年"。三是挖掘源头活水，奉献精品力作。夏丏尊等开明人广交朋友，广结善缘，想方设法网罗优质作者，在与作者的交往中，"保持开明人与著作者共同创造文化的亲密无间的人际关系"，在作者群中有极佳的口碑和极高的信誉。许多作者乐意以他们的原创力支持开明，将心血之作交由开明出版，如茅盾的《子夜》、朱自清的《背影》等。有的作者甚至慕名主动上门或经人介绍到开明出好书，如编写《辞通》的朱起凤、编写《开明英文读本》的林语堂等。

2.一丝不苟，精益求精

打磨出版精品，需要有"一丝不苟，精益求精"的工匠精神。夏丏尊等开明人以工匠精神对待精品出版工作，突出体现在以下两个方面：一是"兢兢业业、一丝不苟"的工作作风。开明人是一批志同道合的文化人，胸怀为青少年服务、为文化教育作贡献的远大志向，把开明的出版事业看成自己终生的事业，对待工作兢兢业业、一丝不苟。如宋云彬负责审读、加工《辞通》时，"每遇疑难，辄商之先生，三四年来，往返函牍，亦既盈尺"。二是"没有最好、只有更好"的极致追求。开明人把对编辑出版工作的精益求精，看成是对读者、对作者、对社会负责的大事，因此对书刊质量有着非常严格的要求，各环节都追求完美。校对时，"总要千方百计从校样中找出错字来，包括用错的标点符号，一一加以改正。有的书已经印好，因发现了一个错字，也要返工重印"。对于纸张选用、装帧设计等方面，也是精益求精。出版《子恺漫画》时，起初用普通纸张印刷，效果不是很好，于是决定把印好的全部作废，换优质纸张重新印刷。此举虽使开明蒙受了一定的损失，却使丰子恺的漫画一举成名。林语堂编写的《开明英文读本》内容上已足够有市场竞争力，但开明锦上添花，请丰子恺配随文插图，加上精印和硬纸面布脊精装，使该教材大放异彩，畅销了20多年。对于已出版的书刊，开明登报申明："希望批评界与一般读者，加以严格的指摘，内容形式如有缺陷，或再版改正，或毁版停售。"有缺陷即改正或停售，足见开明对出版产品质量的极致要求。

## 四、结语

开明以育人为本，坚持社会效益第一，为了读者的"学和受教育"，为了国家的文化事业发展，高度重视书刊"质"的锻造，以"为了读者，不负读者"的责任担当精神和"一丝不苟，精益求精"的工匠精神，在精品出版中追求文化价值、注重产品创新，努力为社会奉献精品力作，在满足广大读者需求的同时获得企业自身的发展壮大，从员工只有四五个人、资金不足5000元的弱小机构发展成"规模仅次于商务、中华、世界和大东，排行第五"的"享有良好的口碑"的出版单位。其在精品书刊出版方面的成功探索，于今仍有借鉴和启示意义。

出版人和出版单位可以从开明打造精品力作的探索中汲取成功经验，在新时代出版业高质量发展新征程中，多出精品，用更多的精品力作来记录当代历史、传承中华文明，满足人们日益增长的精神文化生活需要，为全民阅读提供优质的精神食粮，为文化强国建设提供有力的思想支撑和精神力量，为我国走向世界舞台中央、赢得世界话语权提供更多高质量的、有世界影响力的出版物，用文化软实力来体现中国对世界的影响和对人类的贡献。

# 福建省福州市抗日战争时期
# 人口伤亡和财产损失

文 / 福州市委党史和地方志研究室

## 一、主要章节

本书是一部反映日本侵华战争时期，福建省福州市人口伤亡和财产损失情况的综合类专著，主要章节包括总序和福建省福州市抗日战争时期人口伤亡和财产损失调研报告、专题、资料、大事记四个部分及后记、总后记共七个部分。其中，福建省福州市抗日战争时期人口伤亡和财产损失调研报告是综述部分，从概述、福州地区的自然条件和抗日战争前及战争中的人口和社会经济变化状况、侵华日军在福州犯下的主要罪行、抗战时期福州地区人口伤亡和财产损失情况、结论5个方面阐述了福州市抗日战争时期人口伤亡和财产损失的基本情况，揭露了日本军国主义疯狂的反人类本性和阴魂不散的日益右倾化倾向，表明了中国人民坚决维护国家主权、领土完整和世界和平的决心。专题部分分2个专题对抗战时期马尾造船厂损失情况和抗战时期连江县渔业损失情况进行了详细分析。资料部分包括158份档案资料、66份文献资料和35份口述史及回忆资料，是综述部分有力的资料支撑。大事记对整个侵华战争时期福州抗击日寇和人口财产损失情况的主要事件进行了记录。全书共计58万字，其中插图20多幅，内容较翔实，资料较完备。

## 二、内容简述

中国人民抗日战争是中华民族抵抗日本帝国主义侵略的一场规模巨大的战争。日本侵略者肆意践踏人类的公理和正义，企图以残暴杀戮的手段，将中华民族置于自己的铁蹄之下。他们强占土地，杀害居民，掠夺物资，强征劳工，施放毒气，蹂躏妇女和儿童，毁坏和窃取文物，造成了大量的人员和财产损失，给中国人民乃至亚洲其他许多国家人民留下了巨大的创伤，给世界文明造成了空前的破坏。据不完全统计，整个抗日战争期间，中国军民死伤3500多万人；按1937年的比值折算，直接经济损失1000多亿美元，间接经济损失5000多亿美元。

本书是抗日战争时期中国人口伤亡和财产损失课题研究的一部分，被列为《抗日战争时期中国人口伤亡和财产损失调研丛书》的B系列。课题是在中共中央原党史研究室和中共福建省委原党史研究室的领导下，自2006年3月起分阶段逐步实施的。通过搜集整理的大量一手原始资料，按照课题报告、专题分析、各类资料（包括档案资料、文献资料、口述回忆资料）、大事记四个部分，真实、客观、准确地披露了日本侵略者从1931年"九一八"事变至1945年8月抗战胜利期间，重点是两次侵占福州及所属各县期间犯下的令人发指的罪行，用无可辩驳的史实揭露了日本军国主义的恶劣暴行。

## 三、重要观点

本书主要观点体现在第一部分第5节第56页的两个方面的结论：

一是从经济社会方面看，人口大量伤亡，财产损失严重，经济惨遭破坏，社会大幅倒退。日本侵略者狂轰滥炸，大量的工厂厂房、机关、学校、居民住房、交通要道等基础设施被毁坏殆尽；他们肆意戕害无辜民众，无数冤魂惨死在侵略者的刀枪棍棒之下；他们大肆掠夺经济资源，造成市面商铺倒闭，物价暴涨，市场萧条，人民生活穷困潦倒，整个社会经济陷入严重衰退，大量难民灾民流落街头，饿死、病死、冻死或被无故杀害的不计其数。

二是从精神心灵方面看，文化遭到摧残，精神受到奴役，战争阴影难除，身心备受煎熬。日军的入侵迫使大、中学校大量内迁，图书、仪器等教学设施在内迁搬运过程中大幅丢失损坏。占领福州后，日军极力推行愚民政策和奴化教育，对新闻、出版、电影、广播诸业实行严厉统治。日军的暴行给福州人民带来的身心创伤刻骨铭心，凡日军侵占过的地方，无不十室九空，到处是断垣颓壁、千疮百孔，肉体之痛随着时间的消失还能慢慢冲淡，但心灵的创伤却永远难以抹去……

## 四、理念创新

本书的出版填补了福州地区抗日战争时期人口伤亡和财产损失的权威资料空缺，对于我们牢记历史、不忘过去、珍爱和平、开创未来具有重要的启示意义，也是不可多得的史实类书籍。

## 五、学术与应用价值

在人类不断追求和平美好的大趋势下，日本军国主义却阴魂不散，右倾化日益严重，不断挑起事端，美化侵略战争，叫嚣要修改和平宪法，严重违反了世界和平发展的大潮流，引起中国政府和人民的强烈愤慨和高度警惕。十二届全国人大常委会第七次会议正式以法律形式确定9月3日为中国人民抗日战争胜利纪念日，12月13日为南京大屠杀死难者国家公祭日，表明了中国政府的严正立场和中国人民坚决维护国家主权、领土完整和世界和平的决心，进一步警醒我们永远不要忘记日本侵略者给中国人民带来的深重灾难，珍爱和平、开创未来，为实现中华民族伟大复兴的中国梦而不懈奋斗。

## 六、出版情况

本书由中共党史出版社于2021年12月出版，总字数56万字。

# 汇选那菴全集

文 / 陈庆元

《汇选那菴全集》，陈庆元点校，36万字，广陵书社，2019年版。点校底本：日本内阁文库藏崇祯刻本。附录五种：辑佚，诸家序，传记，集评，商梅年谱。

商梅（1587—1637），原名家梅，字孟和，号那菴，福建福清人，后随父移居省城福州，而其弟仍居福清。商梅父在江西赣州一带任过知县，汤显祖为之作过寿诗；商梅和汤显祖也有诗歌往来。商梅父转任竟陵知县。万历三十七年（1609）之后，商梅以太学生的身份，屡到南都参加举子试，均落第。商梅有园在福州乌石山之麓，名"玄旷园"。商梅往返于闽吴间，居闽与居吴时间几乎各半，最后客死太仓。

万历四十一年（1613），商梅在京城随马之骏之吴关，马氏序其诗集。商梅追随锺惺之后数年，于万历四十二（1614）或四十三年（1615）将自己的诗集《种雪园》交由锺惺为之选梓。天启四年（1624），商梅又把《种雪园》及之后所作诸集，编为《那菴诗选》，锺惺序之。崇祯九年（1635），冯元飏为商梅选刻诗集，于虞山、娄江两地梓行。《那菴全集》有商梅自序、锺惺序、李继贞序。此集封面题曹能始（学佺）等六人"汇选"，据各卷卷端题名，参与选诗的只有四人，依次是：锺惺、钱谦益、冯元飏和谭元春，每人选十卷。选诗署名的是四人，实际上最后参与定稿的是钱谦益和冯元飏两人。

商梅诗集，今传仅《那菴全集》。《那菴全集》四十卷录万历四十年（1612）至崇祯元年（1628）十七年诗。锺惺卒于天启五年（1625），《那菴

---

**作者简介：** 陈庆元（1946— ），男，福建师范大学教授。

全集》四十卷本，是锺惺卒后钱、冯所编定。商梅还有《黍珠楼诗稿》，刻于万历三十四年（1606），所收诗最晚止于此岁，为商梅少作，谢兆申为之序；集已佚。崇祯八年（1635），商梅游粤归来还有《粤诗》二卷，此二卷所作当限于往返粤西一年左右的时间。商梅嗜诗，据《那菴诗选》四十卷推测，商梅每年所作诗都在两三卷之间，估计一生所作诗在七十卷左右。

崇祯九年（1636）《汇选那菴全集》分别在虞山与娄江两地梓行。该集封面题：曹能始、钱牧斋、锺伯敬、冯留仙、谭友夏、李宝弓汇选。曹学佺（1574—1646），字能始，侯官（今福州）人，万历二十三年（1695）进士，有《石仓全集》。钱谦益（1582—1664），字受之，号牧斋，常熟人，万历三十八（1610）进士。有《初学集》《有学集》《投笔集》。锺惺（1574—1625），字伯敬，竟陵（今湖北天门）人，万历三十八年（1610）进士，有《隐秀轩集》。冯元飏（1586—1644），字尔赓，号留仙，浙江慈溪人，崇祯元年（1628）进士，有《留仙诗集》。谭元春（1586—1637），字友夏，竟陵（今湖北天门）人，天启间乡试第一，有《谭友夏合集》。李瑞和（1607—1686），字宝弓，号顽庵，别号鹿溪耄夫，漳浦人。崇祯七年（1634）进士。曾任松江府推官，有《莫犹居集》《墙东集》。一部诗集，由五位进士和一位解元汇选，"阵容"不可谓不强大，何况曹学佺、钱谦益、锺惺、谭元春都是万历中后期、天启，以至崇祯间很负盛名的大诗人。

表面上看，一部《汇选那菴全集》把曹学佺、锺惺（还有谭元春）、钱谦益几位选家"绑"在一起，让他们框在同一个框子里了。曹学佺曾经批评过锺惺诗"有痕"，锺惺甚为不快。曹学佺生前曾为钱谦益集作过序，还应钱谦益之请，为其母作过寿序；南明隆武朝亡后，曹学佺自缢死，钱谦益读曹学佺为林古度作的寿序，感佩其人；可是后来撰《列朝诗集小传》，对曹学佺却有所保留。锺惺生前，我们一时找不到他与钱谦益酬倡的直接证据，但是从曹学佺《题锺伯敬钱受之诗卷跋》看，曹学佺、锺惺、钱谦益、商梅互为素交之友。商梅请钱谦益为其在锺惺选过诗的基础上再行择选，而且把他的名字排列在锺惺之后，钱谦益似也很自然地接受这项工作。通过对商梅与曹学佺、钱谦益、锺惺交往的观察，通过对《汇选那菴全集》编选的观察，万历崇祯间钱谦益与竟陵诗人的相处应当和睦的。

入清之后钱谦益被征召，再后来编刻《列朝诗集》，对竟陵转而极度不满、甚至视竟陵诗为国家衰败之"征兆"，斥之为"诗妖"。牵连所至，凡与锺、谭过往的，大多遭其不同程度抵诃，钱氏进一步说："吴、越、楚、闽，沿袭成风，如生人之戴假面，如白昼作鬼语。"钱谦益自万历后期与商梅交往二十余年，酬倡诗估计有百首以上。他的《初学集》录有若干首崇祯元年（1628）之前的旧作，与商梅酬倡诗一首不存；崇祯之后若干年，商梅入吴多半是为了钱谦益，《初学集》也见不到两人任何一首的酬倡诗。入清之后，钱谦益对素交好友商梅的态度也发生很大的变化，变化的重要原因，自然也是商梅曾与锺、谭过往太密、商梅将自己归于楚派的缘故。

应当说，钱谦益对商梅还是感念的，感念之一，是商梅入吴多半是为了钱；感念之二，商梅请钱作序；感念之三，也是最重要的，钱谦益银铛而行，商梅力不能从，幽忧发病而死。钱谦益不失为一位有情人。钱谦益对商梅的批评主要集中在与锺惺竟陵的交往方面，比较于钱谦益对蔡复一、王思任等人的批评，钱谦益对待商梅要客气得多了。钱谦益批评商梅追随锺惺，要点有四：一、失却少时才调。二、诗风变为幽闲萧寂。三、诗的内容不是太浅就是蕴藉不够（不读书、不汲古事）。四、苦吟。本来，苦吟未必是缺陷，但是钱氏"铁心役肾"数句的夸饰，显得作诗并非美事。如此这般，商梅写出来的诗还有何美感可言？揶揄挖苦，对待昔日的好友，未免太过，而究其实，与其说是揶揄商梅，还倒不如是挖苦竟陵。不多读书，不汲古事，也是针对竟陵发的。"幽闲萧寂"，则接近于竟陵的"深幽孤峭"。

马之骏序商梅诗，言商梅早年诗"秾缛彫绘"，可能只是商梅周旋于歌馆的那部分作品。商梅早年的诗风，当从谢兆申《黍珠楼诗稿序》求之，谢氏拈出情、韵、清、空、神、淡、玄诸字评之，"玄而无色""韵而无声"，以为："其诗则以柔淡为宗，而不与市诗者竞户。"至于追随锺惺之后，马之骏说商梅诗变而为"淡远古质"，马氏所言，似乎未得其要领。商梅早期诗已不存，故无法从作品的先后对比来评论之。我们试就商梅追随锺惺之后的作品分析其诗与锺惺诗的异同。万历四十年（1612）冬，商梅随锺惺入都，一路酬倡。这一时期，是商梅追随锺惺最火热的时期，也是他热衷楚诗的时期，诗句散文化，好用虚字，清幽简淡。如果把商梅诗杂于锺惺集中，初看恐亦难分辨彼此。不过，锺惺诗似较可玩味。就诗意而言，商似浅于锺。

晚明闽人善画者较多，或许各有专攻。莆田人曾鲸，专攻人物肖像，商梅则擅长山水木石。商梅善画，家居、出行、客友人园宅、入山访寺，往往有友朋、女流僧乞画；有时是自己主动赠画。有画，便有题诗。商梅认为诗（文章）与山水画的精神是相通的，无论是诗是画，都有魂魄、都有精神在；诗不能直观、是无色的山水画；山水画可以直观，是有色的山水诗："古今文所结，山水理相通。自可生情性，真能表化工。""曾以文章有魂魄，岂与世人论典籍。山水乃是文章色，笔墨之际持其迹。就中别有灵慧脉，昔者来兹理不隔。""文章生草树，朱粉结精神。"我们有一种感觉，商梅是在用写山水诗的精神画他的山水画，是在用他画山水画的情性写他的山水诗。至于他的山水诗或题山水画诗，很多时候都很难加以区分清楚。

山水诗与山水画，相映成趣，这也是山水画上多有题画诗的原因。画中的题画诗，有时是其他诗人所提，而画师自己题的似更多些。一般说来，山水画的是山水木石，难得见到人影，商梅题画诗有时则稍加点破或提醒。

商梅题画诗、山水诗，设色清柔，力求创造空明澹远的境界。他的山水画，或者他的山水诗，其物件以落叶、秋水、孤峰、片石、烟云、寒山、幽涧、月光、竹色为多。他的山水诗、山水画，绝无秾丽的色泽，绝无惊天地动鬼神的气魄。诗画偶有写花色，但仅限于兰和水仙，绝无大红大紫、鲜艳夺目那种。"山水存乎人，所入有浅深。寄在笔墨中，非以笔墨寻。偶然写此理，远近成烟林。重泉界寒翠，幽石纳层阴。神迹行溟蒙，静者同为心。"不错，烟林泉石都是写山水的诗料或画料，但是诗人、画家对同一山水的理解有浅有深，在笔墨中，又不完全在笔墨中。诗人画家的心境精神不同，体会也不同，商梅的体会，全在一个"静"字，即所谓"疏林与寒泉，声闻入静趣"是也。

商梅的生活始终离不开吟诗作画，而且常有人乞诗、乞书、乞画，无论吏民、僧道、女流，他也不怎么吝啬。就交友而言，无论是闽（曹学佺）、是楚（锺、谭）、是吴（钱谦益）、是中原（马之骏），商梅都以真情真心相待。就学诗而言，万历四十年（1612）之后，商梅虽然尽弃之前诗而追随锺惺，但是他在闽始终与闽中诗人保持良好关系，始终尊重曹学佺及其诗；与钱谦益游，酬倡亦多。锺惺卒后，他先后请钱谦益、曹学佺续选其诗。商梅卒后十年，钱谦益作《列朝诗集小传》批评商梅学诗不专，表面上看是不错的。闽人商梅学楚，几乎同时，商梅又与钱谦益游，归闽家居时又与闽人酬倡。

我们冷静仔细分析一下《汇选那菴全集》，可以发现，十七年间四十卷诗风格前后基本一致，商梅也没有因为与钱谦益游而改变其诗风，也没有因为与曹学佺往来较密，而转而追随石仓。钱谦益入清后所编《列朝诗集》，猛烈抨击竟陵，商梅既是锺惺知己，也是自己的知己，故批评商梅较其他沾上楚派之名的诗人婉转，所谓学诗不专，指的不就是追随竟陵、身为闽人却成了楚派吗？试想，如果商梅转而学钱谦益，钱氏能说他学诗不专吗？

钱谦益猛烈批评竟陵的时间点，是入清之后纂辑《列朝诗集》并撰小传时的事了，此时锺惺已经去世二十多年，商梅去世十有余年。钱谦益与竟陵对立，文学史上几无异辞。但是一部天启间、崇祯间汇选的商梅诗集，却透露一个消息：钱谦益曾经在锺惺选诗的基础上，再次选商梅诗，两位选家的名字紧挨，锺前钱后；而联系锺、钱的人则是自称楚派的闽人商梅和他的《那菴全集》。这样一个事实，至少可说明：一、商梅是钱谦益的知己，同时又是锺惺的知己，钱谦益完全可以接受这种事实；二、钱谦益天启、崇祯不一定能赞同锺惺的诗歌观，但看不出对锺惺有什么嫌恶。这说明，钱谦益对竟陵的认识的转变有一个的过程。

文学现象往往是复杂的。长期以来，我们受到一种"非此即彼"思维定式的影响。商梅也自称是楚派，且为锺惺知己；既然既是楚派又是锺惺的知己，怎么可以成为楚派论敌钱谦益的知己呢？钱谦益怎么可以和亲密到同舟同宿呢？商梅每次归闽，钱谦益怎么可以几百里相送？这种判断，既有时间点错位的判断，也有"非此即彼"思维定式在作怪。

商梅虽然自称楚派，万历四十年（1612）之后，他的诗的确也比较接近竟陵，但这不妨碍他喜欢钱谦益的诗，也不妨碍他喜欢闽人曹学佺的诗；反过来，也不妨碍钱谦益接受他的诗，不妨碍钱谦益和他长达二十年的酬倡；也不妨碍曹学佺与他论诗，时有过从、时有雅集。我们的一个基本观点是，万历、崇祯间的诗人，他们之间的交往都比较广泛，不局限于所在的地域，有时也不限于所谓的流派，商梅如此，锺惺、曹学佺、钱谦益等都是如此。

商梅诗以清浅柔淡为宗。"柔淡"一语，见谢兆申序，说明商梅早年诗风本来就是如此，终其《汇选那菴全集》，"柔淡为宗"没有太大改变。追随锺惺之后，其诗向着清浅的方向改变，不多读书，不喜用事，有时也呈现幽寂的一面。同样都是竟陵诗人，谭元春和锺惺，他们之间有同也有异；商梅自己纳入楚派，他的诗和锺惺也不完全相同。我们上面说过，商梅是画家。商梅向锺惺学诗，是在自己成名之后；锺惺向商梅学画，是锺惺成就画名之前，或者说终其一身，锺惺都未必能称上画家。商梅写山水，是以画山水的眼光来作诗，这一点，和锺惺单纯以诗人的眼光来作山水诗有很大的不同。我们现在可以不大喜欢商梅的诗，但是天启、崇祯间，他的诗在一定程度上受到曹学佺、锺惺、钱谦益、谭元春、冯元飏、李瑞和这些不同地域、不同流派、不同诗歌观念的诗人的喜欢，至少是接受，却是不争的事实，于是才有"六先生"汇选商梅全集的事出现在诗坛。总之，一个在诗歌史上无大名气的诗人商梅，他的诗由曹学佺等数位名人汇选他的诗，很有意思的其中包括钱谦益，以及后来成为他的诗敌的锺惺。在钱谦益尚未视锺惺为诗敌之前，他们曾经因为商梅，因为汇选《那菴全集》，有过一段联袂"同框演出"的经历。这一文学现象，应引起文学史家的注意，也引起古代文学研究者的注意。

# 福州茶志

文/福州市委党史和地方志研究室

## 一、主要章节

《福州茶志》是福州市第一部有关茶文化的专业志书。《福州茶志》一书上限追溯至事物发端，下限记载至2015年，分为茶叶种植、茶叶加工与茶类、茉莉花茶、茶叶包装质检、茶叶流通、茶文化、科技与教育、管理与交流、茶企与茶人，共九章，74.8万字，体例完备、资料翔实，详细介绍了茶树品种与栽培、重点茶乡、茶叶加工、茉莉花茶、茶叶管理、茶叶贸易交流、茶叶科教与知识产权、茶文化与宗教、茶俗茶艺、茶企茶人等各个方面的内容，较为全面地阐述了福州茶叶的发展脉络，充分展示了茶产业、茶文化在福州经济社会发展中的重要地位。

## 二、内容简述

《福州茶志》全书共74.8万余字，体例完备，资料翔实丰富全面，横排门类，纵述史实，详尽记述了福州茶产业辉煌发展史和悠久厚重的茶文化，其内容贯穿古今茶史，涵盖诸多领域，涉及茶树品种与栽培、重点茶乡、茶叶加工、茉莉花茶、茶叶管理、茶叶贸易交流、茶叶科教与知识产权、茶文化与宗教、茶俗茶艺、茶企茶人等各个方面，全方位多视角地阐述了福州悠久的种茶制茶历史和灿烂的茶文化。

## 三、重要观点

《福州茶志》是福州市第一部有关茶文化的专业志书，此前福州茶史仅有一些科普读物和参考书籍可供查阅，缺乏全面反映福州茶叶历史发展的专业志书，该志大力挖掘史料，稽考茶叶遗存，全面调查研究，系统梳理考证，邀请茶学专家及史志专家共同研讨，反复修改论证，着力反映福州茶史的全貌及亮点。

## 四、理论创新

本书在茶叶种植加工、茶叶包装流通等篇章基础上，重点突出福州"世界茉莉花茶的发源地"地位，将茉莉花茶单设一章，专章记述福州茉莉花茶的历史传承和品牌发展，对福州茉莉花茶产业发展具有重大历史意义，与福州市委、市政府高度重视茶产业的振兴发展，尤其是福州茉莉花茶产业发展相契合。难能可贵的是，该志还增补了茶叶与宗教、茶叶知识产权等内容，为茶志的编纂提供了创新思路。

## 五、学术与应用价值

《福州茶志》是福州市首部有关茶文化的专业志书。在2021年5月20日福州市举办的庆祝第二个"国际茶日"活动上，《福州茶志》一书首发，受到福建出版界、茶界众多嘉宾的肯定。东南网、新浪网等媒体也对该志出版信息进行转载。该志在全面记载福州茶叶发展历史、种植栽培等内容基础上，将茉莉花茶单设一章，重点突出福州"世界茉莉花茶的发源地"地位，专章记述福州茉莉花茶的历史传承和品牌发展，对福州茉莉花茶产业发展具有重大历史意义。

## 六、出版情况

本书由福建科学技术出版社于2020年11月出版，总字数为748000。

# 福州历史文化村落

文/福州市委党史和地方志研究室

## 一、主要章节

截至2020年3月，福州拥有国家级历史文化名村5个、省级历史文化名村16个；国家级传统村落47个、省级传统村落110个。2020年，中共福州市委党史和地方志研究室组织编写《福州历史文化村落》一书，全面收录了福州市入选各级历史文化名村、传统村落名录的124个村落，共计52万字、图照200多幅。

本书按县（市）区分篇，篇下按入选等级排序村落，每一篇前都设置篇下无题概述，通过优美的语言结合史实资料，充分展现各地村落精彩纷呈的"名"与"特"。以志书手法诠释历史文化名镇名村和传统村落的原貌古韵，通过基本村情、建置沿革、姓氏人口、文物古迹、民俗风情等内容的介绍，突出村落"名"与"特"的内涵。

## 二、内容简述

村落是我国农耕文明的基本载体，蕴含着丰富的历史文化信息和自然生态资源，是中华优秀传统文化的重要文化遗产，被称为民间文化生态"博物馆"、乡村历史文化"活化石"。我国正在实施乡村振兴战略，历史文化名村、传统村落承载着中华优秀传统文化的精华，维系着中华文明的根，寄托着中华各族儿女的乡愁，是新时代乡村振兴的重要文化支点。作为省会福州文化遗产的重要组成部分，那些形态各异、别具风情、钟灵毓秀的历史文化名村和传统村落，是社会发展变迁的见证者。

2020年，为传承村落文化基因、延续历史文脉，中共福州市委党史和地方志研究室组织编写《福州历史文化村落》一书，全面收录了福州市入选各级历史文化名村、传统村落名录的124个村落，全书52万字，插图200余幅，以志书手法诠释历史文化名镇名村和传统村落的原貌古韵，通过基本村情、建置沿革、姓氏人口、文物古迹、民俗风情等内容的介绍，突出村落"名"与"特"的内涵，让它们不再只是名录上一个个抽象的名字，而是承载乡愁的栖息之所。

## 三、重要观点

习近平总书记指出：保护好传统街区，保护好古建筑，保护好文物，就是保存了城市的历史和文脉。对待古建筑、老宅子、老街区要有珍爱之心、尊崇之心。在《福州历史文化村落》一书中，福州市委党史和地方志研究室尽可能地收录了列入各级文物保护单位以及具有历史底蕴的各个建筑，详细记载了坐落、面积、建筑风貌、历史流转等信息，充分展现古村风貌和深厚的文化积淀。本书按县（市）区分篇，每一篇前都设置篇下无题概述，通过优美的语言结合史实资料，充分展现各地村落精彩纷呈的"名"与"特"。如以南宋遗风和尚书文化为特色的林浦村，突出古沉船遗址和海上龙舟的定海村，创造了科举辉煌、人文荟萃的月洲村等。同时为传承村落文化基因、延续历史文脉，本书着力挖掘隐藏在村落的名人轶事、民俗风情等具有人文价值的文化物种，延续乡愁记忆，凝聚民心民智，为新时代乡村振兴塑造重要文化支点。

## 四、理论创新

《福州历史文化村落》一书全面收录了福州市入选各级历史文化名村、传统村落名录的全部124个村落，设置了基本村情、建置沿革、姓氏人口、文物古迹、民俗风情等板块，以志书手法，图文并茂地诠释历史文化名村和传统村落的原貌古韵。许多珍贵的村名由来、建置历史，以及散落民间的非物质文化遗产，都大大补充了文献资料中村落资料稀少的不足。

## 五、学术与应用价值

福州市有关村落的系统性著述较少，许多村落资料在互联网、档案中亦是少之又少。因此，2017年，中共福州市委党史和地方志研究室启动立项福州市村镇志精品文化工程，以坚定文化自信、传承历史文脉、记录乡村风貌为己任，以打造福州精品村镇志为目标，在体裁运用、篇目设置、资料选择方面做大胆创新，彰显地方特色。

《福州历史文化村落》一书作为村镇志精品文化工程的项目之一，是继2019年首批村镇志精品文化丛书《螺洲镇志》《东张镇志》《紫山村志》《斌溪村志》推向社会后的又一力作，是福州市乡村文化振兴的有益尝试，通过志书手法诠释历史文化名村和传统村落的原貌古韵，极大弥补了文献资料中村落资料稀少的不足，一经推出，获得各界好评。图书被福州市图书馆、福州各大高校图书馆收藏。

福州市启动村镇志精品文化工程，促进全市村镇志编修工作的经验被福建省委党史研究和地方志编纂办公室宣传推广。

## 六、出版情况

本书由海峡文艺出版社于2020年10月出版，总字数为520000。

# 闽东方言韵母的历史层次

文 / 袁碧霞

## 一、主要章节

本书在继承传统调查和描写的基础上，提出汉语方言形成过程的复杂性及层次特性，运用历史层次分析法，对闽东方言的韵母做全面、系统的研究。全书共辖二十一章，主要内容可分为四大部分。

第一部分（第一章）是对闽东方言语音概貌的描写。该章从分区、语音特点及共时变异、音韵特点三方面展开讨论，评述前人已有研究成果，并结合本人新近的田野调查，对共时音系中的声韵调及语流音变现象进行细致的描写，指出闽东方言与其他闽语在音韵上的共性与个性。

第二部分（第二章、第三章）是全书的理论基础。首先对高本汉以来的直线型汉语发展史观进行反思，在肯定历史比较法的成效的同时，也充分认识其局限性，并指出方言层次的客观存在与异质假设。就前人围绕层次分析理论展开的三次讨论（汉语方言形成的模式、层次分析法与历史比较法的关系、文白异读与层次研究）进行评述，指出层次研究的两大理论难点——时空要素、音变与语言接触的鉴别。然后，对本书的"层次"概念进行严格界定，就层次与音变的关系、层次与原始闽语的旨趣展开讨论，点明层次研究的重要性，指出层次分析的基本单位——音类，明

---

作者简介：袁碧霞（1983—　），女，华侨大学文学院副教授。

确层次判断的依据，进而阐明本书层次分析的具体工作程序，为全书的语料分析奠定理论基础。

第三部分（第四章至第二十章）是本书分析的主体。该部分对闽东方言17个代表点的语音进行了全面、系统的比较研究，以中古十六韵摄（果假遇蟹止效流咸山深臻宕江曾梗通）为基本框架，分摄、等、开合逐步展开。各个韵摄的分析，先选取闽东的代表方言——福州话做深入剖析，分析该方言所在韵的读音类型，梳理出读音的层次，再与闽东其他方言做深入比较，寻找方言间的层次对应，并为每一层构拟读音，解释从原始闽东方言到现代闽东方言的音变。此外，针对入声和变韵现象展开专章讨论。本书指出闽东方言入声的分化现象包含两方面的语言事实：一方面反映了闽东方言发展过程中不同历史层次的叠加，另一方面闽东内部共时系统的差异也反映了入声韵尾音变的不同阶段。在变韵一章，本书根据变韵现象在闽东方言内部的不同表现和特点，将之分为五大类型，认为只有分清不同类型的关系，在单点方言单字分析时，才能辨明其身份，为探索其历史音变提供前提。

第四部分（第二十一章）总结闽东方言韵母历史层次的几个特点：一是层次具有相对性与绝对性。有些层次的年代是比较确定的，以历史年代为序，可以排列出各自的先后顺序；有些层次的年代则无法通过历史文献、语言间的比较或官话语音史得出确切年代，只能从方言文白读音情况或其他因素分辨出层次先后，因而是相对性的。二是闽东方言的层次具有复杂性、存古性特征，大致可分为三个层次：上古层、中古层、近古层，主体层次在后两种层次上。三是中古以前的层次关系特字突出。闽东方言早期历史层次往往只残留在少数口语常用字当中，而这批字在同类方言或邻近方言里具有一致性。四是层次表现的不平衡性。闽东方言韵母层次呈现出阴声韵复杂，阳声韵相对简单的局面，应当与韵尾在汉语音史演变过程中所起的作用有关系。五是层次的存古与演变的创新并行。

## 二、内容简述

本书对高本汉以来的直线型汉语史观进行反思，在肯定历史比较法的成效的同时，充分认识其局限性，并指出方言层次的客观存在与异质假设。在继承传统调查和描写的基础上，根据汉语方言形成过程的复杂性及层次特性，提出历史层次分析法的基本步骤及工作程序，并一以贯之，在闽东方言的个案研究实践中检验方法的可操作性。

全书立足于闽东的代表方言——福州话，以中古十六韵摄（果假遇蟹止效流咸山深臻宕江曾梗通）为框架，分摄、等、开合逐步展开。先分析福州话的读音，再以点带面，比较闽东内部17个县市方言的层次对应，探寻整个区域内方言的历史层次，最后构拟并解释每一层次的演变过程。进而得出闽东方言层次的诸特点：相对性与绝对性，复杂性与存古性特征，层次关系特字突出，不平衡性，存古与创新并行。

## 三、重要观点

1.文白异读与历史层次关系。本书从文白异读与文白层次的基本概念入手，辨明二者的关系，明确层次分析的语音单位。再指出文白读音涉及的两个基本问题——来源及时间先后，提出鉴别文白异读中的层次性质的依据。

2.层次分析与原始闽语的关系。本书认为层次分析与普林斯顿关于原始闽语的构拟是两种研究目的、研究视角不同的方法。前者关注横向渗透，后者看重纵向演变。两种方法各有所长，不应偏废一方。闽语重建涉及两个层面的问题：一是从空间维度厘清不同地域来源的语言层面，一是从时间维度辨明不同时间跨度的语言面貌。

3.对一些本字提出新见。闽东方言存在一些本字未明的情况，以往语料多用俗字或引古籍中的字词为据而定本字。本书对一些本字进行重新考定。如，豪韵的"稻"字，该字义对应的福州话读音为[tieu6]，以往本字写作"粙"。我们结合豪韵其他字音，并从语音演变方面重新梳理音理，最后联系吴语与闽语的深层关系，认为本字即为"稻"字，该韵母ieu一读是效摄豪韵存古的表征。

4.闽东方言入声的分化现象的实质。闽东方言入声的分化现象包含两方面的语言事实：一方面反映了闽东方言发展过程中不同历史层次的叠加，另一方面闽东内部共时系统的差异也反映了入声韵尾音变的不同阶段。

5.闽东方言韵母层次的特点

（1）层次具有相对性与绝对性。有些层次的年代是比较确定的，以历史年代为序，可以排列出各自的先后顺序；有些层次的年代则无法通过历史文献、语言间的比较或官话语音史得出确切年代，只能从方言文白读音情况或其他因素分辨出层次先后，因而是相对性的。

（2）闽东方言的层次具有复杂性、存古性特征，大致可分为三个层次：上古层、中古层、近古层，主体层次在中古层与近古层。

（3）中古以前的层次关系特字突出。早期历史层次往往只残留在少数口语常用字当中，而这批字在同类方言或邻近方言里具有一致性。

（4）层次表现的不平衡性。闽东方言韵母层次呈现出阴声韵复杂、阳入声韵相对简单的局面，应当与韵尾在汉语音史演变过程中所起的作用有关系。

## 四、理论创新

1.首次系统地运用层次分析法对闽东方言进行研究。闽语的音系复杂而古老，是历史层次分析最好的样本。本书立足于闽东方言的代表方言——福州话，再以点带面，比较闽东内部17个县市方言，探寻整个区域内方言的历史层次，以中古十六韵摄为框架，分摄、等、开合逐步展开，在梳理闽东方言不同读音的历史层次及方言间层次对应关系的基础上，综合学界关于音变及相关理论成果，全面、系统地构拟每一个韵的层次读音，解释从原始闽东方言到现代闽东方言的历史音变，这在层次研究中具有开拓性。

2.层次分析理论的突破与方法之革新。层次分析法是对传统历史比较语言学的补充和发展，但这方面的研究尚处于起步阶段，未有成熟、通行的理论和方法。本书在继承传统调查和描写的基础上，指出层次分析与方音史研究的关系，反思目前存在的问题，提出层次分析的基本实施办法，获得理论突破与方法革新，从而推进层次分析理论的发展。

3.方音史研究新的视角。本书既承认音变的规律性，又关注语言外的因素，追溯移民史及共同语对单个方言的影响，同时利用历时的音系资料加以参证，是现代方言学与传统音韵学的统一，从新的视角研究方音史。

## 五、学术与应用价值

1.构建新的研究范式。本书反思汉语史研究的固有模式，运用新的研究模式，既是目前所见闽东方言最全面而详尽的层次研究，也为其他层次研究提供参照。

2.完善层次理论。本书对层次理论的重难点问题做深入的论证，提出新见，且多持之有据，为该领域研究提供有价值的思路，推进层次理论的发展。

3.兼顾南北，补充语料。本书既把福州话作为核心语料，又兼顾南北片区，改善重闽南轻闽东、重福州轻北片的倾向，研究视野具全局性。

## 六、出版情况

本书由上海辞书出版社、中西书局于2020年5月出版，总字数为424000。

专著入选"清华语言学博士丛书"，该丛书由清华大学语言研究中心主持，选择大陆、香港、台湾语言学博士生高质量的学术著作出版。

# 审美文化视域中的民俗
## ——以福州民俗为例

文／郑新胜

---

一、主要章节

本专著共分为七个部分。

绪论，梳理了20世纪80年代以来研究者们对于民俗美、民俗审美等相关问题的研究状况，并指出研究中存在的主要问题和不足之处，概述了本论题的主要内容和研究意义，提出了研究对象。指出与本课题相关的研究前景富有历史意义和时代价值。

第一章，民俗审美的相关概念界说。对民俗、民俗美、审美文化等涉及民俗审美研究的相关概念进行辨析，以便对有关民俗审美等问题探讨中的关键概念有一整体而清晰的认识；探讨了审美文化视域中民俗研究的问题实质。

第二章，民俗的审美价值探寻。分析民俗审美价值的主要内涵，民俗审美与民俗之"善"的关系，民俗审美价值的实现等问题。

第三章，民俗审美的发生。联系民俗的生成与发展，人类审美发生学以及从历史发展的角度，探讨了民俗审美的史前信息、民俗审美的生态环境和民俗审

---

作者简介：郑新胜（1965— ），男，闽江学院法学院副研究员。

美的地域风格等问题，以期对民俗审美的历史渊源有一定的认识，并联系考古学、民俗史等相关材料证明，民俗审美是何以产生的、在特定的生态环境和地域条件影响下民俗审美的发生状况等问题。

第四章，民俗审美的基本特性。探讨了民俗审美的几个主要特性：有序性与整饬性，浪漫性与愉悦性，神秘性与超越性，想象性与象征性，混融性与民族性，叙事性与抒情性等。通过分析，探寻这些基本特性中蕴含的民俗美质，即合序整饬之美、乐生悦情之美、神思兴象之美、天人贯通之美、多元共生之美、明德中和之美。

第五章，民俗审美的构成解析。探讨了民俗审美的主题与题材、模仿与取意、节奏与韵律、色彩与线条、材质与工艺等问题。这是从丰富多彩的民俗生活中提炼出来的民俗审美的基本构成要素，并结合具体的民俗活动和民俗事象进行分析。

余论，是对研究观点的一些补充说明。一是民俗中的"良俗"与"陋俗"的问题；二是民俗审美具有相对性与趋同性的特征；三是民俗审美中的资源借鉴问题，等等。

## 二、内容简述

民俗是民族文化中具有生动形象和丰富内涵的承载体，是民众世代享用的精神资源，其物化的形态、内在的意蕴，与不同地域和民族的生态环境、审美风尚等都有密切的关系。历代流传下来的各种民俗事象，特别是良风美俗，其本身就具有鲜活的审美功能，人们在参与民俗活动、观赏民俗表演或欣赏民俗艺术过程中受到熏陶，感到愉悦，达到审美的目的。所以，从审美文化的角度对民俗进行观照，民俗的审美问题是值得深入研究的。对此问题的研究，不仅具有宽阔的空间，而且面向未来。

本论著主要以福州地区民俗为例，通过提炼、比较、分析、概括，旨在形成一种从问题出发对于民俗的审美阐释，研究"民俗美"其何以为美的内在依据及外部表现等问题。

1.探讨了审美文化视域中民俗研究的问题实质。相比于文学、艺术中显而易见的审美问题而言，民俗的审美特性是不易为人们所感知和体验到的。

2.关于民俗的审美价值。民俗的审美价值是从丰富多彩的民俗事象和民俗活动中表现出来的，它以外显的感性形象使人产生愉悦感，并有着独特的内在意蕴。民俗通过功利目的的实现，不仅满足人们的心理需求，而且民俗中的许多事象和活动本身从内容到形式，都具有不同程度和特点的审美意义。民俗事象和民俗活动就其本质而言几乎都与人们崇善、求美的愿望有关，民俗中的"善"是审美之善，其善的价值在与人建立的审美关系中才能成为审美的对象。民俗审美价值的实现是有条件的，并在传承与体验中得以实现。

3.民俗审美的发生。民俗与人类的生存-生命活动密不可分，这是认识民俗起源问题的一个基本前提，而美和美感经验本就属于生命存在的。史前民俗虽然离文明时代还非常遥远，但史前民俗却内蕴着文明时代审美质能的因子。因此，生存-生命活动就可以成为探究民俗审美发生的逻辑起点。通过对民俗审美的生成问题予以梳理、分析，联系民俗的发生与发展，人类审美发生学以及历史发展的状况，探讨了民俗审美的史前信息，民俗审美的生态环境和民俗审美的地域风格等问题。以期对民俗审美的历史渊源有一定的认识，并联系考古学、民俗史等相关材料证明，民俗审美是何以产生的？在特定的生态环境和地域条件影响下民俗审美的发生状况等问题。

4.民俗审美的基本特性。民俗有别于一般审美对象而彰显自身美感特质的内涵主要方面，从丰富的民俗实践活动以及各类民俗事象所表现出的趋于共性的主要特征，通过对福州等地民俗材料的分析、比较和提炼，从六个方面进行探讨，进而阐明：民俗生活是从无序朝向有序，也是从分散趋于整饬的过程，民俗之美是合序整饬之美；民俗中的诸多事象，无不与人的生命形式相联系，生命意识和生命追求贯穿于民俗生活的始终，民俗之美是具有浪漫性与愉悦性的乐生悦情之美；民俗生活中，民众心得意合的审美观照与传统"天人合一"的审美方式具有内在的一致性，民俗之美是具有神秘性与超越性的天人贯通之美；民俗活动无不伴随着人类丰富的情感活动，民俗审美意象的产生离不开民众的创造性想象，民俗中处处显见的象征意蕴本身就是审美意义的重要构成，民俗之美是神思兴象之美；民俗的形成和发展是群体参与的结果，民俗文化是多方面、多层次、多民族的混融性结构体，民俗之美是混融性与民族性相统一的多元共生之美；民俗活动作为一种内涵丰富的"文本"展开时，必然呈现出叙事性与抒情性相交织的状态，民俗仪式等活动，以叙事来明德，抒情中寓中和，民俗之美是明德中和之美。通过深入分析，探寻这些种种基本特性中所蕴含的民俗美质。

5.民俗审美的构成解析。民俗审美也离不开构成方面因素的作用，如民俗中的主题与题材、模仿与取意、节奏与韵律、色彩与线条、材质与工艺等，通过对这些从丰富多彩的民俗生活中提炼出来的具有某种艺术性特质的构成要素的分析，阐明它们是如何在民俗的各种分类形态中发挥审美作用的。

总之，审美文化视域中的民俗研究就是侧重研究"民俗美"其何以为美的内在依据及其形态表现，它包括具有特定功利价值和审美价值的意蕴和具有形式感的形象体系，是在民俗活动和民俗事项中内容和形式完整统一的，并且还具有可以引发主体审美情感的审美特性。

## 三、重要观点

审美文化视域中的民俗是具有鲜明审美特性的客观存在。通过本论著的研究，旨在形成一种从问题出发的对民俗整体的新阐释。本论著从民俗审美的相关概念界说、民俗的审美价值、民俗审美的发生等处着眼，关注的焦点是民俗审美的基本特性、民俗审美的构成要素等主要问题。

前人对民俗审美相关问题的研究，多只停留于民俗审美的社会性、地域性、民族特点等问题，本论著则对民俗的审美价值进行了较深入的探讨，认为民俗具有不可忽视的审美价值，民俗的存在与传统文化中的"美善相谐"思想相渗透，民俗中的"善"是审美之善，等等。

民俗实践表明，民俗的审美是由其内容方面的意蕴和构成方面的因素共同决定的。前者如民俗审美中的有序性与整饬性、浪漫性与愉悦性、想象性与象征性、神秘性与超越性、混融性与民族性、叙事性与抒情性等的基本特性，后者如民俗中的主题与题材、模仿与取意、节奏与韵律、色彩与线条以及材质与工艺等的具有某些艺术性特质的构成要素，而具体体现于民俗的各种分类形态中。

上述各章中，"民俗的审美价值""民俗审美的基本特性""民俗审美的构成"等内容是本论著研究中拟解决的关键问题，也是论题中的重点和创新部分。现有的研究中对这些相关问题进行深入探讨的还很少。

## 四、理论创新

长期以来，人们对民俗的调查、收集、归类和分析做了大量的工作，但从审美文化的视域对民俗进行宏观深入研究的还很不够。本专著从民俗学与美学相关联的角度对民俗及其审美的相关问题作专题研究。

具体而言，从审美文化的角度对民俗的审美问题做深入的研究，能够有助于我们对民俗的审美价值、审美功能以及反观生活之美等有新的认识。论著对民俗的审美特性提出了新的见解。探讨了民俗审美的六个方面特性，对各个特性力求予以新的阐释和深入的探究。比如在"民俗审美的叙事性与抒情性"中，将民俗作为一个叙事文本来看，这一"叙事文本"是具有审美性的，以民俗仪式为例，从审美文化叙事学等理论予以探析，同时指出，民俗叙事的过程往往是民俗活动的参与者运用特定的民俗形式来表达民众在特定境遇下内在的倾诉欲望和心理状态，等等。言前人所未言，对认识和解析民俗提供了新的视角。

此外，对民俗审美的构成进行了新的解析。如体现在民俗活动与民俗事象中的主题与题材、模仿与取意、节奏和韵律、色彩与线条、材质与工艺等，通过对这些从丰富多彩的民俗生活中提炼出来的具有某种艺术性特质的构成要素的分析，阐明它们是如何在民俗的各种分类形态中发挥审美作用的。它们以不同的方式参与民俗美的创造，互相补充，共同形成为世代民众所传承的作为普通生活方式的民俗形象体系，引发主体丰富的审美情感。

论著的分析能注重问题意识：论文不是按照以往研究者习用的从民俗的一般分类角度，从物质民俗、生产生活民俗、节庆民俗、人生仪礼、游艺民俗等方面展开分析，而是从民俗整体即所有民俗（不同地区、民族）中归纳、提炼出的若干"问题"特性等，包括构成解析等，力求予以新的阐释和深入分析。

此外，在研究框架上，从民俗审美性界说、民俗的审美价值、民俗审美性的生成、民俗审美的构成解析等几个重要问题的设定；在材料的例析上将田野调查、文献分析与理论阐释相结合。

## 五、学术与应用价值

1.学术价值：推进民俗学与美学的整合与交叉研究，通过深入探讨民俗的审美价值、民俗审美的基本特性等问题，以民俗事象为表征，以现代审美观念为主线对民俗进行新的力求科学的阐释，对"民俗的美"和"美的民俗"等重要问题进行深入的探析，为构建、完善民俗美学、民俗审美文化学等打下坚实的基础。

2.应用价值：民俗是社会建构的重要因素之一。审美文化视域中的民俗研究具有巨大的应用空间。本论题的研究有利于提高民众的民俗审美意识和素养，增添生产、生活中的民俗特色，让人们在日常生活中充分感受到岁时节令、人生仪礼、民间信仰、文娱活动等习俗中的审美愉悦，让民众在参与民俗活动中受到教育和熏陶；有利于提高民众的民俗审美意识和素养，重视借鉴民俗审美中的资源，为更好地保护非物质文化遗产服务，并在促进各民族之间文化交流等方面发挥应有的作用。为进一步探寻和弘扬民族文化精神，提高广大民众的民俗审美素质，从人对现实的审美关系上倡导健康向上的新风新俗和生活方式，促进民族审美文化的繁荣，服务于新时期的社会文明建设。

本论题的研究对当代和未来文化建设中的民俗文化教育，对传统名镇名村、区域民俗园建设以及对民俗旅游资源的保护、开发与利用等，也都具有借鉴意义。同时，为更好地保护非物质文化遗产服务，在促进各民族之间文化交流中的民俗传播等发挥应有的作用。

## 六、出版情况

本书由北京大学出版社于2021年6月出版，总字数为31万字。

# 走进爱荆庄

文/鲍碧香　鲍国漳

---

## 一、内容简述

本书收录了专家学者对爱荆庄文化深度挖掘和研究的成果，揭示了爱荆庄所蕴含的"天人合一"哲学思想、生物共同体思想、药食同源文化、绿色低碳生态理念和"朴诚勤谨"的家风，以及无私奉献的义工精神。这个古建筑保护、研究的成功案例，得到国际肯定，从而获得了2018年联合国教科文组织亚太文化遗产保护优秀奖，爱荆庄丰富的文化内涵也获得社会公认。

永泰庄寨现保存较完好的有152座，爱荆庄是其中之一。在古建筑修缮和文物保护工作中，爱荆庄走在了前面，也取得一些经验。此书编辑，旨在通过全面、完整的记录和传播，能对其他文化遗产的保护起到启发和借鉴作用。

## 二、主要章节

本书总共有四个部分内容。第一部分为"亚太奖"《申报文本》摘编。第二部分为专家对爱荆庄文化遗产的解读，即爱荆庄研究论文。第三部分为爱荆庄族人传承践行近200年的家风。第四部分为爱荆庄获"亚太奖"之前庄寨修缮的"微信群聊"记录，分为"做好

---

**第一简介作者：**鲍碧香（1969—　），女，永泰县社会科学界联合会主席。

顶层设计”“召开爱荆庄保护与发展研讨会”“研究相地的科学合理”“研究修复百草台”“牛拉池的发现和恢复”“研究传统施工工艺”“关于排洪设施的讨论”“关于庄内排水系统的研究”“关于通风廊道系统的发现与讨论”“关于大门二楼不设栏杆的讨论”“关于水口园林的讨论”“建议筹备建立申报联合国教科文组织亚太文化遗产保护奖展览室”等12个专题。从2016年至2018年期间的14万字工作讨论记录和一千多张照片，精选了和爱荆庄申报亚太奖相关的内容，经过筛选、整理，把修缮中如何开展研究以及坚持遗产维修的原则的经验总结出来和大家共享。这部分编辑，保留了“爱荆庄文物保护交流”微信群的聊天格式和时间的原始记录。以这种方式编辑此书，尝试用一种新文体来反映微信工具给我们的（修缮）工作带来便利的时代印记。

## 三、重要观点

古村落、古建筑的修缮，时不时出现一边修缮一边破坏的现象，爱荆庄的修缮经验突出其“保护性修缮”。顶层设计和调查研究是爱荆庄修缮顺利进行的重要环节。本书把“做好顶层设计”“如何开展调查研究”作为重要观点来阐述。

顶层设计，首先从调查研究入手，通过采访长者、查阅资料，经反复讨论、研究，确定修缮原则。在修缮过程中，始终按照顶层设计的要求和序时进度，坚持遗产维修的大原则进行修旧如旧。具体修缮中出现的问题，由监理提出，微信沟通，及时解决。如，2018年3月1日在修建牛拉池时，鲍道文在微信群及时请教中国城市科学研究会首席专家、爱荆庄修缮指导专家鲍世行：“@鲍世行 门口塘，牛洗澡的水池边要用乱毛石砌吗？”

如何开展调查研究？爱荆庄的研究很有特点，包含两个方面的内容：一是爱荆庄文化挖掘。专家鲍世行先生倾心对爱荆庄进行深入研究，亲笔撰写4篇论文。他的研究为保护性修缮提供了技术指导，也使得爱荆庄文化内涵挖掘更深入。没有研究，修缮可能走弯路，变成破坏性修复。没有研究，文物瑰宝将失去光彩，爱荆庄也许很难“走出国门”。二是保护性修缮中的研究，由专家指导、群众参与，贯穿始终，紧扣每一个环节。这样的研究，不仅是为了爱荆庄的可持续发展，也是为了激发群众对家乡的热爱。深层次的文化研究讨论，一般由专家提问。如，2017年7月6日16时27分，鲍世行专家在研究通风廊道系统时，在群里向爱荆庄人提问："国漳，穿心同是为了通风的吗？还有其他用途吗？一层有，二楼有吗？这种穿心同其他庄寨有吗？是我们独创的吗？"鲍国漳回复："一层有，二楼没有。我爷爷1961年建房也建有穿心同，方便出入和通风。其他庄寨不知有没有建，我没有认真考察。"

本书对爱荆庄文化价值的理解认为，农村聚落是村民世世代代安身立命的地方，评价爱荆庄的历史、文化价值，要从这个聚落的区位情况（主要是交通）、山水环境（包括生态和微气候）、生产条件（目前主要是农业生产条件），以及工程地质、水文地质的情况（如果有可能发生自然灾害那就是致命的），还要考虑人文的条件。为此，我们在研究爱荆庄修建人工环境时，透过引人注目的建筑群，挖掘"天人合一"的哲学思想。如，庄寨建筑因地制宜，充分结合地形，建筑材料就地取材，使用当地的石材和夯土，体现了节能和生态的特点，人工环境与自然环境完美结合。

爱荆庄人爱牛，在庄寨的西南角，专门为耕牛建了牛栏和牛道。据考证可知，他们在牛栏门口还挖了池塘，供耕牛降温戏水用。爱荆庄人视耕牛为伙伴，对耕牛的观察细致入微，"牛抆浆"的饮食文化便是因此衍生。除了为耕牛建有"牛抆池"，爱荆庄还为猫、狗各自建了"猫窝"和"狗窦"（三洋话，"狗洞"），这些都充分体现了爱荆庄人的"生命共同体"思想。

本书对爱荆庄的研究还认为，爱荆庄是一个原生态的绿色发展社区，是一个当前国际上倡导的绿色、低碳、循环、可持续的生产、生活社区的雏形。如，爱荆庄使用的建筑材料都是就地取材，外墙下部的乱毛石取自后山，夯土墙的泥土当然是取自当地，甚至抹墙面的白灰都是采用耕地下层的白泥。这些建筑材料不仅就地取材，而且都是很"低碳"，因为它的生产都不需要任何燃料。

在研究爱荆庄大通沟的讨论中，在讨论水井和庭院的排水问题、讨论水口园林的规划和建设以及爱荆庄的选址时发现，所有这些无处不认真考虑了生态环境的问题；爱荆庄在整座建筑中，预留了三条南北向，四条东西向，贯通庄寨的通风廊道，引入穿堂风。特别是在南北、东西两条通风廊道交叉处，到了夏天真是凉风习习，清风徐来的清凉世界。爱荆庄位于亚热带，夏季的通风、阴凉是宜居中的首要问题，所以在庄寨内部大量采用了外走廊和简洁、通透的栏杆，造成明快、舒适的环境，但是在建筑外部，仍然是封闭、严密的空间，使之在冬季形成温暖如春的气场。这种夏季的通风和冬季的保暖的妥善解决，即使当代也仍然是棘手的问题，况且在两百年前，用原生态的办法给以完美的解决。

科学用水也是爱荆庄发展的特色之一。根据"四水归堂"的原则，爱荆庄把整个庄寨的雨水都收集起来储存在地下，从这点来说，它实际上是一个"海绵社区"。践行绿色发展新理念，加强生态环境保护，建设生态文明。这是习近平提出的生态理论和新发展观，已成为世界公认的中国经验。可是当我们研究爱荆庄这个历史社区时，发现这些新的发展理论，正是植根于我们的传统文化之中。

## 四、理论创新

专家鲍世行先生对爱荆庄的理论研究深有感触，他说，如果人们要问，《走进爱荆庄》这本书的难点、特点、优点在哪里，那就参照钱学森关于建筑科学是融合艺术和生态、艺术和科学的特点。

科学家钱学森认为，建筑科学是世界科学和艺术的融合，所以我们在考察建筑科学，包括城市建筑和园林的时候，老远就能见到爱荆庄的铳楼，它是庄寨防御体系中的重要元素。奇特的五角形平面，说明是经过精心设计的。庞大的体量，具有巨大的震慑力，活像海上的航母。

爱荆庄东西两侧是走马廊。外侧形成由高到低连续的山墙头，使人产生强烈的印象，让人联想到承德避暑山庄的梨花伴月。两侧也各有五个歇山顶的山墙，不断跌落，抢人眼球，简单的重复，让人记忆深刻。这显然是由地形的变化使然，由于歇山顶显得笨重、压抑和沉闷，而爱荆庄采用了悬山屋顶，因而显得活泼得多。民间高手显得比皇家建筑师还要高明。

爱荆庄的入口处理更为别致。门口挡有一堵墙，令人联想到民居前的照壁，实则是工程的变形，这种做法不禁令人叫绝。

高大的风火墙砌有夯土砖，活像秦兵马俑身上的盔甲，让人印象深刻。

爱荆庄不仅对建筑艺术有深刻的研究，而且对其科学技术成就也有广泛的论述。

爱荆庄"三纵四横"通风廊道和百草台通风系统的作用的发现，和庄寨四水归堂、优水优用，以及牛扻池的发现和恢复，使得爱荆庄形成一个绿色低碳、生物多样性的社区。

## 五、学术与应用价值

本书第一部分内容，即《申报文本》，进入了国际学术界的视野，受到联合国教科文组织亚太文化遗产奖专家的赞赏。"亚太奖"颁奖词对爱荆庄寨保护项目这样评价：爱荆庄寨保护项目展示了一种维系乡村聚落的敏感方法，让生活场所和自然环境和谐共生。整个项目由宗族成员主导，得到学者、本地工匠和地方政府支持，历经7年严格的保护过程，以令人赞叹的克制，保护了乡土住宅和防御结构的原真性，保护了象征场地的水系，为中国的历史村落提供了一个范本。这部分内容为其他古村落、古建筑申请"亚太奖"提供范例。

本书的第二部分和第三部分内容对爱荆庄文化的研究，专家从建筑艺术或者建筑技术角度做了深入探析和挖掘，如，山水环境的严谨和对称、防卫设施的齐全和完备、建筑风格的独特和生动，使得人们享受在感性的艺术之中。同时专家又引领人们转入理性的思考，爱荆庄规划设计思想是什么？爱荆庄设计中主要解决了什么问题？爱荆庄可持续发展的道路是什么？本书都逐一给予科学的回答，从历史、文化，甚至从军事学、社会学、民俗学的角度做深入的分析，特别是从比较学的层次来进行探讨，这有助于我们对庄寨文化有了进一步的理解。

## 六、出版情况

本书由海峡书局于2021年10月出版，总字数为82000。

# 《周易》译介的语境批评法研究

文 / 林 风　岳 峰

---

在过去的几十年中，不断有西方学者试图还原《周易》的原初意义，即它在被创作出来的那个年代是如何解读的。虽然这些学者的解读方法不尽相同，但却有一个基本的共性，那就是要剥去儒家赋予典籍的德教化外衣，探究卦画、卦辞和爻辞原初的面目，用顾颉刚的话说，就是"从圣道王功的空气中夺出真正的古籍"。这种研究方法被称为"语境批评法"，这种学派称为"语境批评派"（context criticism）或者"现代派"（modernist school）。

"语境批评"顾名思义是将作为研究对象的文本放在具体的历史时间和空间中去解读和研究，它原是文学批评中的一种历史研究方法，后来被应用到易学研究和《周易》的译介之中。过去，《周易》的研究主要依赖于汉代评注家的注译，而"语境批评"式的易学研究则基于现代科学精神和现代学术意识，将文本置于中国特定的历史时期，利用甲骨文和金文的语法、句法和词汇方面的研究成果，重新研究与解读《周易》，揭开其神秘的面纱，展露其古朴粗犷的面目。《周易》译介的语境批评派创始人是英国汉学家亚瑟·韦利（Arthur Waley，1889—1966），具有代表性的成员有美国学者孔理霭（Richard Alan Kunst）、英国传教士汉学家茹特（Richard Rutt，1925—2011）、英国汉学家闵福德（John Minford）、美国汉学家夏含夷（Edward Shaughnessy）等。他们的研究和译介对西方易学有着重要影响，其研究方法和对某些卦爻辞的解读为后来诸多的易学家和翻译家所借鉴。本文将考察

---

**第一作者简介：** 林风（1985—　），福建福州人，文学博士，福州外语外贸学院讲师。

语境批评派的时代背景和学术渊源，并基于以上几位学者的译本，分析归纳这个流派的译介手法。

## 一、时代背景和学术渊源

西方易学语境批评派的源起受到20世纪上半叶中国"古史辨"派的直接影响。古史辨派是中国史学界以疑古辨伪为特征的一个重要学术流派。它诞生于五四运动和新文化运动掀起的波澜壮阔的思想解放潮流，其宗旨是秉持历史演进的观念，运用近代科学知识和方法，疑古辨伪，揭示有关中国上古史记载的真面目。古史辨派的领袖顾颉刚在流派的主要阵地《古史辨》的第三册"自序"中指出，本书的编纂目的是要"打破汉人的经说"，"破坏其伏羲神农的圣经的地位而建设其卜筮的地位"，要把《易经》"从伏羲们的手里取出来还之于周代"，要为它们"扫除尘障"，"洗刷出原来的面目"。顾颉刚所要扫除的"尘障"，就是传统经学加给《易经》的各种神圣内涵。

众所周知，传统易学向来有"人更三圣，世历三古"之说，即所谓伏羲画卦，文王重卦，孔子作传。《易经》成书于多位圣人之手，凝聚了多位圣人的心血，其中蕴含了高深的智慧。因此在经学史上，它始终稳居思想学术的核心地位，受到历代经学家的尊崇和维护。但古史辨派根据顾颉刚"层累地造成"的古史观，在考证卦爻辞和《十翼》创作年代的基础上，提出所谓伏羲画卦、文王重卦、孔子作传都是后世编撰杜造出来的，由此否定了传统易学赋予"三圣"的《易经》制作权。这就意味着，历代经学家从卦爻辞中发挥出来的微言大义都是毫无根据之谈，两千多年来经学家所遵循的"以传解经"的研究模式从一开始就误入了歧途。这样一来，传统经学的种种"不刊之论"均遭到怀疑。在古史辨派的笔下，《易经》只是一部占筮之书，并不包含什么微言大义和深奥哲理。正如古史辨派主要代表人物之一李镜池得出的结论："一部《周易》，只反映出文化粗浅的社会的情况，却没有高深的道理存乎其中。就是有，也是一些经验的积累，自发的，素朴的，不成组织体系，几篇《易传》，是战国、秦、汉人思想……都不是原始的《周易》的本来面目。"古史辨派对传统易学的这种"破坏"，其影响是十分巨大的。有的学者甚至认为，从某种意义上说，20世纪的中国易学基本上是在消化他们提出的问题。

受到古史辩派易学思想的启发，亚瑟·韦利于1933年发表了一篇题为
"易经"（*Book of Changes*）的文章。文中提出，《周易》并不是一个单一的整
体，而是由性质完全不同的两种内容随意组合而成，一是农谚，二是卜辞。
在文章中，韦利主要运用比较民俗学的方法来解释《周易》中的卦爻辞。同
时，他也很重视通过与《诗经》和《左传》等古代文献的对比研究来正确理解
《周易》的真实意义。在这种思想的观照之下，韦利就卦爻辞的解读提出了
许多迥异于传统经学的独到见解，一把将《周易》推回了前道德的原始社会。
可以说，此文拉开了西方语境批评式易学研究与《周易》译介的序幕。后来，
包括夏含夷、孔理霭、茹特以及闵福德在内的一派语境批评家沿袭并发展
了这种语境批评法，对《周易》的卦爻辞做出令人耳目一新的诠释，试图揭
示《周易》的真面目。

对于语境批评派来说，除了受到古史辩派"疑古辨伪"的精神烛照之外，
20世纪易学考古文献的出土对于推进这个流派的易学研究是另一个重要因
素。20世纪70年代以来，中国陆续出土了一些珍贵的易学文献，给整个易
学界带来石破天惊的巨大震动。这些文献一方面解决了一些学术上悬而未
决、争论不休的问题，比如孔子与《易》的关系，另一方面也不断刷新着学
者的治学方法。关于考古成果的重要性，顾颉刚早在20世纪20年代就已经
有所强调。他认为要想写出一部正确的中国上古史，首先应夯实传世文献
材料的考辨工作，然后要在这个基础上充分吸取和利用考古学的发现和研
究成果。1925年，王国维也提出纸上材料与地下材料互相参照的"二重证据
法"，提倡历史研究过程中不可一味盲从传世文献，而应积极采用考古文献
作为研究素材，将"纸上材料"与"地下材料"相互印证、相互参照，使得两
种材料既互补又于对立中帮助深化思考。这种二重证据法后来成为历史研
究的重要方法，在中国学术界影响深远。

## 二、语境批评派的解读手法

语境批评派认为，在《周易》成书的年代，中国社会还处于一种未开化
的状态，以当时人类的智力和文化水平还没有能力创造出一部"智慧之书"，
所以《周易》中不可能有什么高深玄奥的哲理可言。它不过是人类早期社会
的一部卜书，记录的是原始社会的生产生活状况，给这样一部占筮之书披

上哲理的外衣显然是不合适的。而语境批评派的使命就在于，要把《周易》从层层的德教和哲理的假面中剥离出来，朔本求原、去伪存真，揭示其庐山真面目。为了达到这个目的，语境批评派独辟蹊径，应用多种手段，综合多个学科的研究成果，对《周易》的原始意义进行重新建构。以下将逐一分析这些语境批评的方法，考察它们在具体翻译中的运用。

文字学分析法。通假分析是语境批评派精析《周易》古义时颇为倚重的一种手段。他们认识到，上古的汉语发展还不完全，人们还较少用偏旁部首来区分不同的含义，所以一个汉字通常会"身兼数职"。传统经学也常用通假分析的手段解释典籍，比如朱骏声《说文通训定声》"自序"云："不知假借（通假）者，不可以读古书。"但语境批评派却用这同一种方法颠覆传统易学研究。另外，汉字的讹误分析也是语境批评派所青睐的方法之一。几千年来，《周易》在流传和誊写等过程中难免发生笔误，中国乃至全世界的众多古书都存在这样的问题。语境批评派于是利用这个特点，在文本的校读上做出大胆推测，对卦爻辞的诠释往往与传统注疏迥然相异。

文献参照法。语境批评派在研究《周易》时，十分注重将其与同时期的文献进行对比参照。他们认为只有通过这样的方式才能真正了解商周的历史，进而正确解读《周易》。语境批评派推崇的古文献参照法和后文将谈及的考古成果应用法，是对王国维的"二重证据法"的生动诠释。语境批评派参考的古文献主要有《诗经》《尚书》《楚辞》《逸周书》《春秋》《左传》等。在这些古籍中，语境批评派对《诗经》青睐有加，引用最多，原因是他们认为《易》和《诗》相似之处颇多。譬如茹特认为，从整体上看，二者在成书时代、撰作地点、语言风格上都比较接近；从性质上看，作为周朝的官方文献编纂，它们都记载王朝历史、维护王朝统治，都体现了从甲骨文和金文到书面文学的发展；从内容上看，二者都关注婚嫁礼仪、家庭生活，书中的女人所拥有的自由和权力都令人惊讶。概言之，两书所描述的生活是一样的。孔理霭对《易》和《诗》的语言形式进行仔细对比后发现，前者的部分短句和连句在形式和意境上都充满诗意，简直就像是从《诗》中原原本本地摘录而来。比兴、反复、渐增等《诗经》中常用的一些修辞手法也同样出现在《周易》之中。他因此大胆地推测，《周易》的卦爻辞很有可能是《诗经》中某类诗歌的索引或略语表。以此为依据，语境批评派频频引用《诗经》等古籍以论证自己的观点。

考古成果利用法。自20世纪70年代以来，多种具有重要研究价值的易学文献纷纷出土，极大地震动了整个易学界。长沙马王堆汉墓的帛书《周易》、安徽阜阳双古堆的汉简《周易》、湖北江陵天星观的战国竹简"卜筮记录"、湖北江陵王家台秦简《归藏》，以及上海博物馆战国楚竹书《周易》等，这些文献不但解决了学术史上诸多悬而未决的问题，而且为易学研究指出了新方向，开阔了新视野，拓宽了新领域。这些文献中影响力最大的当属帛书《周易》，学界普遍认为此书具有非凡的学术意义和学术价值，譬如刘大钧就曾说，帛书《周易》的最大价值在于它未经后人改动，为人们研究西汉今文经学提供了一份极其宝贵的原始资料。除了上述的易学出土文献之外，语境批评派还利用古文化遗址在内的其他一些考古发现，对《周易》的意义进行解构和重构。孔理霭就坦言自己时常拿甲骨文与《周易》作比较。譬如西周源甲骨文有"隹十月既死（魄？）亡咎"一句，而《易经》的《中孚》卦有"月几望，马匹亡，无咎"一句，前者的"亡咎"与后者的"无咎"在表达上十分相似，孔理霭因此推测，这两种文本都属于同一种占卜传统。

民俗比较法。比较民俗学（Comparative Folklore）是从民俗学中发展出来的一个分支学科，它对不同地区、不同民族、不同国家各种类型的民俗事象进行比较和研究。中国近代民俗学研究的先驱黄遵宪认为民俗有"相通"性，虽然不同地区、不同民族在语言和习惯等方面存在差异，但是它们的民俗风尚在本质上却有许多相似之处。这种相通性是人类社会发展的必然结果。以婚姻为例，它是整个人类繁衍后代的文明形式，因此不同的国家和民族都把它视为人生大事。语境批评派充分利用这种"相通"性，应用比较民俗法，把《易经》的经、传、解释都置于多维的历史中进行比较、类比、推测、检验，揭去"君子之道"的面纱，还《周易》以筮书本色。

## 三、余论

在五四新文化运动的激荡和古史辩派"疑古辨伪"精神的烛照之下，带着现代易学的新视野、新问题和新方法，语境批评派在《周易》的译介上走出了一条全新的道路。他们在现代社会学术开放的高地上，疑古求真，兼收并蓄，综合利用考古学、民俗学等现代学科的发展成果，推翻传统易学的藩篱，以全新的视角诠释《周易》，《周易》的译介因此得以一改新颜。

　　每一位理解者都无法摆脱主客观条件的影响，每一种理解和翻译都具有历史的有限性，语境批评派也不例外。语境批评派的局限性主要体现在两个方面，一是对通行本时有改动但不够审慎，有时难免有随意篡改原文的嫌疑。第二个局限性是默证法的过度使用。然而，从宏观的层面来看，在意识到语境批评派的局限性的同时，也应当认识到这样一个事实，即一切的理解都具有历史的有限性和意义的无限性。如果把数百甚至数千年来《易经》的译解比作一条长河的话，那么语境批评派的诠释不过是这条长河上的几朵浪花，他们的译笔下所呈现出来的，也不过是《易经》千面万面中的一面。从哲学诠释学的视角来看，纯粹的、完全的《易经》之本义大概永远地失落了。作为理解者，我们所能做的只是带着无法摆脱也无须摆脱的前见，一代一代前仆后继对此书做出自己的诠释。具体到语境批评派，他们自身的视域与文本视域融合之后得出的新视域、新理解并不乏创见，对西方易学和《易经》的翻译产生过重要影响。这种影响主要体现在两个方面：第一，语境批评派的阐释将多种现代学科知识融合其中，他们的解读往往令人耳目一新，许多创新之处也自有其合理性，因此在西方易学界和翻译界不乏支持者和追随者。第二，他们在译解的过程中所秉持的"疑古求真"的精神，和自觉地将当代科学研究成果应用于《易经》诠释的与时俱进、探索求新的科学态度，为人们树立了一个好的榜样，启发人们在不同时期为《易经》的诠释注入新的时代元素和活力，为易学研究和《易经》译介开辟出更为广阔的天地。这或许是语境批评派留给后来人的最大财富。

# 福州话字词笔记

文 / 马书辉

---

## 一、本书构成

本书由"福州话杂谈"和"字词释义"两辑构成。第一辑着眼于福州话现状研究分析和对部分福州话字词及书写考释。第二辑收录古书今文中福州话规范书写例证，计分25类，近1300条。

## 二、内容简述

阐述福州话现状：福州人中，退休人群会听、会讲、大量不会读、想写不会写，年轻人群会听、会讲、不会读、不会写，少年人群会听几句、会讲几句、不会读、不会写。现状尚在日益恶化，危及福州话兴衰。

列举大量权威性书证证实福州话有规范书写的字词，绝非"有头无耳"。

## 三、重要观点

1.阐明了用规范字词书写福州话的必要性与紧迫性。

2.必须用规范字词表达福州话。

3.能够用规范字词表达福州话。

---

作者简介：马书辉（1940—    ），男，福州市艺术创作研究所原所长、一级编剧。

## 四、新的收获

首次提出用规范字词书写福州话是传承福州话的要领。

有力地证实福州话有着古汉语活化石般的古朴性。

用规范字词书写福州话，能开拓长期缺少的人际交流文字渠道，充分展示闽都文化的独特韵味。

# 演讲比赛经典案例赏析

文 / 马文正

---

《演讲比赛经典案例赏析》是作者以自己近40年的演讲稿写作、演讲以及辅导实践为基础，毫无保留地倾授秘籍。作者引用了自己曾经辅导、修改过的大量比赛稿件及比赛案例，用通俗易懂、接地气的语言，深入浅出，循循善诱，环环紧扣，一气呵成。阐述了作者对演讲稿以及演讲比赛规律的独到总结：有激情地摆事实、讲道理。

## 一、主要章节

本书分为上下两编，上编分析如何写好比赛的演讲稿，下编指导演讲员如何参加演讲比赛，最后还分析评委点评的注意事项，指导演讲比赛关键的得分点。上下编都有正面的成功案例，也有反面失误案例；有如何让演讲稿起死回生，也有如何让观众顿悟人生的技巧；有接地气、通俗易懂的口头文学的追求，也有哲理思辨的震撼人心的语言的高潮处理。尤其可贵的是在如何选择别出心裁、与众不同的最佳角度来演讲以给人启发，在如何演讲获得最好的比赛成绩上给人以秘籍。

## 二、内容简述

上编围绕"什么是演讲"破题，提出了关键词："演讲是有激情地摆事实讲道理"，继而直点痛穴，

---

作者简介：马文正（1957—　），男，福州市艺术创作研究中心国家一级演员。

提出写不好演讲稿的最大问题在哪里，"演讲"二字如何定义，开头怎么写，结尾怎么写，对此展开了回答。然后讲述了写演讲稿的秘籍是"向相反方向设计"，是"真的、我的、美的"，演讲的目的是让人顿悟人生。列举了主题宣传类、宣传集体类、个人成长类、宣传英模类、英模报告类等有参考价值的演讲稿，并将演讲稿常见问题做了分析，最后以起死回生的案例，反证自己的观点。

下编讲的是演讲员的素质提升，作者从评委的评分标准以及评委的心思入手，以镜面式的描绘来提出对演讲员的要求，从演讲的目标、演讲员的遴选入手，探讨演讲是生活行为还是艺术行为。列举演讲员常犯的错误类型，强调演讲员需要的基本功，详细列举了曾经辅导过演讲员的三个例子，告诉读者演讲员提升水平的秘籍，提醒辅导演讲员的领导或老师可能出现的误区。本书对演讲员的临场发挥做了详细的解答，"如果抽签第一怎么办？""遇到话筒有问题怎么办？""忘词怎么办？"独树一帜地对演讲员进行抗干扰训练。最后还附带告诉读者，若是当评委应该如何点评。

尾篇选择了央视曾经热播的文艺类主持人决赛演讲稿和点评，新闻类主持人决赛演讲稿和点评，以及大赛的结束语，进而强调了"写作和演说，人生最重要的两门课"的重要性。

## 三、重要观点

作者明确指出：当前，演讲稿存在的最大问题是把演讲当作话题作文来写，或者是新闻报道、单位工作汇报等方法，用的是书面语，传递给观众的是说教、是宣传。演讲员存在的最大问题则是背诵、朗诵、照本宣科，而不是面对面地讲道理，缺乏哲理思辨和据理力争的雄辩。分不清朗诵、讲故事、背诵与演讲的区别。演讲比赛最缺乏的是激情。破除这些诟病，就必须树立演讲是交流，是传达，是答疑解惑的思想，树立演讲是说人话，是摆事实讲道理的理念。演讲是让听众顿悟人生。

## 四、理论创新

本书没有用百度上关于演讲的定义来羁绊自己，而是提出了自己的理论观点：演讲是"有激情地摆事实、讲道理"。演讲稿的写作要注意的是"真的、我的、美的",演讲员的任务是以理服人、以情动人,是改变听众的认知,演讲目的是让人顿悟人生。

著名文艺理论家孙绍振先生为本书作序,对作者的这个观点给予高度评价。

## 五、学术与应用价值

本书最大的特点是从实践中来,尽量避开书面语和司空见惯、不痛不痒的演讲理论。深入浅出,让演讲员能在这一面镜子里看到自己的长处和短处。在目录中按图索骥都能找到解决问题的方法。不同主题、不同内容、不同行业、不同年龄的演讲比赛都能找到解决问题的案例,是一本实用性很强的演讲专著。作者多次在福建师大、福州大学、农林大学、闽江学院、福建省艺术职业学院、福州市图书馆开设关于演讲的讲座,向现场听众、朋友、各图书馆无偿赠书2000册。本书在讴歌中国特色社会主义新时代,传播、宣讲中国式现代化的活动中,起了很好的作用。

## 六、出版情况

本书由福建人民出版社于2020年8月出版,总字数为200000。

# 教育与心理学研究

# 晚清双语教育政策与实践研究

文 / 史玄之

## 一、主要章节

本书共分为七章，第一章为绪论部分，包括此研究的背景、范围、研究现状综述、本研究的主要创新之处、研究内容与研究问题、研究目的与意义、研究方法与所依据的史料、重要名词定义解释等内容。第二至四章根据晚清各历史阶段双语（汉语和外语，下同）教育背景、性质、目的、范围、内容、成果和影响的不同，将晚清七十多年的双语教育史分为鸦片战争时期、洋务运动时期、甲午战争后时期三个阶段，分别叙述、分析这三个历史阶段中国双语教育政策与实践的特点、进程及教育政策制定主体。第五至六章在关于晚清双语教育政策与实践的历史叙述上，归纳、分析晚清双语教育政策与实践的特征以及影响晚清双语教育发展的因素。第七章则主要分析了晚清双语教育发展史给予当今中国语言政策制定、双语教育实践、外语教育改革等方面的历史启示。

## 二、内容简述

本书从当今我国外语教育与非语言类学科教育脱节、外语教育与汉语教育对立等两大矛盾点出发，着眼于解决当今我国外语教育费时低效的问题，从教育史学视角分析我国双语教育的发展肇端——晚清双语

作者简介：史玄之（1988—　　），男，闽江学院外国语学院副教授，英语系主任。

教育政策与实践发展史。重点研究双语教育的性质和目的、双语教育的演变、双语教育政策的制定主体、双语教育对中国社会变革带来的影响、双语教育政策与实践的特点等五大问题。在总结晚清双语教育发展历史经验的基础上为当今我国汉英双语教育的开展、外语教育政策的制定提供历史借鉴。该专著以晚清时期的相关奏折、谕旨、官吏私人日记、信札、官办学堂课程表、教学大纲、教材、师生名单、试卷、学生笔记等原始档案、中英文报纸、期刊和杂志等第一手史料为主要依据，综合运用教育学、历史学、政治学、语言学、公共政策学等学科理论分析历史资料，总结晚清双语教育的历史启示和现实裨益。

## 三、重要观点

本书的重要观点主要有以下五点：

晚清双语教育的性质和目的。晚清双语教育的产生和发展，并非出于西方列强"语言帝国主义"的影响，也不是西方强加给中国的教育模式，而是出于中国"师夷长技以制夷""师夷长技以自强"的影响，是晚清中国以抵御外侮、富国强兵为目的而对官办学堂教育模式进行的一种选择。

晚清双语教育政策和实践的演变。在鸦片战争时期，双语教育仅是少数开明士大夫、学者奏折中的提议以及教会学校的实践雏形；在洋务运动时期，双语教育成为新式官办学堂的教育模式，成为移植西方科学技术以抵御外侮、振兴国家的主要途径；在甲午战争后时期，双语教育的范围从西方科学技术扩展到西方制度，中国历史上第一个颁布并实施的近代教育体制——"癸卯学制"的出台，而"癸卯学制"也为双语教育在全国新式学堂中的铺开提供制度保障。

晚清双语教育政策的制定主体。在双语教育政策的制定过程中，中央政府和地方政府发挥重要作用，清中央政府和地方政府中的开明士大夫对近代教育的发展、外语教育与西学教育关系提出建议，政府配套相关政策并在全国范围内实施双语教育政策，这推动了晚清双语教育的发展；同时包括晚清新式学堂创办者、管理者、教师在内的双语教育实践者也在政策制定过程中发挥了一定的作用，双语教育实践对政府教育政策的制定起到反拨作用。

晚清双语教育实践的特点。晚清双语教育实践主要包括以下特点：设立与各专业学科内容紧密相关的教育目标；语言教育与专业学科知识教育相结合；保持西学课程与儒学课程的地位平衡；课程教学语言根据教育层次、教育目标、教育内容和学生外语水平进行灵活选择；构建国际复合型师资团队并应用合作教学模式；理论课程与实践课程相结合，在教育实践活动中提升学生运用目标语言的能力；采用以淘汰制为代表的学生考评体系。

晚清双语教育发展的社会语言环境。晚清双语教育的发展并非单纯地由师资、教材、教法等教育内部因素决定，而在更大程度上由国内外政治环境、社会对双语教育的接受程度、其他国家近代教育模式等外部因素决定。

## 四、理论创新

### （一）拓宽了我国语言教育政策研究领域，丰富和发展了我国语言教育政策理论体系

当今我国语言教育中出现外语教育与非语言学科专业教育脱节、外语教育与汉语教育关系、价值、地位、教育次序之争等问题，而汉英双语教育模式被越来越多语言教育专家认为是解决我国外语教育问题、处理外语与汉语关系等问题的一种探索性的尝试。汉英双语教育是指根据实际教育情况和需要分别使用汉英两门语言教授非语言学科的专业知识，其具有提高学生的英语水平和通过英语传授学科专业知识的双重目标。通过汉英双语教育，学生可以拥有更多使用英语学习学科专业知识的机会，有利于培养兼备较高英语水平与专业知识素养的人才。然而，由于缺少完善的政策支撑和实践指导，当今我国双语教育的发展存在双语教育与英语语言教育概念混淆、高质量的双语教材数量不足、双语教育师资数量不足、学生英语基础薄弱无法达到接受双语教育的语言要求、英语教育与汉语教育比例不平衡、盲目照搬国外双语教育模式而导致"水土不服"、汉英双语教育在我国开展的可行性和法理性受到质疑等问题。

针对当今我国语言教育政策和双语教育实践中存在的问题，研究我国双语教育发展史，探寻晚清双语教育在课程设置、语言选择、师资团队建构、各层级教育衔接等方面给当今我国双语教育实践、语言教育政策制定带来历史启示，从历史视角思考当今汉英语言价值、语言选择、语言教育次序等问题，并在此基础上进一步丰富我国语言政策、语言教育政策的理论体系。

### （二）丰富我国近代教育史研究理论体系

晚清时期是我国近代化历史进程的开端，而晚清时期的近代教育发展则是中国近代化进程的重要组成部分。作为重要的教育媒介，晚清双语教育对于推动受教育者接受近代科学文化知识、形成国家认同、推动社会思想解放和社会变革等方面发挥重要的作用。对双语教育这一教育模式在中国近代教育发展史中的形成动因、过程和独特历史地位进行系统分析，可以进一步丰富我国近代教育史研究的理论体系，挖掘语言教育与社会变革之间的二元互动关系。

## 五、学术与应用价值

### （一）学术价值

本书是国内外第一本关于我国双语教育史的学术专著，填补了我国近代教育史、语言政策史研究上的一些学术空白，从理论研究方面和研究方法创新方面对当今语言政策史研究、中国近代史、中国教育史研究等方面做出学术贡献。

在理论研究方面，当下的语言政策研究主要聚焦于后殖民国家（或地区）本族语言认同、官方语言选择以及世界各国少数族裔语言等问题，而本书跳脱已有语言政策研究聚焦于后殖民国家语言问题的传统范式，以19世纪、20世纪初中国双语教育发展史为例，探寻东亚国家（非英国殖民地国家）英语传播的历史、动因和路径，同时也为当今中国语言政策制定研究提供历史背景，从历史发展的维度思考当今中国语言政策制定中存在的语言教育与学科专业教育脱节、汉语与外语关系的问题。

本书还对晚清中国近代史研究带来一定的学术贡献。已有研究多关注晚清政治、经济、社会变革的背景以及推动晚清近代化的历史人物，而本书则从晚清双语教育的视角将语言教育的发展与中国近代化的进程联系在一起，通过追溯英语（及其他外语语种）在晚清中国的传播轨迹，研究外语和西学如何一步步进入传统儒家社会，逐步成为晚清官办学堂的必修课，在晚清近代化进程中发挥重要的作用。

此外，本书也拓宽了中国教育史的研究范畴，实现了中国教育史研究从教育制度史宏观研究到教育实践史微观研究的转移，将二者融为一体。本书挖掘了许多与晚清双语教育实践相关的微观史料。通过广泛搜集晚清新式学堂课程表、教学大纲、教材、师生名单、试卷等原始档案史料，生动地再现了晚清双语教育实践史，并在此基础上深入分析双语教育政策的生成过程、实施情况以及教育实践对教育政策修订的反拨作用。

在研究方法创新方面，与已有研究主要依靠第二手史料不同，本书通过收集、分析晚清皇帝谕旨、晚清政府官吏（包括大臣、总督、巡抚等）的奏折、手稿、回忆录、私人日记、信札、晚清新式学堂双语教育实践的原始档案、晚清时期在中国发行的相关中英文报刊等第一手史料，叙述、分析晚清双语教育发展历程，其中不少档案史料首次应用于晚清双语教育史的研究当中。此外，本书在传统教育史学研究范式中融入语言学、政治学、公共政策学、传播学等学科理论知识，具有显著的跨学科研究特征。

### （二）应用价值

本书的应用价值表现在为中国汉英双语教育实践和语言教育政策制定上提供可借鉴的历史启示和现实裨益。

在双语教育实践方面，研究晚清双语教育史为当今中国汉英双语教育实践的开展带来历史启示，为研究汉英双语教育发展奠定历史基础，从历史研究中寻觅可借鉴的历史养分，也为解决当今汉英双语教育中的矛盾和问题带来一种新思路。虽然，晚清时期距今相隔久远，中国教育的环境和条件已发生了很大变化，但这并不意味着过去的历史经验毫无可取之处。相反，当今中国双语教育实践中出现的矛盾和争议（如汉语与外语在教育体系中的地位和功能之辨），实际上在漫长的中国教育发展历史中都有迹可循。而且，由于双语教育具有明显的实践性特征，晚清时期双语教育在教育目标制定、课程设置、教师招聘、教学语言选择、教学活动设计、教学测试方式的制定等方面的成功经验，可以更好地被保存、传承，为当今我国汉英双语教育的发展所借鉴。

在语言教育政策制定方面，晚清时期双语教育政策（如"癸卯学制"中有关双语教育的部分）虽并非尽善尽美，但其对于外语教育的价值与功能、外语教育与非语言类学科教育的关系、外语教育与汉语教育的关系和教育次序、外语语种选择的原则、双语教育师资团队组成的方式、不同层级双语教育的衔接和要求等问题都做出了细致的规定，其对于当今中国语言教育政策的制定、不同语言价值与功能的判定、不同语言之间的关系处理等方面都将带来可借鉴的历史经验。

## 六、出版情况

本书由科学出版社于2021年10月出版，总字数为282000。

# 温暖你的大学时光

文/丁闽江

## 一、主要章节

《温暖你的大学时光》共有九个章节。第一章，心赋青春：聚焦大学生心理适应；第二章，心映自律：聚焦大学生自律自主；第三章，心解困惑：聚焦大学生心理困惑；第四章，心有攻略：聚焦大学生心理素质提升；第五章，心秉智慧：聚焦大学生心理咨询；第六章，心铸未来：聚焦大学生就业发展；第七章，心蓄稳态：聚焦大学生疫情应对；第八章，心建家校：聚焦家校合作；第九章，心有温度：聚焦高校心理育人。每个章节聚焦一个主题，每篇文章也具有严密的逻辑性、系统性，从现象到本质，再到解决方案。

## 二、内容简述

《温暖你的大学时光》内容根据作者10年来所撰写并发表的100多万字网络文章精选而来，讲述了大学生从入学到毕业可能会遇见的各种成长发展困惑及解决方案，内容涵盖了如何适应大学生活、如何自律过好大学生活、如何提升自身的心理健康素养、如何化解自身的心理困惑、如何更好地择业就业、如何更好面对重大事件等内容。

作者简介：丁闽江（1983— ），男，福建中医药大学副教授。

## 三、重要观点

习近平总书记在党的二十大报告中指出，青年强，则国家强，号召全党要把青年工作作为战略性工作来抓，用党的科学理论武装青年，用党的初心使命感召青年，做青年朋友的知心人、青年工作的热心人、青年群众的引路人；在全国高校思想政治工作会议上，习近平总书记强调，要坚持不懈促进高校和谐稳定，培育理性平和的健康心态，加强人文关怀和心理疏导。强调高校思想政治工作必须做到"因事而化、因时而进、因势而新"，"要运用新媒体新技术使工作活起来，推动思想政治工作传统优势同信息技术高度融合，增强时代感和吸引力。"

本书作者系教育部普通高等学校学生心理健康教育专家指导委员会委员、教育部高校思想政治工作中青年骨干、教育部高校网络名师，从事辅导员工作7年，从事心理健康教育工作10年，同时还兼做学生日常管理、学生就业指导工作，对青年大学生可能面临的各种困境了如指掌。如何成为青年大学生的知心朋友？如何把人文关怀和心理疏导有机结合起来？如何运用新媒体帮助大学生成长？作者根据新时代大学生的心理特点，准确把握大学生的心理需求，了解大学生的实际困难，研究和关注大学生的情绪发展方式，切实从解决大学生的实际困难入手，加强对大学生的人文关怀，帮助疏导大学生的情绪，帮助大学生获得自尊自信、理性平和、积极向上的社会心态，培养大学生良好的心理素质和意志品质，促进大学生身心和谐发展。

作者根据17年学生工作经验，通过对1280封给学生的回信以及5000多个咨询案例进行内容分析总结，找到大学生普遍比较关注的热点难点及可能会遇到的各种问题。内容符合新时代大学生的心理特点，行文符合现代大学生的阅读特点。

## 四、理论创新

在理论创新方面。一是坚持问题导向。本书根据作者17年学生工作经验、1280封给学生的回信、5000多个咨询案例所总结出来的大学生可能遇到的实际问题而来，内容与当下大学生的心理需要同步，以解决新时代背景下大学生所面临的心理困惑为根本出发点，以问题为导向。二是坚持以学生为中心。本书内容以学生心理需要为出发点，以大学生成长发展为主线，问题来源于学生，方法适应学生需求。三是坚持系统性观念。本书内容涵盖学生从入学到毕业的全过程可能会遇到的各种成长发展问题及解决方案。

在方法创新方面：一是内容广泛来源于学生，听取并收集了大学生们的意见和建议，根据学生需要选取相关主题。二是文字内容接地气、通俗易懂，所提供解决方案有很强的操作性；三是与新媒体融合，所有文字均配有音频，开通了公众号，推广效果好，受到了同学们的喜爱和欢迎。

## 五、学术与应用价值

本书作为"育心与育德"的融合之作，践行了"人文关怀与心理疏导相关结合的理念"，受到了专家们的肯定，对大学生而言可谓"一书在手，大学无忧"。本书的出版及推广为大学生提供了一本优质读物，丰富了大学生成长发展读物。

本书内容已被教育部中国大学生在线、教育部高校辅导员、教育部高校思政网、学校共青团、高校辅导员工作室、高校心理委员平台、福建教育微言、福建高校思政网、北京师范大学心理中心、重庆大学心理中心等470多家官微转载了2700多次。内容被广泛传播，受到了读者的喜爱，近百名读者对该生进行了评价。

本书已在北京师范大学、东南大学、华中科技大学、同济大学、重庆大学、合肥工业大学、西北大学、上海海事大学、天津职业技术师范大学、天津师范大学、中国石油大学、成都理工大学、大连大学、西北政法大学、桂林理工大学、深圳职业技术学院、福州大学、福建师范大学、福建农林大学、福建医科大学、闽南师范大学、福建理工大学、福建江夏学院、闽江学院、福建技术师范学院、福州外语外贸学院等100多所高校通过一定的形式推广，受到师生们的广泛认可。

本书荣获教育部全国高校网络教育作品一等奖；本书内容形成的公众号"温暖你的大学时光"荣获教育部中国大学生在线年度影响专栏号，作者荣获教育部中国大学生在线新媒体十佳指导教师；本书是福建省高等学校教学成果一等奖的重要组成部分；本书是教育部首批高校思想政治工作精品项目重要组成部分。

## 六、出版情况

本书由华夏出版社于2021年7月出版，2022年12月修订，总字数为516000。

# 力量训练解剖全书

文 / 杨 刘

## 一、主要章节

本书由九个章节、四个附录和练习总表组成。第一章为力量训练基础理论，向读者讲解了诸如训练强度、增肌的规律和原则、训练频率和计划、肌肉增长与力量提升等基础理论，为读者过渡到练习板块打下坚实的理论基础；第二到九章分别为胸部肌群、背部肌群、肩部肌群、肱二头肌肌群、肱三头肌肌群、前臂肌群、下肢肌群和腰腹部肌群的练习讲解，包括所涉肌肉、动作要领、提示、常见错误、练习变式等部分，帮助读者精准、高效地进行练习；附录1为身体各部分关节运动所涉肌肉，让读者一目了然各关节进行不同的运动方式分别会涉及哪些肌肉，从而更加精准地对目标肌群进行针对性训练；附录2为术语表，用浅显易懂的语言解释术语，让读者更易理解；附录3为强度—重量—次数表，借助此表读者可以不用做练习就能测出对应强度下应当重复的动作次数、快速进行强度值和重量值的换算以及自身能够承受的最大强度；附录4为常见伤病及预防和处理措施，可以提高读者基本的医学常识，帮助读者有效预防和处理伤病；最后为练习的中英文对照表，可以帮助读者快速找到练习所在页码。

**译者简介**：杨刘（1995—　），男，福州外语外贸学院外国语学院助教。

## 二、内容简述

《力量训练解剖全书》是一本以可视化方式呈现的力量训练图书。书中有超过440种肌肉练习全图解，包括基本动作和动作变式；同时收录了许多新颖的、非常规但有效的动作。同时包括对技术执行的详尽描述、动作所涉及的肌肉、呼吸方案、对初学者和专业运动者的针对性建议、常见的错误等。本书中还包含了肌肉训练的基础理论、训练术语的详细解释、动作所涉肌肉的解剖学图示注解、克服训练瓶颈的技巧、常见的运动损伤、预防方案以及治疗方案等。本书可以为体育从业人员、体育相关专业学生以及群众提供指导，帮助他们独立进行或指导他人进行健身活动。

本书以科普图书的形式呈现给大众，但也不乏专业的理论阐述和学术观点，使每一个健身爱好者都能接触到专业的训练学知识，并深入学习研究，而又不会觉得晦涩难懂。本书内容科学严谨，能够帮助读者理解每项练习背后的科学原理。海量的练习和练习变式可以让读者根据自身需要快速地制订高效的训练计划。

本书内容基于近年训练学的最新研究成果，辅以作者在运动指导方面多年的实践经验，而这正体现了作者的理念：将科学知识和实践经验结合起来，在做出科学指导的同时，提供具有实践意义的经验供读者参考，使训练学的专业理论知识真正走向大众，使每一位健身爱好者都能科学地运动训练，实现真正意义上的全民运动。

## 三、重要观点

提出增肌的规律和原则：阈值定律、超负荷原则、循序渐进原则、可逆性原则、针对性原则、持续性原则、周期性原则、超量补偿原则、个性化原则等。

以往训练中最大的问题在于我们习惯于提前制定一周的计划（即制定好周几要做什么事），而这对于力量训练是不利的。最合适的训练计划就是忘记今天是周几，结合休息的时间安排训练。此外，作者还根据训练者是新手还是非新手测算了不同肌群的最佳训练频率和训练顺序。

力量训练中并不是所有的练习都以自然呼吸为宜。在进行大重量训练时，建议使用"瓦尔萨尔瓦动作"。

对有一定训练经验的人来说，建议一半以上的训练都在自由重量下进行，因为自由重量训练能够更好地锻炼稳定肌。

如果不能完整地完成某一练习，那就用另一项能锻炼相同肌肉的练习来代替。原则上讲，只要降低训练强度和减小训练量，不做那些较危险或挤压腹部的练习，孕妇也可能在整个怀孕期间或产后都继续训练。

可以通过增加肌纤维以及肌原纤维的厚度来增肌，也可以通过增加肌纤维的数量来增肌。肌纤维大致可分为两种：Ⅰ型和Ⅱ型（还有许多子类型）。尽管这两种类型的肌纤维都可以使肌肉体积增加，但是Ⅱ型才是主要发动机。如果某个人先天拥有更多数量的Ⅱ型肌纤维，那么他就有可能达到更大程度的增肌效果，或者至少增肌速度更快。我们的身体可以通过针对性的训练（力量、耐力和速度）实现纤维类型的转化。

可以利用强度–重量–次数表计算在动作规范的情况下应当重复多少次才能使肌肉达到力竭状态。此表作用在于不用随时随地进行最大重量测试（十分危险）就可以计算出什么强度的练习对应多少次数、能承受的最大强度为多少、某个强度下对应的实际重量为多少。

## 四、理论创新

本书原作者始终秉持力量训练不是运动员的专属，男女老少皆可进行的理念，在书中提出了许多针对非专业人士甚至孕妇的训练方法和技巧，突破了以往力量训练领域的认知和理论限制。

翻译方面，本书是生态翻译学理论在应用翻译中的成果体现。生态翻译学认为翻译是译者为适应翻译生态环境对文本进行移植的选择性活动。本书翻译的难点有三：第一，涉及大量解剖学、医学、运动学术语；第二，书籍面向的人群是大众，如何通俗易懂又不失专业性；第三，如何做到可视化。在翻译过程中，译者首先选择性地适应了原作的翻译生态环境，保留其中的解剖学医学术语，并力求做到严谨科学。之后为了使译文适应译入语的翻译生态翻译，运用"三维"转换理论，从语言维、文化维和交际维对译文做出选择，使语言表达、文化和交际效果符合译入语的翻译生态环境。此外，为了达到翻译群落之间和谐共生的目的，必须考虑到出版机构的动机、读者群体的接受，译者在翻译时特别注意了理论讲解的通俗易懂，选用常见表达解释专业理论，并且在动作讲解部分充分对照图示翻译，对原文语句进行了适当的修改，以期达成整合适应选择度最高的译文，实现"三生"——翻译生态系统和生态环境内部的和谐，文本的生命力强，译者的生存能力提高。

## 五、学术与应用价值

《力量训练解剖全书》原著为欧洲著名运动学教授Óscar Morán所著，具有较强的社会科普性，并且已经在国际社会产生强烈的积极反响。在西班牙出版后，本书长居亚马逊同类书籍畅销榜，已被翻译成英语、德语、意大利语、葡萄牙语等多种语言，且销量极大。该成果为国内首个中文版本，首次将欧洲近年训练学的最新研究成果译介入国内，为体育从业人员、体育相关专业学生以及群众提供指导，帮助他们独立进行或指导他人进行健身活动。

2021年出版后，发行量已达28213册，销量27624册，产生较大的社会影响力，被微博、微信公众号等各大平台转发推荐，受到社会各界读者的好评。

## 六、出版情况

本书由北京科学技术出版社于2021年11月出版，总字数为350000。

# 学前儿童家庭与社区教育

文/郭晓莹　赖满瑢

---

　　家庭是个体发展的摇篮，一个人的出生、成长、成熟以及成功均与家庭紧密相连。学前儿童家庭教育作为人生最初、最早的一种教育形式，奠定了个体发展的基础，规范着个体的发展方向。

　　近年来，学前儿童家庭教育与社区教育的重要作用不断受到各国政府和教育界的关注，我国学者对学前儿童家庭教育、社区教育的研究日益深入，也相应出版了一些学前儿童家庭教育方面的教材和著作，这有利于学前儿童家庭教育指导工作的开展和学前教育事业的发展。

　　作为未来的幼儿教师，学习系统的家庭教育理论知识，了解家庭、社区、幼儿园的相辅相成关系，将会有助于其教育理念的完善和工作技能的提升。

## 一、内容简述

　　《学前儿童家庭与社区教育》是学前教育专业的教材。教材以家庭教育理论为基础，突出学前儿童家庭教育知识和社区教育理论，构成清晰的知识体系。全书内容分为八个模块，包括"家庭与学前儿童家庭教育""影响学前儿童家庭教育的因素""学前儿童家庭教育的目的、任务和内容""学前儿童家庭教育的原则和方法""各年龄阶段的学前儿童家庭教育""特殊类型学前儿童的家庭教育""学前儿童家

---

**第一作者简介：**郭晓莹（1922— ），女，闽江师范高等专科学校教授。

庭教育指导"以及"社区与学前儿童家庭教育"等，系统介绍学前儿童家庭教育与社区教育的基础理论知识及实践相关指导，有效地支持专业课程教学活动。

本书的内容编排采用"模块－主题"式的创新体例设计，系统有序。每个模块以"模块导读"—"背景资料"—"主题学习"—"思考与练习"为纲要进行编写。"模块导读"对本模块内容进行概述，使学生了解学习本模块的价值与意义。"背景资料"中利用简短的故事或资料引入主题学习，提升学习的主动性和趣味性。"主题学习"中设定"知识链接""拓展阅读""思考与练习"等板块，学生通过进行自主思考和完成实训任务，来检测和强化对本课程的学习效果。

本书依据每个项目内容配有微课、视频等优质、丰富的立体化资源，图示明了，还配有背景音乐，有效地提升了学生的学习兴趣和求知欲望。同时，微课视频等配套资源以二维码的形式呈现在相应的知识点旁边，实现线上教学资源、线下纸质教材的一体化建设和应用，适应当下及未来教育教学的需要。

## 二、本书特点

1.全面落实了课程思政要求。坚持贯彻"立德树人"的根本任务，注重培养学生的职业道德和教育观念，体现了德智体美劳五育并举。拓宽知识内容，安排了很多弘扬我国古代优秀家风的故事和经典文学作品，提供和借鉴大量案例，穿插家庭的新闻报道、家庭教育故事、家庭教育知识，提高理论内容的可读性，也赋予教材丰富的德育功能元素。模块一"家庭与学前儿童家庭教育"中的"我国古代的家庭教育"和"我国近现代家庭教育"中，提供了较多的古代家庭教育的故事和案例以及书籍，帮助学生了解家庭教育的变迁与发展；其他每个章节都落实体现了家庭教育的传统文化和现代教育之间的互动作用；模块六"特殊类型学前儿童的家庭教育"中对残障学前儿童、自闭症儿童的家庭教育，以具体生动的视频和案例等帮助学生了解人特殊儿童，采取相应的教育方法发掘其潜力。

2.理实一体，教学做合一，家校社协同。教材力求体现理论性与实践性的结合，各模块穿插"模块导读""背景资料""案例"和"拓展阅读"等模块，以促进学生主动学习；每个章节配合"理论强化""知识巩固""综合运用"的习题，既保证理论知识的系统性，又考虑学生实际需要和接受能力，让学生结合实际进行运用于实践；重视教材的应用性和时代感，如对《家庭教育促进法》的解读等。以家庭教育理论为基础，突出学前儿童家庭教育知识和社区教育理论，如，模块八"社区与学前儿童家庭教育"，突出社区家庭教育资源的开发与利用、家校社合作共育，引导学生将所学的理论与技能综合运用于岗位工作实践，实现教、学、做合一。

## 三、重要观点

1.家庭是基于婚姻关系、血缘关系或收养关系而形成的社会生活组织形式，它承载着多种社会功能，其中，教育功能是家庭的永恒功能。家庭教育拥有学校教育、社会教育所不具备的先天优势，不同历史时期的家庭教育呈现出不同的形式，也体现着时代的特色。学前儿童家庭教育作为教育的基础形式，具有一定的独特性，它以家长为核心，以家庭为阵地，潜移默化地完成着对学前儿童个体发展的引导和教育。

2.学前儿童家庭教育水平和质量的高低是多种因素相互作用的结果。一方面，学前儿童家庭教育受社会经济、政策法规、文化传统和网络媒体等社会背景的制约；另一方面，学前儿童家庭教育根植于特定的家庭结构和家庭环境，直接受家庭因素的影响。

3.学前儿童家庭教育的目的应当是促进孩子的身心健康成长，促进孩子的德智体美全面发展，培养运用能力强、创新意识强，长大能促进社会进步的社会主义建设人才。结合我国学前儿童家庭教育的现状，学前儿童家庭教育的内容主要包括学前儿童家庭健康教育、学前儿童家庭认知教育、学前儿童家庭品德教育、学前儿童家庭审美教育、学前儿童家庭情商教育。

4.学前儿童家庭教育的原则包括主体性原则、理智性原则、适度性原则、一致性原则、科学性原则和渐进性原则；学前儿童家庭教育的方法主要有环境熏陶法、兴趣诱导法、榜样示范法、活动探索法、奖惩激励法、暗示提醒法。

5.胎儿期到6岁是学前儿童的成长时期，也是学前儿童家庭教育的黄金时期。在这一时期，学前儿童的成长具有一定的阶段性，呈现显著的年龄特征和发展特点。家长如何根据各年龄阶段学前儿童的身心发展特点，开展科学合理的家庭教育活动，为儿童的成长创造有利条件尤为重要。

6.关注特殊类型的学前儿童，做好特殊类型学前儿童的家庭教育，是一项具有挑战性且意义重大的工程，也是学前儿童家庭与社区教育需要关注和研究的重要问题。特殊需要学前儿童群体具有特殊性，常规的教育方法和手段并不适合他们.因此，对于特殊儿童的来说，在明白用平常心看待儿童的同时，还要清楚在教育上可能需要一些专门的、特殊的家庭教育的内容和措施。

7.家庭教育指导可以帮助家长修正错误、改进教育。由于个人的观念、方法以及知识的限制，家长在教育孩子的过程中难免出现这样或那样的困惑和失误，家庭教育指导可以帮助家长走出教育误区，促进家长改进教育，取得成效。家庭教育指导可以在大量家庭教育指导的实践中，积累个案经验和教训，以便探索教育的普遍规律，更好地为孩子的成长和家长家庭教育水平的提高做出贡献。

8.家庭、社区、幼儿园是学前儿童最早接触的社会文化环境，在学前儿童的教育过程中发挥着重要作用。因此，必须协调家庭、社区、幼儿园等相关社会群体的力量，共同提高学前儿童的教育效果，促进学前儿童的健康成长和发展。发展社区教育有利于学前儿童良好行为、习惯的养成和健全人格的培养，有利于提高家长的文化素养，丰富幼儿园的教育资源，改善社区的精神面貌.社区资源如果能为家长充分、合理、有效地利用，就会满足儿童成长的需要。幼儿园、家庭、社区三方面需要通力合作，实现各种教育的衔接和协调，形成良好的大教育环境，实现教育在时空上的紧密衔接，三方面统一思想、资源共享，做到良好的协作，才能在学前儿童教育中发挥整体功能。

儿童的发展是与周围环境相互作用的结果，应保持幼儿周围环境的生态平衡。家庭、幼儿园和社区就是儿童生活的环境，它们既相互独立也相互依存，忽视、轻视其中的任何一个方面，都会阻碍儿童身心和谐发展的进程。家庭、幼儿园和社区应该互通有无、相互整合，创建良性发展的生活环境和动态前进的社会环境，让儿童获得全面发展。

# "树式思维"能力的培养

文/孔 艺

## 一、主要章节

本书首先收集整理"树式思维"相关的期刊论文、专著、会议报告等文献资料，分别从进化树的本质及其重要性研究、"树式思维"能力调查研究、阻碍"树式思维"能力形成的成因分析、"树式思维"能力培养的教学实践研究等四个方面总结当前国内外"树式思维"能力培养的已有研究成果和最近的研究进展；其次，整理关于生物进化理论、"树式思维"与进化树、进化树知识框架体系MUET模型、迷思概念、概念转变的基本理论与教学策略等方面的研究成果，作为本文的理论依据和研究基础；再次，基于上述理论依据和实践的研究成果开展实证研究，一方面通过量表测试我国生物专业本科生的"树式思维"能力水平，另一方面，通过访谈法对学生的进化树迷思概念进行质性描述并分析其成因；再次，基于上述实证研究结果以及前人关于进化树迷思概念的研究成果，梳理常见的进化树迷思概念并进行辨析；再次，设计适用于基础教育阶段的进化树教学设计并采用实验法检测其教学效果；最后，基于上述各项研究结果分别从概念转变的具体教学策略以及宏观层面等维度提出"树式思维"能力培养策略。本研究为我国培养生物专业本科生的"树式思维"能力提供参考，以改

作者简介：孔艺（1986— ），女，福建师范大学教育学院副教授、硕士生导师。

变当前我国生物进化教育不重视"树式思维"能力培养的现状。

## 二、内容简述

针对当前我国生物进化教育不重视"树式思维"能力培养的现状，本研究的主要目标是诊断并提高当前我国生物专业学生的"树式思维"水平。以我国生物专业本科生为研究对象，围绕"当前我国生物专业本科生的'树式思维'能力水平如何？"这个问题展开研究。主要内容包括："树式思维"能力研究进展、"树式思维"能力培养的理论基础、"树式思维"能力测验研究、常见的进化树迷思概念调查研究、常见的进化树迷思概念及其辨析、基础教育阶段进化树教学设计及实验研究、以及"树式思维"能力培养策略。

## 三、重要观点

研究发现学生"树式思维"能力水平较低，存在15种进化树迷思概念，包括错误解读进化树上物种的亲缘关系、错误解读进化树所示的进化历程、不认识进化树、使用错误的知识和经验等四种类型（见表1）。

### 表1　进化树迷思概念一览表

| 迷思概念的分类及其编码 | 具体迷思概念及其编码 |
| --- | --- |
| A错误解读进化树上物种的亲缘关系 | A1使用非同源相似的形态学特征、物种的生活方式等特征作为判断物种亲缘关系的依据。例如，认为形态相似的物种之间亲缘关系较近； |
| | A2使用两个物种共同经历的内节点数量作为判断物种亲缘关系远近的依据。例如，认为进化树上物种之间内节点的数量越多其亲缘关系越远； |
| | A3使用进化树末端节点之间的邻近程度作为判断物种亲缘关系远近的依据。例如，认为进化树末端节点的排列顺序显示了物种之间的亲缘关系远近； |
| | A4依据物种所属类别来判断物种亲缘关系远近。 |

续表

| 迷思概念的分类及其编码 | | 具体迷思概念及其编码 |
| --- | --- | --- |
| B错误解读进化树所示的进化历程 | B1进化时间顺序的错误解读 | B1-1.进化树的分支有"主线"和"侧线"之分；<br>B1-2.进化树末端节点从左到右或从右到左的方向为进化历程；<br>B1-3.进化树上的连接外群的分支意味着没有发生变化或者认为外群是其他物种的原始祖先或认为某一现代物种是其他物种的祖先。 |
| | B2进化树分支的错误解读。例如，认为分支的长短对应着物种的谱系年龄。或认为外群的进化时间更长。 | |
| | B3进化树节点的错误解读 | B3-1.当代物种有"高级"与"低级"之分，经历较多、较复杂变化的物种较为高级，反之亦然；<br>B3-2.物种的形态改变仅仅只发生在进化树的内节点所指的时刻，分支上没有节点意味着物种没有发生形态改变。 |
| C不认识进化树 | | C1将进化树当作物种分类图、食物链等其他可视化思维工具； |
| | | C2认为进化树上并不是所有物种都有亲缘关系； |
| | | C3认为进化树未显示物种的进化历程。 |
| D使用错误的知识和经验 | | D1使用错误的知识和经验来判断物种的亲缘关系。例如，根据物种的生活环境来判断物种的亲缘关系； |
| | | D2错误使用专有名词如"分化""水生生物"等，或使用错误的原因来解释生物的进化。 |

基于调查研究结果，本研究一方面从解读进化树上物种的亲缘关系、解读进化树所示进化历程两方面选取常见的进化树迷思概念并进行辨析，另一方面在基础教育解读尝试进化树教学设计并开展实验研究。本研究从探知学生的进化树迷思概念、引发认知冲突、解决认知冲突的教学策略、制定进化树学习进阶的教学目标等四方面给出了基于概念转变的进化树教学策略，并从将进化树列入基础教育阶段生物（科学）学科课程标准、确保教材中生物进化树的呈现方式和表述符合学生认知等两方面提出了推动"树式思维"能力培养的建议。

## 四、理论创新

当前我国以"树式思维"为研究主题的文献，仅有一篇期刊论文2019年发表于《生物学教学》，呼吁重视"树式思维"在生物进化教育中的重要作用。关于"树式思维"能力的培养，同类专著有Baum和Smith在2012年所著的《*Tree thinking: an introduction to phylogenetic biology*》，由Roberts and Company Publishers出版。作为本项目研究成果的专著《"树式思维"能力的培养——基于生物专业本科生的调查研究》侧重于教学，目的在于帮助本科生利用"树式思维"对生物学的问题进行层次思考，以及如何使用进化树来呈现和解释这种生物学的层次体系。本专著侧重于实证研究，目的在于诊断当前我国生物专业本科生的"树式思维"能力水平，找出学生的学习挑战，并以此为依据提出针对我国学生的"树式思维"能力的培养策略。

如何培养树式思维能力是生物教育者面临的难题。基于当前概念转变研究领域的丰硕研究成果，研究者们专注于调查学生的各种进化树错误概念并在分析其成因的基础上提出相应的教学对策。本研究尝试以MUET进化树教学模型（Kong et al., 2017）为理论框架，搭建课堂教学与进化树科学研究前沿之间的桥梁，帮助学生像生物学家一样了解进化树的构建过程及进化树的应用，进而从根本上消除学生的进化树错误概念。本研究所采用的进化树教学模型是依据Concept-Reasoning Mode of representation （CRM）模型（Schönborn & Anderson, 2009）建构而成，这种CRM模型的使用能保证进化树可视化视觉表征的关键元素得以呈现。

## 五、学术与应用价值

本书具备一定的学术价值。首先，本研究为一线课堂渗透科学前沿知识提供了一种实现路径。当前生物学各分支学科飞速发展，科学家在各自研究领域不断地拓展和深入，并在不同层次上形成了广泛的交叉、渗透和融合。如何将科学前沿研究进展及时更新并融入教学中是生物教育研究者所面临的挑战。进化树由于其应用广泛且变式多，经常被生物学家使用并作为研究成果发表在前沿科研杂志上。然而这些科研杂志并不适合直接用于课堂教学，教师对进化树的认识不足以及课堂教学资源的缺乏，使得进化树的教学面临挑战。本研究以进化树为例，为如何架起前沿科学研究进展与一线科学教学课堂的桥梁提供了一种实现路径。其次，本研究可丰富不同文化背景下生物进化教育的模式与路径。当前有关"树式思维"能力的培养研究是以欧美国家主流的文化背景为基础而进行的，而我国与这些国家的文化差异较大。比如，在对待进化论的态度方面，我国并未形成欧美等国拒绝进化论的文化氛围，反而形成了支持进化论的学习氛围。这使得欧美等国"树式思维"能力的培养模式不一定适用于我国的课堂教学。本研究基于我国特定的文化背景、学习氛围的实际情况进行调查，并根据调查结果进行分析并提出对策，不仅有助于提升我国生物专业本科教育的质量，还有助于丰富不同文化背景下生物进化教育的模式与路径。再次，本研究为调查学生对视觉表征的理解提供了一种新的研究方法。一方面基于教育测量与评价的内容，以经典测验理论（CTT）和项目反应理论（IRT）为依据通过测验卷将学生的"树式思维"能力水平进行量的描述，另一方面采用适用于调查学生对视觉表征理解情况的三阶段访谈法（3P-SIT）对学生存在的"树式思维"能力误区进行质的描述。通过对学生理解视觉表征的情况同时进行质的描述与量的描述，有助于研究者更全面地把握学生对视觉表征的理解情况，为后续分析提供可信的客观证据。最后，我国学生与欧美学生有着不同的文化背景和知识结构体系，通过分析我国学生的"树式思维"迷思概念的来源及原因，与欧美学生的"树式思维"迷思概念的来源及原因进行对比，可了解不同的文化背景和知识结构体系在迷思概念的来源及原因方面的异同。

本书具备一定的应用价值。首先，研究成果有助于提升我国生物专业本科教育的质量。通过培养生物专业本科生的"树式思维"能力水平，帮助学习系统性的掌握本科阶段所学的生物学基础知识，从而提高学生阅读与进化树相关的科学前沿论文，利于学生与科学前沿研究进展报告保持同步更新，同时也为打算进阶研究生学习的学生和即将步入工作岗位的生物专业学生打下坚实的知识基础，进而提高我国生物专业学生的知识结构水平。其次，随着进化树在生物科学领域的广泛应用，进化树引入到我国中小学课堂教学是必然趋势。本研究通过分析造成当前我国生物专业本科生缺乏"树式思维"能力的原因，从进化树自身的复杂性，学生解读图表时的感知觉因素以及学生在我国中小学阶段形成的已有知识和经验等方面进行分析，反思我国中小学教学方面的不足，可为我国中小学制定"树式思维"能力培养方案提供参考。再次，我国正处于教育研究范式的转型期，开展实证研究是繁荣我国教育科学研究的必由之路。本研究为开展学生科学思维能力的培养研究提供了一种实证研究的范式。以严谨的研究态度、采用科学的方法、获得科学的数据，然后基于客观的数据进行科学的分析并得出科学的结论，为开展学生思维能力方面的实证研究提供参考。最后，本研究以转变学生的进化树迷思概念为学生"树式思维"能力培养的主要路径，遵循概念转变教学体系，即探测学生的迷思概念，了解学生的认知结构——引发学生的认知冲突，对迷思概念进行解构——建构科学概念，解决认知冲突，进而实现迷思概念到科学概念的转变。本研究以学生"树式思维"能力的培养为例，提供了将概念转变教学的理论应用于实践的范例。

## 六、出版情况

本书由中国科学技术出版社于2021年12月出版，总字数为260000。

# 近三十年国民心理健康变迁的横断历史研究

文/廖友国　连　榕

改革开放40年，我国社会转型的重大变革对国民心理健康产生深刻影响。厘清国民心理健康水平变迁的总体趋势以及人群间差异，是深化新时代国民心理健康基础性问题研究，服务国民心理健康基础数据库建设，助力社会心理服务体系构建的内在需要。本研究运用横断历史研究方法对7554组采用症状自评量表（SCL-90）获取的数据进行分析，以考察1986至2017年间四百多万名被试心理健康水平随年代变化趋势以及群体间差异。结果表明，近三十年来国民心理健康水平总体呈现缓慢向好趋势，其中，男性、中西部民众的改善更为全面有力，军人与大学生心理健康水平显著改善，医护人员呈现下降倾向，老年人、教师、中小学生与警察无显著变化。

## 一、主要章节

本文的框架由引言、对象与方法、研究结果、讨论四个部分构成。引言部分基于生态系统理论，阐述了改革开放40年来，我国社会转型过程中国民心理健康面临的风险性因素，以及我国心理健康服务取得的长足进展，提出有必要采用横断历史研究对国民心理健康随时代变迁的趋势进行分析，以揭示我国心理健康影响因素生态系统的主流功能。对象与方法部分根据横断历史研究的范式，说明了文献搜集标准、文献检索方法及过程、数据整理、研究变量编码等情况。研究结果部分报告了国民心理健康随年代的整体变化、国民心理健康水平随年代的变化量以及不同性别、地区、样本类型国

---

**第一作者简介：**廖友国（1985—　），男，闽江学院心理健康教育中心讲师。

民心理健康水平随年代的变化状况。讨论部分对国民心理健康水平略有提升以及不同群体间存在差异的可能原因进行探讨。

## 二、内容简介

我国社会转型过程中民众心理健康面临着一定的潜在风险，与此同时，我国经济社会发展与心理健康服务体系建设也取得长足进展，这对民众心理健康起保护作用。本研究对1986至2017年间4282915名被试的研究结果表明，近三十年间民众心理健康水平总体呈现缓慢向好趋势。其中，男性与女性、东部、东北、中部与西部四大地区民众心理健康水平均有所提升。男性、中西部民众的改善更为全面有力，军人与大学生心理健康水平显著改善，医护人员呈现下降倾向，老年人、教师、中小学生与警察无显著变化。从心理健康总体水平来看，老年人心理健康水平最佳，其次是军人、大学生、医护人员，中小学生、警察与教师的心理健康水平相对最低。主要从经济社会发展水平、医疗卫生服务体系建设、心理健康素质提升等视角分析心理健康水平缓慢向好趋势的原因。从情绪易感性与家庭—工作冲突的视角对女性心理健康变迁存在的劣势进行探讨，着重从脱贫攻坚取得重大成就的角度对2006至2017年间中、西部地区民众心理健康的显著改善进行原因分析。从我国各项强军改革、高等教育质量的整体提升以及大学生心理健康教育相关政策措施的落实等角度分析军人、大学生群体心理健康水平的提升。

## 三、重要观点

从党的十七大、十八大报告的"注重人文关怀和心理疏导"，到十九大报告提出"加强社会心理服务体系建设"，从《中华人民共和国精神卫生法》出台到22部委联合印发《关于加强心理健康服务的指导意见》，在全社会营造出心理健康促进的积极氛围，对国民心理健康起保护作用。我国有益于民众心理健康的生物、心理与社会一揽子因素的协同改善，是国民心理健康水平得以整体提升的基础。其中，社会经济发展水平起关键作用。改革开放以来，我国经济总体平稳健康发展，人均可支配收入稳定增长，脱贫攻坚战取得决定性进展，绝对贫困人口锐减，中等收入群体持续扩大，社会保障体系逐步完善，民众基本生存需要获得更好满足。我国医疗卫生服务体系日益健全，国民健康素养稳步提升，有效促进了疾病的预防、早期发现与及时治疗，为心理问题的防控奠定良好的生物基础。良好的心理素质底蕴为心理健康促进提供强有力的动能。

党的十八大以来，6000多万贫困人口稳定脱贫，其中相当数量分布于中、西部地区。收入水平的高速增长以及极端贫困群体规模的急剧减小，有力拉动中、西部地区民众心理健康水平的提升。东部、东北地区人均可支配收入水平可能已经迈过物质生活条件有效促进心理健康的"收入门槛"，从基本生存刚需迈入追求发展性和更高精神层次需求的阶段。女性心理健康变迁处于劣势的一个重要原因可能在于，对女性更为不利的生理及社会环境因素延缓了女性心理健康状况的改善进程。女性雌性激素、孕激素对情绪有直接的负面影响，女性对焦虑、抑郁等心理症状的易感具有生物学基础，同时，随着我国经济社会快速发展，社会变革加速推进，现代女性的一个显著特征就是更加深度卷入社会，家庭—工作冲突、理想自我与传统角色定位冲突加剧，易诱发心理症状。

近三十年来军人与大学生的心理健康水平趋好，医护人员的心理健康水平有下降倾向。军人心理健康水平的变化从一定程度上表明我国的国防政策与国防发展战略以及各项强军改革从整体上提升了该群体的心理健康水平。国家对大学生心理健康问题的重视和相应政策措施的出台落实、高等教育质量的整体提升以及高校微观系统的自身特性均对大学生心理健康具有促进作用。军人与大学生是我国心理健康服务较早涉及的重点人群，这两大群体心理健康工作取得的显著成效，也从实践层面验证了心理健康服务的实效性。角色压力可以较好解释医护人员心理健康水平近年来有下降迹象的状况。医护人员是典型的助人职业者，源于职业性质与工作职能，直面社会转型带来的巨大冲突，如近年来尖锐的医患矛盾问题，职业压力负荷大，影响身心健康。公众宜更加理性看待医护人员，赋予合理角色期待，同时，相关行业与组织应进一步加强心理健康服务，健全心理健康的预警机制和干预体系，增进职业群体的心理健康。

## 四、理论创新

本研究采用较为前沿的横断历史研究技术，借助大时间跨度的大样本数据分析，厘清了改革开放以来我国民众心理健康水平随年代的变化趋势以及不同群体之间的差异，有力弥合了已有的学术观点争论与研究结果分歧。本研究有三点理论创新。首先，从生态系统理论的视角同时考虑风险性与保护性两大因素系统的作用，有助于厘清国民心理健康发展的社会机制。其次，揭示了我国民众心理健康水平与收入增长的关系也符合"伊斯特林逆论"。第三，采用分类学的视角，既形成覆盖多类别群体的国民心理健康总报告，又揭示出心理健康水平变化发展规律在不同性别、地域与职业人群间的差异，研究结果增进了对心理健康水平动态过程及其成因异质性的理解。

## 五、学术与应用价值

系统整合国内近三十年来国民心理健康的独立实证研究，基于大样本数据，可以克服单项研究因研究设计、方法的不足，以及取样有偏与统计谬误等原因造成的结论偏差，获得有关国民心理健康变迁更为客观精准的结论。搜集原始资料建立的数据库以及研究成果可以为国民心理健康基础数据库建设以及社会心理服务体系构建提供科学参考。是积极响应心理健康国家战略以及加强心理健康基础性问题研究的实际成果，可为国民心理健康服务的决策咨询、政策制定、知识普及、科学研究与效果评估提供参考与依据，有助于为心理健康领域的后续研究提供思路与借鉴。

## 六、发表情况

本文于2019年3月在《西南大学学报（社会科学版）》发表。

# 阅读干预和有氧运动干预对手机成瘾大学生抑制控制功能的不同效果

文 / 周钧毅　王璐璐

## 前言

如今，手机不仅仅是一种通信工具。人们利用互联网进行消费、娱乐、工作和学习。可以说，这是一个以手机为中心的数字时代。在过去的几十年里，中国的移动互联网的规模已经大幅增长。根据《第48次中国互联网络发展状况统计报告》的最新统计，截至2021年6月，中国的手机网民数量达到10.07亿，中国有71.6%的人可以通过手机上网（中国互联网络信息中心，2021）。毫无疑问，这是世界上最大的手机用户群体。在这些手机用户中，大学生占了很大一部分。对于大学生来说，使用手机进行交流、购物、娱乐和学习是他们日常生活的一部分。虽然手机给大学生带来了很多便利和乐趣，但给大学生带来了大量的负面作用（Barkley & Lepp，2016; Servick，2015）。其中，手机成瘾是最常见的负面结果之一（Ezoe等人，2009；Yang，Tan，Li，Liu，& Wang，2019）。手机成瘾会导致较差的自我调节、注意力控制和抑制控制功能（Zhang，Li，& Yu，2020）。研究表明，大约21.3%的中国大学生患有手机成瘾（Long等人，2016）。手机成瘾会对大学生的学习成绩和社会关系产生严重影响（Hou，Zhu，& Fang，2021; Lepp，Barkley，& Karpinski，2015; Liu，Zhou，Niu，& Fan，2017）。同时，手机成瘾大学生也有更大概率出现严重心理障碍，如失眠、焦虑、抑郁和自杀

---

**第一作者简介：**周钧毅（1987—　），男，福建师范大学体育科学学院讲师。

倾向（Tamura，Nishida，Tsuji，& Sakakibara，2017；Višnjić 等人，2018）。因此，如何降低大学生手机成瘾水平，成为近年来研究人员关注的焦点。

抑制控制功能是执行功能的三个核心组成部分之一（Diamond，2013）。抑制控制功能使个人能够专注于与任务相关的信息，并抑制与任务不相关的信息。此外，抑制控制功能有助于个体控制他们的情绪和行为（Nigg，2000）。抑制控制功能的缺陷是导致手机成瘾的关键因素之一（Gao 等人，2020）。以往研究表明，手机成瘾水平较高的个体往往具有较差的抑制控制功能，而抑制控制功能的提高与手机成瘾水平的降低有关（Gao 等人，2020；Hong，Liu，Ding，Sheng，& Zhen，2020；Moisala 等人，2016）。因此，有必要探索一条改善手机成瘾大学生抑制控制功能的有效途径。

中等强度有氧运动指的是强度为自身最大心率的 50～70% 的运动。以往研究表明，中等强度的有氧运动可以改善抑制控制功能（Chi，Etnier，Wang，Chu，& Zhou，2014；Fan，Qi，Huang，& Xu，2021；Samani & Heath，2018；Sibley，Etnier，& Le Masurier，2006）。Sibley、Etnier 和 Le Masurier（2006）使用 Stroop 任务考察了中等强度有氧运动对抑制控制功能的影响。他们发现，进行 20 分钟中等强度有氧运动的被试在 Stroop 任务中的表现比久坐不动的人更好。同样，Chang 等人（2014）考察了中等强度有氧运动对不同心血管健康水平的大学生的 Stroop 任务表现的影响。他们发现，无论心血管健康状况如何，被试在 20 分钟的中等强度运动后，在不一致条件下的反应时间显著减少。最近的一项研究中，Samini 和 Heath（2018）使用反向眼跳任务考察了单次短时（10 分钟）中等强度有氧运动对健康年轻人抑制控制功能的影响。他们发现，运动干预后被试的反向眼跳反应时间显著降低。Fan 等人（2021）的研究与本研究最为相关。他们使用 Go/no-go 任务和 Flanker 任务来研究 30 分钟不同强度（即低、中、高强度）的急性有氧运动对有手机成瘾的大学生抑制控制功能的影响。对于 Go/no-go 任务，他们发现在急性有氧运动后，被试的反应正确率增加，反应时间减少。重要的是，他们发现经过中等强度有氧运动的被试表现出最大的有益效果。然而，对于 Flanker 任务，运动并没有使所有三组大学生在反应准确性和反应时间方面得到明显改善。然而，以前的研究有一些潜在的局限性。首先，以前的研究（除了 Fan 等人的研究）所招募的大多数被试是正常的年轻人，而不是有手机成瘾的人。因此，以前的研究结果是否可以推广到有手机成瘾的人身上，目前还不清楚。第二，以往研究使用一些认知任务，如Flanker任务、Stroop任务和Go/no-go任务来评估抑制控制功能。然而，一些研究者认为，这些用于评估抑制控制功能的任务不仅需要抑制控制功能，还需要一些其他认知功能参与，如语言、视觉感知（Stroop任务），甚至感知-运动技能（Flanker任务）（Heath & Shukla，2020；Samani & Heath，2018）。这些额外的认知功能可能会起到混淆的作用。第三，在Fan等人的研究中，他们只在不同强度的三组中各分配了5名被试。这可能会导致较低的统计检验力。此外，在Fan等人的研究中，使用Flanker任务和Go/no-go任务来评估抑制控制功能。然而，从这两个任务中得到的结果模式是不一致的。因此，中等强度的有氧运动对抑制控制功能的影响需要进一步的研究来证实。

此外，有两项采用运动干预的研究引起了我们的注意。Wang等人（2015）研究了中等强度的有氧运动对执行功能的影响，执行功能是通过威斯康星卡片分类测试来评估。年轻的成年人被分配到运动组或阅读对照组。运动组的被试被要求进行20分钟的中等强度有氧运动。阅读控制组的被试被要求阅读20分钟的书。他们发现，所有被试在后测试中的WCST表现都比前测试好。没有观察到治疗（即运动与阅读）的主效应或治疗与时间（即干预前与干预后）之间的交互作用。Heath等人（2018）研究了不同强度的10分钟有氧运动对执行功能的影响。运动组的被试被要求进行不同强度的10分钟有氧运动。阅读对照组的被试被要求在相同的时间内阅读杂志。结果显示，无论运动强度如何，10分钟有氧运动后，反向眼跳反应时间显著减少。然而，反向眼跳的方向性错误在运动组和对照组之间没有差别。这两项研究都采用有氧运动作为干预措施，而阅读作为非运动对照组被试的基线任务。同时，这两项研究都未观察到显著差异。这可能有两个原因。首先，中等强度的有氧运动对执行功能（或至少某些方面）没有显著的增强作用，正如以前的一些研究发现的那样（Coles & Tomporowski，2008；Tomporowski，Davis，Lambourne，Gregoski，& Tkacz，2008；Tomporowski & Ganio，2006）。第二，阅读作为填充任务可以在一定程度上改善执行功能，并作为一个潜在的混淆因素。对于第一种可能性，以前的许多研究都对其进行了广泛的研究。其中大多数研究显示，有氧运动可以改善执行功能。此外，两项荟萃分析研究显示，有氧运动对执行功能有小的但正向的影响（Chang，Labban，Gapin，& Etnier，2012；Lambourne & Tomporowski，2010）。因此，第一种可能性大概率是不成立的。然而，以往研究很少考察第二种可能性。先前研究确实发现，阅读作为一种干预手段可以改善执行功能等认知功能（Chang，Wu，& Hsiung，2021；Lachman，Agrigoroaei，Murphy，& Tun，2010；Marquine，Segawa，Wilson，Bennett，& Barnes，2012；Pawlowski 等人，2012）。Lachman 等人（2010）研究了参与认知活动（即阅读书籍、报纸或杂志，做文字游戏，参加教育讲座，写作）的频率是否能调节有限教育对认知功能的影响。相关分析显示，更频繁地参与认知活动与更好的执行功能显著相关。同样，Marquine 等人（2012）调查了认知活动的频率是否与西班牙裔人的认知功能有关。他们发现，更高的认知活动频率与更好的认知功能有关。Pawlowski 等人（2012）研究了阅读和写作习惯的频率对几种认知功能的影响，包括定向、注意力、执行功能等。他们的结果表明，阅读和写作的频率与包括执行功能在内的认知功能有关。最近，Chang 等人（2021）报告了一项为期14年的纵向研究，调查阅读活动对老年人认知功能长期下降的影响。他们进行了逻辑回归来评估阅读频率和后期认知能力下降之间的关联。他们发现，与阅读频率较低的人相比，阅读频率较高的老年人不太可能出现认知能力下降。上述这些研究表明，阅读和执行功能之间存在正相关关系。考虑到在许多有关运动对执行功能影响的研究中，阅读被用作对照组被试的基线任务。有必要研究阅读对抑制控制功能的影响。

因此，本研究旨在通过反向眼跳任务考察有氧运动和阅读对抑制控制功能影响的差异。反向眼跳任务是一个著名的实验范式，用于研究抑制控制功能。在一个典型的反向眼跳任务中，被试被要求注视屏幕中央的圆点。然后，副中央凹位置出现一个视觉刺激，他们被要求尽量又快又准确地注视目标的镜像位置。基于以往的研究，我们预测适度的有氧运动和阅读都能改善有手机成瘾的大学生的抑制控制功能，而且有氧运动和阅读对有手机成瘾的大学生的抑制控制功能的影响不存在显著差异。具体来说，我们假设：（1）被试在接受有氧运动或阅读干预后，会表现出更短的反向眼跳潜伏期，更少的眼跳潜伏期变异性，以及更低的眼跳错误；（2）在接受有氧运动和阅读干预的被试之间，这三项指标没有显著差异。

## 方法

### 伦理声明

本研究得到了福建师范大学伦理委员会的批准。所有被试都提供了参与本研究的书面知情同意书。本研究完全按照《赫尔辛基宣言》的规定进行。

### 被试

使用G*Power（Faul，Erdfelder，Buchner，& Lang，2009）计算实验所需的样本量。根据有氧运动对反向眼跳潜伏期的影响效应量（平均Cohen's d = 1.43，来自Heath等人，2018），进行了统计学的Power分析。结果表明，在 α 水平为0.05的情况下，至少需要24名被试才能获得0.80的统计检验力（每组n = 12）。因此，我们从福建师范大学招募了30名有手机成瘾的大学生参与我们的实验，这符合重复以往研究结果的统计检验力的要求。我们使用大学生手机成瘾倾向量表（MPATS）来筛选被试。MPATS由16个项目组成，每个项目用5分的李克特量表评分，共80分。总分在48分以上的被试被归为手机成瘾者（Xiong，Zhou，Chen，You，& Zhai，2012）。这30名被试的得分都超过48分。他们的年龄从17岁到20岁不等，平均为19.2 ± 0.88岁。每个被试都得到了50元的被试费报酬。

### 实验仪器

反向眼跳任务是在Experimental Builder（SR Research Ltd.）中编制的。材料显示在一台17英寸的DELL PC笔记本电脑上（DELL VOSTRO 15，149分辨率：1，920 × 1080像素，刷新率：150 Hz）。刺激物呈黑色（RGB：0，0，0），显示在灰色背景（RGB：153，153，153）上。被试坐在离电脑显示器约58厘米的距离处观看屏幕上的视觉刺激。用一个下巴垫来稳定被试的头部。被试以双眼观看刺激物，但只记录他们右眼的数据。他们的眼球运动是使用Eyelink Portable Duo眼动追踪系统记录他们的眼睛运动情况，采样率为500 Hz。

### 实验流程

本研究的实验设计是一个双因素混合设计，组别（有氧运动/阅读）为被试间因素，时间（干预前/干预后）为被试内因素。30名被试被随机分配到两组。有氧运动组被试使用自行车测力计（Ergoline，德国）进行15分钟中等强度有氧运动。用心率传感器（Polar，芬兰）监测被试的心率，以确保他们以适度的强度运动。阅读组被则安静地坐着阅读报纸上的文章（不包含任何图片）15分钟。自行车的初始功率被设定为50瓦。被试被要求将旋转速度限制在55转/分~65转/分之间。然后调整阻力，以确保每个被试达到其最大心率的60~70%。每个被试的执行功能在干预前和干预后都用反拨动任务进行检查。反向眼跳任务包括75次试验。其中五次是练习性试验。每个试验开始时，屏幕中心的注视十字（1°×1°）呈现1000毫秒。然后，目标圆点（1.2°×1.2°）出现在水平位置±10°视角的位置，呈现1500毫秒（左右两侧各35次试验），然后是随机变化的800毫秒和1200毫秒的试次间歇时间。被试被要求注视在十字上，以确保当目标出现在副中央凹位置时，他们正看着屏幕的中心。他们被要求尽量又快又准确地注视目标的镜像位置。被试在一个安静的房间里单独接受测试。在阅读完实验说明和仪器的简要说明后，调整椅子使他们感到舒适，并使用九点校准和验证程序对眼球追踪器进行校准。验证的最大允许为0.5°视角。在每个试次开始时，在电脑屏幕的中心呈现一个黑色的圆点（0.5°×0.5°）作为漂移矫正。一旦被试者成功地注视黑色圆点，就会显示后续刺激。反向眼跳任务持续约12分钟。

**统计分析**

使用Data Viewer（SR Research Ltd.）对原始眼动数据进行分析。为了确保包括眼动数据有效，在分析中采用了以下标准（参考Jazbec等人，2006）。（1）潜伏期在80毫秒和800毫秒之间的眼动。（2）眼跳持续时间必须大于25ms。（3）眼跳幅度必须大于3°。按照该标准删除了大约10%的试次。在这些标准的基础上，我们计算出以下几项眼动指标：（1）反射潜伏期，定义为从目标开始到目标开始后第一次朝向目标的镜像位置执行眼跳的时间。（2）反向眼跳潜伏期的变异性，定义为反向眼跳潜伏期的标准差。（3）错误率，即被试者错误地执行朝向眼跳而不是反向眼跳的概率。

## 结果

对于每个眼动指标都进行了2（组别：有氧运动/阅读）×2（时间：干预前/干预后）的重复测量方差分析（见表1）。

**表1　两组被试干预前后各眼动指标的平均数和标准差**

| 眼动指标 | 阅读组 | | 运动组 | |
|---|---|---|---|---|
| | 干预前 | 干预后 | 干预前 | 干预后 |
| 错误率 | 0.19（0.21） | 0.09（0.11） | 0.17（0.09） | 0.09（0.05） |
| 眼跳潜伏期 | 248.58（33.09） | 227.98（25.07） | 223.58（26.38） | 218.77（28.19） |

错误率

方差分析结果表明，时间的主效应显著，F（1，28）= 21.21，p < .001，η2p = 0.43，组别的主效应不显著。两者的交互作用不显著，F（1，28）= 0.33，p < .573，η2p = 0.01。所有被试在干预后的错误率都显著低于干预前。

反向眼跳潜伏期

方差分析结果表明，时间的主效应显著，F（1，28）= 16.13，p < .001，η2p = 0.37，组别的主效应不显著，F（1，28）= 3.01，p = .094，η2p = 0.09。两者的交互作用显著，F（1，28）= 6.23，p < .019，η2p = 0.18。时间的主效应表明，所有被试在干预后的反向眼跳潜伏期都短于干预前。更进一步的分析表明，阅读组在干预后的反向眼跳潜伏期显著短于干预前，t（28）= 14.38，p = .002。但是，有氧运动组的反向眼跳潜伏期在干预前后没有显著差异，t（28）= 2.20，p = .160。

## 讨论

在当前研究中，我们使用反向眼跳任务考察了有氧运动和阅读对手机成瘾大学生抑制控制功能的不同影响。正如我们所假设的那样，目前的结果显示，被试在有氧运动或阅读干预后会表现出更短的反向眼跳潜伏期，更小的反向眼跳潜伏期的变异性，更低的反向眼跳错误率。然而，当前实验结果不支持我们的第二条假设，即，有氧运动和阅读对抑制控制功能的作用没有显著差异。

结果表明，在反向眼跳潜伏期、反向眼跳潜伏期的变异性和错误率上，时间的主效应显著。这些结果表明，有氧运动和阅读干预都能显著改善有手机成瘾的大学生的抑制控制功能。这与之前的研究发现中等强度有

氧 运 动（Chi，Etnier，Wang，Chu，& Zhou，2014；Fan，Qi，Huang，& Xu，2021；Samani & Heath，2018；Sibley，Etnier，& Le Masurier，2006）或阅读可以改善抑制控制功能（Chang，Wu，& Hsiung，2021；Lachman，Agrigoroaei，Murphy，& Tun，2010；Marquine，Segawa，Wilson，Bennett，& Barnes，2012；Pawlowski et al.，2012）的研究结果一致。

更重要的是，本研究最有意思的结果是发现时间和组别对反向眼跳潜伏期有显著的交互作用。阅读组在干预后的反向眼跳潜伏期显著短于测试前，然而，有氧运动组在干预后的反向眼跳潜伏期与测试前没有区别。这一结果表明，阅读对手机成瘾大学生的抑制控制功能有积极作用，而且其作用要大于有氧运动的作用。这与之前关于参与认知活动（如阅读）可以改善个体抑制控制功能的研究结果一致（Chang，Wu，& Hsiung，2021；Lachman，Agrigoroaei，Murphy，& Tun，2010；Marquine，Segawa，Wilson，Bennett，& Barnes，2012；Pawlowski等人，2012）。然而，这与其他考察有氧运动对抑制控制功能影响的研究相反，这些研究发现接受有氧运动干预的被试的抑制控制功能显著高于对照组被试，这些研究中阅读均被作为对照组的基线任务。

以往的研究证据表明，阅读可以改善个人的执行功能。Cotrena等人（2016年）调查了健康成年人的教育、年龄、阅读和写作习惯的频率是否影响他们的执行功能。他们发现，阅读和写作等日常认知刺激与一个人的执行功能如抑制控制功能有关。Uchida 和 Kawashima（2008）研究了23周的认知训练，包括阅读和解决算术问题对正常老年人的认知功能的影响，发现认知训练对老年人的认知功能有持续的有益影响。阅读改善抑制控制功能的有以下几个方面的原因。一方面，阅读有一些积极的心理作用。Pawlowski等人（2012）提出，阅读可以改善神经心理学任务的表现。在阅读过程中，人们必须专注于当前的视觉输入，抑制内部和外部无关信息的干扰，以吸收和理解阅读材料。因此，抑制控制功能在阅读过程中起着重要作用，尤其是在抑制个体内部自发产生的信息和行为方面。因此，个体的抑制控制功能可以通过阅读得到改善。另一方面，阅读会激活与抑制控制功能有关的大脑区域。以往神经科学研究表明，一些大脑皮层参与了阅读任务，包括：左内侧外皮层、左中颞皮层、左额皮层和左后颞叶（Price等人，1994）。同时，研究人员发现，与执行反向眼跳任务相关的抑制控制功能涉及前额叶执行网络（Everling & Johnston，2013）和额叶网络的激活（Munoz & Everling，2004；Samani & Heath，2018）。上述这些研究表明，阅读过程和抑制控制功能都提到了一些重叠的区域，从神经科学的角度支持了阅读可以提高一个人的抑制控制功能的观点。

有氧运动对反向眼跳潜伏期的没有显著影响的结果表明，运动干预并不能明显改善手机成瘾大学生的抑制控制功能能力。这与先前一些研究的结果一致，即，没有发现运动干预对改善抑制控制功能或认知功能的显著效果（Heath等人，2018；Wang等人，2015）。然而，这也与以往发现中等强度的有氧运动可以改善抑制控制功能的研究结果不一致（Chi，Etnier，Wang，Chu，& Zhou，2014；Fan，Qi，Huang，& Xu，2021；Samani & Heath，2018；Sibley，Etnier，& Le Masurier，2006）。这种与以往文献的差异可能有以下原因。首先，本研究中运动干预的时间可能不够长。一项荟萃分析研究显示，短时间（少于20分钟）的有氧运动对认知表现和执行控制的影响通常较小或为负，而超过20分钟的有氧运动则有积极的影响（Chang，Labban，Gapin，& Etnier，2012）。第二，本研究和以往研究中，参与群体的不同可能导致了这种差异。虽然荟萃分析研究显示，短时有氧运动对认知表现和执行控制的影响一般较小或为负，但之前的研究确实发现，10分钟的中等强度有氧运动可以改善个体的抑制控制功能（Samani & Heath，2018）。因此，我们认为造成这种差异的另一种可能原因是，目前研究中的被试群体与以往研究不同。以往研究中的被试大多是正常的年轻人或正常的老年人（Fan，Qi，Huang，& Xu，2021；Heath & Shukla，2020；Petrella，Belfry，& Heath，2019；Samani & Heath，2018），而本研究招募的被试是有手机成瘾的大学生，他们的抑制控制功能可能与正常人群不同。

这一结果也表明，对于之前两项没有发现有氧运动对执行功能影响的研究结果，可能还存在另一种可能的解释（Heath等，2018；Wang等，2015）。即，这也许不是因为有氧运动对执行功能没有影响，而是因为阅读对改善执行功能存在促进作用，这与有氧运动的影响相混淆。因此，目前的结果模式支持我们在开始时提出的第二种可能性，这可以解释这两项研究为何没有观察到显著差异（即阅读作为填充任务可以在一定程度上改善执行功能，并作为一个潜在的混杂因素）。

本研究的结果对理解短时中等强度有氧运动和阅读对手机成瘾大学生抑制控制功能的影响有一定的启示。目前的结果表明，单一的短时阅读可以改善有手机成瘾的大学生的抑制控制功能，这扩展了以前关于阅读作为日常认知刺激可以改善执行功能的研究（Chang，Wu，& Hsiung，2021；Lachman，Agrigoroaei，Murphy，& Tun，2010；Marquine，Segawa，Wilson，Bennett，& Barnes，2012；Pawlowski等人，2012）。此外，考虑到之前许多研究考察了各种运动干预的效果，将阅读作为对照组被试的基线任务（Heath等人，2018；Samani和Heath，2018；Wang等人，2015），在未来的研究中采用阅读作为基线任务时，应该保持一定的谨慎。此外，本研究将之前关于阅读对正常人群执行功能的积极影响的研究结果扩展到了手机成瘾样本。此外，本研究还具有一些实际意义。阅读是一种简单、方便、经济的活动，受时间和环境的限制较少，因此可以考虑将其作为一种干预手段，以改善一个人的抑制控制功能，从而降低个体的手机成瘾水平。

然而，由于条件的限制，我们应该注意到，本研究仍存在一些局限性。例如，目前的样本大多数是女大学生（30人中有23人），这使得我们不清楚结果是否可以完全推广到更广泛的手机成瘾人群中。此外，在本研究中，我们使用自我报告的问卷来评估大学生的手机成瘾水平，这可能与个体手机成瘾的实际情况存在出入。未来的研究可以使用一些手机APP来更客观和准确地评估被试的手机使用情况。

## 结论

综上所述，本研究结果表明，阅读可以改善有手机成瘾的大学生的抑制控制功能，其效果可能优于短时中等强度的有氧运动。总的来说，本研究结果对于我们理解阅读和有氧运动对年轻手机成瘾人群抑制控制功能的影响具有启发性。

# 决策咨询研究报告

# 关于运用"极简史"归纳宣传新中国70年卓著成就的建议

文 / 方 华

2019年1月2日，习近平总书记在致中国社会科学院中国历史研究院成立的贺信中指出，"历史是一面镜子，鉴古知今，学史明智。重视历史、研究历史、借鉴历史是中华民族5000多年文明史的一个优良传统。当代中国是历史中国的延续和发展"。2019年是中华人民共和国成立70周年，回望70年的光辉历史，充分可见在中国共产党的坚强领导下，华夏大地发生了翻天覆地的变化，中国特色社会主义事业取得了辉煌的成就，一系列重大成就值得每一个中国人、全世界每一位华人所熟知和铭记。"知史爱党，知史爱国"，在今年这个特殊时间节点，通过归纳宣传新中国70年卓著成就，开展全民性的共和国史宣传教育，让人民群众深入了解、准确认识70年历史进程和重要事件，对于激发全民爱国热情有重要意义。

## 一、现有共和国史学习教育读本的传播局限性

基于记史叙史的权威性考量，共和国史学习教育读本往往采取严谨恢宏、平铺直叙的记叙风格，而且多数是大部头著作，比如，《中华人民共和国史》先后有靳德行版本（63万字）、陈述版本（71万字）、齐鹏飞版本（73万字）等多个版本。再有，历时20年成稿的权威性著作《中国人民共和国史稿（全五卷）》共152万字，即便是2015年出版的简明读本，也有23万字。权威性著作是学习研究中华人民共和国史的重要资料，但作为全民学习共

作者简介：方华（1985—  ），男，福州市晋安区社会治安综合治理服务中心主任。

和国史的普及读本存在一定现实局限性。对于深受现代快节奏、碎片化信息传播方式影响的人群，权威性著作因字数繁多、叙事沉重，难以吸引他们深入阅读，甚至望而却步，难以达到铺开全民共和国史教育的效果。

## 二、"极简"方式在归纳宣传历史成就方面的独特优势

极简式传播体系是一种面对大众化的普及性传播方式的集合，通过凝练而体系化的表达，让受众可以利用有限的时间在庞杂的知识系统中找到门径、掌握精要，较为便捷地学习和了解相关知识。

（一）"极简"模式符合现代阅读习惯。随着人们生活节奏加快，时间碎片化现象也越来越频繁，随之出现了"极简史"这一类新型史书，其多为在史学著作的基础上，通过重编或翻译后被冠以"极简某某史""某某简史"之名。"极简史"之所以受到热捧，是因为其文字简明、论证简略、体量简省，方便阅读。当前一些读书类、学习类主流新媒体，如网易公开课、喜马拉雅FM、懒人读书等，均有历史相关的知识学习链接，其中一些新生代史学研究者或教师，将各时期的历史事件进行梳理，通过音频或视频的方式分享给广大读者和听众。该类分享主线突出、篇幅精练、语言幽默，用较短的时间，片段化的故事情节，将每个时期的历史发展通过"极简史"归纳串联在一起，深受平台用户的喜爱。

（二）"极简"模式天然具备宏观视野。"极简"式传播体系的定位不在"高大全"，而在"既有料，又有趣"，在内容和风格方面发挥举重若轻、深入浅出的优势，不仅有助于年轻人积累知识、开阔视野，看待问题的角度也有一定的启发作用，就像现在当代年轻人所提倡和流行的"轻食"，跟一般的快餐相比，它的优点在于，除了方便、快捷，更重要的是兼顾营养、健康。基于"极简"模式撰写共和国史，虽不能呈现丰富翔实的史料史实，却具备观察历史脉络的宏观视野，也通过线索的梳理简明重现了一个个历史事件，又迎合了现代人"短平快"的阅读习惯，可以成为现代人了解历史的重要来源，给我国青少年历史观的形成产生一定影响。

（三）"极简"为宏大叙事提供小切面。充分围绕马克思主义唯物史观，饱含中国特色社会主义道路自信、理论自信、制度自信、文化自信来整理、总结、出版中华人民共和国成立以来的历史已成为时代的需要。对中华人

民共和国成立70年以来的历史实践运用"极简史"归纳更能突出亮点，更容易让读者留下深刻印象。"极简史"能够在70年宏大的历史进程中，立足一个高位的切面，系统全面的梳理和总结在辉煌的历史表象内里蕴含着的中国经验和中国方案。对内，有利于为"未曾经历"的年轻一代树立正确史观；对外，有利于形成国际社会借鉴的"中国榜样"。

## 三、运用"极简史"归纳宣传新中国70年卓著成就的具体路径

### （一）构建"极简提纲"：撰写《新中国70年极简史》

以庆祝中华人民共和国成立70周年为契机，组织撰写官方版本的《新中国70年极简史》，通过简短的语言、生动的描述，呈现中华人民共和国70年以来的重大事件、重要人物和突出成就。

一是突出全方位纪实。严格尊重史实，公正评述人物与事件，全方位呈现新中国成立以来的重大事件、重要人物、科技文化的突出成就，涵盖政治、经济、军事、文化、外交、科技等领域。

二是突出叙述侧重点。从历史和实践的视角，突出中国共产党深受人民拥戴的历史现实，彰显中国共产党的为民初心、爱民情怀，重点讲述中国共产党带领下举国上下勠力同心带来的历史变革。

三是突出创新性表达。注重历史故事、历史事件描述的文学性、趣味性，避免长篇大论，通过碎片化的传播模式，用简单明快的语言和通俗易懂的表述来记录和宣传中华人民共和国成立70年来的艰辛与成就，帮助民众更好地树立正确的历史观。

### （二）构建"传播体系"：开展多种类立体化宣传

根据官方《新中国70年极简史》的文本脉络，策划运用现代人喜闻乐见的漫画类、语言类和视频类等传播手段，一方面在学校、社区、商场广告等人群密集处进行宣传，另一方面在微信、微博、抖音等新媒体平台进行传播，立体化宣传《新中国70年极简史》，为迎接中华人民共和国70年华诞营造良好氛围。

一是点燃网络热度。在新华网、中国网等主流网络平台和教育部、文化部等官方微信公众号面向广大人民群众开展网络竞赛，进一步为庆祝中华

人民共和国70周年营造良好氛围。比如，开展"我和我的祖国极简史"征文竞赛，可根据年龄、职业分多组别开展竞赛，要求文章精练准确，文体不限；开展"我说我的祖国极简史"教学竞赛，在中小学及大中专院校，组织教师和学生在课堂上运用"极简史"形式讲述祖国变化。适时举行颁奖仪式，通过正能量获奖作品更草根、更接地气地引导广大人民群众重温中华人民共和国成立70年来，中国共产党带领中国人民从胜利走向复兴的光辉历程，更好地激发群众爱国热情。

二是共讲极简故事。广泛征集中华人民共和国成立70周年来的极简民间故事，鼓励网民在抖音、快手等短视频平台讲故事、听故事。从书写历史、熟悉历史、揭秘历史的角度进行评比并对具备一定历史研究价值的故事进行考证，对好故事、好文章进行再编辑、再整理，以电子书籍或短视频等形式在新华网、人民网或相关地区门户网站上予以推广，相关作者知识产权保护工作由有关部门负责。

三是鼓励"正向加工"。借鉴《那年那兔那些事儿》漫画经验，对重要历史人物设计漫画IP，对重大历史事件通过漫画形式在青少年喜爱的平台推出。鼓励市场将《新中国70年极简史》融入动漫和游戏之中，让玩家在娱乐的同时能读史、学史、懂史。运用相声、歌曲、小品、戏剧等曲艺形式或散文诗、打油诗等文学形式将历史事件"极简"地联系起来、呈现出来，做到观众"耳熟能详"。

### （三）构建"输出路径"：打造全球化宣传链条

在中国共产党领导下，我国为许多发展中国家做出了积极的榜样，中华人民共和国成立以来的一系列重大历史事件和发展拐点值得许多国家予以借鉴，注重将《新中国70年极简史》作为主要传播载体和内容，通过官方和民间等多条渠道向国内外广泛宣传输出中华人民共和国70年伟大成就。

一是注重国际化宣传。将《新中国70年极简史》翻译成多国语言，如条件允许可在多国举办新书发布会，在官方涉外媒体上进行广泛宣传。围绕《新中国70年极简史》组织高层次论坛和研讨，从国家层面和民族层面，突出体现和宣传中华人民共和国成立70年所取得的成就对全球发展地积极贡献。

二是注重引领华侨群体。结合海外统战工作，提炼中华人民共和国成立以来与海外华侨华人有关的重要历史时刻、历史事件，以极简关键词为线索，策划开展海外传播活动，通过华人华侨相关社会组织和民间组织，面向台港澳侨同胞和海外朋友，特别是对他们中的年轻一代进行《新中国70年极简史》宣传，更广泛地凝聚历史共识。

三是注重政党经验外延。梳理中国共产党在中国特色社会主义建设和全球社会主义事业建设中的政党贡献，进一步研究中国共产党执政的优良作风史、勤政为民史和反腐倡廉史，并将这些领域的研究结合中华人民共和国长治久安的历史经验，输出中国特色社会主义、马克思主义中国化的政治优势。

# 推进鼓楼区智慧社区可持续发展研究

文/林 萍

社区作为城市治理的最基层单位，加快以信息技术为主要内容的智能化建设，是提高城市治理现代化水平的重要抓手。近年来，鼓楼区积极响应时任福建省省长的习近平提出的建设"数字福建"的战略构想，率先提出"数字鼓楼"建设示范区。重点从便捷、安全、高效、智能四个维度，构筑"政务办事、便民生活、社区管理、平安联防、社区治理"五大服务模块，初步构建了物联感知网，基本实现了资源信息数字化、群众诉求主动化、社区服务便捷化、管理设施智能化、平安保障科技化。本文通过对鼓楼区智慧社区建设情况及面临的困境分析，提出智慧社区可持续发展的思路和办法。

## 一、鼓楼区智慧社区发展的实践探索

（一）智能化设施日趋完善。近年来，鼓楼区从物联网硬件设备、监控设备、社区商圈的全球眼、wifi探头、动态AP设备等智能设施建设着手，实现了大多数社区使用出入口身份验证和车牌自动识别、社区监控全覆盖与智慧楼宇、智慧家居等智能化应用；整合社区网站，建设统一的"社区综合管理平台"，实现社区管理、社区服务、家庭信息等服务于一体。

（二）公共服务更加高效。通过社区政务服务综合受理平台，社区居民办事实现"线上一网一分钟，线下一窗十分钟、一网一窗办全事"。即"线上一网一分钟"，社区居民可在家中通过"鼓楼通APP、微信公众号"等统一的办事渠道，并利用电子证照库，足不出户就能实现政务事项在线提交

---

作者简介：林萍（1974— ），女，闽江师范高等专科学校经济学副教授。

材料1分钟。2018年，全区有3500多家工商个体户通过手机终端提交办证所需材料。"线下一窗十分钟"，社区居民也可以到所在社区政务服务综合受理点办理政务事项，打造家门口的10分钟服务圈，实现社区政务办事"一站式"服务。2018年，通过鼓楼区社区政务服务综合受理平台的事项达10810件。

（三）居民生活更加便捷。以居民最关心的生活应用为切入点，接入便利店、家政服务、充电桩服务、小区停车位查询、一键开门、访客管理等，让社区居民畅享社区"最后一公里"服务。目前，APP点击率75万次，注册用户8万多人。同时，鼓楼区还充分应用"互联网+"，打造"家门口"互联网医院。比如，各社区卫生服务中心分别与省二人民医院、福州市第一医院等开通了远程门诊、影像、心电诊断系统；与省立医院等多家三甲医院开通了双向转诊预约信息系统，大大地缓解了社区居民"看病难"的问题。2018年通过鼓楼区社区卫生服务中心互联网医疗平台实现远程门诊和双向转诊的病人分别达到1200人次、2300人次。

（四）社区管理更加精细。按每个网格面积0.15~0.20平方公里的原则，全区划分为153个工作网格，配备2000多名网格员，实行由社区书记组成的"片长制"网格化服务管理。网格员全天候在预定的区域、路线内不断巡查，利用手机终端及时采集上报发现的问题，通过区级智脑系统适时自动批转相关部门快速处置。目前，已有城管、综治、环保、建设、安监及园林等18个领域187个服务事项纳入网格服务管理。2018年通过智能系统采集177.3万件，处置率均为100%。

（五）社区安全更加保障。每个社区都建设了比较完善的监控系统，并接入全区天网平台，实现远程实时监控了解社区内和监控点的具体情况。2018年，鼓楼区172个老旧小区进行宜居环境综合整治和小区智能化改造，其中包括社区安防监控、人脸识别智慧门禁、车牌识别的汽车智能道闸等，大大提高社区安全防范能力。

## 二、鼓楼区智慧社区发展面临的主要困境

（一）管理机制有待健全完善。一是政策措施不够完善。尽管2014年国家住建部发布了《智慧社区建设指南》，具有一定的纲领性和指导性，但缺

乏可具体量化和统一的建设标准和评价体系，致使智慧社区建设的目标和路径不明确，建设任务比较分散，部门之间难以形成合力，建设成效也难以考核。二是共建共享的机制尚未形成。各个社区及街道都承载了多个相对独立的政务垂直系统，在其内部资源共享比较顺畅但跨部门横向数据相互融合程度低，资源互通比较困难，信息孤岛还比较普遍地存在。如，没有统一的数据标准。海量的基础数据采集往往需要社区工作人员一次采集多次录入，造成人力资源的浪费，信息无法共融共通共享。三是"最后一公里"管理机制没有形成。主要体现在发现问题后难以及时解决，如建成的很多物联网设备、智能水电表等。

（二）智慧技术应用的创新性有待提升。目前，鼓楼智慧社区建设还处于初级探索阶段，"智能化"的技术应用程度还相对较低：一方面目前由于没有系统的规范标准，有的社区智能化设施功能不稳定，时有故障发生，有的智能化产品得不到有效使用，长期处于闲置或低效使用状态；另一方面信息技术还没有普遍应用，尚未形成规模效应。物联网、智能感知等技术应用程度不一，有的社区还停留在方案设计或试运行的初级阶段，社区管理服务过程中的问题大部分还是依靠人力巡查或群众举报，而不是依靠智能报信、智能识别、智能调配管理力量，处置效率有待提高。

（三）缺乏可持续的运营模式。智慧社区是一个庞大而复杂的系统，与全国大多数社区一样，鼓楼区智慧社区建设的建设模式也是以政府为主体。在这种模式下，虽然可以在短时间内将有效的资源集中到基础设施建设和信息技术应用上，但社区居民、社会组织、物业企业和服务企业参与度低，往往造成建设和运营效率的低下，制约了智慧社区的进一步发展。

（四）缺乏以人为本的服务理念。智慧社区建设的目标是以人为本，以先进技术为纽带，创造更宜居美好的社会人文环境。然而当前智慧社区的发展实践中，往往偏重于信息技术带来的立竿见影的效果，却忽略了社区居民的守望相助的情感互动和需求的多样性，往往造成产品服务的同质化，未能有效契合有差异的群众需求，降低了居民家庭对智慧社区建设的认同感。如网络平台的电子缴费系统，年轻人得心应手地使用，而老年人却由于自身信息能力薄弱，无法良好地运用智能设备。

（五）智慧人群培育不足。智慧社区的建设、管理和运营需要较强的信息化专业知识。无论是社区工作者还是社区居民，都难以与智慧社区的发展要求相匹配。从社区工作者来讲，鼓楼区现有875人，其中，40岁以上有346人，占40%；30岁以下只有154人，占18%；初级社工师118人，占13%，中级社工师70人，占8%，没有高级社工师。这些社区工作者普遍年龄偏大、文化程度不高，对信息技术的接受和智慧平台的使用都比较缓慢。由于人才引进机制的不健全，特别是人员编制和薪酬待遇问题难以解决，导致社区专业性服务人才短缺，造成社区工作人员无法适应智慧社区发展要求等问题。从社区居民来讲，鼓楼区60岁以上的老年人有10.8万人，占户籍人口（58万人）的18.6%，老龄化现象比较严重。且年轻人早出晚归，常在社区的往往是老年人，这部分群体对新技术掌握能力较差，影响了智慧社区的使用效率。

## 三、推进鼓楼区智慧社区可持续发展的对策建议

（一）加强顶层设计，提升智慧社区建设标准化

1.加强组织领导，明确职责分工。成立鼓楼区智慧社区建设领导小组，由区主要领导直接担任组长，区直部门和街道、社区主要负责人参加，定期召开例会，听取工作进展情况并及时协调解决问题，全面统筹推进项目建设；制定工作方案，明确各自的业务范畴和责任义务，构建有效的绩效评价指标体系，避免出现推诿、扯皮现象。

2.实行统一规划，分步实施。将智慧社区硬件设施建设纳入城市建设总体规划，坚持"一张蓝图绘到底"；根据社区基础条件、居民情况等实际问题，因地制宜，有计划安排智慧社区项目建设。

3.打通数据分割，推动共建共享。在智慧社区建设过程中，本着信息共享、资源共融的原则，研究和制定符合实际要求的统一的数据管理标准，避免"信息孤岛"及低效率的重复建设，促进智慧社区建设标准化、规范化发展。如，建立以数据整合为核心的"综合空间数据库"，充分融合交通、水利、医疗卫生等各部门的政务数据，通过系统智能分析，实现数据挖掘，填平各政务系统间的数据鸿沟，以便各方应用。同时，建立统一的智脑工作系统，为社区台账工作减负。

（二）加速技术创新，提升智慧服务效能

1.全面提升社区智能化水平。结合当前老旧小区改造升级，深入推进小区综合整治和视频汇集，并进一步向小街巷、小区慢行步道、商场酒店等公共场所扩面。全面为社区井盖、水资源、消防栓等安装智能感应装置，形成天地一体的社区感知天网。

2.大力开发社区服务产品。让新技术根植于物联网、信息采集，实现家庭设备的智能应用、社区安防的扩容升级、远程医疗的快捷高效、居家养老的实时便利。

3.加速智慧产品与居民生活的全面融合。关注不同需求，引导用户体验，打造智慧社区生态链。同时，统一技术标准，开放竞争空间，使不同商家产品和服务行业可以用同一APP控制，进而推动相关产业树立品牌意识、健康发展。

（三）坚持需求导向，提高智慧服务精细化水平

智慧社区是通过技术手段，实现服务和需求的精准对接，从而实现居民的获得感、归属感、幸福感。鼓楼区是福州市的核心城区，虽然居民的总体素质相对较高，但各个社区的居民群体也不尽相同。因此，善于利用信息平台精准识别居民需求，优化服务流程，确保让专业化机构能提供有效的个性化服务，克服社区服务和居民需求之间的不匹配。加快推广鼓楼社区"幸福通"等，实现社区居民每户至少一人加入，通过"有话要说"模块，社区居民充分表达个人诉求和意见建议，营造宽容开放的社区环境，畅通民情民意表达渠道。通过建立回访机制，跟踪社区难点事务的处理进程。对居民反映问题和意见建议的办理情况，让居民通过"打分评价"的方式，对政府部门实行监督，保证治理环节无缝衔接。

（四）广泛深入发动，形成多方参与的可持续运营机制

智慧社区的建设和运营是一个长期推进的过程，不能单打独斗，必须形成合力。合理引入竞争机制，发挥政府投资的导向作用和杠杆效应，吸引更多的社会资金投入。发挥鼓楼居民素质相对较高的优势，发动居民广泛参与和大力支持。鼓励运营企业介入，并允许其通过广告、商业返点、积分制等办法，有效解决智慧社区持续发展的资金问题。运用互联网思维，将传统地产和现代服务业结合起来，引导传统物业公司向社区运营商转型，

实现由单一的物业服务转变为集社区购物、教育、健康、养老、物流等综合服务，提升居民生活质量。

（五）加强人才培养，提高智能化应用和管理水平

1.提升社区管理人员智慧化水平。社区是打通"最后一公里"的关键环节。应充分发挥鼓楼拥有众多的高等院校和科研院所的天然优势，通过优厚的条件，广泛吸引高端技术人才参与智慧社区系统开发、维运和管理中来，并保障其在子女入学、住房和医疗待遇等方面享受本地区优惠政策；对于信息技术水平不高甚至欠缺的社区工作人员，可以依托高等院校以及区委党校、社区党校等专业机构，通过集中学校培训，或在社区开设实训基地等双向培养方式，提升社区管理人员的智慧化基本知识和基本技能。此外，还要将信息技术知识作为党政干部和公务员培训的重要内容，纳入党员干部考核范围。

2.提升社区居民智慧化水平。一是创新宣传推广手段。从社区普惠性项目入手，让其感受"智慧"便利，以达到自觉接受直至兴趣使用的目的。如，开展智能水表、电表、煤气表的快速支付结算，既方便居民，又为相关部门采集和汇总数据提供便利。二是成立志愿宣传小组。针对不同年龄段群体，特别是老年群体和未成年群体，利用比较普及的"社区幸福通"新交流平台，不断推送智能化产品使用有关知识和基本技能，引导社区居民认识和使用社区智能化系统。

# 浙江省"一米菜园"模式
## 对福建省农村人居环境整治的启示

文/林恩惠　陈秋华　戴永务　郑义

习近平总书记多次对加快推进农村人居环境综合整治做出指示，强调要给农民一个干净整洁的生活环境。今年，浙江省创造性地将起源于美国的"一米菜园"都市农业模式应用于农村人居环境整治中，取得了比较明显的成效，可为福建省进一步推进农村人居环境整治提供参考。

## 一、推广"一米菜园"模式的意义

美国的"一米菜园"是在种植箱中搭设格子状的小菜园进行密集种植。浙江省借鉴其思路，在村民房前屋后以及农房整治后的闲置用地上，打造小巧的菜园，对破解农村人居环境整治中的群众参与度低等问题有十分积极的意义。

第一，调动群众广泛参与，解决了"政府在干、群众在看"的难题。"一米菜园"抓住了群众渴望食品安全和追求生活情趣的心理需求，风靡全球。浙江省的实践也表明："一米菜园"作为一个好创意、好载体，能充分调动群众的主动性和积极性，使农村人居环境整治由靠管变自觉。

第二，实现生态美和百姓富的统一，走出了"经济上去、环境下来"的怪圈。"一米菜园"利用狭小空间，实现多样性种植，单产高，种植的蔬菜不仅可以自给自足，而且结合中药材、盆景等产业，可促进村民增收。浙江省个别村民还将菜园打造成休养、研学、亲子体验、农疗及科普基地，实

---

**第一作者简介：** 林思惠（1988—　），女，福建江夏学院讲师。

现了农业与旅游、文化等产业的深度融合。

第三，形成了长效机制，解决了"问题顽固、容易反复"的难题。对于村民而言，"一米菜园"易于操作、养护简便、美观实用，能够有效引导村民养成文明卫生习惯，使村庄清洁、村容村貌整治等由复杂变简单、由困难变容易，解决了以往靠短期推动、村庄脏乱差容易出现反复的难题。

## 二、浙江省"一米菜园"的创建经验

### （一）因地制宜，制定标准规范

一方面，编印"一米菜园"创建指导手册。组织专家将试点村创建"一米菜园"的实践经验提升为标准规范和理念指南，编印《"一米菜园"创建指导手册》。手册详细介绍了院墙设计、种苗选择、土壤、水分、栽培、播种季节等，对每一类每一种的"一米菜园"创建技术都做了规范和明确，为村民建设"一米菜园"提供了方向。

另一方面，量身定做"一米菜园"创建方案。针对重点创建村，组织农科院等部门结合各村的气候环境、土壤状况以及传统产业等实际情况，为重点村庄提供化肥种子、菜品搭配建议、种植技术等服务。

### （二）宣传示范，激发内生动力

一是积极开展"一米菜园"宣传活动。线上利用微信公众号发出倡议，推树典型；线下利用发放倡议书、张贴宣传标语、举办微课堂、农村"小喇叭"等，营造建设"一米菜园"的浓厚氛围。

二是利用"羊群效应"发展带头村民。一方面，党员带头创建"一米菜园"；另一方面，认定表彰一批"一米菜园"精品户、精品村，让"羊群"慢慢接受并尝试加入菜园创建中。

### （三）专业指导，提升实践能力

第一，组建高效的技术队伍。一方面，根据不同的创建阶段，组织种植技术人员、庭院规划设计师等涉及不同专业领域的技术队伍。另一方面，根据不同的村民，组织农科院技术人员、高校专家、农村妇女干部、土专家和民间工匠等来自不同群体的技术队伍。

第二，大规模开展技能培训。开展蔬菜种植、菜园装饰等实用技能进行培训，对"一米菜园"的前期建设和后期管护等各个阶段进行指导，提升村民菜园建设实践能力。

第三，开展"传帮带"活动。组织发动示范基地、巾帼文明岗、巾帼建功标兵、女能人"传帮带"活动，与村民结对帮扶，教育、引领家庭成员自觉主动投入"一米菜园"建设。

**（四）多点结合，拓宽工作思路**

第一，与妇女工作相结合。凸显妇女在菜园建设中的带领作用，通过妇联组织开展宣传、培训和示范户评选等活动；培育农村妇女干部，结对帮扶带领群众展开创建工作；鼓励和引导农村妇女参加菜园创建技能培训，并动员家庭成员参与。

第二，与党建工作相结合。党员家庭带头创建"一米菜园"；设立党员护园岗，岗位人员空闲时到帮扶村民家菜园里帮忙浇水、清理垃圾等，解决村民在菜园建设和管理过程中的实际困难。

第三，与扶贫工作相结合。改变"直接给钱"式的扶贫方式，帮助贫困户创建自家菜园，在减少贫困户生活开支的同时提高贫困户自我发展能力，引导贫困户积极面对生活，改变贫困文化。

第四，与垃圾分类相结合。引导村民将无用的厨余垃圾用作种花种菜的酵素堆肥，利用房前屋后的废瓷、废模具及整治过程中拆除的建筑垃圾来装饰菜园等，提高村民垃圾分类意识。

第五，与家风传承相结合。将本土文化和文明家风融入"一米菜园"创建，在石墙、竹篱笆、砖块上绘上宣传语，从根本上维护、提升"一米菜园"的创建成果。

## 三、关于福建省推广"一米菜园"模式的建议

**（一）推动试点工作，制定创建标准**

一是学习考察浙江做法。组织学习考察组，赴浙江衢州等地观摩学习，借鉴好经验好做法，推动创建工作。

二是精心组织试点工作。设立由农业农村、农科院、妇联等部门组成的试点工作办公室；根据各地在不同季节的气候、水文等特点，选择一批乡镇、村开展试点，总结试点地区的难点问题和符合当地实际的种植技术、运行机制等。

三是制定创建标准规范。编制《福建省"一米菜园"创建指导手册》，各市、县（区）编制本地区的指导手册，建立科学、标准、规范化的创建模式，对种苗、种植、设计等全过程进行指导。

**（二）加强技术指导，扎实推进工作**

首先，组建多层次的技术指导队伍。组建由农业院校、农科院、科技特派员等组成的专家队伍；从本地遴选和重点培育一批农村妇女干部、土专家和民间工匠等技术人才，组成推广队伍。

其次，多渠道地开展创建技能培训。围绕规划、种植、装饰设计等内容，邀请专家名师录制网络学习课程，开展现场技能培训课堂，依托专家团队和推广队伍到各村各户持续跟踪加强技术指导。

最后，发挥典型示范的引领指导作用。支持乡镇建立以户为单位的争先创优评比机制，利用政务网站和微信公众号及时宣传建设的动态、成果和经验。

**（三）深入挖掘潜力，推进联合发展**

第一，深入挖掘"一米菜园"增收致富的潜力。结合当地特色产业，鼓励有条件的地区和村民因地制宜，发展"一米菜园+"生态采摘、休闲旅游、教育体验、扶贫帮困等模式。

第二，深入挖掘"一米菜园"社会治理的潜力。充分发挥"一米菜园"创建工作在主题教育、文明养成等方面的现实作用，把"一米菜园"建设与党建工作、妇女工作、乡村文明建设等有机结合。

# 打造生态产品价值实现先行区
# 深化国家生态文明试验区建设

文/福州市政协课题组

2016年6月，福建省被确定为首个国家生态文明试验区。近年来，福州市按照中央、省委的部署要求，统筹推进生态文明试验区建设各项任务，较好地完成了涉及福州的6个方面、24项重点改革和工作任务。本课题着重围绕"深化"二字，紧扣国家生态文明试验区建设任务之一的"生态产品价值实现的先行区"，重点聚焦自然资源资产负债表编制及推广运用，研究提出福州生态资源优势向生态产品、生态价值优势转化的举措建议，推动实现"绿水青山就是金山银山"。

## 一、福州市探索生态产品价值实现的主要做法和初步成效

1.自然资源资产负债表编制为生态产品价值实现提供基础。一是长乐区率先试点编制自然资源资产负债表并带动全市摸清"自然资源家底"。2016年，长乐区作为全省首批编制自然资源资产负债表试点县（市）区，由统计局牵头，通过数量指标分部门收集填报，率先完成了土地、林木、水、海洋资源资产负债表编制试点工作（简称"统计局模式"）。二是连江县率先探索形成自然资源资产数据采集和评估核算的规范体系。确立了"5+9+2"的自然资源资产数据采集和评估核算规范体系，包括连江县自然资源资产存量表、质量表、价值表、负债表、流向表等5大类87张负债表框架体系，由1个自然资源资产核算总则和8个单项自然资源资产核算技术指南组成的9个自然资源资产核算技术指南，以及2个自然资源资产数据采集和管理文件，形成了一套涵盖数据获取、模型评估、价值核算全过程的方法指引（简称"连

江模式")。三是连江县率先搭建起一个自然资源资产管理的信息化平台。从统计、管理、展示、查询等多个应用需求出发，整合各部门自然资源管理的数据信息，搭建起连江县自然资源资产"一张图"信息化管理平台，实现了随机空间自然资源资产类别、面积、价值信息实时提取，客观反映出连江县自然资源资产的存量、质量、价值、负债及流向变化情况，为区域自然资源资产动态化统一监管提供了信息化、数字化、可视化的平台，也为自然资源高质量开发利用奠定基础。四是全市部署复制推广连江县自然资源资产负债表编制及平台管理模式。2019年6月，福州市国家生态文明试验区建设领导小组办公室部署全市复制推广连江县自然资源资产负债表编制及信息化管理平台改革成果。

2.连江县海洋资产的率先运用实践为生态产品价值实现探索路径。一是探索建立自然资源资产价值实现的规范体系。初步形成了自然资源资产负债表编制技术、自然资源资产价值核算技术、自然资源资产负债评估技术、自然资源资产负债表管理技术、自然资源资产资本化路径等一系列研究成果。二是探索海洋自然资源价值转化的具体路径和运用案例。落地连江海域的"振鲍1号""振渔1号"等现代化深远海海工装备养殖平台成功投运，有效提升了全市海洋养殖水平和经济效益。连江县依托丰富的海洋及岸线资源，以自然资源资产负债表编制为基础，探索开展黄岐湾外海带养殖示范区（人工鱼礁、海上牧场）项目生态产品市场化案例实践，从市场准入机制、资本运行机制、价值评估方法、价值实现路径、运行监管机制等方面，建立了自然资源资产资本化路径，打通了从资源到资产再到资本的种种壁垒。

3.绿色金融快速发展为自然资源资产价值实现提供动力。一是搭建绿色投融资平台。福州市金控集团牵头设立"绿色金融（福州）投资管理有限公司"，构建了各级财政、金融机构、社会资本等多方共同参与的投融资体系，打造集价值发现、投资、融资、退出等功能为一体的专业化绿色投融资平台。二是绿色信贷政策助力林业绿色贷款投放力度不断加大。重点林业县永泰和闽清大力推进林业金融创新，"惠林贷""福林贷""邮林贷"等助力林下经济发展。截至2019年6月，福州辖区银行业金融机构绿色信贷贷款余额1057亿元，占同期各项贷款余额6.5%。三是绿色生态环保基金助力资源节约利用产业发展。2018年福州市金控集团设立绿色生态基金，基金总规模5

亿元，首期1亿元，其中政府出资3000万元，社会资本出资7000万元，主要投向绿色环保节能行业，投资期可长达8年。

## 二、福州市生态产品价值实现面临的几个方面问题和困难

1.自然资源资产负债表的编制标准体系尚未得到省级认证，影响到推广运用。一是自然资源资产负债表的编制尚存在"统计局模式"和"连江模式"两种不兼容的模式。二是自然资源资产评估核算规范有待进一步完善，标准化进程需要加快推进。自然资源资产负债表价值量评估核算的国家标准、省标准尚未出台。连江县的自然资源资产价值的评估核算主要从区域海洋资源出发，还未完整体现"山水林田湖草海生命共同体"生态理念。三是自然资源资产负债表编制工作复制推广慢。

2.自然资源资产信息化管理平台有待继续优化。根据最新一轮机构改革方案，自然资源资产负债表的综合主管部门调整为自然资源和规划局。连江县暂由发改局牵头负责，移送尚需要加大力度。自然资源资产信息化管理平台目前独立于"多规合一"信息联动管理平台之外，还未进行数据共享融合。自然资源资产信息化管理平台的一些功能，如权属查询、监测预警功能等，还需要进一步完善。

3.自然产品市场化价值化的实践探索面还不够宽、案例不够丰富。一是连江县生态产品市场化改革试点主要在海域权，其他自然资源资产价值实现办法需要持续探索。二是依托自然资源资产负债表发展绿色金融还存在一些障碍。目前福州市尚无一家具备从事自然资源资产评估、绿色项目信息咨询服务等业务的第三方中介机构。金融机构参与试点持非常审慎态度。连江县的评估结果仅获得农业发展银行和农信社两家银行认可。三是连江县自然资源资产负债表应用于领导干部自然资源资产离任（任中）审计尚处于探索起步阶段。

4.自然资源资产的绿色金融化面临不少制约。一是绿色金融产品创新不够丰富。融资模式仍以绿色信贷为主。二是绿色金融项目融资审批较难。绿色金融项目资金申请流程烦琐，部分绿色金融项目的评估标准和体系复杂、评估费用较高等等，都在一定程度上制约了企业或个人申请绿色金融的积极性。三是绿色金融项目担保困难。林农的房产等增加资产目前无法办理抵押

登记，生态公益林、重要生态区的土地等部分绿色金融项目抵押品变现（交易）困难，因无法满足金融机构的风控要求，获取金融支持比较困难。

## 三、促进生态产品价值实现、助力深化国家生态文明试验区建设的若干建议

生态优势是福州市高质量发展的重要支撑。着力打造生态产品价值实现的先行区，要以习近平总书记生态文明重要思想为指导，坚持"绿水青山就是金山银山"的发展理念，认真贯彻落实党中央、国务院和省委、省政府的部署要求，持续深化国家生态文明试验区建设。建议依托探索较为成熟的自然资源资产负债表和部分创新案例，加快总结提升和政策措施支持复制推广，完善制度机制，创新价值实现方式，强化要素服务保障，夯实生态文明试验区的改革基础，不断提升改革的综合集成效益。

1.优化完善自然资源资产负债表编制及运用管理体系。一是确立以自然资源和规划局为主导的自然资源资产负债表编制、运用管理体制。将全市自然资源资产负债表编制、信息化平台管理维护及综合运用的管理权限集中移送自然资源管理部门，发展改革、统计、林业、海洋与渔业、水利等部门依法分工做好相关配合工作，以提高数据采集、更新、运用的综合效能。同时，做好"统计局模式"与"连江模式"的对接融合，减少重复统计，提高报表利用率。二是加快推动自然资源资产评估核算规范体系的标准化。对连江县海域资源使用过程中形成的衍生价值进行分析研究，进一步优化自然资源资产评估核算的方法和公式，更好地体现"山水林田湖草海生命共同体"理念，推动自然资源资产评估核算技术标准持续完善。建议市政府及时出台与自然资源资产评估相关的规范性文件，指导全市资源评估、量化等工作，扩大改革试点和深化改革创新。加快推动《自然资源资产评估技术规范·通则》《自然资源资产评估技术规范·海洋水域》两项地方标准获得省级立项，为国家建立统一规范的自然资源资产标准体系提供借鉴参考。三是逐步将自然资源资产负债表纳入"多规合一"体系。认真分析研究自然资源资产信息化管理平台与"多规合一"信息联动管理平台异同点，探索两个平台间数据传输、交换、共享，甚至融合归并的途径，并试行推进"多规合一"市域全覆盖。四是探索构建自然资源资产统一确权登记制度。探索构建

自然资源资产统一确权登记制度，清晰界定各类自然资源资产的所有权主体及边界，为各类自然资源的承包权、经营权、转包权、转让权、入股权、租赁权、抵押权、收益权等权能的合理开发利用提供权威的权属依据，促进自然资源的规范流转和经营。建议在自然资源资产信息化管理平台中增加自然资源资产产权登记模块，逐步实现自然资源资产信息和社会化服务的共享。

2.依托自然资源资产负债表，深化生态产品市场化实践。一是支持连江县持续挖掘海洋生态价值，打造海洋生态产品价值实现的经典案例。加快推动连江县黄岐湾外海带养殖示范区建设，大力推广"振鲍1号""振渔1号"深远海海工装备养殖平台试验示范，加快推动"福鲍1号"项目建设，推动深远海海工装备养殖平台尽快成熟尽快定型，为海洋生态产品价值实现提供技术支撑。二是依托丰富的山林资源，促进全市生态产品价值多样化实现。立足各县（市）区山地、森林等自然资源丰富实际，学习借鉴浙江丽水打造"丽水山耕"等生态产品品牌的经验做法，对全市优势山地生态资源开展分类界定和差异性开发，依托地理标志产品、特色产业形成的区域性绿色品牌，积极探索"生态+"产业发展模式，推动生态产品往"生产标准化、产品精致化、经营品牌化、市场多元化、发展绿色化"的生态精品之路发展，打造一批品牌化开发的示范典型，持续探索"绿水青山"转化为"金山银山"的实现路径。

3.依托自然资源资产负债表，积极稳妥推进领导干部自然资源资产离任（任中）审计。一是探索将自然资源资产负债表指标融入现有的离任（任中）审计指标的途径。积极推动自然资源资产负债表在审计指标设置中的应用。借助自然资源资产信息化管理平台建设，以大数据审计思维推动党政领导干部自然资源资产离任（任中）审计工作。二是加强自然资源资产离任（任中）审计结果运用。建议各级组织部门充分运用领导干部自然资源资产离任审计评价结果，作为领导干部考核、任免、奖惩的重要依据，落实责任，强化问责，推动领导干部牢固树立绿色发展理念。

4.培育壮大绿色金融，助力生态资源向生态价值转化实现。一是强化绿色金融政策支持。建议市政府研究出台支持生态产品市场化改革的相关财政金融扶持政策，推动在榕金融机构优化审批流程、扩大绿色信贷投放，为林下经济发展、海洋开发利用、节能减排推进等绿色发展项目提供稳定长效的信贷资金支持。积极争取上级政策支持，做好金融改革创新政策和产品储备研究。建议对黄岐湾外海带养殖示范区内开展环保标准化养殖的企业进行一定专项资金补助，扶持其探索形成绿色金融授信贷款创新案例典型示范。二是创新绿色金融产品。引导在榕银行机构针对福州区域特点，开发更丰富、更灵活的绿色金融信贷产品。推进绿色金融与科技金融、农业发展、普惠金融等融合，拓展绿色金融支持领域。支持绿色环保企业积极申报科技型企业，更好地享受科技专项补贴。创设并推广林权抵押、清洁养殖、绿色种植、商品林赎买等生态产品市场化绿色金融贷款产品，探索试点自然资源承包权、经营权、转包权、收益权等各项权能抵押贷款项目。推动保险机构制定差异化特色农业绿色保险产品。发挥政府引导基金的导向作用，积极引导绿色生态环保基金优先投向福州自然资源绿色环保企业。探索发行绿色金融债券，推动连江深远海海工装备养殖公司、山海生态康养旅游开发公司等发行绿色金融债券。三是探索试点绿色供应链金融和供应链全程绿色化等创新业务。引导有条件的绿色企业加强与商业银行、平台企业等合作，创新绿色供应链金融业务模式，优化供应链资金流。推进中安绿色供应链平台建设，加强区块链、物联网等技术应用，推进平台参与各方信息化系统的对接。以全过程、全链条、全环节的绿色发展为导向，鼓励优先采购和使用节能、节水、节材等环保产品、设备和设施，促进形成科技含量高、资源消耗低、环境污染少的产业供应链。四是提高绿色金融项目服务质量。培育一批绿色金融专业中介机构，探索成立若干生态产品价值评估、核算的第三方机构，为生态产品项目融资提供技术支持。简化绿色项目评估流程，整合"福林贷""惠林贷""邮林贷"相关审批服务部门资源，为项目融资提供申请、评估、担保、审核、放贷等一站式服务。推动金融机构运用大数据、区块链、人工智能等先进金融科技手段，实现项目筛选、风险评估、环境信息整合等自动化跟踪，不断提高绿色金融服务效率。

5.强化服务保障，促进国家生态文明试验区建设创新成果复制推广。一是落实组织保障，增强部门合力。加快构建充满活力、运行高效的生态文明试验区建设制度体系。建议成立以市政府分管领导为组长的自然资源资产负债表编制推广运用工作领导小组，具体承担指导自然资源资产负债表编制、运用及信息化管理平台建设及复制推广等任务，为推动生态产品市场化提供组织保障。二是鼓励基层大胆探索创新，形成典型示范。聚焦破解改革试验、绿色发展难点，着力消除影响市场主体依法有序参与生态产品价值实现的痛点堵点，激发市场主体活力。尊重基层和群众首创精神，对连江县、永泰县等县（市）区探索实践的生态资源向生态产品、生态价值转化经验及时进行总结提升，提供用地、人才、资金等相关要素供给，帮助完善相关配套制度。三是健全完善协调推进机制。总结现有的生态文明专项督查经验，进一步丰富督查形式，加大督查情况通报和责任追究力度，以提高试验区改革的实效。及时总结生态文明体制改革经验和成果，加强对改革任务落实情况的跟踪分析、督促检查和效果评估，必要时委托第三方机构进行独立评估。四是加大国家生态文明试验区建设改革创新成果宣传力度。加强对生态文明各项制度内涵和改革方向的解读和宣传，普及培育生态文化，提高生态文明意识，倡导绿色发展方式和生活方式，形成崇尚生态文明、合力推进生态文明建设和生态文明体制改革的社会氛围。

课题负责人：何静彦

课 题 组 长：林　锋

课题组成员：陈小刚　黄诗杨　刘　鸿
　　　　　　　潘　辉　毕安平　张　翀　范国宏　安　宁

执　　　笔：陈小刚　刘　鸿　毕安平

# 总结推广工业园区试点提升做法
# 加快发展都市型工业

文／福州市城市科学研究会课题组

---

福州金山工业园区橘园洲片区，通过规范提升试点，打造以高新技术产业为主的创新型产业园区，成为我市老工业园区转型升级的典型案例。这一案例是王宁书记直接倡导、直接推动的，对全市工业园区改造提升很有借鉴意义。近期，市委政研室、市工信局通过开展实地调研座谈，总结提炼相关做法，并提出有关工作建议，供领导参考。

## 一、主要做法和成效

1.坚持产城融合。（1）创新规划理念。以中心城区"产城一体化"为目标，编制《金山工业园区橘园洲片区提升改造实施细则》《金山投资区橘园洲片区控制线详细规划》，完成产业规划和片区设计，推动工业园区向产城一体化转变。（2）优化空间布局。沿江沿路布局创新型工业，沿乌龙江建设12幢60~100米产业大楼，形成景观空间和通江视廊；其余地块用于普通工业，将建筑高度控制在36米以内，结合绿化、水系等，塑造景观轴线。通过创新型工业和普通工业分区，进一步优化空间布局。（3）加强风貌管控。按照《福州市建筑风貌导则》要求，同步规划楼宇外立面、色调、高度，淡化工业园区色彩，确保与城区风貌相一致。

2.高效集约用地。（1）创新弹性容积率机制。明确片区总体容积率，具体地块根据企业实际灵活确定。比如，一般企业容积率约2.5，优质企业约3.0，创新型企业可达4.0。通过弹性容积率，促进工业建筑面积翻番，产值、税收也有望翻番。（2）试行容积率调整置换机制。企业通过向园区贡献10%的土地面积或12%~15%的新增建筑面积，抵扣应缴纳的增容地价款。比如奥特帕斯智能制造项目，之前容积率若增至2.99（新增厂房3.7万平方米），需补交地价款1.2亿元；按试点政策，仅需贡献10%的土地面积（约3.9亩）给园区，无须补交地价款，企业资金压力小、积极性高。（3）探索"租让结合"灵活供地机制。采取先租后让方式供给，企业竞得土地后，可先最长租用6年，在此期间，企业投资强度、产值税收等通过园区考核的，可转为协议出让。（4）试点多功能开发机制。优质产业、一般工业可分别按不高于新增建筑面积30%、15%的比例布局生活服务、技术研发等用房，完善企业配套设施，但不可分割、转让。

3.精准培育产业。（1）明确产业导向。坚持工业园区做工业，明确片区以电子信息、人工智能等产业为主导，引导非工业及低效企业腾退外迁，促进工业集聚。（2）严格产业准入。改造提升后，园区新增招商资源，全部用于招引符合产业定位的上下游企业（首批共28.44万平方米），非"无污染、低能耗、高产值"的产业和企业不予准入。（3）实行委托招商。编制"升级版"标准厂房招商管理办法，由金山工业园区投资管理有限公司全面负责宣传、对接、招商等工作，通过政企一体联动，全力抓好主导产业强链补链工作。④先行招商对接。在园区改造过程中，同步开展精准招商工作，目前已先行筛选确定了17家高新技术意向企业，园区改造完工即可入驻，预计年产值50亿元、税收1.5亿元。

4.财税金融扶持。（1）探索金融创新扶持机制。对于创新型产业用地，以国有建设用地使用权作抵押物的，以土地出让价（约500万元/亩）为评估价进行抵押贷款（原来银行多以工业用地基准地价约60万元/亩为评估价），缓解企业融资难题。（2）完善财税分成激励机制。调整财税分成比例，从原来的园区全额上缴，调整为与区级财政五五分成，进一步壮大园区财力，极大调动了园区的积极性。

5.优化审批监管。（1）有效简政放权。简化环评、竣工验收等流程，将项目总平及施工图审、环评等转为前置服务，规划用地审批、施工许可等审批缩减到28个工作日。橘园洲A地块从拿地到取得施工许可证仅用62天。（2）强化全程监管。设立登记前，要求自主改造和新引进的企业，以监管协议形式约定投资强度、产值税收，明确监管要求和违约责任。改造过程中，强化入园流程管理，推动企业落实约定义务，禁止擅自转租、改变性质结构等行为。落地投产后，对产值税收等连续3年考核不达标的企业，依约解除土地合同或收回新增建筑面积。

橘园洲片区改造模式，既增强园区效益、促进产业集聚，又改善城市品质、提升环境，实现了多方共赢。但也存在一些不足，比如：17家的意向申购企业均为本市企业，对外地企业虹吸作用尚未显现；园区改造提升以地方政府为主、企业自主改造为辅，市场化运作有待进一步提高；对企业自主改造的后续监管有待加强等等。

## 二、工作建议

综合来看，橘园洲片区改造提升，有力促进了企业集中、产业集群、要素集聚、土地集约发展，在提高园区效益、提升城市品质方面发挥了积极作用。这种模式，对晋安、马尾、长乐、福清、闽侯等县（市）区，具有很高的借鉴推广价值。为此，建议：

1.进一步加大橘园洲片区创新试点力度

（1）支持引入华夏幸福、万科地产等龙头企业，大力推动第三方机构参与园区提升改造、运营管理。

（2）健全联动监管机制，完善工程建设、项目招商等全过程监管，建立企业退出机制，确保发展好工业经济。

（3）鼓励橘园洲片区在用地政策、金融支持、政企合作等方面创新突破，努力成为全省园区改造提升的标杆。

2.支持仓山其他工业园区推广复制

（1）支持仓山其余工业园区借鉴橘园洲片区做法，明晰主导产业，积极开展政府收储提升或优质企业自主提升，避免同质化竞争；鼓励仓山区建设4—5层适合制造业生产的标准厂房，吸引优质制造业企业入驻。

（2）鼓励其他园区根据产业特点，以集约用地、立体发展为切入点，开展多用途兼容综合开发。赋予其他园区与橘园洲片区同样的项目用地、规划审批等审批权限。

（3）结合城市品质提升，立足园区特色，合理留白用于布局临时性的公园或绿地，为未来发展预留产业用地或改造空间。

（4）加大对仓山区园区改造提升的政策、资金支持力度，为园区提升改造和企业创新创造营造良好环境。

3.推动全市工业园区规范提升

（1）建议市工信局牵头，梳理总结橘园洲片区创新做法，按照园区标准化建设"十位一体"工作的实施方案，适时在全市"基础类、标准类、创新类"园区中探索推广、分类推进。

（2）建议市工信局、发改委牵头，各县（市）区配合，引导社会资本、镇村集体资产积极参与园区改造，加快全市园区标准化建设；市财政局、地方金融监管局牵头，统筹用好园区专项债券，组织实施园区改造提升工程包，提升工业园区总体承载能力。

（3）建议市投促局牵头，工信局、大数据委配合，积极谋划好异地龙头项目招商，策划引进5G、电子信息、高新技术、智能制造等产业，努力生成有较强引领性的产业链"补短板"项目，形成特色化、专业化、集群化的园区产业链。

（4）建议市工信局、科技局牵头，继续实施高新技术企业培育倍增计划，积极推进科技小巨人、瞪羚企业及独角兽企业培育工程，进一步做大做强工业经济。

（5）建议市工信局牵头，各园区配合，积极做好中心城区腾退企业的转移对接，搬迁进入我市其他工业园区，防止企业流失。

# 福州市现代化经济体系建设研究报告

文 /《福州市现代化经济体系建设研究》课题组

---

## 一、成果概述

建设现代化经济体系是党的十九大作出的战略部署，既是一个重大理论命题，更是一个重大实践课题。党的二十大提出到二〇三五年"建成现代化经济体系"，未来五年"构建新发展格局和建设现代化经济体系取得重大进展"。2021年3月习近平总书记来闽考察时要求"在加快建设现代化经济体系上取得更大进步"。省委书记周祖翼2023年在《经济日报》发表署名文章提出：建设现代化经济体系是高质量发展的战略目标，必须立足福建实际，以更高站位、更宽视野来把握和推进。

党的十九大闭幕后不久，福州市政府就把"福州市现代化经济体系建设研究"作为2018年政府一号重大课题率先开展研究，由福州市发改委牵头组织，通过政府招标委托福州天元创业研究所有限公司郑庆昌教授主持承担，联合福建省高校智库区域特色发展研究院共同完成。福州市委市政府领导直接指导、市发改委牵头组织、市直相关部门协同，研究团队广泛深入调研，在省内和市内各县（市）区调研的基础上，相继赴"珠三角""长三角"8个城市专题考察，多轮征求相关部门意见、广泛咨询省内外专家基础上，集体智慧交流、创新性研究形成了研究成果。

本获奖成果为研究成果的主报告《福州市现代化经济体系建设研究报告》，研究阶段成果还包括：子报告《现代化经济体系建设的重要文献与研究进展》《福州市经济发展对标分析》《福州市现代化经济体系建设研究省外调研报告》《福州市现代化经济体系建设研究县（市）区调研报告》）以及相关成果要报等。研究成果是在理论探讨基础上的战略性研究，对福州市现代化经济体系建设的战略性、方向性和经济社会转型发展的关键性问题进行了深入研究。面向到 2035 年福州率先基本实现现代化，重点谋划了"十四五"福州特色现代化经济体系建设。坐标国家现代化经济体系、对标先进地区经验，紧密结合福州现实和未来发展，构建了福州特色现代化经济体系的"四梁八柱"和建设"路线图"。

成果系统性谋划了省会福州特色的现代化经济体系，对于深刻领会总书记"在加快建设现代化经济体系上取得更大进步"的精神实质，为加快福州现代化经济体系、现代化国际城市建设和探索中国式现代化的福州实践提供了理论研究、战略决策与政策制定的重要依据。成果获福州市委市政府领导充分肯定，为国家发改委、省委省政府和福州市委市政府关于实施强省会战略、争创国家都市圈等的重大决策采用。

## 二、篇章结构与重要观点

研究成果主报告《福州市现代化经济体系建设研究报告》的篇章结构包括：前言；一、建设现代化经济体系是新时代经济建设的总纲领；二、对标分析与省外借鉴；三、福州特色现代化经济体系构建；四、加快经济体系现代化转型的关键任务和实现路径；五、推进福州特色现代化经济体系建设的战略举措，共六个部分。主报告重要观点：

1.建设现代化经济体系是新时代经济建设的总纲领

（1）建设现代化经济体系是党的十九大站在建设社会主义现代化强国高度作出的战略部署，目标瞄准的是建设社会主义现代化强国，破解的根本问题是经济由高速增长阶段转向高质量发展阶段发展方式转变、经济结构优化、增长动力转换的深层次结构性问题。现有的经济体系是改革开放历史进程中根植于高速增长阶段的土壤所形成的经济体系。从适应高速增长的"传统经济体系"转向支撑高质量发展的"现代化经济体系"，是一个中长期、结构性、深层次转变的过程，要从战略目标的高度和跨越关口的紧迫性来谋划和推进现代化经济体系建设。

（2）福州现有的经济体系是与高速增长相适应的经济体系，目前正处于结构性转型关口：传统动力体系进入转型拐点，产业进入转型升级关键时期，区域经济布局面临再调整"窗口期"，开放型经济进入双向发展挑战期，经济治理体系与能力处于调适期。省外现代化经济体系建设总体处于研究探索和启动建设阶段。抢占战略制高点，掌握发展主动权；加快转型升级，布局未来产业；调整空间结构，提升城市功能；推动治理转型，优化营商环境。加快建设现代化经济体系，是福州作为省会城市走前头、率先基本实现现代化的战略格局与责任担当，是福州谋发展、谋未来的大战略、大文章，承载着践行习近平总书记对福州发展的期待。

2.福州特色现代化经济体系的构建思路

坚持新发展理念，把握高质量发展的根本要求，抓住新一轮科技革命和产业变革同转变发展方式历史性交汇的战略机遇，发挥省会中心城市和海洋优势，以提高供给体系质量为主攻方向、以提高全要素生产率为关键、以加快经济体系现代化转型实现新旧动能有序接续转换为核心任务、以"三个福州"建设为突破口，科技创新与治理创新联动发力、产业结构与经济空间结构协同升级、经济发展高质量与城市发展高品质协调并进，打造福州特色现代化经济体系，跨越高速增长转向高质量发展的关口，全面提升省会城市量级能级和品质，加快建设创新开放绿色幸福的滨江滨海现代化国际都市，为率先基本实现现代化奠定坚实基础。

3."七位一体"的福州特色现代化经济体系基本构成

国家与地方现代化经济体系建设是整体与部分、共性与个性关系。把握国家现代化经济体系战略要旨，立足福州发展实际，构建以现代产业体系为核心"七位一体"的福州特色现代化经济体系。

（1）创新驱动体系。打造科技创新与制度创新同步推进，激发市场主体创新创业创造活力、提升全要素生产率、培育壮大新动能的创新驱动体系。（2）现代产业体系。打造创新引领，要素结构、企业结构、三次产业结构优化升级的现代产业体系。（3）区域协同体系。构建以省会中心城市为引领、福州都市圈为主体、大中小城市和乡村网络化发展、联动周边地区的区域协同发展体系。（4）绿色发展体系。构建绿色生产、绿色消费、生态治理为主要内容，资源节约、环境友好、人与自然和谐共生的绿色发展体系。（5）全面开放体系。构建海丝陆丝战略枢纽、对台深度融合、开放型经济迈向高水平的内外双向全面开放体系。（6）共享发展体系。建立收入分配效率与公平兼顾、基本公共服务均等化、居民福祉不断增进的共享发展体系。（7）现代治理体系：建立适应高质量发展、全球经济治理体系变革的市场有效、微观主体有活力、宏观调控有度的经济治理体系。

4.五个转型的关键任务

（1）从需求拉动为主转向提高供给体系质量发力。（2）从要素、投资驱动转向创新驱动。（3）从县级行政区经济转向都市圈经济。（4）从外向型经济转向开放型经济。（5）从政府主导型经济转向市场主导型经济。"五个转型"是福州经济体系转型要解决的关键问题，也是福州特色现代化经济体系建设要推动实施的关键任务。

5."三个二"的建设路径

（1）两个创新：科技创新与治理创新联动发力。加快科技创新引领新旧动能转化，加大治理创新支撑经济转型，使科技创新和治理创新成为现代化经济体系建设的双引擎。（2）两个升级：产业结构与经济空间结构协同升级。向中高端产业转型升级，以产业结构调整促进城市空间结构调整；向都市圈经济转型优化，以城市空间结构优化促进产业结构调整。（3）两个高质量：经济高质量与城市高品质协调并进。以经济发展高质量支撑城市发展高品质；全面提升城市量级能级与品质，以城市高品质促进经济发展高质量，加快形成现代化经济体系。

6.战略举措

（1）推进现代产业体系建设。以"三个福州"赋能，发力新兴产业，力争打造光电、新能源、化工新材料、深远海养殖等具有世界影响力的产业集群；巩固提升纺织化纤、电子信息、冶金建材、机械制造、轻工食品等传统优势产业，做特都市现代农业；提升现代服务业能级，建设世界文化旅游目的地、中国"新零售之都"、软件和信息服务业基地、区域性金融中心，打造东南会展高地，发展总部经济和服务业集聚区，推动先进制造业与现代服务业深度融合。

（2）推进区域协同体系建设。实施"强省会"战略，按照"省会中心城市引领、都市圈支撑"的方向和要求，强化全市一盘棋发展，加快县域经济为主体向省会中心城市引领都市圈经济发展的经济空间结构转变，促进中心城区与县（市）、城市与乡村以及与闽东北等周边地区的网络化发展，以中心城市重构产业发展空间，新型城镇化和乡村振兴联动，提升城市量级能级，做大做强省会城市，争创国家级都市圈。

（3）推进全面开放体系建设。打造两岸融合发展"第一家园"先行城市、海丝陆丝战略枢纽城市，做大海上丝绸之路门户枢纽机场，建设江阴国际深水大港，谋划建设丝路华侨产业园和国际合作示范区，加快从外向型经济迈向高水平的开放型经济，建设内外双向全面开放体系。

（4）推进创新驱动体系建设。推进传统要素为主向创新要素为主的要素结构转变，加快以传统企业为主向以高新技术企业为主的企业结构性转变，加快以传统产业为主向新兴产业为主的产业结构转变。

（5）推进现代治理体系创新。突破县级行政区限制，建立以中心城市、都市圈引领经济发展的体制机制；创新园区整合和市场化专业化运行机制；建立有效激发各类主体和要素的体制机制；建立完善与现代化经济体系建设相适应的政策支撑体系。加强改革系统集成协同，推进经济治理体系和能力现代化。

## 三、成果创新与特色

1.提出了前瞻性和原创性观点。成果提出了以现代产业体系为核心"七位一体"的福州特色现代化经济体系和建设"路线图"，"实施强省会战略、争创国家级都市圈、"五个转型"关键任务、"三个二"建设路径和"加快建设滨江滨海现代化国际城市"等前瞻性和创新性观点。其中，前瞻提出的"实施强省会战略、争创国家级都市圈"等核心观点，对福州申报国家级都市圈和争取支持福州实施强省会战略的重大决策发挥了直接作用。

2.成果丰富，决策影响大。研究形成了"1+3+N"的系列成果，1份主报告、3份子报告以及相关成果要报等。成果产生了重大决策应用价值，获福州市委市政府领导充分肯定，为国家发改委、省委省政府和福州市委市政府的重大决策采用。

3.开放协同，研究扎实。研究调研广泛深入：在省内和福州12县（市）区调研的基础上，研究团队相继赴珠三角（广州、深圳、佛山、东莞）和长三角（上海、南京、济南、合肥）8个城市进行专题考察，召开了40多场座谈会和专家闭门研讨论会，高端访谈省市和部委领导专家30多人（次），搜集查阅文献资料800多篇(部),获取了丰富信息、掌握最新动向。开放研究、集体智慧交流,反复征求部门意见和多次市政府专题会议讨论,成果研究过程与阶段成果向决策转化同步推进,创新性研究形成了研究成果。

## 四、应用价值

1.成果对于深刻领会习近平总书记"在加快建设现代化经济体系上取得更大进步"的精神实质,为福州和全省贯彻落实总书记"要求"、加快建设具有福州和福建特色的现代化经济体系提供了理论研究、战略决策与政策制定的重要依据。

2.福州市政府2019年向国家发改委领导汇报材料采用了本成果相关观点。

3.本成果前瞻提出的"实施强省会战略、争创国家都市圈"等核心观点,对福州申报国家级都市圈和争取支持福州实施强省会战略的重大决策发挥了直接作用。

4.成果获市政府专题会议研究通过,市委市政府领导充分肯定。成果核心观点,获吸收进《中共福州市委福州市人民政府关于加快福州市产业发展的工作意见》(榕委发〔2019〕6号)采用。成果要报《关于建设省会现代化经济体系推动产业高质量发展的建议》2019年获上报省委副书记、福州市委书记和市长。市委市政府研究起草"十四五"发展规划思路采用了成果研究观点。

## 五、作者简介

本成果完成人:郑庆昌、游通铃、吴德泉、郑礼招、张丽萍、黄静晗、刘庆、黄超、张文胜、洪敏真、陈舟洋、郑瀚、陈潇潇、王颖、杨剑峰、吴晓洁、方慧娟、郭海婷、张协嵩、林火水。

课题组负责人:郑庆昌,福建农林大学二级教授、博士生导师,国务院特殊津贴专家,国家高端智库入库专家,福建省优秀人才百人计划"文化名家",福州市政府顾问等。福建省重点智库区域特色发展研究院院长、福州天元创业研究所所长。

# 政校企三位一体的产学研协同创新机制研究
## ——基于近年福州市的调查状况分析

文/章立群　翁清光

党的十九大报告指出，要深入科技体制改革，建立以 企业为主体、市场为导向、产学研深度融合的技术创新体系。地方高校作为我国高等教育的主体之一，不仅是全面提高高等教育质量的重要力量，也是区域提升创新能力的主体。

2016 年 6 月，经国务院批复同意，福建省设立了福（州）厦（门）泉（州）国家自主创新示范区，将福州市纳入国家创新驱动发展试点示范城市。充分发挥福州省会城市丰富的科教资源和"六区叠加"的区位优势，强化高校与地方政府互动、深化高校与企业合作，将高校服务社会的触角延伸至经济发展的各领域，不断提高其承担区域重大现实问题和解决经济社会发展实际问题的能力，对福州市推进产学研深度融合、提高自主创新能力具有重要意义。

## 一、福州市产学研创新基本概况

### （一）政府推动产学研协同创新的管理体制不够健全

目前，福州市的产学研创新工作，主要分散在政府的发改、工信、科技、财政、人社、教育、市场监管（知识产权）等多个行政管理部门，由于各政府部门职责不同、管理范围各异，该项工作政出多门，存在"铁路警察、各

第一作者简介：章立群（1979— ），女，闽江师范高等专科学校科研处助理研究员。

管一段"的现象。福州市政府对产学研创新工作机制、成效评价机制还不够完善，政府部门之间缺乏协同联动机制，容易造成沟通渠道不通畅、信息不对称问题，更有甚者造成资源浪费、重复劳动现象。同时，支撑产学研创新发展的法律法规和政策之间也缺乏整体关联性，在福州市已出台的21项政策、121条措施中，由于各项政策牵头单位不同，推动工作的角度也不同。如，《福州市产学研联合开发项目资金管理办法》由市财政局牵头制订，站在财政资金使用的角度；《福州市促进科技成果转移转化若干措施》由市科技局牵头制订，站在科技成果转化、创新平台建设等角度；《福州市自主知识产权资助和奖励办法》由市知识产权局牵头制订，站在知识产权归属角度等。这些都不利于在知识产权归属、技术转移、成果转化、风险承担、利益分配等方面协同发展，从而影响了产学研创新的速度、效果。

**（二）企业作为产学研协同创新的主体作用不够突出**

1.中小企业数量多、创新能力弱。目前，福州市科技创新型有实力的上市企业、龙头工业企业不够多，尤其是具有国际竞争力的世界500强企业数量偏少。由于中小企业资金不足、技术力量薄弱、生产条件落后，加上其消化、吸收技术创新能力比较弱，对科技成果的有效需求不足，从而造成多数企业喜欢投资小、见效快的项目，而不愿开展需要先期投入、承担风险的科技创新项目。

2.政府和企业R&D投入强度不高。2018年，全市R&D经费中来源于政府的资金为32.85亿元，仅占全市R&D经费总量的18.2%，占比低于全国水平2个百分点；在企业R&D经费中，来源于政府的资金仅占1.4%，低于全省平均水平0.45个百分点。同时，从R&D经费投入占GDP比例来看，2017年，福州市R&D经费投入为155亿元，仅高于南昌市，远低于济南市、南京市、杭州市、合肥市、广州市等城市。同时，规模以上工业R&D投入强度（规模以上工业R&D经费内部支出占主营业务收入）提速缓慢，福州市规模以上工业R&D投入强度1.21%，规模以上工业R&D经费内部支出总量居全省第二位，但R&D投入强度仅居全省第四位，低于厦门1.26个百分点。在R&D经费中，政府资金投入偏少，研发经费过多信赖企业投入，使企业在培育长远竞争力中得不到有力的利益引导，从而影响企业研发投入的积极情，严重制约着企业自主创新能力的提升。

3.高水平的创新平台较为匮乏。2018年，福州市高新技术企业1027家，总数不足厦门市的50%。从国家级技术中心数来看，在全国1187家国家级企业技术中心中，福州也仅有清华大学启迪之星（福州）孵化基地、国家地球空间信息福州产业化基地、福州863软件专业孵化器3家平台，仅占全省8.5%，远低于厦门市42.8%、泉州市22.8%。高水平、高科技、有潜力的科技创新平台仍然相对匮乏。

**（三）高校参与产学研协同创新的原发动力不够强劲**

1.科研创新人才素质有待提高。尽管福州市利用"榕博汇""海西引智"等平台，在人才使用、培养、引进等方面做了许多工作，但与厦门、杭州、广州等城市相比，由于福州整体工资收入水平偏低，导致在人才建设上仍缺乏吸引力、凝聚力和驱动力，战略性新兴产业、特殊专业和具有前瞻性的复合型人才仍然缺乏。2018年，福州市每万人拥有人才仅为719人，分别低于广州、南京和厦门等地水平。在研发人员中，博士毕业、硕士毕业占比分别为7%和14.2%，分别比2017年下降0.3个和3.2个百分点。高中级人才和专业技术人才比例偏低，在很大程度上影响了科研创新和成果转化工作的开展。

2.高校对科研创新重视程度不够。目前，位于福州的大多数高校对教师、科研人员的绩效考核，仍然过多地强调科研成果的数量、获奖的等级和理论水平的高低，不太重视科研成果的创新应用和转化价值，尤其是科研成果转化的经济效益和社会效益，导致高校科研成果缺乏转化的内生动力。同时，一般本科院校、高职高专学校的科研项目的产生，并不是真正来自市场、企业和社会的实际需求，而是因职称评聘、项目申请、课题验收需要而申报，导致科研项目选题针对性不强、研究目的不明确，科研成果与市场需求和经济发展实际应用脱节。

3.科技创新资源尚未共享共用。2018年，福州市辖区的企业有效发明专利转化率仅为13.8%，诸多高校与企业、高校与社会之间的科研设备、创新资源尚未真正实现共享共用。如，中国科学院海西研究院、福建基因检测技术应用示范中心、福建空间信息工程研究中心、国家健康医疗大数据中心等重要科研创新平台，均未与福州市高技术龙头企业建立共用共享机制，导致这些平台无法充分利用，造成资源浪费。

**（四）社会服务产学研协同创新的功能配套不够完善**

1.科技中介服务水平落后。与东部沿海地区的南京、杭州、广州等省会城市相比，福州市的各类科研成果转化中介服务仍有很大差距。主要表现在：中介机构数量少、规模小、层次低、服务功能单一，缺乏科学技术转移、科研成果交易前研发的引导和交易后转化的服务。同时，权威的科技成果价值评估、投融资咨询、信用评价等机构也相对缺乏。目前，全市只有清华大学启迪之星（福州）孵化基地、国家地球空间信息福州产业化基地、福州863软件专业孵化器等少数科技服务机构，为科技型中小企业的培育和服务创造良好条件，其他孵化载体普遍缺乏政策咨询、知识产权管理、人才对接、金融服务等高水平服务。

2.科技服务人才数量不足。高层次顶尖人才数量不足，特别是电子信息及IC设计、生物医药等战略性新兴产业领域人才匮乏，与南京市、苏州市、杭州市等城市相比，福州市这方面人才每年引进数量仅为其20%~30%。同时，由于从业人员少、工作周期长、回报率不高等因素，科学技术交易服务经纪人严重匮乏，尤其是熟悉科研成果转化推广、知识产权运营工作的复合型专业人才较少，加上市场意识、竞争意识和服务意识淡泊，相关行业规范没有形成，阻碍了科研成果、知识产权的快速有效转化。

3.科技金融服务体系不完善。由于科技创新型中小企业具有固定资产少、抵押物价值不足、抗风险能力弱等特点，加之福州风险投资市场体系尚未形成，缺乏金融、保险机构和社会资金参与科技创新、科研成果转化的分担机制，导致创新型企业成果转化不易。同时，银行等诸多金融机构在贷款投资时，更倾向于比较成熟的大型企业或见效快的项目，较少主动向科技创新型企业提供金融支持，导致科技型中小企业融资困难，不利于企业加大投入再创新。

## 二、构建政校企三位一体的产学研协同创新机制

**（一）坚持以政府为主导的产学研协同创新推动机制**

1.健全产学研协同创新的管理体制。一是要尽快成立由市政府主要领导亲自挂帅、市直有关部门共同参与的市级层面工作领导小组，并建立统一领导指挥、整体协同作战的管理机制，用于专门协调推进福州市产学研协

同创新工作，主动发力，把产学研协同创新工作列入市直部门、各县（市、区）政府绩效管理工作和科技进步目标责任制重要内容，以解决政府部门之间各自为政的问题；二是要建立工作例会制度，领导小组要定期召开工作例会，协调解决高校教学科研、企业创新创业和社会科技成果转化中存在的问题和困难。同时，建立科研创新和科研成果转化年度统计报告制度，加强对科技创新和科研成果转化工作的跟踪和监督，以解决政府管理部门之间沟通不畅、信息不准问题。

2.完善产学研协同创新的评价体系。政府要定期对已出台的各类科技创新和科研成果转化鼓励政策、扶持措施的执行落实情况进行调研评估，了解掌握政策措施的实施情况、溢出效应及存在问题，及时完善调整各项政策措施，不断提高政策措施适用的匹配度，使资源配置最优化、政策效应最大化。

3.营造产学研协同创新的良好环境。要尽快健全完善相关地方法规，将产学研协同创新工作纳入法制管理轨道，用立法的方式来约束产学研协同创新中的各种不良行为，充分保障政府、高校和企业等各方的合法权益，尤其是保护产学研中的知识产权、创新成果归属和合法权益，为产学研协同创新打造一个法律定位清晰、监督管理严格、市场公平竞争的良好环境。

**（二）建立以企业为主体的产学研协同创新合作机制**

1.加大企业扶持培育力度。一是要加大政府扶持力度，积极为企业技术创新提供资金支持，及时有效地对企业创新筹备资金提供优惠政策；二是要加大科技招商力度，着力培育现有骨干企业，开展龙头企业创新转型试点，实施培育科技小巨人领军企业行动计划，引领中小企业加快提升创新技术步伐，重点突破支撑产业发展的核心关键技术，摆脱中小企业创新能力弱的局面；二是要加快培育科技创新资金市场，充分调动引导社会资金多渠道、多方式增加对企业研发活动的投入，提高企业R&D投入强度。

2.建设产学研深度融合的创新基地。一是要以国家福州大学科技园、福州高新区海西创业基地、福州软件园"双创"标杆示范中心、东南大数据产业园"双创"示范中心为重要抓手，实施"创新企业成长、创新项目发展"计划，打造"众创+众筹、孵化+加速、总部+平台"的多种模式、多项功能的创新综合平台；二是要加快建设大学生众创空间和创客服务中心，支持企业联合高校成立协同创新战略联盟、产业技术联盟推进中心、院士（专家）工作站等，推进校企合作、校地合作，为企业技术提升提供智力支撑；三是要鼓励和支持重点骨干企业、科技型龙头企业，建设行业技术创新中心、工程技术研究中心和中试基地，解决福州市高水平、有潜力的科技创新平台缺乏问题。

3.创新研发机构的发展模式，要改变"高校负责科技创新、企业负责成果转化"的单向科技成果转化模式，逐步推行由"高校和企业共同遴选潜力大、前景好、效益高的科技项目，并与企业联合开发"的合作模式，引导整合各类创新资源向产业、企业聚集，促进企业成为科技创新和成果应用的主体。

**（三）强化以高校为核心的产学研协同创新激励机制**

1.加大科技人才引育力度。一是要树立"创新驱动实质是人才驱动"的理念，更加注重培养、用好、吸引各类人才，构建人才与项目结合、招才与引智结合、创新与创业结合的引才模式，将福州市人才优惠政策惠及省级高校、科研院所科研人员，增强对高层次人才的吸引力；二是借鉴武汉"百万大学生留汉创业就业计划"等有益经验做法，放宽人才落户条件，加大大学城、高新区等地的人才公寓供给力度，提供创新创业培训和项目资助，尽快补齐创新人才保障短板；三是鼓励高校联动企业、工业科技园区，建立专业人才实训基地、创新平台和院士（专家）工作站，依托重大科研项目和重点科技工程，大力发展高新技术企业、新型研发机构等人才载体，引进和培养一批高级专业技术人才，不断丰富创新人才资源。

2.完善高校科研人员创新创业机制。一是要大力支持高校科研人员积极投身研发生产一线，促进科技创新和科研成果转化；二是要鼓励高校及其所属单位的科研人员停薪留职开展创新创业，在一定时间内，保留其原有工作单位、身份，并在职称评定、职位晋升、社会保障等方面与所在单位在岗在职人员享受同等待遇，在不影响本职工作的前提下到企业兼职，开展科技创新工作；三是要建立高校、企业和创新平台的大型科研设备、仪器共享机制，打破科研活动各自"闭门造车"的状况，不断丰富科研创新资源、激发科技创新潜力，打造新型"校中厂"模式，政府要出台政策鼓励和支持高校"以场地设备换资源、以服务技术求支持"的发展模式，实现高校与企业一体化、专业教师与技术人员一体化、学生与学徒一体化。

3.创新科研评价和经费支持机制。一是在科研项目的选题和立项中，要赋予高校项目负责人、科研人员更多更大的技术路线决策权、经费支配权和资源调动权；二是要进一步强化科研成果、知识产权对高校科研人员的激励，鼓励科研成果转化、科学技术转移的收益向创新团队成员、一线教学科研人员倾斜，不断提高科研项目负责人、参与者和团队在科研成果转化经济收益中的分配比例，建立和完善科研成果、知识产权在入股、股权奖励、股份期权、财税支持、成果收益等激励机制，重奖在科技创新与经济发展、科研成果转化与社会进步中作出突出贡献的人才。

**（四）完善以功能为配套的产学研协同创新服务机制**

1.设立科研转化、科技转移的中介服务机构。一是要鼓励和支持在福州的高校、企业和科技孵化器设立专业化技术转移服务机构，并建立职业化科研转化和技术转移人才队伍，畅通科研转化、技术转移通道，对获得国家级、省级以上认证的科研转化、技术转移机构，地方政府要给予一定的财政补贴和政策倾斜，扶持这些机构做大做强；二是要学习借鉴北京中关村创业大街、苏州工业园等知识产权集群的先进经验和成功做法，在福州高新区、福州大学城、国家福州大学科技园等重点区域，建立科研转化、技术转移中介服务机构，打造一批特色鲜明、功能完善、布局合理的知识产权和技术转移服务集聚区；三是政府科技管理部门要主动牵线搭桥，促成在福州的各类高校与上海杨浦国家技术转移东部中心、国家知识产权局专利审查协作福建分中心、中国科学院海西研究院、福建海峡技术转移中心开展合作交流，并联合建设科研成果转化、技术转移中心。

2.提升中介服务机构人才的能力素质。一是要提升产学研合作服务成效，对促成科研成果在福州本地转化的高校、企业及其职工，要按技术合同登记的交易额给予奖励；二是要加快产学研合作专业人才培养，探索建立科研成果转化、技术转移方面学科教育体系，在高校和企业中培养既有专业素养、又懂市场规则的服务人员，补齐中介服务人才短板；三是要选择一批基础条件好、技术力量强、科研成果转化数量多的高校，建立专门的科研成果转化、技术转移人才培养基地，通过短期培训、专业培养、系统学习等方式开展技术技能教育，让更多的高层次科研人员熟悉科技转化工作。

3.强化产学研协同创新的金融服务支撑。一是要创新政府引导、民间参与、市场化运作的金融服务模式，不断拓展高校研发机构、创新型企业的融资渠道，推广"以关联企业从产业链核心龙头企业获得的应收账款为质押的融资服务""面向科技创新型企业的一站式投融资信息服务""贷款、保险、财政风险补偿捆绑的专利权质押融资服务"等金融改革举措，着力提高金融支持高校科研、企业创业的灵活性和便利性，充分发挥金融工具助推创新作用；二是要创新科技金融产品，政府要积极引导金融机构加大对企业创新的信贷支持，鼓励银行、保险、担保等金融机构针对高校、研发机构、科技创新型企业的需要，大力推广知识产权抵押、股权动产质押、产品成果订单质押等信贷产品，开展"投贷联动"政策试点，以贷款和股权投资相结合的方式支持高校、研发机构、创新型企业发展；三是要完善风险投资支持政策体系，支持政府主导的政策性担保机构加大对科技型中小企业的担保力度，通过建立创新投资风险补偿、知识产权质押担保补偿、风险投资效益评估标准及风险退出机制，鼓励更多风险投资参与高校科技、研发、创新型企业的创新，共同分担风险。

# 外地科学城建设经验及对福州的启示

文/福州市城市科学研究会课题组

---

党中央高度重视科技创新。习近平总书记多次发表重要讲话、作出重要指示批示，要求福建全方位推动高质量发展超越，专门强调要补齐科技创新短板。省委书记尹力在接受央媒采访时，重点提到为全方位推动高质量发展插上科技创新"翅膀"。市委政研室根据市委建设福建科学城的部署，认真梳理国内外科学城建设的经验做法，进行比较分析，提出相关建议。

## 一、国内外科学城建设经验做法

近年来，国内外许多城市依托高新区、大学城等资源，谋划建设科学城，布局重大创新载体，引领产业创新发展。比较有代表性的有上海张江科学城、合肥滨湖科学城、深圳光明科学城、日本筑波科学城等等，不少经验做法可资借鉴。

1.布局科教要素。（1）推动国家实验室、大科学装置建设。上海市依托光源、蛋白质设施和上海微技术工业研究院等主体，筹建张江国家实验室；合肥市采取分类立项审批机制，在国家发改委审批大设施科研报告之前，安徽省先行审批园区工程并启动建设。（2）积极引进大院大所。苏州市规划建设独墅湖高等教育区，引进高等院校29所，在校生规模突破8万人，其中符合区域产业发展方向专业学生占53%。（3）建设特色学院。深圳市瞄准"高精尖缺"行业，嫁接国内外一流高校，通过企业举办、校企合办等模式，建设"小而精、开放式、国际化"的特色学院。

2.打造协同创新链。（1）科研院所引领带动。苏州市依托中科院苏州纳米所，累计引进培育300多家高新技术企业，带动20多所相关高校和科研院所集聚，建设了世界首个纳米真空互联实验站，推动20多项技术产业化。（2）平台载体集聚带动。深圳市设立"虚拟大学园"，聚集高等院所58家，设立研发机构207家，累计孵化科技企业861家，促进高校院所与区域产业集群开展全方位协同创新。重庆市成立产学研创新联合体，聚焦智能制造、大数据等行业，开展关键共性技术研究攻关，助力科技成果转移转化。（3）强化资源信息共享。筑波科学城专门设立全球技术革新推荐机构（TGI），作为经济、学术、政府合作的核心机构，主动搜集科学城内的技术成果、产业发展需求信息，通过它的合作网络来实现共享。

3.营造人才环境。（1）引进外地人才。北京市怀柔区实行"雁栖计划"，与各高校建立共同开发、培养人才模式，每年根据人才需求，专门留出非北京生源毕业生的引进指标，吸引全国各高校优秀人才。（2）留住本地优质毕业生。重庆市制定《西部（重庆）科学城金凤凰人才支持政策》，旨在实现高校学生"出了大学城、留在科学城"。（3）采取灵活的人才管理政策。成都市提出允许科研人员按规定兼职创新、离岗创办企业，鼓励对科研人员实行年薪制、协议工资制、项目工资等灵活薪酬政策；深圳鹏城实验室建立了人才"双聘制"，既被原单位聘用，也可被鹏城实验室聘用，既可以领原单位工资，还可以领鹏城实验室工资。

4.创新资金投入。（1）设立专项发展资金。上海张江设立了专项发展资金，市、区两级政府采取直接投入、股权投资、项目补贴等方式，2016—2020年累计投入资金超50亿元。（2）吸引社会资本参与建设。重庆市设立10亿元科技成果转化基金、百亿级高质量发展基金，采用"直投＋引导投资"方式，为科技成果转化提供融资支持；合肥市以市场投资为主体，开展交叉研究平台建设，离子医学中心由市产业投资集团公司投资5亿元建设，类脑智能开放平台由多位自然人股东共同投资成立。（3）发展风投服务。美国硅谷有1000多家风险投资机构和2000多家中介服务机构，创新风险投资常年占美国风投总额的1/3左右，不仅提供资金，还提供管理、会计、广告方面咨询，对企业的发展壮大起到举足轻重的作用。

5.优化管理体制。（1）组建执行机构承担具体建设任务。合肥市成立由市主要领导任组长的建设协调推进工作领导小组，办公室设市发改委，区级层面设立管委会，共同推进建设工作。（2）加强资产管理。深圳光明科学城通过组建重大科技基础设施管理中心，代持和管理重大科技基础设施等关键核心资产。（3）强化立法管理。筑波科学城制订了完善的法律法规及产业政策，如《筑波研究学园都市建设法》《筑波研究学园城市建设计划大纲》等，保障科学城发展。

6.强化融合发展。（1）筑波科学城的生活性公共设施类型层级丰富，教育设施、医疗设施、绿地公园分布密度最高，分别为3.49处/km²、2.63处/km²、1.0处/km²。（2）美国硅谷为科研人员打造宜居宜业的空间品质，如在谷歌公司周边规划布置了娱乐中心、高尔夫球场、剧场、博物馆、社区中心、批发市场、居住区等功能空间。（3）上海张江科学城对用地结构优化调整，教育科研用地比例不小于20%，居住用地比例约20%，文化、体育等公共设施和绿地比例不小于16%。

## 二、建设福建科学城有关要素比较分析

1.重大科技基础设施方面。目前福州市大科学装置和国家实验室建设的系统规划还在论证中，高新区虽然拥有省部级以上创新平台114个，国家高新技术企业200家，在建重点实验室1个，但海西研究院等科技创新载体还有待提升，科技成果转移转化作用尚未充分发挥。就全市的创新资源来看，相较于合肥、重庆、杭州等地，也有一定差距（如下表）。

| 城市 | 国家实验室（个） | 大科学装置（个） | 国家重点实验室（个） | 国家高新技术企业 |
|---|---|---|---|---|
| 上海 | 1 | 7 | 28 | 2020年底达12000家 |
| 合肥 | 3 | 8 | 10 | 2019年超2100家，预计2020年超3000家 |
| 重庆 | 0 | 0 | 10 | 2020年底达4000家 |
| 成都 | 1 | 0 | 8 | 2019年底突破4100家 |
| 杭州 | 0 | 0 | 9 | 2020年预计达5688家 |
| 福州 | 0 | 0 | 2 | 2020年底达2052家 |

2.高等院校整体水平方面。福州市现有的高校还不够高，大学城落户院

校12所，其中双一流仅有1所（福州大学），与合肥（19所，双一流3所）、南京（35所，双一流12所）、成都（18所，双一流8所）等市相比，差距较大。同时，在引进大院大所方面刚刚迈出步伐，目前在建、在谈的3所（天津大学—新加坡国立大学福州联合学院、福州职业技术学院与同济大学中德工程学院合作项目、闽江学院与中国科技大学合作项目），相较于起步较早的青岛（30所）、江苏（29所）、深圳（58所），在学科建设和科技创新平台布局上还有很大提升空间。

3.高层次人才方面。福州市现有院士工作站58家、博士后工作站29家；2019年接收了超6万名应届高校毕业生来榕就业创业。对比合肥市，2019年有院士工作站59家、博士后工作站134家，各类重点实验室176家，仅2019年就引进国内外高端人才超400人，吸引近15万名高校毕业生。近年来，福州市在人才引进上加大力度，以博士引进生为例，三年来共引进博士生2432人，但大部分去向为省属高校（1652人）、行政机关（432人），到企业的仅348人，企业创新主体的作用和能力未得到充分展现。

4.产业综合实力方面。近年来，福州高新区初步形成了以数字经济为核心、光电和生物医药两大产业为支柱的产业体系，光学元器件、激光器等领域处于全球领先地位，但体量还不够大（2019年企业总收入1300亿元），且高新区产业定位与我国大部分的科技园区中主导产业相似度较高，特色还不够突出，尚未具备足够强大的竞争优势。

5.政策扶持方面。近年来，福州市不断加大对科技研发、人才创业就业等政策支持力度，但与同类城市相比，政策补贴力度还不够强、配套服务还不够有吸引力。比如，福州市建设了1400多套酒店式人才公寓，也推出了公共租赁住房，但人才住房受益面还不够大。相比之下，青岛市建设不少于10万套人才公寓，厦门市在地铁沿线推出数万套保障性商品房，销售均价为市场评估价的45%，对人才的吸引力就更大。

## 三、推进建设福建科学城的建议

1.加强顶层设计，精准定位科学城发展方向和设施布局。①聘请有国际视野的战略专家团队，在重大科学问题、科技发展战略、发展规划、重大政策方面发挥咨询作用，在科研成果转化方面提出对策思路。②瞄准优势产业，积极争取国家支持，系统谋划国家实验室、大科学装置等重大科技创新载体建设，布局一批产业关键共性技术研发平台和科技成果转化平台。③对照《国家重大科技基础设施建设中长期规划（2012—2030年）》等，加强对国家大科学装置后备项目的研究和关注，提前做好争取在榕落地相关工作。

2.突出产业扶引，培育具有相对优势的产业集群。①加快推动省光电信息创新实验室建设，并以此为承载，集聚一批光电技术领域顶尖科研机构或科研平台等，争取承担和参与国家科技创新重大项目。②结合科学城建设的功能需求，制定中长期产业发展计划，瞄准数字经济、光电、生物医药等产业，发挥旗山湖"三创园"作用，打造特色优势产业体系。

3.深化开放合作，提升协同创新发展水平。①加快实施"名校+"带动战略，瞄准产业发展需求，制定详细的大院大所引进计划，确定重点引进的高校、科研院所，成立项目攻坚队伍，抓紧开展工作。②探索设立高等教育发展基金，对高水平大学、国家级科研院所引进给予更大支持；支持本土高校发展，加快闽江学院等打造重点学科，提升科研水平。③建立和完善重大科研基础设施开放和共享机制，加强与深圳、合肥等地合作，可采取共同建设、设立分中心等形式，争取更多国家重大科技基础设施落地福州。

4.注重激发活力，营造高品质发展生态圈。①健全引才引智政策，制定全市层面的人才发展战略，整合人才服务管理资源，集成各类人才优惠政策，建立综合性人才补贴体系，并对照外地标准适时调整。②统筹布局生产、生活、生态空间，加快完善城市功能、提升环境品质，打造具有地区特色和科学文化内涵的宜居宜业环境，提升科研人员的获得感幸福感。

**课题指导：**李贵勇

**课题负责：**周耿忭

**执　　笔：**黄　敏　何　聘

# 关于统筹推进福州现代物流城建设的调研报告

文／福州市政协课题组

根据省委、市委部署"再学习、再调研、再落实"要求，市政协选择"统筹推进福州现代物流城建设"课题开展专题调研。立足打造国家物流枢纽，重点聚焦福州现代物流城，在开展统筹推进福州现代物流城产业规划布局、国家骨干冷链物流基地建设、江阴港城建设、罗源湾港城建设、长乐国际航空城建设、交通集疏运体系建设等6个子课题研究基础上，形成本调研报告。

## 一、统筹推进福州现代物流城建设的基础和优势

1.难得的政策环境机遇。一是新发展阶段构建新发展格局，为统筹推进福州现代物流城建设提供了重大战略机遇。以建设福州现代物流城为平台，带动健全完善福州现代流通体系，为福州市在服务和融入新发展格局上展现更大作为，提供了重大战略机遇和动力源泉。二是国家物流枢纽布局，为统筹推进福州现代物流城建设指明了发展方向。福州被列为港口型、生产服务型和商贸服务型国家物流枢纽承载城市。以建设福州现代物流城为统领，整合发展福州空港、海港、陆港、信息港等重要枢纽节点，将为福州创建国家物流枢纽城市奠定坚实基础。三是"十四五"规划为统筹推进福州现代物流城建设明确了着力重点。以建设福州现代物流城为抓手，搭建新平台、延伸产业链，推动生产制造业和商贸服务业转型升级，为加快现代化国际城市建设、全方位推动高质量发展超越谋划了新的增长极。

2.良好的物流产业基础。一是生产制造业和商贸服务业发展基础较好。2020年福州市GDP突破万亿元，纺织化纤、轻工食品、机械制造、冶金建材、电子信息等千亿产业集群不断壮大。社会消费品零售总额持续高增长；全年进出口总额2504.8亿元，交通运输、仓储和邮政业实现增加值331.26亿元，为福州物流枢纽建设夯实集货基础。二是物流产业链较为完备。2020年福州市物流业增加值超过530亿元，各类物流主体近3000家，A级物流企业62家，其中5A级企业6家，盛丰、盛辉物流荣登中国民营物流企业50强榜单。全市规模以上冷链物流企业近百家，冷库总容量约180万吨，冷链物流配送车辆约2000辆，马尾、福清元洪获批国家骨干冷链物流基地。较好的物流产业链为福州物流枢纽建设夯实商、仓、流基础。

3.便捷的综合交通条件。福州已基本形成公路、铁路、海港、空港等立体交通体系。在连江丹阳新建福州现代物流城综合交通优势明显，距福州中心城区、罗源湾深水良港等均30分钟左右可达，距长乐国际机场也仅50分钟。规划新建丹阳铁路货运枢纽站点，铁路客货运便捷，为福州现代物流城建设提供快进快出的多式联运条件。

4.独特的对台区位优势。福州现代物流城所在的连江县紧邻台湾马祖列岛，连江与马祖旅游合作、经贸往来、民俗交流较为紧密。罗源湾港是大陆距台湾基隆港最近最大的一个深水码头。福建沿海地区与金门、马祖、澎湖地区直接往来，海峡两岸直接"通邮、通航、通商"，正在推进与马祖地区通水、通电、通气、通桥，有助于福州率先落实新一轮对台产业合作计划，加快打造台胞台企登陆的第一家园先行城市。

5.优越的连片发展空间。在连江县丹阳镇及其周边规划62.2平方公里的福州现代物流城，发展空间广阔。

## 二、统筹推进福州现代物流城建设面临的问题和困难

1.对综合交通体系建设统筹谋划不够。对照"通道＋枢纽＋网络"的国家物流枢纽城市建设要求，国家物流枢纽建设的系统性有待增强。区域枢纽间的交通网络建设有待加强。沿海公路大通道尚未全线贯通，部分公路干线等级偏低，各港区汽车运输比例占比大，福州港口后方铁路尚有多段未建成，多式联运支撑设施不足。长乐国际机场综合交通网络有待完善，货运客运

线路分流不合理。

2.福州商仓流实力有待整体提升。一是商贸总量和业态有待增加。商品和生产生活服务有效供给不足，城乡消费潜力尚需挖掘。流通新平台、新业态、新模式培育力度有待加大。二是生产制造业和加工业规模有待进一步做大。主导产业链创新链还不够长。临港工业结构相对单一，港口运输货量较少、成本较高。海洋渔业精深加工程度不高，可供加工的水产品种类不多，海洋生物医药等新兴产业尚待培育。三是物流产业有待整合提升。现有物流园区和物流企业布局相对分散，同质竞争严重，发展方式较为粗放，服务功能单一。国家骨干冷链物流基地的区内布局有待优化，冷库规划总量存在区域性过剩可能。

3.物流枢纽信息化智慧化建设有待推进。物流枢纽公共信息化平台缺失。各区域枢纽及其之间的公共信息平台建设尚未摆上日程。物流园区、物流企业之间的信息平台缺乏整合和联动，物流信息孤岛问题普遍。物流企业信息化智能化程度总体较低。

4.物流枢纽建设的要素保障有待强化。物流枢纽建设机制有待创新。地方政府与海关协同机制有待拓展。物流枢纽建设的政策支持还不够有力。多式联运尚待有效突破。

## 三、统筹推进福州现代物流城建设的若干建议

统筹推进福州现代物流城建设，需要科学界定福州现代物流城的目标定位，完善交通体系，发展枢纽经济，强化信息支撑，创新体制机制，不断汇聚福州建设国家物流枢纽城市的合力。

### （一）统筹目标定位，凝聚福州现代物流城建设共识

通过深入调研深化认识，建设福州现代物流城，是福州落实习近平总书记重要指示精神、坚持"3820"战略工程思想精髓、推动中心城区"东进南下"战略构想传承延续的重大布局，是福州服务和融入新发展格局、建设海丝战略支点城市的重大载体，是福州争创国家中心城市、促进城乡融合发展的重大举措，是福州加快建设现代化经济体系、打造港产城融合新标杆的重大实践，是福州打造榕台合作新窗口、探索海峡两岸融合发展新路的重大平台。

### （二）统筹交通发展，健全物流枢纽集疏运体系

1.加快福州区域物流枢纽建设。按照国家物流枢纽城市建设任务，围绕"通道＋枢纽＋网络"发展要求，编制福州物流枢纽集疏运体系专项规划。明确福州物流枢纽建设的区域重点，在福州现代物流城建设商贸服务枢纽，在江阴港城和罗源湾港城建设港口枢纽，在长乐航空港建设空港枢纽。统筹建设集中实现货物集散、存储、分拨、转运等多种功能的物流设施群和物流活动组织中心，加强物流与交通、制造、商贸等产业联动融合，发挥关键节点、重要平台和骨干枢纽作用。

2.加快谋划国际国内通道建设。一是做强做优海港内外通道。积极开辟更多海上丝绸之路沿线国家的国际航运专线。江阴港区积极发展集装箱干线运输，鼓励国内外船公司多开远洋航线、近洋支线和内贸航线并加密航班，吸引外贸船东在江阴港区开展整船换装、空箱调拨业务，提升江阴口岸的中转业务比重，进一步推动江阴港打造国际深水大港。依托港区仓储、场站等富余资源，打造粮食、饲料、棉花、化肥等大宗商品的物流分拨中心，推动海铁联运业务量有较大提升。继续支持罗源湾港区与台湾基隆港、高雄港合作，打造成台湾和大陆产品双向流通的重要通道。积极支持福州海港与国内重要海港开展双向物流合作，鼓励支持福州港口运营主体前往西安、临沂、义乌等国际陆港开设福州海港接货窗口，将福州港打造成国内重要陆港新的出海选择通道。二是加快完善福州港后方铁路建设。进一步完善罗源湾北岸铁路支线规划，积极推进福州港口后方铁路北段通道建设，推进福州"东北翼"通过东南沿海铁路与全国铁路网连为一体。加快福州港口后方铁路南段通道的规划建设，实现江阴港区、元洪港区、松下港区与峰福、向莆和兴泉铁路的联通。三是改造提升公路干线通道。加快推进福州至厦门沿海高速、228国道等沿海公路大通道全线贯通，建设沈海高速扩容二期、228国道连江长乐福清段。利用新一轮国省道规划调整契机，优化534国道、福银高速路线走向，谋划拓建西向交通新干线。四是积极拓展客货运航空航线。加快国内长航线以及空白短程航线开发，推进空中快线及准快线建设，形成与境外客运航班衔接合理的国内航空客运全干线网络。推动开放福州第五航权，加大欧美、东南亚等优势国际货运航线扶持力度，鼓励开辟海丝沿线国家及地区新航点、航线，开通石家庄、郑州、西安等重点城市货运航线，

将长乐机场打造成国内货运一流枢纽机场。

3.优化基础设施网络。一是完善福州现代物流城对外公路网络。规划并加快动建福州经丹阳至宁德第二高速公路。加快动建机场第二高速，接沈海高速至丹阳。畅通普通国省干线公路。加快推进江涵大桥替代路线方案的申报审批、动工建设，实现港区快速互联互通。二是加快港区铁路网络建设。把铁路支线从泊位连接到后方作业区，彻底解决"最后一公里"铁路运输断点问题，实现海铁、公铁、公海联运直达港区的零距离换装和无缝衔接。三是完善机场地面综合交通系统。加快北向机场进场路的建设，做好东西侧货运区内部交通组织的规划设计和未来发展预留。以F1、F2、F3轨道交通线建设为契机，做好轨道交通和机场枢纽的有效衔接。

**（三）统筹产业布局，做强物流枢纽经济**

1.培育壮大货物贸易。一是坚持"贸易先行"。强化"贸易先行"理念，积极吸引贸易型企业进驻运营。对拟进驻的民天、永辉等企业，出台吸引贸易型企业总部落地政策，鼓励其招引相关联企业形成供应链生态。二是规划建设若干专业市场。福州现代物流城规划建设农产品商贸供应链服务等专业市场，在马尾、福清元洪、连江粗芦岛建设水产品商贸供应链服务等专业市场。三是建设有市场影响力的电商产业园。提升跨境电商龙头引领作用，联合华人华侨布局一批海外仓，提高"买全球、卖全球"的进出口商品集货能力。培育扶持本土电商特别是中小电商平台、直播平台、自媒体等发展，帮助解决缺技术、缺平台、缺服务等瓶颈问题，促其做大公域、私域流量，形成强大带货能力。四是有序扩大对台贸易。在福州现代物流城规划建设台湾商品集散中心，鼓励台商台胞入驻，拓展两岸货物贸易。

2.持续提升物流支撑。一是在现代物流城规划建设公路综合物流园区。由国有企业牵头建设，统一招商，通过分类评审、有序集中的方式，引导物流企业入园建设企业总部或区域总部，整合各县（市）区分散的物流企业，按照物流功能区、信息金融功能区、综合配套功能区、智能云仓区"一园四区"理念规划打造，建设具备信息交易、配送分拨、物流装备展示展销等功能模块的O2O全新生态。二是统筹打造铁路综合物流园区。积极争取南昌铁路局将丹阳纳入杜坞国家一级铁路物流基地规划，按照"一个基地、两个组团"模式建设。加快丹阳铁路综合物流园区一期建设，配套装卸设施、仓储配送、集装箱、冷链物流等功能，设计年货物量1000~2000万吨，并预留二期用地。在物流园区周边规划布局铁路物流偏好型产业。三是切实建好国家骨干冷链物流基地。马尾加快渔货专业码头改造，提升装卸能力，推动建设海洋产业园，形成规模化智能化冷藏设施集群。推动水产品精加工企业品牌做大做优，升级改造名成水产品交易市场，推动中国—东盟海产品交易所尽快申请复盘运营，建设海鲜品尝目的游和餐饮平台，着力构建水产品装卸搬运、加工贸易、物流交割、直播销售、平台交易等全产业链体系。福清元洪加快推进元洪作业区码头建设，推进元洪疏港公路、松下港长乐铁路专用线项目，培育形成国际水产品、国际农产品及国际食品物流加工贸易中心。四是培育协同高效的物流运营主体。引进和培育一批智慧物流信息技术企业。鼓励和支持具备条件的企业通过战略联盟、资本合作、设施联通、功能联合、平台对接、资源共享等市场化方式打造合作共同体。有序推动干线运输、区域分拨、多式联运、仓储服务、跨境物流、城市配送等物流服务资源集聚，引导物流服务企业集群发展，降低物流成本，提升物流一体化组织效率。

3. 因地制宜导入物流偏好的制造业和生产加工业。一是发展现代食品产业。依托海洋渔业和生鲜物资基地，推动水产品和农副产品精深加工。大力扶持企业加强科技创新，提高鲍鱼、海带等精深加工水平，开发适销对路和高附加值的新产品，提升附加值，完善产业链。二是培育海洋生物医药产业。规划建设海洋生物医药承载园区，集聚海洋生物医药制造强企、领军人才、科研机构和第三方公共服务机构等，培育发展海洋生物医药、海洋医药用原辅料、海洋生物制品、功能性食品等新兴产业。三是支持物流科技成果率先落地应用。积极打造北斗通信、导航、遥感时空信息一体化应用在福州现代物流城的应用场景，培育相关产业落地。充分利用建筑屋顶建设规模化分布式光伏发电系统。支持在福州现代物流城试点建设加氢站、智能储充电站，推广应用氢能、锂电池等新能源汽车。

4. 延伸发展物流相关的现代服务业。一是探索适时在福州现代物流城设立国际陆港，形成提前报关查验的口岸功能。探索在国际陆港框架内，加强与国内外其他国际陆港及其出海港口之间的业务合作，互相开设港区揽货窗口、互相开辟双向航线。二是发展物流产业供应链金融服务。立足物流产业全链条，积极引导金融机构创新运用结算类、融资类、证券类、创新服务类等金融产品和服务，提升供应链产业集聚区金融服务水平。三是发展现代服务贸易。重点支持设计咨询、技术转让、国际运输、教育培训、信息技术、展会服务、创意文化等。四是规划建设物流城相关生活配套。按照福州中心城区的标准和管理体制，统筹谋划与管理物流城城市基础设施、市容市貌、教育卫生和社会综合治理等，配套建设餐饮、住宿、医疗、商业、文化等基础设施及公共服务配套项目，推动产城融合发展。

### （四）统筹数字应用，强化物流枢纽信息化支撑

1.加强物流枢纽信息化智慧化建设顶层设计。一是编制物流枢纽信息化智慧化发展专项规划。将福州现代物流城、江阴港城、罗源湾港城、长乐国际航空城、国家骨干冷链物流基地（马尾、福清元洪）信息化智慧化一体设计、统筹推进。二是围绕物流枢纽信息化智慧化细分应用场景。阶段性发布"机会清单"，持续性体系性促进资金、高层次人才等资源要素有效集聚。三是探索物流数据资产管理。整合各方面力量组建物流枢纽信息化智慧化专业团队，推进物流行业数据集成、共享及应用。推动形成经过清洗、脱敏、分析、建模后的数据产品，释放物流数据的价值，推动物流数据的市场化应用。

2.加强物流枢纽信息化平台建设与应用。一是搭建智慧物流总体框架。按照《国家物流枢纽布局和建设规划》的要求，规划论证物流综合信息服务平台、若干个应用系统，如建设商贸交易系统、智慧物流系统、智慧供应链系统、现代物流城综合管理系统等，同时预留N个外部接入系统，将我市其他区域枢纽、战略合作的外地区域枢纽接入平台，促进以大数据为基础的物流区域业务协同。二是加强物流综合信息服务平台规划论证。依托物流综合信息服务平台，推动我市各区域枢纽、供应链上下游企业信息共享，实现车、货及状态等信息实时查询。加强交通、公安、海关、市场监管、气象、邮政等部门公共数据开放共享，提供一站式服务，逐步建立与其他国家物流枢纽间综合信息互联互通机制。三是鼓励支持开发建设多样化物流信息服务平台。开发"榕发货"国内物流综合服务平台、港港通平台、区域小微物流企业信息平台等服务平台，开发班列、集装箱及卡车的时效分析系统等。发展网络货运平台，培育若干网络货运骨干企业。

3.推动物流企业信息化智能化。一是加快传统物流企业信息化智能化改造步伐。选择部分物流设备设施完善、物流标准化基础条件好、行业带动和辐射效应明显的龙头企业，开展物流信息化智能化改造。二是推广智能化立体仓库。支持使用智能化物流装备，普及"信息系统+货架+托盘+叉车"仓库基本技术配置，推动平层仓储设施向立体化网格结构升级。三是提高物流企业信息化管理水平。鼓励建设物流配送云服务平台，加强对物流配送车辆、人员、温控等要素的实时监控，做好供应商、配送车辆、网点、用户等各环节信息的精准对接，优化配送路线和运力，提高配送效率。

**（五）统筹要素保障，创新物流枢纽建设机制**

1.创新物流枢纽建设的体制机制。一是建立高规格的国家物流枢纽城市建设领导机构。在市级层面成立高规格的福州市国家物流枢纽城市建设领导小组，统筹谋划创建国家物流枢纽城市总体规划、协调全市区域物流枢纽集疏运体系建设、发展枢纽经济、推进物流枢纽信息化智慧化、研究制定政策等工作。组建福州现代物流城管委会，赋予其市级经济管理权限。二是发挥国有企业在推进福州现代物流城建设中的引领作用。发挥国有企业融资平台作用，建立产业股权投资基金，吸引带动社会资本参与物流城开发建设。发挥国有企业在国际陆港、公路综合物流园区、信息化智慧化建设运营中的主体作用，开展相关基础设施和信息平台建设，市场化推动物流产业资源集聚。三是创新罗源湾港口运营管理体制机制。向省里建议成立以福建港口集团或福州港务集团为主体、南北岸泊位多元运营主体参与的罗源湾港口统一运营主体——罗源湾港股份有限公司，整合南北岸现有的泊位、码头、拖轮等资源。四是加强政府部门与海关的协同联动。推动市政府与海关签订合作备忘录，建立更加紧密的协作联动工作机制，进一步优化福州大通关环境。

2.强化物流枢纽建设的政策支持。一是充分发挥自贸区、综合保税区的集成政策优势，支持发展跨境电商、保税物流、保税仓储、保税展示交易、转口贸易等服务。二是优化港口物流枢纽扶持政策。继续采取新增船舶奖励、运力规模奖励、巩固和开拓航线补贴、散改集补贴、增加喂给港口等办法，扶持福州航运业、集装箱业务规模化发展。出台针对新能源或清洁能源物流车的路权优惠或财政补贴政策。加快港口岸电设施建设。三是创新金融支持政策。鼓励国有银行、产业基金、创业投资基金等优化金融资源配置，加大对多式联运、冷链物流、供应链一体化、城乡配送、智慧物流、信息平台等重大项目以及物流新模式、新业态和物流企业兼并重组、转型升级的金融支持。四是集约节约利用有限的土地资源。在国土空间规划上预留与码头规划建设、临港工业协调发展的物流仓储用地。统筹规划和项目用地，科学设置招商条件和产业引入评价机制，优化土地等资源要素配置。五是加强物流专业人才培养储备。加强各大院校与物流企业间的科研攻关、人员培训等交流合作。

3.创新区域枢纽协同机制。一是创新多式联运组织模式。推动福州现代物流城与罗源湾港、江阴港等海铁联运无缝衔接，积极争创国家级、省级多式联运示范工程。二是开展多式联运"一单制"试点工作。市政府牵头交通、铁路、海关、海事等部门，共同研究推动多式联运"一单制"试点。加快推进不同运输方式在票据单证、定价计费、责任识别、服务标准等方面的统一管理，构建一证化单证规则，实现"一张单据"完成各类单证和生产作业的一体化运行。三是深化多式联运区域合作。加快建设区域之间的集疏运通道，整合区域之间的集疏运资源，协同推进跨区域集疏运发展。支持福州现代物流城、丝路海港城主动与厦门港、宁波港、连云港港等国内重要海港，与义乌、临沂、郑州等国内重要陆港加强合作，主动加强与南昌、上饶、长沙等内陆腹地的合作与交流，持续拓展物流通达线路、增加区域集货能力。四是优化多式联运政策环境。出台集疏运发展支持政策，重点支持集疏运场站及线路建设、运输装备、信息化及线路培育等。进一步优化精简集疏运审批流程，推行"互联网＋监管"。

课 题 组 组 长：何静彦

课题组副组长：林恒增　林　澄

课 题 组 成 员：陈小刚　林秀燕　李　伟

谢瑞金　范国宏　蓝程嵘　陈中希

# 滨海新城集聚"新人口"推动高质量发展研究

文 / 福州新区管委会课题组

关于"新人口",目前并没有一个统一的概念,一般认为有三层含义,一是指新城或区域一定时期内增加的人口(即新增人口),二是指与数量型相对应的质量型人口(即人才),三是指包括知识员工、创意工作者、高技术人才等高水平人力资源在内的高质量型人口(即高端人才)。福州新区管委会课题组围绕"新人口"三层含义,立足滨海新城集聚"新人口"推动高质量发展战略选择,深入分析发展环境,提出下一步对策建议。

## 一、滨海新城集聚"新人口"推动高质量发展战略选择

### (一)"新人口"是滨海新城创新创业创造的重要支撑

人力资源是第一资源,世界领先的创新城市与其较高的"新人口"比重有很大关系。例如,美国硅谷集结着美国各地和世界各国的科技人员超过100万;硅谷的公司中,高学历专业科技人员占公司员工的80%以上。中国有一些新区新城,在发展新产业的同时,成功引入高素质人口,最终做成了"产业+人口+城市"的优秀案例。如浦东新区大专及以上学历从业人员从不到6万增长到128万,专业人才的快速增长是浦东新区成功的原始动力。

福州滨海新城作为福州新区核心区,要建设成为产城融合、生态宜居、特色鲜明、充满活力的智慧新城,其人口结构将以高素质、技能型人才为主。而目前滨海新城的城镇化处于快速发展进程,高等教育和科研资源尚不足、高端产业还不多,现有的人口结构很难满足未来滨海新城经济发展的需要。因此,滨海新城要充分利用外部资源,从全国乃至全球范围招揽优秀人才。

### （二）"新人口"是滨海新城加快产业升级的重要保障

产业转型升级的关键是技术进步，在引进先进技术的基础上消化吸收，并加以研究、改进和创新，建立属于自己的技术体系。"新人口"的集聚，包括中高层研发人才、中高层管理人才等，是产业创新发展的重要基础，可以引进承接相关产业更高水平的技术，促进产业向高水平发展。谁拥有掌握知识和技术的"新人口"资源，谁就能抢占发展先机。

滨海新城是福州调整经济结构和空间结构、拓展城市发展空间的重要承载地。作为国家级互联网骨干直联点、国家大数据中心，通过数字项目带动跨领域、跨产业的产学研融合发展，可以推动福州乃至福建传统产业转型升级。新兴产业、高科技产业和现代服务业都需要人才支撑，滨海新城亟须能够满足新区产业发展的"新人口"。

### （三）"新人口"是滨海新城新旧动能转换的重要推力

实施新旧动能转换重大工程，迫切需要大量高素质实用型"新人口"资源，尤其是能够适应新技术新产业发展趋势的高技能人才。在新一轮的人才政策竞争中，各省区市在总体上加强资金、福利和住房等方面政策导向的同时，还把激励内容向高端拓展——不只注重特殊待遇的提供，也注重培育适合创新创业创造的良好环境。随着城市间发展差距越拉越大，"新人口"在中国经济版图上的分布显现出较为明显的马太效应。

滨海新城要加快新旧动能转换，必须研究出台务实管用的人才政策措施，确保人才引得进，留得住、用得好；要坚持正确的选人用人方向，坚持需求导向和问题导向，积极推动人才发展理念、体制机制改革和政策举措创新，让人才引领成为加快新旧动能转换关键的一环。

## 二、滨海新城集聚"新人口"推动高质量发展环境分析

### （一）滨海新城人口集聚发展目标

滨海新城规划面积188平方千米，核心区面积86平方千米，规划人口130万人。至2025年末，滨海新城人口规模达到30万人；至2030年末，人口突破50万。世界城市发展的经验证明，一个城市的经济能够稳定增长，其人口规模要不少于10万人；一个城市要达到快速自我增长，其人口规模最低点是50万人；要成为具有辐射周边城市影响力的中心主导城市，必须

具备100万左右的人口规模。根据上述三个梯次的城市人口参数，滨海新城应该努力向50万人口目标发展，成为快速自我增长的新兴城市。在此基础上，尽快使新城常住人口达到100万以上，成为具有较强辐射力的福州城市副中心。

（二）滨海新城人口集聚发展现状

据初步统计，滨海新城188平方千米户籍人口为23.37万人，人口结构为：15—64岁约16万人，占比69%；大专以上学历1.54万人，占比7.26%。1.根据模型推算，滨海新城户籍人口在2025年末和2030年末有望达到30万人和50万人。2.滨海新城劳动年龄人口占比69%，总抚养比（每100个劳动年龄人口抚养老少人口）为31%（福州市2018年劳动抚养比为43%），人口结构仍呈典型的"中间大、两头小"橄榄状，中青年人较多、老年人和少儿较少，人口的社会负担较轻，对社会经济发展比较有利。3.福州市常住人口中接受高等教育（大专及以上教育）的占16.6%，而滨海新城大专以上学历1.54万人，占比仅7.26%，明显偏低。因此，滨海新城集聚"新人口"重点要放在吸引人才上。

（三）滨海新城人口集聚影响因素

1."新人口"集聚效应。由于城市在就业机会、交易成本和工作收入等方面的经济优势明显，人口存在着向城市集聚的理性选择。近年，深圳、广州、杭州等城市常住人口增长加快，中心城市人口吸引力突出。2011年以来，粤港澳、海西、长三角、京津冀、山东半岛、中西部六大核心城市成为人口主要聚集区域。同时，近年来，各地纷纷打造强省会，以突出中心城市的引领作用。在这个过程中，人口进一步向省会城市集聚。值得注意的是，福州作为东部省会城市，人口吸引力指数并不高。百度地图发布的《2020年Q2中国城市活力研究报告》显示，人口吸引力指数，第一名深圳，指数16.886；福州第31名，指数3.217；低于泉州（22名，4.045）、厦门（30名，3.265）。这表明，福州在人力资源流向上处于极其不利的位置。

2."新人口"集聚环境。"新人口"向经济发达、产业集中、交通便捷的中心城市和城市群聚集，这是普遍规律和发展趋势。城市的宜居性和其创新能力之间有正向的协同效应，创新能力强的城市会更注重和谐的工作、生活和发展环境的塑造，而宜居的环境也吸引着更多的优秀的前沿科技人才前来定居和工作。城市便利的交通提高了人才迁入的效率，降低了人才迁入的成本，从而有利于人才集聚。新区新城发展初期，一般存在原有产业层次较低、基础设施建设滞后、人才紧缺等不足，目前福州滨海新城也存在类似问题。常住人口相对较少，人气不足。

3."新人口"集聚政策。人才"引"与"留"的政策供给将会影响劳动力的配置效率，左右"新人口"的集聚。近年来，全国上百个城市出台、更新了"人才政策"，包括放宽落户条件、住房支持、人才补贴等多项举措，旨在增加人口和人才流入，增强城市综合竞争力。2018年一年时间，广州吸引了40.6万人外来人口，而经济并不发达的西安也因为出台了更符合实际的人才政策，吸引了38.7万的外来人口。中部地区的郑州和武汉也分别吸引了25.5万人和18.31万人。而福州2018年人口净迁入量为2.76万人，与其他省会城市相距甚远，原因之一是人才政策力度不够。

## 三、滨海新城集聚"新人口"推动高质量发展对策建议

### （一）打造"反磁力中心"

一是推动行政中心搬迁。要加快推动长乐区行政中心依法依规有序搬迁至滨海新城，在此基础上，谋划争取将省、市行政中心迁址滨海新城，充分利用行政中心的搬迁来促进福州市、长乐区资源的优化配置，实现城市资源价值的最大化，进而带动整个区域经济和社会的加速发展。二是推动国有企业搬迁。借鉴雄安新区的做法，争取将福州老城区的省属、市属国有企业总部向滨海新城转移，在疏解中推动国有经济布局优化、结构调整、战略性重组，促进国有资产保值增值，推动国有资本做强做优做大。三是吸纳中心城区群众。参考当年上海浦东将老城区居民安置到新区的做法，考虑将鼓楼、台江等中心城区的部分拆迁群众，以政府优惠政策为导向，疏解到新城，以达到"疏解老城、夯实新城"的目的。

### （二）创造工作岗位

一是大力发展实体经济。发挥"数字中国"峰会永久会址和国家健康医疗大数据中心的独特优势，着重招引先进制造业龙头企业、细分领域"隐形冠军"和上下游配套企业，打造实体经济发展高地，实现产业发展和产业人口的"爆点"。二是延伸拓展产业链条。按照"工业树"模式，加快编制滨海

新城"产业链全景图",探索实施"链长制",进行有针对性的造链补链强链,推动产业链向研发设计、创意孵化、资质认证、品牌推广、售后服务等两端延伸,催生现代生产性服务业。建立产业链公共服务平台,推动建立产业联盟,形成大中小企业合作配套、互动发展格局。三是推进传统产业升级换代。针对纺织、钢铁等传统优势产业,以工业互联网为抓手,积极推动有实力的纺织龙头企业向新材料、纺织机械等产业转型,钢铁产业着重生产精品优特钢,推动传统产业向中高端发展、创造更多更好的工作岗位。

### (三)完善人才政策

一是完善人才政策体系。全面对标先进地区,完善高层次人才认定标准。对中央、省、市近年来关于高层次人才认定的新标准新要求予以吸纳;对原政策未纳入,但为福建省福州市所共有的政策条款进行梳理并予以吸纳;将高端人才认定条件调整为附件,以便于根据实际情况适时修订。实现人才政策系统化、品牌化和透明化。二是创新选人用人机制。争取省市支持,实施人才先行先试政策。如赋予滨海新城统筹使用各类编制资源的自主权和更大用人自主权;赋予滨海新城科研机构和高校更大的收入分配自主权,建立以增加知识价值为导向的薪酬分配制度等。

### (四)强化产教融合

一是发挥高校集聚人才的基础性作用。"十四五"期间,滨海新城要争取与中国科学院大学、上海复旦大学等国内顶尖大学建立战略合作关系,围绕补齐新城产业发展的技术链和创新链,共同开展滨海新城重点产业的专业硕士、博士定制培养计划,并在新城内同步建立以带有产业化背景研发为发展方向的产学研实验室和研究院。争取形成一批产学研用融合发展共同体,探索"产业+学院"模式,建设"新工科"专业群和"新经济"产业群,构建科研、教学、生产、管理、社会服务和居住设施有机结合的新型社区。二是加快滨海新城"职教城"建设步伐。借鉴上街"大学城"的办学经验,加快把职教园区"概念图"变成"实景图"的步伐。搭建从中职、高职到本科的现代职业教育体系,确保将滨海新城的建设队伍由农民工为基础转向以职业院校培养培训高素质技术技能人才为基础,全面实现滨海新城建设发展的人力资源战略转型,再造"人才红利"。在启动职教城硬件建设的同时,拟定一些技能人才的优惠政策,拓宽技能人才引进通道,吸引人才就业。三是产学研融合构建人才培养新格局。按照"校城一体、产教融合、校企互动"的发展理念，打造产教融合示范区。适应产业发展趋势和需求，学校与行业企业合作创建产业化学院，实现入学"即就业"。加强产学研融合，培养更加适应现代产业发展需求的科技产业人才。通过"三创园"等高端产业载体的建设，着力打造集科技研发、高端制造、商业金融为一体的科技新城。

（五）实施"留人工程"

一是留住高校人才在本地发展。留住本地高校毕业生比吸引在其他城市学习的毕业生更容易，要着眼于吸引省内人才，尤其是福州高校毕业生。建议"十四五"期间，实施"50万大学生留榕创业就业工程"，争取吸引15万大学生在滨海新城就业创业。二是为留住高校毕业生创造条件。建议从大一开始对本地高校学生进行政策宣传，鼓励他们到滨海新城创新创业。同时，积极宣传福州市和滨海新城的人才战略、人才政策、激励机制，让他们坚定留在本地的信心。开展"企业开放日"活动，引导青年大学生感知滨海新城；打造一批符合滨海新城主导产业方向的、高质量的社会实践基地和就业实习基地，为大学生本地就业创业提供平台。成立创业就业学院，利用暑假开展实习锻炼、集中培训和新城考察，帮助高校毕业生就地高质量就业和新城企业就近引才。三是提高大学毕业生的心理预期。要为学生在大学生涯中学习技能、积累经验提供服务和机会，从住房、工作、收入、小孩就学、就医、技能培训等多方面提供优惠政策，重点解决大学毕业生的落户、就业、住房、创业等痛点，提高他们的心理预期。

（六）落实"普惠政策"

一是提升公共服务保障。实施有更优惠的公共服务保障。比如，免费公共交通，停车成本，免费或者优惠的公共文化服务，比之其他地区更高效全面的行政服务，更低门槛或者更多元化的入学就医选择。二是降低新城购房成本。要严控房价失控性上涨，同时，要加大人才房和廉租房建设力度，多渠道增加房源，并制定相应的优惠政策，给那些现阶段没有能力支付房屋首付的人群，提供基本的住房保障。三是构建宜居宜业环境。在新城建设中，有意识地加强公共服务层次网络体系的建设，既建设中心商务区，也要建设二级中心或下级商业网点，比如与群众生活息息相关的农贸市场、购物广场、餐饮服务等，构建便民服务体系。将数字技术、地方文化元素融入生态社区营造中，促使生产、生活、生态三者有机融合，打造具有示范效应、宜业宜居、健康休闲的国际化新城。

### （七）优化工作机制

一是强化协调机制。要加强统筹协调，建立人才工作联席会议制度，定期研究新城人才问题。加强人口人才发展规划、国民经济和社会发展规划和国土空间规划的衔接，建立专业部门间的沟通协调机制，统筹人口容量和资源配置。建议将人口人才相关内容列入福州新区"十四五"规划之中。二是建立研判机制。建立滨海新城人才基础数据信息库。成立人才智库研究联盟，集合包括人才研究领域的专家学者、企业主体、人才中介机构以及人才个体，建立常态化人才研究制度，每年设立1~2个人才重点研究课题，聚焦新城重点人才领域课题进行有步骤有计划的研究。三是完善服务机制。对基础性人才、一般性人才采取"一站式"公共服务；对高端人才采取"上门型"服务模式，提供"全周期、全链条"的公共服务，即运用大数据信息资源，智能分析高端人才的需求，在高端人才未提出需求之前就提供出优质服务。

# 深化船政文化保护利用
# 打造船政文化国际品牌

文 / 福州市社会科学院课题组

## 一、船政文化保护利用已有基础，但短板依然存在

目前，船政遗产集中区内有马江海战炮台、烈士墓及昭忠祠，福建船政建筑以及罗星塔等第四、五、七批国保单位。在船政文化博物馆与马江海战纪念馆内，藏有一级、二级、三级文物共503件/套。近年来，福州市先后完成福建船政建筑的修复以及船政文化城马尾造船厂片区保护建设工程（一期）建设，为后续的保护利用奠定基础，但仍存在以下短板。

### （一）完整性和真实性有待改善

真实性和完整性是世界遗产公约、国际古迹遗址理事会宪章与准则以及《中国文物古迹保护准则》确立的重要原则。受战争与当代建设影响，船政历史遗产的"完整性"受到破坏，"船政十三厂"仅余轮机厂与铁胁厂，造船厂片区与船政前后学堂原址组成的"船政格致园"片区被港口路分割，环境要素未能完整保留。以真实性为标准，现有的船政前后学堂与船政大臣衙门为当代复建，不符合列入国家重点文物保护单位与世界遗产的标准。此外，地铁2号线东延线非常接近船政建筑绘事院和轮机厂，是否对遗产保护构成影响，需进一步论证。

### （二）博物馆等级有待提升

中国博物馆协会航海博物馆专业委员会36家成员博物馆，有国家一级博物馆14家、二级博物馆4家、三级博物馆6家。船政文化博物馆为国家三

级博物馆，马江海战纪念馆为未定级博物馆，反映保管研究、陈列展览、教育传播、等功能还有待加强，特别是在学术研究上，缺少学术带头人、没有定期举办高规格学术活动、没有定期出版高质量的学术刊物、馆内人员发表专业论文与出版学术专著数量欠缺，不仅制约博物馆升级，也成为提升船政文化品牌的瓶颈。

### （三）社会关注度不高

#### 1.学界讨论度不高

在中国知网检索以"船政"为篇名的文章，统计发现，发文量最多的10位作者均来自省内单位，扩大到前20位作者，也仅有2位来自省外单位，反映了对船政的研究较局限在省内。检索中国史领域权威期刊《历史研究》《中国史研究》《近代史研究》，以船政为主要研究对象的文章为5篇，篇数相当于三种期刊所出版文章总数的万分之四，时间介于1976年至1993年，这表示船政研究并非历史学界关注的重点和热点。学界对于船政重要性的认知直接影响了中学课本的编撰与大众历史记忆的形成。

#### 2.大众关注度不高

2019年，马江海战纪念馆、船政文化博物馆分别接待参观者48.145万、38.53万人次，在36家海专委成员博物馆中排名第16和19位。参观人数规模不大除了博物馆与旅游资源等级较低这一素外，一大原因是国民对于船政的历史记忆过浅。

历史教科书很大程度上形塑了国民的历史记忆，现行部编本中学历史教科书关于船政的记叙出现在八年级上册，在第4课《洋务运动》一课正文提到洋务派发展近代军事工业"先后创办了……福州船政局等一批近代军事工业"，在补充的"相关史事"说"以福州船政局为例，局内人员的薪水工食竟占了全部经费的80%"，以此说明洋务派举办的军事工业效率低下。第5课和第6课补充材料里介绍邓世昌与严复时陈述其曾就读于福州船政学堂。毫无疑问，船政的篇幅过少，仅占八年级上册教科书字数的万分之四，在整个中学历史教科书的比重就更低，而且船政不是被作为一个先进的事物介绍给学生。

#### 3.国外认知度低

在全球最大在线百科网站——维基百科上，"Foochow Arsenal（福州兵工厂）"词条日均阅读量仅有10次，全球最大的旅游点评网站TripAdvisor上，"福建马尾船政建筑群"仅有17条点评，数量位列福州市景区的第16位，远落后于三坊七巷的370条评论、鼓浪屿的5716条评论。

**（四）文旅资源有待整合提升**

1.旅游资源分散。船政文化园被山体、公路及马尾港区分割为5块，另有闽安古镇在10千米之外。

2.旅游服务质量有待提高。不同片区管理运营主体不同，引导标识不突出，缺乏统一导览与解说，景点间互通性差，旅游统计制度不健全，给游客体验带来负面影响，降低对游客的吸引力，也未能达到5A景区对旅游服务质量的要求。

3.旅游资源等级低。参考《旅游资源分类、调查与评价》和"旅游资源评价赋分标准"，调查发现，马限山片区文旅资源较为丰富，形态与结构较完整；造船厂片区文化遗产规模、体量较小，观赏价值与游憩价值不足；格致园片区则几乎都是历史风貌建筑，不符合遗产真实性，规模、体量同样较小。换言之，造船厂和格致园作为船政历史发生地，缺少物质承载体来陈述、表现、反映船政精神文化，旅游吸引力也不足。

## 二、打造船政文化国际品牌的建议

**（一）打造文旅融合品牌项目，提高经济社会效益**

1.大手笔引进退役舰艇，丰富海洋文化旅游资源

借鉴天津、旅顺等地引进海军退役舰艇发展文旅融合项目取得良好社会与经济效益的成功经验，建议向海军商洽，引进一组先进、大型退役军舰，如驱逐舰（051、053H）及潜艇（033、035及09I核潜艇），既发挥退役军舰的国防教育、爱国教育功能，延续船政风貌，又能吸引国内外游客，增加经济收入。

复原与福州关系紧密的郑和船队"宝船"、使琉球"封舟"、船政"平远"号、水上浮动机库。船舶可作为特色展览的空间，如"宝船"展示福州与郑和船队的渊源、郑和下西洋历史，"平远"号还原当时水师工作、生活场景。

引进舰艇与复原船舶组成船舶群，形成景观和旅游资源。同时，船舶还可作为实景表演、沉浸体验与互动体验的场所，还可在船舶上提供船政

文化创意产品与购物、餐饮服务。

2.丰富互动参与式、沉浸体验式项目

根据文献记载，推出在船舶上及岸上的登舟、祭神（妈祖）、买水、祭海等仪式以及海战的实景表演项目，并让游客参与其中，获得沉浸体验。

与专业机构合作，设计制造模拟舱，开展巡航钓鱼岛、台湾、南海以及载人深潜全真体验项目，供游客体验，增强观众的国防意识和海洋意识。

室内展览引进沉浸式体验平台，利用360°全包围投射影像让观众置身历史场景之中，同时通过动画、人机互动、AR体验形式丰富体验。

依托老照片、文献资料，利用AI、3D扫描打印、全息投影等技术，数字复原消失的船政建筑、人物与历史场景，营造出沉浸环境，让观众穿梭于历史与现实之间，生动感受历史氛围和时代变迁。

**（二）做强博物馆，响应国家战略**

1.筹建海洋博物馆，形成博物馆群

目前国内13地建有海洋博物馆，福州作为海洋文化大市，又提出打造"海上福州"国际品牌，却没有一个专门的海洋博物馆，福州市博物馆在三坊七巷内开辟有福州海上丝绸之路展示馆，但面积过小，内容未能展示福州海洋文化的全貌。

建立海洋博物馆也是对"海洋强国""文化强国""博物馆强国"等国家战略的响应。船政是福州海洋文化的一张名片，在马尾建馆是合适的，该馆与船政两家博物馆可组成层次分明、相互配合的博物馆群。新馆展示重点是福州悠久灿烂的海洋史、涉海人群的生产生活方式、福州人对中国海洋事业的贡献、福州人在海外的成就。

2.提高陈列水平，推出精品陈列

船政文化博物馆和马江海战纪念馆单层馆舍面积较小，船政文化博物馆由四个并置式分主题组成，不适合一般观众参观，因为这样在内容、形式和环境上较难给观众留下一个清晰的整体认识。

建议在保留原有陈列作为专题陈列之外，另辟线性式基本陈列，可以"国之干城"为主题，干即盾牌、城是城墙，干城一是指武备与防御工事，更是比喻忠勇的保家卫国者，"国之干城"包含了对船政人物与制造的双重肯定。船政历史基本陈列可由云帆高张、天朝梦醒、师夷长技、厂校合一、经略台湾、留学西洋、马江悲歌、黄海丹心、直上云霄、向海图强等部分组成，使陈列具有历史纵深感的同时，又突出特定历史场景及阶段，更好发挥爱国主义教育基地作用。

同时，积极与兄弟博物馆合作，利用马尾造船厂时期的老厂房，作为临时陈列的场所，引进优秀展览。

3.充实博物馆力量

目前船政文化博物馆与马江海战纪念馆各有编制数14个和13个，职能发挥难免捉襟见肘。建议保留两馆牌子，参照一般博物馆内设机构设置，组建陈列部、学术研究部、社会教育部、文物保管与征集部，两馆专业技术人员通用，并酌情扩充博物馆编制数，使其更好发挥各项职能，争取等级提升。

4.提升研学品质，深耕学生群体

一是联合资深一线教师，开发《船政研学课本》，并推动船政专题校本课程、市情课程落地进校。二是规划设计船政研学项目，对研学主题、内容进行标准化、模块化设计提升。三是做好学生研学"第二课堂"，园区主动对接学校、旅行社，三方合作共建研学联盟，优化课程安排、增强师资力量、规范业务流程，通过提升品质树立研学品牌。

5.健全激励机制

博物馆开展特展、研学项目、文创产品研发取得的事业收入、经营收入和其他收入等，可用于藏品征集、事业发展与相关人员予以绩效奖励等。

（三）打造船政学术品牌

1.创办船政研究刊物

目前，船政文化博物馆和马江海战纪念馆研究队伍稍显薄弱，而福州市社科院编辑的《船政文化研究》，自2003年起已出版8辑，有一定的基础，但由于人手、经费和稿源问题，没有定期出版，无法称之为学术期刊或辑刊。可采取多方合办的形式，共组编辑委员会，与国内专业出版社（如社会科学文献出版社）合作，出版定期学术刊物，为扩大影响，内容不局限于船政。

2.设置专项研究基金

为鼓励、奖掖国内外学者尤其是青年学者参与船政研究，可设置专项基金，对研究、推广船政文化者进行奖助，奖金的管理、运作发放可比照社科规划课题项目，也可借鉴澳门基金会与饶学研究基金会模式。为纪念船政人物，凸显船政文化特性，奖金可以船政人物命名，如历史学类、语言文学类和哲学类的研究者可获颁"严复奖"，"陈兆翱／魏瀚／郑清濂奖"授予船舶与海洋工程领域的研究者，"吕翰／许寿山／林永升／刘步蟾奖"给予航海科技先进工作者，军事学研究人员可膺"邓世昌奖"。

### （四）打造海事专业会展品牌、中央休闲区

1.举办、承办海事主题赛事会展

向国家体育总局、中国航海模型运动协会等申办全国航海模型系列赛事、国际及洲际赛事，并争取成为赛事的固定承办地，逐渐形成船模运动与船政的固定联系。利用闽江江面适当开展皮划艇、赛艇、龙舟等项目。

2.打造中央休闲区

借鉴北京、上海等地活化利用工业遗产空间的做法，将老厂房内部改造为中小型剧院，滚动播映《船政学堂》等影视片，也可供游客休息；未来，可排演船政主题舞台剧，在剧院上映；同时，剧院也可安排其他优秀剧目上演，形成马尾乃至我市的文化艺术休闲中心。

### （五）完善配套，提高旅游服务质量

1.改善景区交通

开辟市区尤其是火车站、三坊七巷至船政景区的大站快线公交，开设台江至马尾的水上巴士线路，加强景区与主城区联系。完善景区内部交通。通过开行环保电瓶车、降低或取消时光隧道收费，强化片区之间交通。

2.规范导览服务

在主干道与景区间设立醒目、设施齐全的游客中心，在主要入口设置统一的引导标识，包括全景图、导览图，在各景点前树立标识牌与景物介绍牌，标识要突出船政文化特色。扩大导游队伍，对导游进行规范培训，评定星级导游，对导游进行激励。

3.完善安全保障措施

马限山上山步道与滨江路段需要铺设护栏，并树立危险地段标志，以此保障游客安全。在游客中心与各片区设置医务室和医疗点，为游客提供医疗服务。在服务中心与主要参观点配备AED（自动体外除颤器）。

4.完善无障碍设施

铺设无障碍道路、楼梯，增设母婴室、第三卫生间、残障人士卫生间。所有无障碍设施应在各种介质的景区导览图与导览牌上清晰标识，有条件还应提供盲文标识。游客服务中心配备轮椅、童车、雨伞，提供给有需要的游客。

5.增加景观设施

在各片区种植色彩、图案鲜明的特色花卉、树木，丰富植被景观，在入口、道路、空地布置具有船政特色的雕塑、堆石、形象标志、亭台、廊道、景观步道、花草坪等小品。

**（六）精准有效传播**

1.设计船政文化标识系统

设计具有船政文化特色、简单、明晰、具有美感的视觉标识，并应用于景区及公众印刷品、电视、网络等媒介以及文创产品等。

2.开展影视营销

与国内实力影视企业合作，在马尾等地实景拍摄影视剧，在院线、电视、网络播映。影视剧本应兼具历史真实与艺术真实，避免娱乐化倾向，使之成为具艺术感染力的佳作。

3.扩大在海外华侨华人和国际人士中的影响力

通过各县（市）区侨联组织华侨华人参观船政景区；发挥海外侨社力量，由侨社向其会员推介船政文化，并通过海外侨社联系海外媒体，刊发或播映船政相关文章或节目；利用侨联亲情中华夏（冬）令营等平台推送在线课程资源及开展线下研学课程。

4.联动境内外媒体

邀请境内外媒体报道船政，如央视中文国际频道《国家记忆》、科教频道《探索·发现》《中国影像方志》、央视纪录频道、台湾电视公司《大陆寻奇》来船政拍摄专题片，平面媒体如《中国国家地理》《国家人文历史》来船政采访、写作、拍摄，形成图文报道。本地媒体可拍摄船政历史体验式纪录片。

5.发挥新媒体、社交媒体作用

开设微博、抖音、快手、哔哩哔哩（bilibili）等网站账号，整并微信公众号，主动推送船政资讯，积极与网友互动，解答网友疑问，并制作符合互联网传播规律的短视频。策划"网友看船政"活动，邀请微博主、视频博主来船政游览、体验、采访、直播，通过接地气的传播方式、传播内容、传播渠道扩大船政文化影响。

6. 开展全域旅游统一营销

在各交通站点、景区，游客集散中心以及宾馆酒店等处放置福州市全域旅游导览资料、物料。推出景区通票、联票、观光巴士与城市巴士一日/多日通票。与旅游信息服务商合作，架设统一的福州旅游公众服务/资讯小程序、H5网页、APP或网站，作为各景区的一个门户。在大众媒体中以福州全域旅游品牌进行统一推广，品牌需要有明晰、易传播的形象、语言，可分时段主推景区。

**课题负责：杨　震**
**课题执笔：孙　卓　杨　震**

# 建设有福之州 打造幸福之城

## ——福州市全面建成小康社会调研报告

文/陈孜

2020年是全面建成小康社会的收官之年，"十三五"规划目标任务即将完成，全面小康——这一纵贯千年的美好理想、激荡百年的奋斗目标，如一轮朝日，已见东方既白，喷薄欲出。1979年，邓小平同志创造性地用"小康社会"这个概念，擘画了现代化建设的蓝图，开启了一个伟大的时代。2012年，党的十八大站在新的历史起点上，明确指出我国进入全面建成小康社会的决定性阶段，在顶层设计上提出以全面建成小康社会为引领的"四个全面"战略布局。从"进入总体小康"到"全面建设小康"，再到"全面建成小康"，小康社会不仅是一个目标愿景，更是一段奋斗历程。

近年来，福州始终坚持传承习近平总书记在福州工作期间提出的"3820"工程思想精髓，大力弘扬"马上就办、真抓实干"等优良作风和工作方法，乘势而上开启高水平全面建成小康社会新征程，取得显著成效。

## 一、福州市全面建成小康社会的实现程度及总体评价

### （一）实现程度

根据国家统计局《全面建成小康社会统计监测指标体系》（试行）测算，2019年福州全面小康总体实现程度为98.92%。从48个二级指标看，除科技进步贡献率尚未公布监测数据外，其余47个指标，完成100%的有42项、完

---

**作者简介**：陈孜（1990— ），女，福州市统计局科员。

成90%~100%的有2项、完成80%~90%的有3项（见表1）。

表1 全面建成小康社会统计监测指标体系及福州市2019年监测数据

| | | 指标 | 单位 | 目标值 | 完成数值 | 实现程度 |
|---|---|---|---|---|---|---|
| 1.经济发展 | 1 | 人均GDP | 元 | ≥120000 | 120879 | 100.0 |
| | 2 | 地区经济发展差异系数 | – | ≤45 | 40.3 | 100.0 |
| | 3 | 服务业增加值占GDP比重 | % | ≥50 | 53.6 | 100.0 |
| | 4 | 常住人口城镇化率 | % | ≥60 | 70.5 | 100.0 |
| | 5 | 互联网普及率指数 | – | ≥50 | 174.2 | 100.0 |
| | 6 | 科技进步贡献率 | % | ≥60 | – | – |
| | 7 | 研究与试验发展（R&D）经费投入强度 | – | ≥2.5 | 2.15 | 86 |
| 2.人民生活 | 8 | 居民人均可支配收入 | 元 | ≥25000 | 38719.0 | 100.0 |
| | 9 | 城镇登记失业率 | % | ≤5.0 | 2.2 | 100.0 |
| | 10 | 恩格尔系数 | – | ≤40 | 32.6 | 100.0 |
| | 11 | 城乡居民收入比 | – | ≤2.8 | 2.3 | 100.0 |
| | 12 | 城乡居民家庭人均住房面积达标率 | % | ≥60 | 64.2 | 100.0 |
| | 13 | 城镇棚户区住房改造 | 万户 | ≥1 | 1.1 | 100.0 |
| | 14 | 公共交通服务指数 | – | ≥100 | 122.0 | 100.0 |
| | 15 | 人均预期寿命 | 岁 | ≥79.5 | 79.3 | 99.7 |
| | 16 | 劳动年龄人口平均受教育年限（2010年） | 年 | ≥10.5 | 11.3 | 100.0 |
| | 17 | 每万人高等教育在学人数 | 人 | ≥400 | 475.8 | 100.0 |
| | 18 | 每千人口执业（助理）医师数 | 位 | ≥1.95 | 3.2 | 100.0 |

续表

| | | 指标 | 单位 | 目标值 | 完成数值 | 实现程度 |
|---|---|---|---|---|---|---|
| 2.人民生活 | 19 | 每千老年人口养老床位数 | 个 | ≥50 | 51.8 | 100.0 |
| | 20 | 基本社会保险参保率指数 | – | ≥95 | 100.9 | 100.0 |
| | 21 | 单位GDP生产安全事故死亡率 | % | ≤1 | 0.97 | 100.0 |
| 3.民主法治 | 22 | 基层民主参选率 | % | ≥95 | 80.0 | 84.2 |
| | 23 | 妇女参与基层民主管理指数 | – | ≥100 | 130.3 | 100.0 |
| | 24 | 每万人拥有社会组织数 | 个 | ≥8 | 7.0 | 87.0 |
| | 25 | 每万人拥有律师数 | 位 | ≥2.3 | 5.7 | 100.0 |
| 4.文化建设 | 26 | 文化及相关产业增加值占GDP比重 | % | ≥5 | 5.72 | 100.0 |
| | 27 | 人均公共文化财政支出 | 元 | ≥150 | 252.8 | 100.0 |
| | 28 | "三馆一站"覆盖率 | % | ≥130 | 142.1 | 100.0 |
| | 29 | 广播电视综合人口覆盖率 | % | ≥60 | 62.6 | 100.0 |
| | 30 | 居民人均教育文化娱乐消费支出占消费支出比重 | % | ≥6 | 10.0 | 100.0 |
| 5.资源环境 | 31 | 耕地保有量 | 千公顷 | ≥145 | 147.9 | 100.0 |
| | 32 | 新增建设用地规模（当年） | 千公顷 | ≥1900 | 2622.8 | 100.0 |
| | 33 | 单位GDP建设用地使用面积同比降幅 | 公顷/亿元 | ≥5 | 10.1 | 100.0 |
| | 34 | 万元GDP用水量 | 立方米 | ≤61 | 34.0 | 100.0 |

续表

| | 指标 | 单位 | 目标值 | 完成数值 | 实现程度 |
|---|---|---|---|---|---|
| | 35 单位GDP能耗降幅 | % | 完成目标 | 2.0 | 100.0 |
| | 36 非化石能源占能源消费总量比重 | % | ≥35 | 32.1 | 91.8 |
| | 37 城市优良空气天数比例 | % | ≥90 | 98.6 | 100.0 |
| | 38 城市细颗粒物（PM2.5）年均浓度 | 微克/立方米 | ≤50 | 24.0 | 100.0 |
| 5.资源环境 | 39 地表水质量指数（Ⅰ–Ⅲ类水质比例） | % | ≥85 | 90.0 | 100.0 |
| | 40 森林覆盖率 | % | ≥55.8 | 58.1 | 100.0 |
| | 41 森林蓄积量 | 万立方米 | ≥4138 | 4860.4 | 100.0 |
| | 42 一般工业固体废物综合利用率 | % | ≥90 | 94.5 | 100.0 |
| | 43 城市建成区绿地率 | % | ≥30 | 42.2 | 100.0 |
| | 44 政府负债率（地方） | % | ≤100 | 11.6 | 100.0 |
| | 45 农村贫困人口脱贫 | 万人 | 全部脱贫 | 0.0 | 100.00 |
| 6.防范金融风险、脱贫攻坚、污染防治 | 46 主要污染物排放总量累计减少指数 | – | 完成目标 | | 100.0 |
| | 47 污水集中处理指数 | – | ≥100 | 104.8 | 100.0 |
| | 48 城市生活垃圾无害化处理率 | % | =100 | 100.0 | 100.0 |

## （二）总体评价

2019年福州全面小康总体实现程度为98.92%，较2015年提高5.49个百分点。从五大指标看，文化建设和防范金融风险、脱贫攻坚、污染防治2项指标实现程度最高达100%，民主法治实现程度最低为92.80%，经济发展、人民生活、资源环境实现程度均接近100%，分别为97.9%、99.98%、99.37%（见表2）。

表2　福州市全面建成小康社会实现程度

| | 2015年 | 2016年 | 2017年 | 2018年 | 2019年 |
|---|---|---|---|---|---|
| 全面建成小康社会实现程度 | 93.43 | 96.38 | 97.32 | 98.46 | 98.92 |
| 1.经济发展 | 89.59 | 92.16 | 94.64 | 97.60 | 97.90 |
| 2.人民生活 | 85.06 | 96.03 | 98.08 | 99.46 | 99.98 |
| 3.民主法治 | 81.50 | 86.53 | 87.33 | 89.40 | 92.80 |
| 4.文化建设 | 99.96 | 100.00 | 100.00 | 100.00 | 100.00 |
| 5.资源环境 | 96.58 | 99.48 | 99.40 | 99.44 | 99.37 |
| 6.防范金融风险、脱贫攻坚、污染防治 | 99.02 | 99.50 | 98.88 | 100.00 | 100.00 |

1.经济实力大幅提升。2019年，统计监测指标体系中"经济发展"方面实现程度为97.9%，较2015年提升8.31个百分点。近年来，全市经济总量连上新台阶，地区生产总值由2002年的1011.69亿元提升到2019年的9392.30亿元。党的十八大以来的7年间（2013—2019年）地区生产总值年均增长9.3%，全市经济保持在中高速发展区间，经济发展效益显著提升。从分项指标看，七项指标已有五项提前完成预期目标研究与试验发展（R&D）经费投入强度1项未达标（见表3）。

表3　经济发展分项指标完成情况

| | 单位 | 目标值 | 2015年 | 2016年 | 2017年 | 2018年 | 2019年 |
|---|---|---|---|---|---|---|---|
| 人均GDP（2010年不变价） | 元 | ≥120000 | 77393 | 86152 | 98538 | 110599 | 120879 |
| 地区经济发展差异系数 | – | ≤45 | 46.1 | 46.1 | 46.9 | 45.2 | 40.3 |
| 服务业增加值占GDP比重 | % | ≥50 | 49.1 | 50.5 | 52.5 | 53.1 | 53.6 |

续表

| | 单位 | 目标值 | 2015年 | 2016年 | 2017年 | 2018年 | 2019年 |
|---|---|---|---|---|---|---|---|
| 常住人口城镇化率 | % | ≥60 | 67.7 | 68.5 | 69.5 | 71.6 | 70.5 |
| 互联网普及率指数 | – | ≥50 | 107.3 | 117.7 | 129.7 | 173.9 | 174.2 |
| 科技进步贡献率 | % | ≥60 | 57.9 | 58.0 | 58.5 | 59.6 | – |
| 研究与试验发展（R&D）经费投入强度 | – | ≥2.5 | 1.8 | 2.0 | 2.2 | 2.3 | 2.15 |

注：科技进步贡献率由于2019年数据未出，沿用2018年数据。

2.人民生活更加幸福。2019年，统计监测指标体系中"人民生活"方面实现程度为99.98%，较2015年提高14.92个百分点，是六大方面实现程度提升幅度最大的指标。从分项指标看，十四项指标已有十三项提前完成预期目标，仅人均预期寿命较预期目标有一定差距（见表4）。

表4　人民生活分项指标完成情况

| | 单位 | 目标值 | 2015年 | 2016年 | 2017年 | 2018年 | 2019年 |
|---|---|---|---|---|---|---|---|
| 居民人均可支配收入（2010年不变价） | 元 | ≥25000 | 27782 | 30045 | 32561 | 35376 | 38719 |
| 城镇登记失业率 | % | ≤5.0 | 2.4 | 2.4 | 2.4 | 2.4 | 2.2 |
| 恩格尔系数 | – | ≤40 | 33.7 | 34.2 | 34.0 | 33.2 | 32.6 |
| 城乡居民收入比 | – | ≤2.8 | 2.3 | 2.3 | 2.3 | 2.3 | 2.3 |
| 城乡居民家庭人均住房面积达标率 | % | ≥60 | 64.3 | 64.2 | 64.2 | 64.2 | 64.2 |
| 城镇棚户区住房改造 | 万户 | ≥1 | 2.5 | 2.0 | 1.4 | 1.2 | 1.1 |
| 公共交通服务指数 | – | ≥100 | 100.0 | 120.3 | 122.0 | 121.0 | 122.0 |
| 人均预期寿命 | 岁 | ≥79.5 | 78.5 | 78.6 | 78.8 | 79.0 | 79.3 |

续表

| | 单位 | 目标值 | 2015年 | 2016年 | 2017年 | 2018年 | 2019年 |
|---|---|---|---|---|---|---|---|
| 劳动年龄人口平均受教育年限（2010年） | 年 | ≥10.5 | 11.3 | 11.3 | 11.3 | 11.3 | 11.3 |
| 每万人高等教育在学人数 | 人 | ≥400 | 455.9 | 448.3 | 441.8 | 449.2 | 475.8 |
| 每千人口执业（助理）医师数 | 位 | ≥1.95 | 2.6 | 2.6 | 2.8 | 3.0 | 3.2 |
| 每千老年人口养老床位数 | 个 | ≥50 | 34.2 | 37.7 | 42.6 | 50.6 | 51.8 |
| 基本社会保险参保率指数 | – | ≥95 | – | 97.2 | 98.3 | 99.3 | 100.9 |
| 单位GDP生产安全事故死亡率 | % | ≤1 | 4.22 | 2.26 | 1.48 | 1.29 | 0.97 |

3.民主法治逐步完善。2019年，统计监测指标体系中"民主法治"方面实现程度为92.80%，较2015年提高11.3个百分点，指标实现程度为六大方面最低，但提高幅度位列第二。从分项指标看，妇女参与基层民主管理指数（新增）、每万人拥有律师数均已超过目标值，基层民主参选率与每万人拥有社会组织数实现程度超过80%（见表5）。

表5　民主法治分项指标完成情况

| | 单位 | 目标值 | 2015年 | 2016年 | 2017年 | 2018年 | 2019年 |
|---|---|---|---|---|---|---|---|
| 基层民主参选率 | % | ≥95 | 82.0 | 82.0 | 82.0 | 80.0 | 80.0 |
| 妇女参与基层民主管理指数 | – | ≥100 | 130.0 | 130.0 | 130.0 | 130.3 | 130.3 |
| 每万人拥有社会组织数 | 个 | ≥8 | 4.5 | 4.8 | 5.0 | 5.9 | 7.0 |
| 每万人拥有律师数 | 位 | ≥2.3 | 1.9 | 4.3 | 4.8 | 5.1 | 5.7 |

4.文化事业繁荣发展。2019年，统计监测指标体系中"文化建设"方面实现

程度为100%，五个分项指标均已在2016年提前完成任务。且除广播电视综合人口覆盖率外，其他分项指标在2016—2019年间仍保持较大幅度增长（见表6）。

表6　文化建设分项指标完成情况

| | 单位 | 目标值 | 2015年 | 2016年 | 2017年 | 2018年 | 2019年 |
|---|---|---|---|---|---|---|---|
| 文化及相关产业增加值占GDP比重 | % | ≥5 | 4.99 | 5.14 | 5.38 | 5.72 | 5.72 |
| 人均公共文化财政支出 | 元 | ≥150 | 196.0 | 229.6 | 244.6 | 177.5 | 252.8 |
| "三馆一站"覆盖率 | % | ≥130 | 100.0 | 100.0 | 100.0 | 100.0 | 142.1 |
| 广播电视综合人口覆盖率 | % | ≥60 | 63.5 | 63.2 | 63.1 | 63.1 | 62.6 |
| 居民人均教育文化娱乐消费支出占消费支出比重 | % | ≥6 | 9.8 | 10.3 | 9.5 | 9.6 | 10.0 |

5.生态环境和谐友好。2019年，统计监测指标体系中"资源环境"方面实现程度为99.37%，其中，十三项资源环境指标有十二项提前完成预期目标，仅非化石能源占能源消费总量比重较预期目标有一定差距，但实现程度已超过90%（见表7）。

表7　资源环境分项指标完成情况

| | 单位 | 目标值 | 2015年 | 2016年 | 2017年 | 2018年 | 2019年 |
|---|---|---|---|---|---|---|---|
| 耕地保有量 | 千公顷 | ≥145 | 149.7 | 149.3 | 148.8 | 147.9 | 147.9 |
| 新增建设用地规模（当年） | 千公顷 | ≥1900 | 3363.6 | 1963.4 | 2191.4 | 2622.8 | 2622.8 |
| 单位GDP建设用地使用面积同比降幅 | 公顷/亿元 | ≥5 | – | 9.6 | 12.0 | 10.1 | 10.1 |
| 万元GDP用水量 | 立方米 | ≤61 | 55.0 | 48.0 | 45.0 | 44.0 | 34.0 |
| 单位GDP能耗降幅 | % | 完成目标 | 7.0 | 3.6 | 0.1 | 1.0 | 2.0 |

续表

| | 单位 | 目标值 | 2015年 | 2016年 | 2017年 | 2018年 | 2019年 |
|---|---|---|---|---|---|---|---|
| 非化石能源占能源消费总量比重 | % | ≥35 | 23.0 | 35.1 | 33.4 | 32.4 | 32.1 |
| 城市优良空气天数比例 | % | ≥90 | 96.4 | 98.6 | 95.9 | 92.3 | 98.6 |
| 城市细颗粒物（PM2.5）年均浓度 | 微克/立方米 | ≤50 | 29.0 | 27.0 | 27.0 | 25.0 | 24.0 |
| 地表水质量指数（Ⅰ-Ⅲ类水质比例） | % | ≥85 | 89.5 | 90.0 | 90.0 | 90.0 | 90.0 |
| 森林覆盖率 | % | ≥55.8 | 56.7 | 56.0 | 57.1 | 57.3 | 58.1 |
| 森林蓄积量 | 万立方米 | ≥4138 | 3862.7 | 3862.3 | 4003.3 | 4172.7 | 4860.4 |
| 一般工业固体废物综合利用率 | % | ≥90 | 95.4 | 97.7 | 97.2 | 96.5 | 94.5 |
| 城市建成区绿地率 | % | ≥30 | 40.1 | 40.6 | 41.1 | 41.7 | 42.2 |

6.三大任务落地落实。2019年，统计监测指标体系中"防范金融风险、脱贫攻坚、污染防治"方面实现程度为100%，五个分项指标均提前完成预期目标，农村贫困人口在2018年已提前全面实现脱贫（见表8）。

表8　三大任务分项指标完成情况

| | 单位 | 目标值 | 2015年 | 2016年 | 2017年 | 2018年 | 2019年 |
|---|---|---|---|---|---|---|---|
| 政府负债率（地方） | % | ≤100 | 10.8 | 10.4 | 10.3 | 10.1 | 11.6 |
| 农村贫困人口脱贫 | 万人 | 全部脱贫 | 2.1 | 1.1 | 0.3 | 0.0 | 0.0 |
| 主要污染物排放总量累计减少指数 | - | 完成目标 | 完成 | 完成 | 完成 | 完成 | 完成 |
| 污水集中处理指数 | - | ≥100 | 95.4 | 97.6 | 94.5 | 102.3 | 104.8 |
| 城市生活垃圾无害化处理率 | % | =100 | 100.0 | 100.0 | 100.0 | 100.0 | 100.0 |

## 二、福州市全面建成小康社会的经验和启示

总的来看，福州市全面建设小康社会成效显著，高水平全面建成小康社会的目标基本实现。成绩来之不易，收获弥足珍贵。这得益于多年来，福州始终坚持传承弘扬习总书记在福州工作期间的重大战略、创新理念，深入贯彻落实习近平新时代中国特色社会主义思想，在推动经济、政治、文化、社会、生态文明建设五位一体全面进步上，敢闯敢试，勇于探索，形成了具有福州特色、省会特征的小康社会建设路径，为加快建设新时代"有福之州"、打造幸福之城夯实了基础、创造了经验、提供了启迪。

（一）始终坚持以"3820"工程为指引，一张蓝图绘到底

回望历史，党和人民的事业始终立于不败之地的一个重要原因，就在于我们党在战略谋划上精准研判、科学规划，在战略实施上一以贯之、一张蓝图绘到底。福州是习近平新时代中国特色社会主义思想的重要孕育地和实践地，习近平在福州工作期间亲自制定推动实施了"3820"工程等系列战略构想，对福州发展做出了长远的顶层设计，形成了科学系统的省会城市发展战略体系。在全面建成小康社会的历史进程中，福州始终坚持传承习近平在福州工作期间提出的"3820"工程等一系列战略思想，久久为功，一任接着一任干，一步步将蓝图变为现实，从"东进南下"、闽江口金三角经济圈、"海上福州""国际化大都市"，到福州新区开发、滨海新城建设，城市规模不断扩大、功能持续完善、品质日益提升，实现了从纸褙小城向滨江滨海现代化国际城市的华丽蜕变。

加快建设新时代有福之州、打造幸福之城，必须深刻领悟"3820"工程蕴含的战略思维、工作方法，保持战略定力和强大的执行力，沿着习近平总书记当年擘画的蓝图、指引的方向，锚定目标，真抓实干，一步步展开、一项项分解、一件件落实，把潜力变为实力、把优势变为胜势，在更高起点上推动福州发展。

（二）始终坚持以人民为中心，不断保障和改善民生、增进民生福祉

以人民为中心，是新时代坚持和发展中国特色社会主义根本立场，也是高水平全面建成小康社会的价值追求。在全面建成小康社会的历史进程中，福州坚定不移地贯彻党的群众路线，坚持发展为了人民、发展依靠人

民、发展成果由人民共享，从组织"再掀闽江开放潮、推动福州大发展"大讨论，到设立"党风政风热线""幸福邮箱"；从深入推进"四个万家"活动到在全省率先试点"参与式预算"微实事协商，众人的事众人商量，极大地增强了全面建成小康社会的内在动力和社会合力。同时，着力解决民生热点难点问题，优先保障民生投入，全市各级财政民生支出从2012年的292.08亿元增加到2019年的737亿元，在一般公共预算支出中占比始终保持在70%以上。坚持办好民生实事，2012年以来累计完成为民办实事项目547件。不断提升公共服务供给能力，保障体系日臻完善，有力增强了群众的获得感幸福感。

加快建设新时代"有福之州"、打造幸福之城，要充分把握社会主要矛盾的深刻变化，尊重群众的主体地位和首创精神，把满足人民对美好生活的向往作为出发点和落脚点，扎实办好民生实事和关键小事，使人民获得感、幸福感、安全感更加充实、更有保障、更可持续。

（三）始终坚持新发展理念，协调推进"机制活、产业优、百姓富、生态美"新福州建设

高水平全面建成小康社会的核心是"全面"，体现的是均衡、协调、可持续发展。在全面建成小康社会的历史进程中，福州始终坚持以新发展理念引领高质量发展，充分发挥"多区叠加"的政策优势，抓"三个福州"建设、抓营商环境改善、抓城市品质提升、抓新城新区建设、抓生态环境保护、抓民生事业发展，提振全市干部干事创业精气神，各项事业发展取得了长足进步。2019年，福州实现地区生产总值9392.30亿元，2020年有望突破万亿大关，数字经济发展指数全省第一，荣获2019中国领军智慧城市奖，文明城市创建测评结果跻身全国省会城市前十，成功申办世界遗产大会，环境空气质量在全国168个重点城市中排名第六、省会城市排名第三。今年以来，面对新冠肺炎疫情的巨大冲击，福州地区生产总值从一季度的同比下降3.8%，到三季度逆势增长3.1%，走出了复苏明显的V形曲线。

加快建设新时代有福之州、打造幸福之城，要盯紧全方位推动高质量发展超越目标，统筹推进"五位一体"总体布局，认真落实五大发展理念，持之以恒补短板、强弱项，加快推动区域协调、城乡融合发展，不断巩固全面均衡发展的优势。

（四）始终坚持正确处理改革发展稳定关系，推动新时代改革开放行稳致远

改革开放是动力，稳定是前提，二者有机统一于全面建成小康社会的伟大实践中。福州得改革开放风气之先，侨台资源优势独特，在全面建成小康社会的历史进程中，始终坚持开放发展理念，坚持深化改革与扩大开放齐头并进，推动内生增长与外延拓展双效提升，从做大做强海峡西岸经济区省会中心城市到"多区叠加"先后落地、主动融入"一带一路"建设、打造台胞台企登陆"第一家园"，实现了区位优势向省会发展优势的成功转化，不断为全市发展注入新动力、开拓新空间。同时，注重社会的可承受程度，坚持依法治市，加强意识形态工作，创新社会治理，持续深化"平安福州"建设，多年来群众安全感率、扫黑除恶好评率稳居全省前列，社会保持安定稳定。

加快建设新时代"有福之州"、打造幸福之城，要从全局高度理解和把握世界百年未有之大变局，在危机中育新机，于变局中开新局，紧抓战略机遇期，在更高水平、更高质量上推进改革开放，着力解决影响社会稳定的突出问题，积极主动融入以国内大循环为主体、国内国际双循环相互促进的新发展格局，进一步开创全方位推动高质量发展新局面。

## 三、福州市全面建成小康社会的差距与不足

当然，看到成绩的同时，我们也要正视仍有5个指标与全面建成小康社会的目标要求存在差距。其中，研究与试验发展（R&D）经费投入强度、基层民主参选率、非化石能源占能源消费总量比重等3个指标出现反复波动或下滑情况，需引起重视。

（一）科技创新能力仍需提升。在经济发展7项指标中，除未公布数据的科技贡献进步率，仅有研究与试验发展（R&D）经费投入强度没有提前完成目标任务。2019年福州市研究与试验发展（R&D）经费投入强度2.15，与国内先进城市相比（如杭州2019年R&D经费投入强度为3.35）还有不小差距，也反映出福州市在科技创新领域的短板仍比较明显。

（二）民主法治建设仍需加强。反映民主法治水平的4项指标中，2019年基层民主参选率、每万人拥有社会组织数等2项指标未达到90%。其中，

基层民主参选率仅80%，与目标值（≥95%）相差15个百分点，实现程度仅为84.2%，而且从近2015—2019年完成情况看，2015—2017年基层民主参选率均为82%，2018年和2019年基层民主参选率较前三年下降了2个百分点，2020年需采取更多措施加以推动；2019年福州市每万人拥有社会组织数为7个，与目标值（≥8个）虽只差1个，但从近5年年均增长数量看，2015年至2019年福州市每万人拥有社会组织数年均增长0.625个，2020年完成任务的难度仍然较大。

（三）非化石能源推广力度仍需加大。2019年，福州市非化石能源占能源消费总量比重为32.1%，与目标值（≥35%）相差2.9个百分点，实现程度为91.8%。从2015年至2019年该项指标完成趋势看，2016年该指标达到了35.1%，较2015年提高12.1个百分点，但2016至2019年，该指标逐年下降，分别为33.4%、32.4%、32.1%。因此，2020年需要大幅提升非化石能源的消费比例，确保该项指标止跌回升、完成目标。

## 四、福州市决胜全面建成小康社会的着力重点

（一）深化创新驱动战略，厚植科技创新生态。坚持以国家自主创新示范区福州片区建设为抓手，加快推进"三创园"、高新园、软件园、大学城等创新高地建设，大力推进"人才聚榕工程"，全面完善科技创新政策体系和支撑平台，逐步构建以企业为主体、市场为导向、产学研深度融合的区域创新体系。扎实推进R&D投入稳增、高新技术企业倍增计划，全面落实企业研发投入的分段补助、促进科技成果转化、金融支持科技创新等政策措施，推动创新链、产业链、资金链、政策链"四链融合"，培育壮大一批科技研发机构和科技创新企业。

（二）加强基层社会治理，推进民主法治建设。要充分发挥党建引领作用，推动基层党支部建设，增强基层党组织活力和服务群众能力，切实提升社区党建工作实效。要建立健全村居民主决策和协商机制，广泛发动村居党员、群众代表、社区志愿者等群体参与社区建设的决策、实施、管理和利益分享全过程，更多群众参与基层民主选举等公共事务，激发群众的主人翁精神。要根据经济社会发展情况，加强社会组织的规划建设，建立健全统一登记、各司其职、协调配合、分级负责、依法监管的社会组织管理体制，

努力营造法制健全、政策完善、待遇公平的社会组织发展环境，加快构建结构合理、功能完善、竞争有序、诚信自律、充满活力的社会组织发展格局，推动社会组织健康有序发展，充分发挥其在民主法治建设中的作用。

（三）大力发展绿色能源，提升资源利用效率。进一步调整和优化能源产业结构和消费结构，优先发展可再生能源，安全高效发展核电，提高非化石能源比重，推动化石能源的清洁高效利用和低碳化发展。严把项目环境准入关口，严控高耗能项目，鼓励企业加大技改投入，运用节能环保新技术、新设备和新产品实施清洁生产。大力推广新能源公交车、新能源汽车，鼓励绿色出行方式，降低能源消耗。加快发展先进核能、海上风电、太阳能、氢能、储能、智慧能源等新兴产业，构建绿色低碳循环发展经济体系。

# 推动农业和农村经济发展的思考与建议

## ——以永泰县埔埕村"一村一品"为例

文/张华灿

---

"农，天下之大业也。"党的十九大报告提出坚持农村优先发展，大力实施乡村振兴战略。福建省印发《关于实施乡村振兴战略的实施意见》提出"大力发展品牌农业，实施产业兴村强县行动，支持发展一村一品，培育特色农产品品牌。""一村一品"已成为推动农业和农村经济发展关键举措。

## 一、埔埕村"一村一品"发展"李咸"优势的分析

埔埕"李咸"风味独特，外形美、肉质细嫩、易脱核、清甜淡咸，优于其他地方同类产品，有以下主要原因。

### （一）自然环境

埔埕村位于永泰县梧桐镇东北部，大樟溪畔，海拔80米左右，年平均气温23℃，年降水量约1600毫米，地势平坦开阔，沟渠纵横，水资源丰富，日照充足，沙质土壤富含矿物质和有机质，独特的地理位置与气候条件，适合李果种植。

### （三）传统工艺优势

#### 1.优质原料

李果多品，"芙蓉李"最佳。埔埕李果种植历史悠久，以产出"芙蓉李"最为有名，最高年份鲜李产量达120万多千克。以"芙蓉李"为优质原材料

---

作者简介：张华灿（1971—　），男，永泰县县委党史和地方志研究室主任。

加工出来的"李咸",是"李咸"中极品。

2.栽培技术

李树通过嫁接和繁殖技术生长,选用优良毛樱桃树(苦桃树)为砧木,施用有机肥。埔埕村土层深厚,土壤肥沃,排水良好,加上独到的果树栽培技术,形成该村"李咸"独一无二的品牌特性。

3.石滩晒李场地优势

埔埕村沿岸的30多亩鹅卵石滩,是"李咸"天然晒制场地,鹅卵石表面光滑,石头间孔隙大,通风好,便于果肉水分蒸发。石头升温快,导热快,晒出的"李咸"品、色、味极佳,质地、口感味道与其他地方晾晒的成品有明显差异,构成其"一村一品"竞争力。

4.加工技术独特

埔埕村李果产量大,又集中在夏季上市,山区交通不便,鲜李易腐烂,难以远销。明末清初,当地农民经过不断尝试,摸索出"李咸"加工技术。"李咸"加工设备简单,生产技术简易,成本低廉,其流程为"摇青、洗果、摊晒、腌渍、焙李、贮存",便于果农手口相传。要产出高品质"李咸",李果须采收于八九成熟,太熟,加工时剧烈摇动易使果实破裂;早摘,又太过坚硬且味道苦涩。

**(三)埔埕村"一村一品"市场需求**

1.埔埕村农商版图不断拓展

清代到民国时期,埔埕村"李咸"最值钱时,一担售价达黄金七钱,可兑大米750千克。全国各地商家纷至沓来,埔埕街堪比福州商贸最繁华的中亭街,一度被称为"小中亭街"。埔埕农户看到商机,沿大樟溪乘坐福州"南港船"顺流而下,到省城开土特产店。清同治年间,林桂馥、林成章父子到福州南台开设"同源梅李栈";民国初年,林善桐兄弟在福州下杭街开办"荣升"号"李咸"商行。积累资本后,他们的商业版图开拓至中国港澳台地区及日本、东南亚、欧美等十多个国家,商旅遍天下。

2."一村一品"加工技艺的输出

中华人民共和国成立后,当地政府在全县逐步推广李果种植,永泰李果在面积和产量上均位列全省、全国之冠,种植面积最高年份达7万多亩。1999年,"永泰芙蓉李""永泰李咸"被认定为福建省名牌农产品;2001年永泰县被国家林业局命名为"中国李乡";2006年"永泰芙蓉李"获国家地理标志证明商标;2007年"永泰李咸"获国家地理标志产品保护。

"李咸"出口量增长迅速,为提高出口产品质量,20世纪60年代,国家与福建省外贸等部门组织有关人员到埔埕村聘请果农陈文雨等人,前往江西等地巡回传授"李咸"加工技艺,对当地"李咸"制作过程进行监制,埔埕村传统制咸技艺成为全国各地"李咸"产品生产标准。

## 二、埔埕村"一村一品"面临的困难

埔埕村人多地少,人均田地仅两分,约130平方米。20世纪70年代前,"李咸"加工生产是当地特色主导产业,农户经济收入的重要来源。改革开放后,埔埕"李咸"逐渐开始走下坡路,到2020年8月,埔埕不超过20户加工"李咸",每年外购加工鲜李300多吨,制干60多吨,虽然"李咸"成品仍占全县总量30%左右,但比不上最鼎盛繁荣时期,原因归结如下。

### (一)全球气候变暖影响埔埕村李果产量与品质

受全球气候变暖影响,低海拔地区的埔埕村李果产量明显下降,仅房岩头、院林自然村还有些李果,但果实粒小味苦,不适合加工。因本地产芙蓉李品质变差,产量低,经济价值不大,很多果农放弃管理,改种青梅等其他农作物。

"芙蓉李"要获得高产优质,从发芽分化到开花结果,各个生育阶段对气候条件的要求很高:12月中旬至翌年2月上中旬无暖冬,8月无干旱,9、10月无秋寒,2月下旬无阴雨低温。气候变暖带来极端气候事件出现的频率与强度增加,间接影响李果产量。

### (二)桔小实蝇危险外来物种入侵严重威胁李果产业

2002年首次在富泉乡被发现的桔小实蝇(俗称"针蜂")是全县李果的头号害虫,危害果实250多种,蝇卵导致李果未熟脱落,失去经济价值,严重影响李果产量。

### (三)单一"李咸"销售转变为多种业态经营

截至2018年10月,有4万多永泰人在上海,其中埔埕人1589名;除上海外,还有2119名埔埕人在福建省外从事食品、五金、建材等行业。经商范围由长三角地区向北京、武汉等全国各主要城市拓展。埔埕村民"勇闯上海滩"，商品经营范围改变，在外经商谋生的人多了，一定程度上分流了"李咸"加工、营销队伍。

### （四）埔埕村"一村一品"人口老龄化问题

由于大批青壮年人口外出经商或务工，留守村民多为老人和妇女，埔埕村60岁以上人口占比达14.7%，人口老龄化问题不容忽视。劳动力老龄化对"李咸"的生产加工产生了不小的影响，老年劳动力在摇李、搬运、摊晒等重体力环节力不从心，此外，他们还普遍存在求稳心理，思想不够解放。

1.加工户大部分单干

"李咸"生产加工仍旧沿用过去一家一户单干方式，由小农户独立生产，而非"公司＋农户"、联合办厂等规模化生产。普遍追求"小富即安"，满足加工"李咸"个把月就有10万元左右的家庭收入。

2.营销渠道相对单一

农户在"李咸"经销上，主要依赖老客户和等待顾客上门求购的方式，微信群营销量占比不超过"李咸"总产量1%，对电商等新型售卖方式的运用缺乏专业知识与操作能力，致使新冠疫情期间"旧咸"滞销，新加工"李咸"产量减少，农户急于贱卖甩货，销售收入减少。传统营销模式与渠道更显脆弱。

### （五）"文革"期间李果树遭受破坏

1971年7月，县革委会盲目发展，在当地号召"学大寨、赶闽清"活动，导致李果树几乎被砍光，果园改为水稻田，埔埕农民辛苦经营的李果遭受人为破坏，"李咸"产业失去原材料，一蹶不振。

### （六）鹅卵石滩晒"李咸"场地被淹

2013年10月，下游赤锡乡界竹口水库蓄水淹没埔埕村的鹅卵石滩，石滩晒"李咸"成为历史记忆。

## 三、在乡村振兴背景下，探索永泰"一村一品"对策和建议

"一村一品"是日本大分县知事平松守彦于1979年提出的经济模式，曾助力大分县由落后山区转变为经济发达的国际化都市。在国内推广中，成为促进农民富裕和农村经济发展的重要途径。尽管其内涵和外延不断延伸，特色农产品开发始终是核心主题。因此，要通过一些方法与措施全力推进

"一村一品"发展。

**（一）广纳贤才，适应新形势，打造"一村一品"升级版**

埔埕村地灵人杰，是远近闻名的教育名村，高考恢复以来，共培养出16位博士与27位硕士研究生，涌现出林镇等一批优秀企业家，这些人才是"一村一品"发展的外援支持力量。要吸引人才助推"一村一品"发展，必须做到以下几点。

1.要给人才回乡创业助力"一村一品"以舞台

近年，永泰县政府鼓励返乡创业，在同安镇创建乡村创客空间，招聘"一懂两爱"村务工作者，选派第一书记和招聘硕士，以人才招引推动乡村振兴取得一定成效。

但在"一村一品"产业发展方面还要加大扶持力度，以职位与待遇为条件，以乡情乡愁为纽带，引导在外企业家和青年回村发展，提供土地、奖补和金融信贷支持等，满足"一村一品"对小额资金的需求。同时，发挥回归乡贤社会网络作用吸引民间投资者，向"一村一品"产业注入资金、人才、科技等要素。

2.营造"一村一品"发展环境，为他们回乡创业搭好平台

（1）通过先进典型营造氛围

当地政府要大力宣传回村干事创业的优秀人才，报道"一村一品"建设先进典型事迹，如埔埕乡贤林镇、林绶等，发挥示范带动作用。开展"永泰能人"评选活动，挖掘能人事迹，把"一村一品"产业效益好、社会认可度高的带头人评选出来，邀请他们讲经验、教技术，把能人培养成党员和村干部，形成能人带领"一村一品"产业化提升的良性循环。

（2）政府建立容错免责机制

地方政府要出台容错免责管理办法，关爱回乡创业人员，调动他们的积极性与创造性，吸引更多农商回归、人才回家，有效保障"一村一品"高质量发展。

（3）培养电商环境适应新形势

国家扶持政策加大和直播带货兴起，为特色农产品销售开辟了一条新路。永泰特产丰富，除"李咸"外，还有李果、青梅、油茶、食用菌等，政府应建立"一村一品"网货基地，完善储藏、包装、物流等环节，为产业化

营销奠定基础。做好电商人才培养与进修，培育本村网络直播带货能人，通过开设网店加强电商合作，扩大销售覆盖面与影响力，利用短视频与自媒体网络直播销售，与时俱进推动"一村一品"电商发展。

（4）立足精品推广微信营销平台

埔埕村通过微信群进行"李咸"带货营销，年销量达3000千克，占总产量约0.05%，仍有巨大拓展空间。如"村上林家"品牌微商和以龙津农耕文化博物馆为场地的"李咸"作坊，本身是李咸加工户，易把控品质，基于熟人推荐的信任感与认可度进行营销，客户黏度高。同时，微信操作快捷，便于推广，有利于埔埕村民就地就近就业创业。

微信自媒体营销需要政府、投资主体、村民的深度参与，注重内容生动性和媒体技术多元化。政府要建立官方微信公众号，调动村民积极性，鼓励投稿，挖掘产品特色，提高消费者购买欲，归纳分析推文数据，收集想法、意见，提升营销效果。

**（二）融入永泰国家全域旅游示范区，发展"一村一品"**

1.政府立足于"一村一品"，抓农旅融合发展态势

借乡村旅游新热点，永泰县政府立足"一村一品"，抓住农旅融合的发展态势，举办嵩口李果采摘节与长庆花生节活动，吸引福州、泉州及永泰周边的游客，提升产品知名度，扩大销路。

2.随着人民生活水平提高，人们对旅游需求多元化

地方特色产品更能吸引游客注意力，也让"一村一品"有了更大舞台。以埔埕"李咸"为例，可发掘周边樟溪茉莉花茶、菜篮公康养主题文创等旅游资源优势，通过"李咸文化节"和特色农业示范基地，将游客观赏活动与体验加工结合，满足城市居民多元化休闲度假娱乐需求，实现农旅协同发展。

3.将更多元素融合，引导拓展农产品节配套项目

政府通过"一村一品"特色农产品节推动产业发展，需拓展配套项目，融入文化、影视、农事体验等，将"吃住游娱购"串联，加快农业转型升级，满足多样化需求。

### （三）培育农产品加工龙头企业，推进"一村一品"产业化

1. 龙头企业的重要地位

龙头企业是"一村一品"农业产业化经营模式发展过程中带动农民有序发展现代农业的重要力量。政府要探索龙头企业、生产基地与加工户联结机制，形成"公司+基地+农户"的发展模式，推广订单农业，引导企业在资金投入、收购与加工户建立合理的利益联结机制。要引导企业投资兴建生产基地，实行标准化加工、规模化生产。

2. 引导专业合作社发展

政府要帮助引导农民专业合作社发展，缓解合作社发展中遇到的资金问题，可依条件设立"一村一品"专项资金，引导建立资金合作组织，并给予税费优惠政策，鼓励其融资多元化。

3. 农业合作社优势明显

埔垱村民林在桐等五个农户自筹资金，成立"仙草珑农业合作社"运营十多年，生产规模较大，信用良好，销售渠道畅通，在新冠疫情不利情况下，"李咸"产量、销售收入稳定，合作社"抱团"形式比个体加工户优势明显。

## 四、结语

发展壮大埔垱"一村一品"，要以乡情、乡愁来吸引在外经商、技能人才回归创业，解决人口老龄化问题，以新生力量支持"李咸"产业发展，改善乡村基础设施与营商软环境建设，"软硬兼施"，留住人才；深挖埔垱文旅资源，如宗祠文化、十八巷建筑、非遗橡板龙等，与周边汤垱村温泉康养、春光村"云水谣"等梧桐旅游休闲集镇建设及永泰国家全域旅游区品牌紧密结合起来，以旅游带动发展，吸引龙头企业投资，各地要因村制宜，依托优势，走"一村一品"发展模式，以特色产业推动农业和农村经济发展。

# 积极推动福州"三区"联动
# 打造新时代治理现代化先行区

文 / 郑　跃　余仪鹏

---

为贯彻落实党的十九届四中全会精神、习近平总书记参加福建代表团审议时的重要讲话精神，发挥福州新区、自贸区、自创区（简称"三区"）先行先试功能，基于福州新区开发建设实际，提出福州"三区"联动在福州新区落地实施的若干思路，推动福州"多区叠加"优势转化为高质量发展跨越赶超动能，打造新时代有福之州治理现代化的先行区。

## 一、福州"三区"联动发展的含义

"三区"联动发展的基本内涵。"三区"联动，指的是"三区"在地域空间、政策运用、发展要素、体制机制等多方面进行联动，推动优势互补和优势叠加，逐步实现"三区"一体化发展，共同打造经济社会发展的新增长极。

"三区"联动发展的可行性和重要意义。"三区"是新时代改革开放的重要组成部分，是福州实现高质量发展跨越赶超的重要引擎。其中，国家级新区是承担国家重大发展和改革开放战略任务的综合功能区；自由贸易试验区，国家赋予其较大的改革自主权，通过制度创新，着力打造开放创新新高地。自主创新示范区对于进一步完善科技创新的体制机制，加快发展战略性新兴产业，推进创新驱动发展，加快转变经济发展方式等方面将发挥重要的引领、辐射、带动作用。由此看出，"三区"的共性是改革创新、先行先试，

---

**第一作者简介：** 郑跃（1988—　），男，福州新区管理委员会党政办公室综合处负责人。

但侧重点有所不同，新区侧重打造综合性的区域发展增长极；自贸区侧重制度性改革，有更多先行先试的优先权；自创区侧重科技创新驱动发展。

"三区"实现联动发展，可以实现优势互补、互利共赢，能够形成高质量发展合力，对于践行新时代有福之州治理现代化、打造福州高质量发展落实赶超新增长极、探索区域高质量协调发展等具有重要意义。

## 二、福州"三区"联动发展存在的问题

政策运用的范围还需进一步覆盖。目前，国家和省里均给予"三区"部分支持政策。其中，自贸试验区作为制度创新高地，承担着重点试验任务和改革试点要求，上级给予的优惠政策相对其他两区更多、更具体，也更有含金量。而自贸区福州片区总面积为31.26平方千米，在福州经济技术开发区内就占22平方千米（含快安片区、长安片区和南台岛片区），该区域较为成熟，城市形象初显，但发展空间和发展潜力相对不足；滨海新城、福州新区福清功能区有较大的发展腹地和发展潜力，也是福州市和福州新区近年来重点开发区域，却没有自贸区政策进行覆盖。福州自贸区政策存在"有政策区域发展空间不足，有发展空间区域政策覆盖不到"的矛盾情况。

资源要素的配置还需进一步灵活。在服务平台方面，福州"三区"根据自身经济社会发展需求，着力建设马尾基金小镇、物联网实验室、云计算中心、"双创"示范基地、福建省人工智能平台等，但基本都服务于各自区域，存在利用率不高、重复建设等问题。同时，在人才引进方面，"三区"引才政策基本上与福州全市相统一，还没有较为突出的优势，已经出现高层次人才"难引进、难留住"情况。

产业整体的发展还需进一步集聚。从"三区"的产业布局上看，自贸区主要涉及跨境电商、金融（类金融）、整车进口、物联网、海产品贸易等；高新区聚焦发展软件设计、芯片光电、生物医药等产业，谋划推动5G、大数据、人工智能等企业项目；福州新区特别是滨海新城正积极育大数据、人工智能、生物医药、高新技术、临空经济、现代服务业等。可以看出，福州新区与高新区两者之间的产业有同质化竞争、特色不明显等倾向，不同程度存在"大而全、小而杂"的布局问题，还未形成全产业链的产业集群，整

体竞争力还不够强，规模效应没有充分发挥。

各方之间的关系还需进一步理顺。从国家层面来看，新区、自贸区、自创区分别由国家发改委、商务部、科技部进行统筹和指导；从福州市层面来看，"三区"中除自贸区由自贸区管委会进行直接管理和推动外，福州新区管委会为议事协调机构；自创区暂未成立专门管理机构，由市政府成立领导小组，下设协调办（挂靠市科技局）和推进办（挂靠高新区管委会）推进相关工作。现有"三区"管理体制在一定程度上与国家赋予的战略任务相比承载力不足，无法统筹起能够紧紧围绕"三区"联动发展的推动力量。

## 三、福州"三区"联动发展的总体思路

加快推动"三区"联动发展，必须树立好"一盘棋"思想，进一步增强排头兵意识，发挥好省会福州"六区叠加"优势，按照"三年打基础、五年成规模、十年新跨越"步骤，推动资本、技术、人才、知识多要素联动，促进"三区"制度创新、开放创新、金融创新和科技创新多维度融合，推动产业链、创新链、资金链"三链融合"，加强产学研、内外资、政社企多主体协同，不断提升"三区"的功能、质量和效益，形成相互促进的放大效应。

以改革创新、先行先试为抓手。进一步解放思想，用好国家赋予"三区"先行先试的权限，以改革创新为突破口，贯穿"三区"联动发展的全过程，促进制度创新、开放创新、金融创新和科技创新多维度融合，不断破解"三区"发展瓶颈、形成发展亮点。

以政策辐射、资源共享为主线。发挥好"三区"比较优势，不断扩大政策范围、拓宽适用领域，推动"三区"资本、技术、人才、平台等资源共建共享，不断提升"三区"功能、质量和效益，形成相互促进的放大效应。

以形成"三区"一体化、打造高质量发展新增长极为目的。通过"三区"联动发展，来强化"三区"之间的产业链、价值链分工，实现合作、协同和融合发展，推进基础设施一体化、产业布局一体化、平台发展一体化、政策一体化和管理一体化等，将"三区"打造成交通更顺畅、经济更协调、市场更统一、机制更有效、发展质量更高的新增长极。

## 四、福州"三区"联动发展的建议

根据增长极理论，经济增长通常是从一个或数个"增长中心"逐渐向其他部门或地区传导，应选择特定的地理空间作为增长极，以带动经济发展。近期，习近平总书记在《求是》上发表《推动形成优势互补高质量发展的区域经济布局》一文，做出"产业和人口向优势区域集中，形成以城市群为主要形态的增长动力源，进而带动经济总体效率提升，这是经济规律"，"要促进各类生产要素自由流动并向优势地区集中"等重要论述。因此，要推动"三区"联动发展，必须破除资源流动障碍，提高资源配置效率，着力打造新的增长极。

结合自贸区扩区研究，建设"三区"联动试点园区。一是借鉴上海自贸区增设临港新片区等自贸区扩区的先进经验，结合福州新区滨海新城临空经济区，空港优势并正申报综保区的有利契机，福清功能区探索中国—印尼"两国双园"模式被福建省政府、福州市政府列入海丝核心区建设重点项目这一有利优势，加快推进在滨海新城临空经济区、福清功能区元洪国际港口进行自贸区扩区的可行性、路径研究，建设"三区"联动试点园区。二是借鉴浙江省启动建设"自贸区联动创新区"的做法，"跳出"自贸区发展自贸区，积极向国家和省里争取，根据"三区"联动试点园区的发展需求，先行全面复制推广福建自贸试验区的功能和政策，同步获得部分国家级、省级管理权限的下放，实现政策辐射效应。三是福建自贸区福州片区与"三区"联动试点园区要强化联动试验，争取形成一批跨区域、跨部门、跨层级的改革创新成果，加快形成"三区"融合发展优势。

加强"三区"政策辐射联动，推动部分临近区域一体化发展。一是推动马尾快安、马江片区与仓山三江口片区联动发展。福州经济技术开发区是中国首批14个国家级经济技术开发区之一，其大部分区域位于马尾区内，经过30多年的发展，已成为初具规模的现代化工业新区，但快安、马江片区已面临着无地发展、产能亟须升级的情况；而仓山区三江口片区与马尾快安、马江片区之间仅隔一条闽江，三江口大桥已建成投用，福州市正进行开发建设，打造福州最美区域。因此，可以考虑推动快安、马江片区与三江口片区联动发展，在基础设施、公共服务、产业发展、人口流动等方面进行整体规划和布局，真正将两块空间临近区域实现一体化发展，形成规模效应。二是推动江阴港区与蓝色经济产业园联动发展。蓝色经济产业园与福州港江阴港区直线距离8千米，距平潭综合实验区25千米，具有较好的区位优势。要加快滨海大通道（江镜至江阴路段）和东港特大桥建设，并推动江阴港区和平潭综合实验区的政策辐射至蓝色产业园，实现江阴工业区与蓝色产业园整体连片开发。

优化服务平台和公共资源配置，辐射带动服务"三区"全域。一是梳理形成"三区"公共服务资源清单，提高资源共享利用水平，形成多层次、多元化、广覆盖的"三区"公共服务体系。如：马尾基金小镇可在滨海新城、江阴港城等设立分支机构，进一步推动基金集聚，服务"三区"实体经济发展；物联网实验室、先进制造业技术服务中心、福建省人工智能平台、云计算中心等数字经济产业服务平台，通过"三区"内企业优先使用、补贴引导、开展企业对接会等方式，实现数字经济产业服务平台利用最大化。二是优化配置公共服务资源，"三区"可选择中间地带（如三江口）共同引进国内外优质的教育、医疗资源，共建国际化、高水平的学校、医院、养老机构、康复中心等，"三区"工作人员可优先享受服务资源。同时，依托高新区和滨海新城现有学前教育、中小学资源，鼓励学校跨区域牵手帮扶，深化校长和教师交流合作机制，促进教育均衡发展，率先实现区域教育现代化。

强化"三区"人才战略协同，实现区域各类人才资源共享。一是加快实用性人才的培育，依托天津大学福州国际校区及福建职教城省属职业院校，根据"三区"联动发展需要，突出专业建设与"三区"产业互动，对滨海新城高等院校的专业进行"特色定制"，提升人才培养与区域发展的吻合度，力争实现人才的"自产自销"和"内部消化"。二是加快高层次人才的引进，整合"三区"现有的人才政策，共同推动省、市出台支持"三区"联动发展的特殊人才优惠政策。参照《关于贯彻落实粤港澳大湾区个人所得税优惠政策的通知》内容，给予在"三区"就业的境外高端人才和紧缺人才，其在福州市内缴纳的个人所得税已缴税额超过其按应纳税所得额的15%计算的税额部分，由市政府（或联合企业）给予补贴，该补贴免征个人所得税。三是强化留才的配套服务，做大做强福州新区开发投资集团，统一在"三区"建设以租赁为主体的高品质人才公寓，做到"筑巢引凤、固巢留凤"。同时，借鉴广州市和石家庄市人才绿卡制度经验，推动市人社部门出台福州"三区"人才绿卡，在安居置业、医疗保障、子女入学等方面享受便利化服务。

突出产业差异化特色化发展，打造具有竞争力的"三区"产业集群。一是借鉴杭州城西科创大走廊推进高新技术研发、高科技成果转化和高新技术企业孵化；福州城东智造大走廊着力培育新型制造产业体系的整体产业布局，按照"三区"的产业发展重点，围绕打造全产业链的目标，在福州城西的高新区，依托大学城、中科院海西研究院等智库资源，重点打造以技术研发、科技转化、企业孵化等为重点的科创走廊。在福州城东的福州新区、自贸区，其具有较大腹地，拥有"四港"（空港、海港、陆地港、信息港）齐集优势，打造以临空经济，临港经济、大数据、新材料、新能源为产业重点的制造走廊。合作实现产业链条梯次互补，共同做大做强全产业链条。二是按照打造若干"小而精"产业集群的角度，在产业园区其至一栋楼里，发展涵盖通关、保税、展示、研发、销售等于一体的经济体。例如，以福建精准医学产业创新中心为试点，以发展精准医学产业为切入点，在研发、销售、展示等基础上，争取海关支持，将海关监管范围覆盖到东南大数据产业园，实现快速通关和保税存储、保税展示等，实现精准医学产业的一体化发展。三是按照"金融＋产业""专业＋产业"的思路，"三区"共同举办银企对接会，搭建政银企对接平台，促进金融资源深度对接，切实缓解"三区"企业融资难、融资贵等问题。同时，探索将国家知识产权局专利审查员实践（福州高新区）基地实践点企业范围由高新区扩大到"三区"，搭建"三区"企业与专利审查员互动交流平台，提升企业知识产权保护水平。

# 附录：福州市第十一届社会科学优秀成果奖名单

## 一等奖 (7项)

| 学科组别 | 成果名称 | 成果形式 | 申报者 | 申报单位 |
|---|---|---|---|---|
| 习近平新时代中国特色社会主义思想、哲学与法学组 | 当代中国公民生态文明价值观培育研究 | 专著 | 罗贤宇 | 福建农林大学 |
| 决策咨询研究组 | 关于运用"极简史"归纳宣传新中国70年卓著成就的建议 | 调研报告 | 方 华 | 中国致公党福州市委员会 |
| 决策咨询研究组 | 推进鼓楼区智慧社区可持续发展研究 | 调研报告 | 林 萍 | 闽江师范高等专科学校 |
| 经济学组 | 中国对"一带一路"国家直接投资效率研究——基于时变随机前沿引力模型的实证检验 | 论文 | 严佳佳 | 福州大学 |
| 教育学组 | 晚清双语教育政策与实践研究 | 专著 | 史玄之 | 闽江学院 |
| 文学艺术、历史学组 | 张睦与海上丝绸之路 | 科普读物 | 福州市社科联、闽侯县社科联 | 福州市社科联、闽侯县社科联 |
| 管理学组 | 不完全信息下物流企业联盟的合作收益分配策略 | 论文 | 刘家财 | 福建农林大学 |

## 二等奖 (21项)

| 学科组别 | 成果名称 | 成果形式 | 申报者 | 申报单位 |
|---|---|---|---|---|
| 习近平新时代中国特色社会主义思想、哲学与法学组 | 畅通国民经济循环：基于政治经济学的分析 | 论文 | 鲁保林 | 福建师范大学 |
| 习近平新时代中国特色社会主义思想、哲学与法学组 | "差序格局"的现代化转向 | 专著 | 何朝银 | 福州大学 |
| 习近平新时代中国特色社会主义思想、哲学与法学组 | 福州市人力资源和社会保障志（1949—2018） | 工具书 | 王命瑞 | 福州市人力资源和社会保障局 |

续表

| 学科组别 | 成果名称 | 成果形式 | 申报者 | 申报单位 |
|---|---|---|---|---|
| 习近平新时代中国特色社会主义思想、哲学与法学组 | 流动农民工的婚姻维系 | 专著 | 罗小锋 | 福州大学 |
| 决策咨询研究组 | 总结推广工业园区试点提升做法 加快发展都市型工业 | 调研报告 | 福州市城市科学研究会课题组 | 福州市城市科学研究会 |
| 决策咨询研究组 | 福州市现代化经济体系建设研究报告 | 调研报告 | 《福州市现代化经济体系建设研究》课题组 | 福州天元创业研究所有限公司 |
| 决策咨询研究组 | 政校企三位一体的产学研协同创新机制研究——基于近年福州市的调查状况分析 | 调研报告 | 章立群 | 闽江师范高等专科学校 |
| 决策咨询研究组 | 浙江省"一米菜园"模式对福建省农村人居环境整治的启示 | 调研报告 | 林恩惠 | 福建江夏学院 |
| 经济学组 | 人口和能源价格如何影响中国环境污染 | 论文 | 李坤明 | 福建农林大学 |
| 经济学组 | 定向降准政策对小微企业融资约束的影响研究 | 论文 | 林朝颖 | 福州大学 |
| 教育学组 | 温暖你的大学时光 | 科普读物 | 丁闽江 | 福建中医药大学 |
| 教育学组 | 力量训练解剖全书 | 译著 | 杨 刘 | 福州外语外贸学院 |
| 文学艺术、历史学组 | 千年侯官村 | 科普读物 | 叶 红 | 福州市委党史和地方志研究室 |
| 文学艺术、历史学组 | 福州烟台山：文化翡翠 | 专著 | 岳 峰 | 福建师范大学 |
| 文学艺术、历史学组 | 家族·开发·变迁：唐宋以降福建北溪流域的社会发展 | 专著 | 黄艺娜 | 福建技术师范学院 |
| 文学艺术、历史学组 | 夏丏尊与开明书店精品出版 | 论文 | 庄艺真 | 福建农林大学 |
| 管理学组 | 我国分级诊疗政策效力与政策效果评估 | 论文 | 吴勤德 | 福建医科大学 |
| 管理学组 | 绿色田野呼唤科技特派员 | 论文 | 黄安胜 | 福建农林大学 |
| 管理学组 | 装配式建筑碳排放核算及减排策略研究 | 专著 | 李晓娟 | 福建农林大学 |
| 管理学组 | 闽商发展报告（2019） | 工具书 | 苏文菁 | 福州大学 |
| 管理学组 | 高新技术企业社会责任投资问题研究 | 专著 | 黄莲琴 | 福州大学 |

## 三等奖（42项）

| 学科组别 | 成果名称 | 成果形式 | 申报者 | 申报单位 |
|---|---|---|---|---|
| 习近平新时代中国特色社会主义思想、哲学与法学组 | 习近平在福州工作期间重视学校立德树人的论述和实践 | 论文 | 郑崇玲 | 闽江学院 |
| 习近平新时代中国特色社会主义思想、哲学与法学组 | 赢得国际话语权：中国生态文明建设的全球视野与现实策略 | 论文 | 杨 晶 | 福建师范大学 |
| 习近平新时代中国特色社会主义思想、哲学与法学组 | 《在延安文艺座谈会上的讲话》理论溯源 | 专著 | 田韶峻 | 福建师范大学 |
| 习近平新时代中国特色社会主义思想、哲学与法学组 | 突破与超越：中国脱贫攻坚的逻辑思路及发展前瞻 | 论文 | 张赛玉 | 闽江学院 |
| 习近平新时代中国特色社会主义思想、哲学与法学组 | 医患关系紧张"伦理诊治"的合理性及其限度 | 论文 | 陈第华 | 福建中医药大学 |
| 习近平新时代中国特色社会主义思想、哲学与法学组 | 市域邻避治理中空间利益再分配的规范进路 | 论文 | 鄢德奎 | 福州大学 |
| 习近平新时代中国特色社会主义思想、哲学与法学组 | 民法典中有追索权保理的教义学构造 | 论文 | 潘运华 | 福州大学 |
| 习近平新时代中国特色社会主义思想、哲学与法学组 | 从传统到现代：中西哲学的当代叙事 | 专著 | 朱光亚 | 阳光学院 |
| 决策咨询研究组 | 外地科学城建设经验及对福州的启示 | 调研报告 | 福州市城市科学研究会课题组 | 福州市城市科学研究会 |
| 决策咨询研究组 | 关于统筹推进福州现代物流城建设的调研报告 | 调研报告 | 福州市政协课题组 | 福州市政协 |
| 决策咨询研究组 | 打造生态产品价值实现先行区深化国家生态文明试验区建设 | 调研报告 | 福州市政协课题组 | 福州市政协 |
| 决策咨询研究组 | 滨海新城集聚"新人口"推动高质量发展研究 | 调研报告 | 福州新区管委会课题组 | 福州新区管委会 |
| 决策咨询研究组 | 深化船政文化保护利用 打造船政文化国际品牌 | 调研报告 | 福州市社会科学院课题组 | 福州市社会科学院 |
| 决策咨询研究组 | 建设有福之州 打造幸福之城——福州市全面建成小康社会调研报告 | 调研报告 | 陈孜 | 福州市统计局 |

续表

| 学科组别 | 成果名称 | 成果形式 | 申报者 | 申报单位 |
|---|---|---|---|---|
| 决策咨询研究组 | 积极推动福州"三区"联动 打造新时代治理现代化先行区 | 调研报告 | 郑跃 | 福州新区管委会 |
| 决策咨询研究组 | 推动农业和农村经济发展的思考与建议——以永泰县埔埕村"一村一品"为例 | 调研报告 | 张华灿 | 永泰县委党史和地方志研究室 |
| 经济学组 | 发展战略与福州经济发展研究 | 专著 | 林善炜 | 福州市委党校 |
| 经济学组 | 空间滞后分位数回归模型的贝叶斯估计 | 论文 | 方丽婷 | 福州大学 |
| 经济学组 | 人民币国际化与国际形势对中国外汇市场的影响：美元与特别提款权兑人民币的动态联系 | 论文 | 王阳照 | 闽江学院 |
| 教育学组 | 学前儿童家庭与社区教育 | 教材 | 郭晓莹 | 闽江师范高等专科学校 |
| 教育学组 | "树式思维"能力的培养 | 专著 | 孔艺 | 福建师范大学 |
| 教育学组 | 近三十年国民心理健康变迁的横断历史研究 | 论文 | 廖友国 | 闽江学院 |
| 教育学组 | 阅读干预和有氧运动干预对手机成瘾大学生抑制控制功能的不同效果 | 论文 | 周钧毅 | 福建师范大学 |
| 文学艺术、历史学组 | 福建省福州市抗日战争时期人口伤亡和财产损失 | 专著 | 福州市委党史和地方志研究室 | 福州市委党史和地方志研究室 |
| 文学艺术、历史学组 | 汇选那菴全集 | 古籍整理 | 陈庆元 | 福建师范大学 |
| 文学艺术、历史学组 | 福州茶志 | 工具书 | 福州市委党史和地方志研究室 | 福州市委党史和地方志研究室 |
| 文学艺术、历史学组 | 福州历史文化村落 | 工具书 | 福州市委党史和地方志研究室 | 福州市委党史和地方志研究室 |
| 文学艺术、历史学组 | 闽东方言韵母的历史层次 | 专著 | 袁碧霞 | 华侨大学 |
| 文学艺术、历史学组 | 审美文化视域中的民俗——以福州民俗为例 | 专著 | 郑新胜 | 闽江学院 |
| 文学艺术、历史学组 | 走进爱荆庄 | 科普读物 | 鲍碧香 | 永泰县社科联 |

续表

| 学科组别 | 成果名称 | 成果形式 | 申报者 | 申报单位 |
|---|---|---|---|---|
| 文学艺术、历史学组 | 《周易》译介的语境批评法研究 | 论文 | 林 风 | 福州外语外贸学院 |
| 文学艺术、历史学组 | 福州话字词笔记 | 工具书 | 马书辉 | 福州市艺术创作研究中心 |
| 文学艺术、历史学组 | 演讲比赛经典案例赏析 | 科普读物 | 马文正 | 福州市艺术创作研究中心 |
| 管理学组 | 循环经济实践的互补性：中国制造业的实证分析 | 论文 | 杨 杨 | 闽江学院 |
| 管理学组 | 农村环境污染整治：从政府担责到市场分责 | 专著 | 刘 勇 | 福建江夏学院 |
| 管理学组 | 林权抵押贷款信用风险识别与控制 | 专著 | 张兰花 | 福建技术师范学院 |
| 管理学组 | 福建战略性新兴产业协同创新系统演化研究 | 专著 | 马 楠 | 福州外语外贸学院 |
| 管理学组 | 韧性社区应急治理：逻辑分析与策略选择 | 论文 | 施生旭 | 福建农林大学 |
| 管理学组 | 基于博弈核仁权重和连续最优距离测度的多属性群体决策方法 | 论文 | 林 健 | 福建农林大学 |
| 管理学组 | 农村人居环境如何促进乡村旅游发展——基于全国农业普查的村域数据 | 论文 | 郑 义 | 福建农林大学 |
| 管理学组 | 基于未来效率的兼顾公平与效率的资源分配DEA模型研究——以各省碳排放额分配为例 | 论文 | 王 荧 | 福建江夏学院 |
| 管理学组 | 众创空间中企业创业拼凑对创新绩效的影响研究 | 论文 | 韩 莹 | 福建师范大学 |

# 后 记

建设社会主义文化强国，是全面建设社会主义现代化国家、实现中华民族伟大复兴的重要基础和前提。当前，福州市社科界正全面深入学习贯彻党的二十大和二十届三中全会精神，深刻把握习近平文化思想的时代内涵，切实发挥社科理论研究"助推器"作用，为进一步全面深化改革、奋力推进中国式现代化福州实践贡献智慧和力量。

新时代新征程上，广大哲学社会科学工作者积极投身福州市经济社会主战场，紧扣福州市委市政府中心工作，立时代之潮头、通古今之变化、发思想之先声，产出了一批优秀研究成果。为更好繁荣发展福州市哲学社会科学事业，激励哲学社会科学工作者述学立论、建言献策，受福州市政府委托，福州市社科联组织开展第十一届社会科学优秀成果奖评审工作。经过多道评审程序，从267项申报成果中评审产生了70项获奖成果。这些研究成果，始终坚持以学习贯彻习近平新时代中国特色社会主义思想为主题主线，内容覆盖经济社会发展多个领域。评审专家认为，这些获奖成果理论研究阐释有深度，对策研究操作性强，学术创新取得新突破，具有较高的时代价值和实践意义，体现了福州市社科界在推动党的创新理论落地生根、开花结果上做出的新努力和取得的新成果，展示了广大社科工作者服务中心大局的使命担当。

为做好宣传和推介工作，福州市社科联对福州市第十一届社会科学优秀成果奖获奖成果进行汇编，供各级各部门决策参考和研究交流。由于时间仓促，编辑水平有限，书中难免有疏漏差错之处，敬请读者批评指正。

编者

2024年7月